# 韓國'說'文學目錄集

I

作家別 · 文集別

도서출판 월인

# 韓國'說'文學目錄集

## 한국'설'문학목록집

## I

作家別 · 文集別

작가별 · 문집별

양현승 편

도서출판 월인

# 發刊辭

[ 약속 ] 스승 조희웅 교수님께서 박사학위 과정 수업 중 '한문 산문 중 서사성이 강한 전(傳)에 대해서는 많은 연구가 있었고 또 연구가 진행되고 있으나, 한문 산문 중 전 다음으로 서사성이 강한 설(說)에 대해서는 아직 본격적인 연구가 없다는 점이 아쉽다.'는 말씀을 몇 차례 하셨다. 본인은 가학(家學)으로 하기는 하였으나 깊지 않은 문장임에도 박사학위 논문 주제로 쓰겠다고 말씀드리고, 우선 수집한 2,200여 편의 작품을 분석 대상으로 삼아 논문을 완성하게 되었다. 그리고 당시 심사위원장이셨던 민병수 교수님께서 당부하신 말씀은 '앞으로 설 작품 분야를 책임져 달라'는 것이었다. 논문 작성 중 설문학, 특히 우언적 설문학의 서사적 가치에 대해 확신을 가진 터여서, 망설임 없이 그러겠노라고 약속하였다. 이어 학위논문을 바탕으로 『한국 '說' 문학연구』(2001년)와 서사성이 강한 우언적 설 123편을 선별 번역한 『한국 說문학선』(2004년)을 출간하고, 설문학을 중심으로 한 몇 편의 논문을 발표했다.

그러면서 20여 년 동안 설 작품을 수집하면서 카드 작성을 계속했다. 그리고 이제 대학에서 정년을 맞이하게 되었다. 그러는 사이 약속을 드린 민병수 교수님께서는 고인이 되셨다. 무언가 눈에 뜨이는 설문학에 대한 뚜렷한 연구 결과도 보여 드리지 못했다는 점이 안타까웠다. 이제나마 그동안 수집한 설문학 작품들을 '한국 설문학 작품목록'이라는 이름으로 중간 정리하고자 한다. 그러나 이것이 우리 선인들의 모든 설문학 작품을 다 수집했다는 것은 결코 아니다. 개인 소장 선인들의 문집은 그 규모도 아직 파악할 수 없기 때문에 창해일속이고 구우일모일 뿐이다. 앞으로도 계속 수집 정리할 것임을 다짐하면서, 우선 1,325명의 6,500여 편을 정리 대상으로 삼았다.

[ 설說은, ] 한문 산문 중 설은 직서적 설(直敍的說)과 우언적 설(寓言的說)로 나뉘는데, 논(論), 변(辨), 의(議), 해(解), 난(難), 석(釋), 원(原), 유(喩), 대문(對問) 등과 함께 상위갈래로는 논변류에 속한다. 설은 원래 경의(經義)의 뜻을 부연하여 자신의 뜻을 말하는 문체로 논의가 필수적이다. 이 체는 고인의 뜻을 답습하는 것을 금기로 여긴다(민병수 저, 『한국한문학개론』). 현대적 개념으로는 (중)수필로 분류하기도 한다. 그러나 설을 선비들이 즐겨 사용한 연유로는, 학문하는 선비의 근본 태도로서 격물치지(格物致知)와 절문이근사(切問而近思)를 들 수 있다. 곧 도

에 대한 궁구를 먼데서 찾는 것이 아니라 주위의 가까이 있는 사물에서 시작하여 절실한 물음을 통해서, 존재론적 측면에서 사물이 '그렇게 된 까닭[所以然之故]'과 가치론적 측면에서 '마땅히 그러해야 하는 법칙[所當然之則]'을 자신만의 독특한 안목과 시각과 논리로 설파하는 것이다. 그러는 가운데 '후려치는 칼날의 번뜩임[一閃]이 있어야 하고, 숨통에 맺히는 설득력(說得力)'(劉勰, 『文心雕龍』)이 있어야 한다. 특히 우언적 설의 경우는, 전반부에 주위에 일어나는 사건과 사실의 구체적 묘사를 일화부(逸話部)로 삼아, 중간부인 설리부(說理部)에서 이것을 논리적으로 설파하면서 그렇게 까닭과 연유를 자신만의 독특한 시각과 주장으로 써간다. 마지막으로 그 글을 쓴 의도를 밝힌다. 우언적 설의 서사성은 일화부에 있어 서사적 스토리텔링의 가치를 지니며, 이치는 설리부에서 드러나면서 논리적 사고의 가치를 지니게 된다. 설문학에는 현대인들에게 흥미와 함께 삶의 지혜와 슬기를 줄 뿐 아니라, 특히 아동 및 청소년들에게 있어서는 흥미와 함께 논리적 사고를 기를 수 있는 좋은 자료가 무진장하다. 국문학, 나아가 한문학 전공자들을 위한 공구서(工具書)로서, 위축되어 가는 인문학에 대한 관심과 부흥을 위한 작은 역할을 할 수 있기를 바라며, 추후로 지속적으로 자료를 발굴 보완해갈 것을 다짐한다.

## [ 내용 구성 ]

1,325명의 1,300여 문집에 실린 6,500여 편의 설 작품을 각각 작가별 목록, 문집별 목록을 'Ⅰ집'으로 묶고, 작품별 목록을 'Ⅱ집'으로 묶으면서, 가나다순으로 배열 편집하여 설문학 연구자들이 작품을 찾아보기에 편의를 도모하였다. 시대순 배열은 하지 않았다.

## [ 감사 ]

주위의 많은 분들의 도움과 격려가 있었다. 특히 지도와 편달을 아끼지 않으신 은사 조희웅 교수님과 조흥욱 교수님, 동료 교수님들께도 감사드린다. 자료용으로 소장하신 개인문집을 흔쾌히 내어 주신 황선재 박사님께도 감사드린다. 가족들의 도움 없이는 또한 불가능한 일이었다. 아울러 사전적 성격의 본서가 출간되기까지, 의미와 가치를 인정해 주고 어려운 출판계 사정 속에서도 흔쾌히 출판을 맡아주신 도서출판 월인 박성복 사장님께 감사의 말씀을 드린다.

2020년 7월

망우산자락(忘憂山自樂) 심학당한문학연구실(心學堂漢文學研究室)에서

편저자 양 현 승

# 目 次

## 作家別

# 目 次

## 文集別

# 일러두기

1. 제명에 '~說'이 없더라도 문집에서 '說'조로 분류하여 싣고 있는 작품은 설 작품에 포함시켰다.
2. 제명에 쓴 연도의 간지가 부기된 경우는 제명에 이어 ( ) 속에 부기하였다.
3. 제명 끝에 '贈~', '示~', '送~', '呈~'등의 부제가 있는 경우는 제명 끝에 '-'를 표시하고 첨기하였다.
4. 제명 중 첨기된 협주는 ( ) 속에 넣었다. 예를 들어 호를 쓰고 원명을 협주로 쓴 경우이다.
5. 동일 작가, 동일 제명의 작품 2편 이상이고 내용이 다를 경우에는 작품 끝에 (一), (二)를 붙여 구별하였다.
6. 작가명이 둘일 경우는 하나는 ( ) 속에 병기하였다.

# 作家別

# ㄱ

감기현(甘麒鉉)
~
김희주(金熙周)

## 감기현(甘麒鉉, 1880~1964)

[문집] 동미집(東湄集)

[작품] 정상현겸재호설(鄭尙鉉謙齋號說)

직재설(直齋說)

## 강건(姜楗, 1817~1881)

[문집] 복재집(復齋集)

[작품] 독심의설(讀深衣說)

심의후설(深衣後說)

## 강규환(姜奎煥, 1679~1731)

[문집] 분수재집(賁需齋集)

[작품] 경의기문록부설(임인)〔經義記聞錄附說(壬寅)〕

계사상전도설(繫辭上傳圖說)

계사하전도설(繫辭下傳圖說)

김신부(근행)술부(선행)자설〔金愼夫(謹行)述夫(善行)字說〕

선천변위후천도설(先天變爲後天圖說)

신자명(정주)자설〔申子明(鼎周)字說〕

오성삼취설(갑진)〔五星三聚說(甲辰)〕

우곡부군훈자격언도설(愚谷府君訓子格言圖說)

원자정(득중)자설〔元子精(得中)字說〕

중용장구역자설(경자)〔中庸章句亦字說(庚子)〕

지포사덕설(병오삼월)〔智包四德說(丙午三月)〕

## 강명규(姜命奎, 1801~1867)

[문집] 유계집(柳溪集)

[작품] 웅피욕설(熊皮褥說)

## 강박(姜樸, 1690~1742)

[문집] 국포집(菊圃集)

[작품] 아자필시명설(兒子必詩名說)

이내초이자자설(李來初二子字說)

장설(牆說)

## 강백년(姜栢年, 1603~1681)

[문집] 설봉집(雪峰集)

[작품] 고자설(餻子說)

공자유태극설(孔子猶太極說)

구우설(鷗友說)

불물자능물물설(不物者能物物說)

소요유설(逍遙遊說)

유한벽루설(遊寒碧樓說)

종자설(鐘字說)

## 강석규(姜錫圭, 1628~1695)

[문집] 오아재집(聱齖齋集)

[작품] 도정절귀거래사후설 – 증조자직상우(陶靖節歸去來辭後說 – 贈趙子直相愚)

조군오곤계자설(趙君五昆季字說)

## 강석덕(姜碩德, 1395~1459)

[문집] 완이재집(玩易齋集)

[작품] 자홍연산경점설(字洪燕山景漸說)

## 강성중(姜聖中, 1898~1939)

[문집] 이당유고(梨堂遺稿)

[작품] 논외무이통설(論外無二統說)

논해상자불가행전상담제어후상중설(論

偕喪者不可行前喪禫祭於後喪中說)
쇠의설(衰衣說)

## 강수환(姜璲桓, 1876~1926)

[문집] 설악집(雪嶽集)
[작품] 근설 – 시학자(近說 – 示學者)
심여회자설(沈汝晦字說)
심인부자설(沈仁夫字說)
윤리설(倫理說)

## 강순원(姜舜元, 1850~1943)

[문집] 이산집(二山集)
[작품] 소중화설(小中華說)
장설(杖說)
회설(檜說)

## 강시형(姜時馨, 1850~1928)

[문집] 농은집(聾隱集)
[작품] 애국설(愛菊說)
친등설(親燈說)

## 강시환(姜始煥, 영조)

[문집] 백록가고(白麓家稿)
[작품] 상기설(象棋說)
홍계회백패설(洪季晦白牌說)

## 강식준(姜式儁, 1734~1800)

[문집] 소은집(素隱集)
[작품] 악지설(樂志說)
자경설 – 시장손(自警說 – 示長孫)

## 강신철(姜信喆, 1879~1949)

[문집] 퇴산문집(退山文集)
[작품] 김백겸태공명자설(金伯謙台恭名字說)

## 강엄(姜儼, 1766~1831)

[문집] 근암집(謹菴集)
[작품] 설원독서설(雪寃讀書說)

## 강용하(姜龍夏, 1840~1908)

[문집] 무산유집(武山遺集)
[작품] 구남정사벽상열서설(龜南精舍壁上列敍說)
독소학자경설(讀小學自警說)
신부옹설(信夫翁說)
정장광교자연와설(鄭丈匡喬自然窩說)

## 강운(姜橒, 1773~1834)

[문집] 송서집(松西集)
[작품] 정자생지위성설(程子生之謂性說)
제자자성설(諸子自成說)
지아죄아설(知我罪我說)

## 강위(姜瑋, 1820~1884)

[문집] 고환당집(古歡堂集)
[작품] 애초설(愛蕉說)

## 강윤(姜潤, 1701~1782)

[문집] 법천집(法川集)
[작품] 괘변설(卦變說)
김생익현자설(金甥益顯字說)

휘설(諱說)

## 강유선(康惟善, 1520~1549)

[문집] 주천유고(舟川遺稿)

[작품] 주봉설(酒蜂說)

## 강이천(姜彝天, 1769~1801)

[문집] 중암집(重菴集)

[작품] 반원설(半圓說)

성오재설(省吾齋說)

## 강재기(姜在琦, 1857~1938)

[문집] 난석집(蘭石集)

[작품] 원희설-증독서제자(猿戲說-贈讀書諸子)

조감역기남용소회혼연설(趙監役箕南鏞韶回婚宴說)

증이주여만오설(贈李周汝晩悟說)

## 강재항(姜再恒, 1689~1756)

[문집] 입재집(立齋集)

[작품] 공사설(工師說)

규설(葵說)

논어설(論語說)

복수설(復讎說)

사공설(事功說)

산수설(상)〔山水說(上)〕

산수설(하)〔山水說(下)〕

성인불망천불설(聖人不忘天不說)

양응자설(養鷹者說)

역설(易說)

원수설(元首說)

의설(醫說)

재설(梓說)

팔조설(八條說)

회설(檜說)

## 강정환(姜鼎煥, 1741~1816)

[문집] 전암문집(典庵文集)

[작품] 성리후설(性理後說)

## 강주(姜籀, 1567~1650)

[문집] 죽창집(竹窓集)

[작품] 고문초서설(古文鈔書說)

김씨자포과설(金氏子抱瓜說)

논문장설(論文章說)

슬설(蝨說)

## 강주복(姜周福, 1782~1848)

[문집] 벽산유고(碧山遺稿)

[작품] 천지설(天地說)

## 강진(姜鎭, 1799~1865)

[문집] 백초유고(白樵遺稿)

[작품] 심성응자설(沈聖應字說)

조여회자설(趙汝晦字說)

## 강진규(姜晉奎, 1817~1891)

[문집] 역암집(櫟菴集)

[작품] 눌설-증이윤문김계록(訥說-贈李允文金溪錄)

연설(筵說)

칙희설－증박만풍김계록(則喜說－贈朴萬豊金溪錄)

## 강찬희(姜粲熙, 1863~1937)

[문집] 봉강유고(鳳岡遺稿)
[작품] 도설(圖說)
성리도설(性理圖說)

## 강필신(姜必愼, 1687~1756)

[문집] 모헌집(慕軒集)
[작품] 소연설(巢燕說)
자계설(自計說)

## 강필효(姜必孝, 1764~1848)

[문집] 해은유고(海隱遺稿)
[작품] 구방심설(求放心說)
극기복례설(克己復禮說)
미발이발설(未發已發說)
역설(易說)
종질정규자설(從姪鼎奎字說)
중자운규자설(仲子運奎字說)
천인성명이기설(天人性命理氣說)
춘추설(春秋說)

## 강학준(姜學濬, 1770~1821)

[문집] 한계집(寒溪集)
[작품] 선망설(善忘說)

## 강한(姜瀚, 1602~1671)

[문집] 잠은실기(潛隱實記)
[작품] 옥석설－증한사유김일묵(玉石說－贈韓思愈金一默)
태촌설－증이생(台村說－贈李生)

## 강항(姜沆, 1567~1618)

[문집] 수은집(睡隱集)
[작품] 존심양성설(存心養性說)

## 강헌규(姜獻奎, 1797~1860)

[문집] 농려집(農廬集)
[작품] 명삼자설(名三字說)
외손권상기자설(外孫權相琦字說)
장아진자설(長兒鐔字說)
종증손봉원자설(從曾孫鳳元字說)
중아류자설(仲兒鎏字說)

## 강희맹(姜希孟, 1424~1483)

[문집] 사숙재집(私淑齋集)
[작품] 강세창백겸자설(姜世昌伯謙字說)
공렴자혜설(公廉慈惠說)
기조설(忌蚤說)
성선설－송계호상인귀관(性善說－送戒浩上人歸觀)
승목설(升木說)
우민보자설(禹敏甫字說)
처궁설－송구상사지관동(處窮說－送丘上舍之關東)
훈자오설－담사설(訓子五說－啗蛇說)
훈자오설－도자설(訓子五說－盜子說)
훈자오설－등산설(訓子五說－登山說)
훈자오설－삼치설(訓子五說－三雉說)
훈자오설－요통설(訓子五說－溺桶說)

## 경한(백운화상)〔景閑(白雲和尙), 1298~1374〕

[문집] 백운록(白雲錄)

[작품] 홍성사입원소설(興聖寺入院小說)

## 계덕해(桂德海, 1708~1775)

[문집] 봉곡유집(鳳谷遺集)

[작품] 시설(詩說)

## 고경(익)〔高澋(瀷), 1862~1947〕

[문집] 월운문집(月雲文集)

[작품] 논이기심성정설(論理氣心性情說)
매설(梅說)
사문방사우설(謝文房四友說)
애련설(愛蓮說)
양분매설(養盆梅說)
이기심성정설(논)〔理氣心性情說(論)〕
재공자설(在孔字說)
팔십설(八十說)
하락설(河洛說)
해기삼백설(解朞三百說)

## 고경명(高敬命, 1533~1592)

[문집] 제봉집(霽峰集)

[작품] 정허명설(靜虛名說)

## 고기승(高基升, 1845~1903)

[문집] 임당집(恁堂集)

[작품] 일우설(一愚說)
초은설(樵隱說)

## 고상안(高尙顔, 1553~1623)

[문집] 태촌집(泰村集)

[작품] 태촌자설(泰村自說)

## 고석노(규)〔高錫魯(奎), 1842~1922〕

[문집] 후조선생문집(後凋先生文集)

[작품] 최재소자설(崔載韶字說)
홀기설(笏記說)

## 고예진(高禮鎭, 1875~1952)

[문집] 송천집(松川集)

[작품] 김응칠자설(金應七字說)
봉양일설(奉陽一說)

## 고용후(高用厚, 1577~?)

[문집] 청사집(晴沙集)

[작품] 몽선대부설(夢先大夫說)

## 고유(高裕, 1722~1779)

[문집] 추담집(秋潭集)

[작품] 백아설(伯牙說)

## 고윤식(高允植, 1831~1891)

[문집] 태려선생문집(泰廬先生文集)

[작품] 보종계설(保宗契說)

## 고정봉(高廷鳳, 1743~1822)

[문집] 수촌선생문집(水村先生文集)

[작품] 계자설(誡子說)
권강소학－서증증손계증설(勸講小學－書贈曾孫繼曾說)
백결선생삼변설(百結先生三變說)

**곽가적**(郭可積, 1665~1736)

[문집] 학계집(鶴溪集)
[작품] 거은설(居隱說)

**곽기수**(郭期壽, 1549~1616)

[문집] 한벽당문집(寒碧堂文集)
[작품] 향북화설(向北花說)

**곽병호**(郭柄昊, 1892~1938)

[문집] 성와유고(成窩遺稿)
[작품] 족제자정자설(族弟子正字說)
태고자설－증서대관(太古子說－贈徐大觀)

**곽수강**(郭壽岡, 1619~1660)

[문집] 매헌선생문집(梅軒先生文集)
[작품] 천인상감설(天人相感說)

**곽종석**(郭鍾錫, 1846~1919)

[문집] 면우집(俛宇集)
[작품] 강국경자설(姜國卿字說)
곽극선자설(郭克善字說)
곽봉일자설(郭鳳一字說)
곽성서자설(郭聖緖字說)
곽자종자설(郭子從字說)
권견백자설(權見伯字說)
권자산자설(權子山字說)
권회경자설(權會卿字說)
김경재자설(金敬材字說)
김계원자설(金啓源字說)
김문거자설(金文擧字說)
김원숙자설(金元淑字說)
김음여자설(金霔汝字說)
김이회자설(金而晦字說)
남사형자설(南士珩字說)
독서설(讀書說)
문덕소자설(文德素字說)
박여조자설(朴汝朝字說)
박응발자설(朴膺發字說)
배여란자설(裵汝鸞字說)
변가원자설(卞可元字說)
분석설(汾石說)
사단칠정설(四端七情說)
석성건자설(石聖建字說)
성산편설(城山扁說)
신공호자설(辛公昊字說)
심동정도설(心動靜圖說)
심출입집설(心出入集說)
안왕설(眼王說)
여백승자설(余伯昇字說)
오륜소설(五倫小說)
오주용자설(吳周用字說)
우재소설(憂齋小說)
우천설(愚泉說)
월계설(月溪說)
위물설(爲勿說)
의암설(宜菴說)
이경춘자설(李敬春字說)
이성순자설(李性純字說)
이여재자설(李汝材字說)
인간장설(仁幹杖說)

인심도심설(人心道心說)
장윤거자설(張允車字說)
정덕재자설(丁德哉字說)
정서구자설(鄭瑞久字說)
정순가자설(鄭純可字說)
정좌설(靜坐說)
주재설(主宰說)
죽하설(竹下說)
증송성보설(贈宋聖甫說)
증송조가헌설(贈送趙可憲說)
증장운오실자설(贈張雲五實字說)
채중삼자설(蔡仲三字說)
최성우자설(崔聖雨字說)
최시중자설(崔時仲字說)
최인경자설(崔仁卿字說)
추헌소설(追軒小說)
하경증자설(河景曾字說)
하성권자설(河聖權字說)
하자도자설(河子圖字說)
한희관자설(韓希寬字說)
회당소설(悔堂小說)

### **곽종천**(郭鍾千, 1895~1970)

[문집] 정헌집(靜軒集)
[작품] 곽회경자설(郭晦卿字說)
양죽설(養竹說)
이회숙자설(李晦叔字說)
최순초자설(崔順初字說)

### **곽진**(郭瑨, 1568~1633)

[문집] 단곡집(丹谷集)
[작품] 간암설(幹巖說)
고죽설(枯竹說)
단곡칩와설(丹谷蟄窩說)
면김생졸업소학설(勉金生卒業小學說)

### **곽태종**(郭泰鍾, 1872~1940)

[문집] 의재유고(毅齋遺稿)
[작품] 계우설(雞友說)
근자설(勤字說)
삼근설－증동사제자(三近說－贈同社諸子)
위인위기설－증이자응(爲人爲己說－贈李子膺)
치설(恥說)
파초설－증이성화이회원이군(芭蕉說－贈李聖化李晦元二君)

### **곽휘승**(郭徽承, 1872~1903)

[문집] 염와집(廉窩集)
[작품] 분어설(盆魚說)
최원직자설(崔源直字說)

### **구봉령**(具鳳齡, 1526~1586)

[문집] 백담집(栢潭集)
[작품] 촉견폐일설(蜀犬吠日說)

### **구시경**(具時經, 1637~1699)

[문집] 독락재유고(獨樂齋遺稿)
[작품] 야계설(野鷄說)
예설(禮說)

### **구혁모**(具赫謨, 1859~1895)

[문집] 신암유고(愼菴遺稿)

[작품] 경인설(警人說)
계색설(戒色說)
과설(瓜說)
독서설 – 증족제양모(讀書說 – 贈族弟良謀)
인물변설(人物辨說)
인설(仁說)
자계설(自戒說)
채석설(采石說)

## 국침(鞠忱, 1576~1654)

[문집] 송만집(松灣集)
[작품] 변형색천성설(辨形色天性說)
불배사주설(不拜賜珠說)
심참삼재설(心參三才說)
용와낙파설(龍臥洛波說)
인개가이위요순설(人皆可以爲堯舜說)
인중기기설(人中騏驥說)
일좌안연설(一坐顔淵說)
지락무성설(至樂無聲說)
찬옥설(湌玉說)
천지설(天地說)
태양곡설(胎養穀說)

## 권구(權絿, 1658~1730)

[문집] 탄촌집(灘村集)
[작품] 강정소설(江亭小說)

## 권구(權榘, 1672~1749)

[문집] 병곡집(屛谷集)
[작품] 귀신혼백설(鬼神魂魄說)
사단칠정설(四端七情說)
심설(4)〔心說(四)〕
쌍환설(雙環說)
의설(醫說)
종람설(種藍說)
지곡폐지설(枝谷廢池說)

## 권근(權近, 1352~1409)

[문집] 양촌집(陽村集)
[작품] 기우(이행)설〔騎友(李行)說〕
김공경험설(金公經驗說)
김씨명자설(金氏名字說)
동두(김진양)설〔童頭(金震陽)說〕
삼우설(三友說)
성자옥용설(후)〔成自玉瑢說(後)〕
안석설(安石說)
의민자설(義民字說)
이씨형제명자설(李氏兄弟名字說)
자허설(子虛說)
주옹설(舟翁說)
증이배지사화설(贈李培之四畵說)
최자고설(후)〔崔子固說(後)〕

## 권기(權愭, 1623~1695)

[문집] 무수옹문집(無愁翁文集)
[작품] 양구설(養鳩說)

## 권두인(權斗寅, 1643~1719)

[문집] 하당집(荷塘集)
[작품] 석용설(石茸說)
의구설(義狗說)

**권득기**(權得己, 1570~1622)

[문집] 만회집(晩悔集)

[작품] 여박잠치논참의중설(與朴潛治論僭疑中說)
염상유백상루설(鹽商遊百祥樓說)

**권득중**(權得重, 1687~1754)

[문집] 동와집(東窩集)

[작품] 선조문탄공여사변무설(先祖文坦公麗史卞誣說)

**권득추**(權得錘, 1788~1860)

[문집] 농와유집(農窩遺集)

[작품] 사농불가편폐설(士農不可偏廢說)
증김수재수완독서설(贈金秀才壽完讀書說)

**권리**(權琜, 1800~1873)

[문집] 용이와집(龍耳窩集)

[작품] 예계설(禮稧說)
적선여경설(積善餘慶說)
지비설(知非說)

**권렴**(權濂, 1701~1781)

[문집] 후암집(厚庵集)

[작품] 무극이태극태극본무극설(無極而太極太極本無極說)
창포설(菖蒲說)

**권만**(權萬, 1688~1749)

[문집] 강좌집(江左集)

[작품] 묘향승설(妙香僧說)
숙질설(叔姪說)
역설(易說)
울창설(鬱鬯說)
자모설(字母說)

**권명우**(權明佑, 1722~1795)

[문집] 가재문집(可齋文集)

[작품] 논한구암사칠설(論韓久庵四七說)

**권명희**(權命熙, 1865~1923)

[문집] 삼외재집(三畏齋集)

[작품] 강설－증송경선호영권사앙(剛說－贈宋敬善鎬英權賜仰)
견송자십육대자첩서소감증박상보정주설(見宋子十六大字帖書所感贈朴尙甫鼎周說)
권경학자설(權敬學字說)
권관일자설(權寬一字說)
권사앙자설(權賜仰字說)
권주옥문현자설(權周玉文鉉字說)
김백경창진자설(金伯敬昌鎭字說)
명덕설(明德說)
봉증정공직설(奉贈鄭公直說)
사칠설(四七說)
삼종제자집자설(三從弟子緝字說)
삼종질성원재학자설(三從姪聲遠載鶴字說)
성설(性說)
심통성정설(心統性情說)
이통기국설(理通氣局說)
입지설－증조자중(立志說－贈曹子中)
정내옥현상자설(鄭乃玉鉉尙字說)
증정국찬정평언설(贈鄭國燦鄭平彦說)
지각설(知覺說)

차자재도명설(次子載道名說)
회산설(晦山說)

## 권방(權訪, 1740~1808)

[문집] 학림집(鶴林集)
[작품] 효구설(孝狗說)

## 권병(權炳, 1723~1772)

[문집] 약재집(約齋集)
[작품] 강자외시하물설(신미월과)〔腔子外是何物說(辛未月課)〕
독사서설(讀四書說)
명덕후설(明德後說)
무자기설(毋自欺說)
시습설(時習說)
심불가훈명덕설(心不可訓明德說)
오행생행설(五行生行說)
자강불식설(自强不息說)
재목설(齋沐說)
중니안자소락하사설(仲尼顔子所樂何事說)
천인성정설(天人性情說)

## 권병기(權丙基, 1876~1969)

[문집] 농석집(聾石集)
[작품] 묘견착애설(猫犬錯愛說)
문범설(文範說)
정설(井說)
타조설(打鳥說)
하응설(下鷹說)

## 권병섭(權秉燮, 1854~1949)

[문집] 석오문집(石塢文集)
[작품] 간황설(墾荒說)
목복설(目卜說)
벌복설(伐服說)
사승설(絲繩說)
석와설(石蛙說)
종치동설(種穉桐說)
지수평적설(志帥平賊說)
천군복위설(天君復位說)

## 권병재(權秉載, 1867~1965)

[문집] 사양유고(沙陽遺稿)
[작품] 종압각수설(種鴨脚樹說)

## 권보(權黼, 1709~1778)

[문집] 수곡문집(樹谷文集)
[작품] 산척설(山尺說)

## 권복수(權福洙, 1871~1937)

[문집] 화동사고(華東私稿)
[작품] 각안경설(却眼鏡說)
고음설(苦霪說)
권학설(勸學說)
노산옹설(老山翁說)
몽각관해설(夢覺關解說)
문방사우설(文房四友說)
신선변설(神仙辨說)
애만수설(哀萬水說)
우국원풍설(憂國願豊說)
우인설(偶人說)

유인송별설(有人送鱉說)
음양각설(陰陽脚說)
자경설(自警說)
주옥해설(珠玉解說)
청선설(聽蟬說)
추성설(秋聲說)
황세설(荒歲說)
훼천설(毁泉說)

**권봉현**(權鳳鉉, 1872~1936)

[문집] 오강문집(梧岡文集)
[작품] 이자의자설(李子毅字說)
허윤서자설(許允敍字說)

**권사윤**(權思潤, 1732~1803)

[문집] 신천재문집(信天齋文集)
[작품] 노설(猱說)
상식설(橡食說)
안빈설(安貧說)
예설(禮說)
함연강설(函筵講說)

**권상빈(필)**〔權相彬(弼), 1853~1889〕

[문집] 천후유집(川后遺集)
[작품] 배원현자설(裵元鉉字說)
유재기면학설(柳在冀勉學說)

**권상익**(權相翊, 1863~1935)

[문집] 성재집(省齋集)
[작품] 강주여자설(姜周汝字說)
악비설(樂卑說)
이희경인서자설(李羲卿人瑞字說)
입지설－서증이군학순정교겸시이성용(立志說－書贈李君學純正敎兼示李聖用)
종질양섭양극자설(從姪良燮良克字說)

**권상임**(權尙任, 1622~1700)

[문집] 황암집(篁巖集)
[작품] 서벽이기원류도설(書壁理氣源流圖說)
서성학도십이첩병설(書聖學圖十二帖屛說)
이기동정도설(理氣動靜圖說)
이기분수도설(理氣分殊圖說)

**권상적**(權相迪, 1822~1900)

[문집] 해려선생문집(海閭先生文集)
[작품] 우설(友說)

**권상하**(權尙夏, 1641~1721)

[문집] 한수재집(寒水齋集)
[작품] 논성설(論性說)

**권상현**〔權象(尙)鉉, 1851~1929〕

[문집] 만와선생문집(晩窩先生文集)
[작품] 곡친수설(哭親鬚說)
기형설(璣衡說)
김응규자설(金應規字說)
낙서설(洛書說)
매의구설(埋義狗說)
면와설(俛窩說)
상심설－증손아영대(桑椹說－贈孫兒寧玳)
선천팔괘설(先天八卦說)
영회재설(永悔齋說)

인신기소천지설(人身其小天地說)
인지수요설(人之壽夭說)
장아지락자설(長兒止洛字說)
조용하자설(趙鏞夏字說)
족제수현효행설(族弟守鉉孝行說)
차아규락자설(次兒規洛字說)
천심정운도설(天心正運圖說)
폐렴설(弊簾說)
하도설(河圖說)
해조설(海潮說)
후천팔괘설(後天八卦說)

## 권석장(權錫璋, 1813~1885)

[문집] 외암문집(畏庵文集)
[작품] 성자도지형체설(性者道之形體說)
양심과욕설(養心寡欲說)
우매설(友梅說)
이기호발설(理氣互發說)
제범란계심설(題范蘭溪心說)
태극동정설(太極動靜說)

## 권성구(權星耈, 1771~1814)

[문집] 나암문집(蘿庵文集)
[작품] 산수설(山水說)
속김공덕명와분종국설(續金公德明瓦盆種菊說)
중용귀신장설(中庸鬼神章說)

## 권성익(權聖翊, 1735~1821)

[문집] 연곡문집(延谷文集)
[작품] 우매설(友梅說)

## 권소(權炤, 1774~1841)

[문집] 만관재문집(晩觀齋文集)
[작품] 기형설(璣衡說)
대연수설(大衍數說)
동극설(洞極說)
병진설(兵陣說)
선후천설(先後天說)
역설(曆說)
예기설(禮記說)
예악설(禮樂說)
오행설(五行說)
원포설(元包說)
월령설(月令說)
율려설(律呂說)
의례설(儀禮說)
잠허설(潛虛說)
주례설(周禮說)
지지설(地誌說)
직일법설(直日法說)
천문설(天文說)
태현설(太玄說)
형법설(刑法說)
혼천의설(渾天儀說)
황극경세설(皇極經世說)
황극내편설(皇極內篇說)

## 권수승(權秀升, 1862~1925)

[문집] 일암문집(一菴文集)
[작품] 일위요설(一爲要說)

## 권숙(權埱, 1806~1877)

[문집] 금애집(錦厓集)

[작품] 개지위귀설(改之爲貴說)
물아상형설(物我相形說)
성정설(誠正說)
시중설(時中說)
이기설(理氣說)

## 권시중(權時中, 1572~1644)

[문집] 역정일고(櫟亭逸稿)
[작품] 야주자설(野舟子說)
양노낭설(養老囊說)

## 권심규(성규)〔權心揆(聖揆), 1706~1779〕

[문집] 송하선생문집(松下先生文集)
[작품] 갈백설(葛白說)
견포설(繭包說)
관국설(灌菊說)
굴신설(屈伸說)
관조씨사단칠정설(觀曹氏四端七情說)
구방심설(求放心說)
기질설(氣質說)
김영주자집자설(金永柱子執字說)
본연기질성설(本然氣質性說)
사단칠정설(四端七情說)
석우설(石愚說)
시주자원형이정설(詩朱子元亨利貞說)
심설－혹문(心說－或問)
심성정도설(心性情圖說)
우계편설(于溪扁說)
우당설(牛堂說)
우설(寓說)
이봉영양서자설(李鳳永陽瑞字說)
인도심설(人道心說)
입지설(立志說)
정창석회부자설(鄭昌碩晦夫字說)
정태수윤실자설(鄭泰秀允實字說)
태극음양동정설(太極陰陽動靜說)

## 권연하(權璉夏, 1813~1896)

[문집] 이재집(頤齋集)
[작품] 양봉설(養蜂說)
입적설(立籍說)

## 권완(權俒, 1723~1792)

[문집] 남창집(南窓集)
[작품] 남창설(南窓說)

## 권용현(權龍鉉, 1899~1988)

[문집] 추연선생문집(秋淵先生文集)
[작품] 고우설(苦雨說)

## 권우(權宇, 1552~1590)

[문집] 송소집(松巢集)
[작품] 자경설(自警說)

## 권익구(權益九, 1662~1722)

[문집] 자산일고(慈山逸稿)
[작품] 삼궤청교설(三跪請敎說)

## 권익창(權益昌, 1562~1645)

[문집] 호양선생문집(湖陽先生文集)
[작품] 명덕설(明德說)
삼십활계도설(三十活計圖說)

## 권재규(權在奎, 1853~1893)

[문집] 직암집(直菴集)

[작품] 구근설 – 증황군성원(求近說 – 贈黃君聲遠)
이여경자설(李如卿字說)
이치조자설(李致雕字說)
자중설 – 증유자원(自重說 – 贈柳子遠)
정원직자설(鄭元直字說)
정자화자설(鄭子和字說)

## 권재기(權載璣, 1887~1930)

[문집] 견암집(堅菴集)

[작품] 권학설 – 증서사제생(勸學說 – 贈書社諸生)

## 권재기(權載祺, 1885~1955)

[문집] 유재유고(有齋遺稿)

[작품] 계자손설(戒子孫說)
유재설(有齋說)
자경설(自警說)

## 권재운(權載運, 1701~1778)

[문집] 여택재유고(麗澤齋遺稿)

[작품] 관해설(觀海說)
반시아설(搬柴兒說)
서재야유설(書齋夜遊說)
의학설 – 경학자(醫學說 – 警學者)

## 권재춘(權在春, 1882~1952)

[문집] 악양집(岳陽集)

[작품] 답객설(答客說)
족제재율개명설(族弟載慄改名說)

## 권정침(權正忱, 1710~1767)

[문집] 평암집(平庵集)

[작품] 강자외시하물설(腔子外是何物說)
명자설(名字說)
무자기설(毋自欺說)
물격지지설(物格知至說)
소락하사설(所樂何事說)
소학통독설(小學通讀說)
연설(筵說)
자강불식설(自彊不息說)
중용총설(中庸總說)
형상하설(形上下說)

## 권제경(權濟敬, 1737~1814)

[문집] 극난재집(克難齋集)

[작품] 교학설(敎學說)
붕우설(朋友說)

## 권주욱(權周郁, 1825~1901)

[문집] 포암집(逋庵集)

[작품] 관창설(觀漲說)
명홍군하찬설(名洪君夏鑽說)
사생설(師生說)
산석설(山石說)
안명설(安命說)
이기설(理氣說)
이직형중직설(李直馨中直說)
증이응천민구설(贈李應天玟久說)
치안설(治眼說)

### 권직희(일직)〔權直熙(一直), 1856~1913〕

[문집] 금리문집(錦理文集)

[작품] 권후중자설(權後仲字說)
무이구곡도설(武夷九曲圖說)
이명선자설(李明善字說)
이자인자설(李子仁字說)
지방설(止訪說)

### 권진규(權晉奎, 1860~1910)

[문집] 청련재유집(靑蓮齋遺集)

[작품] 노송자설(老松子說)
노화설(爐火說)
반도이폐설(半塗而廢說)

### 권찬덕(權纘德, 1859~1927)

[문집] 만오유고(晩悟遺稿)

[작품] 문무옥자설(文武玉字說)
인심도심설(人心道心說)
자삼손인백의중예숙설(字三孫仁伯義仲禮叔說)

### 권창현(權昌鉉, 1900~1976)

[문집] 심재문집(心齋文集)

[작품] 귀천설－증김군정국(貴賤說－贈金君正國)
하경부자설(河敬夫字說)

### 권택용(權宅容, 1903~1987)

[문집] 척와유고(惕窩遺稿)

[작품] 심미발설(心未發說)
양병설(兩病說)

### 권필(權韠, 1569~1612)

[문집] 석주집(石洲集)

[작품] 종정도설(從政圖說)
창맹설(倉氓說)

### 권한모(權翰模, 1856~1923)

[문집] 추산문집(錘山文集)

[작품] 사이국경소증불변설(謝李國卿所贈不變說)
재종질중호자설(再從姪仲虎字說)

### 권헌(權攇, 1713~1770)

[문집] 진명집(震溟集)

[작품] 견묘유설(犬猫乳說)
반세기설(潘世紀說)
어마설(御馬說)

### 권혜(權㥟, 1693~1747)

[문집] 모산집(慕山集)

[작품] 척촉장설－증군장(대기옹)〔躑躅杖說－贈君章(代棄翁)〕

### 권호문(權好文, 1532~1587)

[문집] 송암집(松巖集)

[작품] 금궁조대조자설(琴宮操大調字說)
수마설(瘦馬說)
유자행가자설(猶子行可字說)
축묘설(畜猫說)

### 금기일(琴基一, 1836~1895)

[문집] 초은문집(樵隱文集)
[작품] 괘설(卦說)

## 금란수(琴蘭秀, 1530~1604)

[문집] 지와집(止窩集)
[작품] 애송죽설(愛松竹說)

## 금서술(琴書述, 1791~1872)

[문집] 소무헌집(素無軒集)
[작품] 붕우설(朋友說)
옥루설(屋漏說)
유폐설(流弊說)

## 금우열(琴佑烈, 1824~1904)

[문집] 자산유고(紫山遺稿)
[작품] 명사자설(名四子說)
사자설(寫字說)
서책애호설(書冊愛護說)

## 금해규(琴海圭, 1861~1914)

[문집] 애산문집(愛山文集)
[작품] 무극이태극설(無極而太極說)
서시경무설(書示景武說)
유제생교학설(諭諸生教學說)
이기분합설(理氣分合說)
충고설(忠告說)
학교설립방략설(學校設立方略說)

## 기대승(奇大升, 1527~1572)

[문집] 고봉집(高峰集)
[작품] 고봉상퇴계사단칠정설(高峰上退溪四端七情說)
사단부중절지설(四端不中節之說)
사단칠정후설(四端七情後說)
이심법설(移心法說)
이주설(二主說)
자경설(自警說)
후론이허위리지설(後論以虛爲理之說)

## 기우만(奇宇萬, 1846~1916)

[문집] 송사선생문집(松沙先生文集)
[작품] 강성집자설(康性緝字說)
계남설(桂南說)
고성설－증공남열(顧姓說－贈孔南烈)
광수설(狂叟說)
구백설(舊柏說)
구유설(狗乳說)
금강설(金剛說)
기윤구자설(奇允九字說)
김경유자설(金景儒字說)
김낙삼자설(金樂三字說)
김백겸자설(金百兼字說)
김백응자설(金伯應字說)
김신숙자설(金愼叔字說)
김여당자설(金汝堂字說)
김인회자설(金仁會字說)
김중립자설(金中立字說)
김충여자설(金忠汝字說)
김치만자설(金致萬字說)
김평부자설(金平夫字說)
농수설(聾叟說)
농아설(聾啞說)
만취설(晩翠說)
문중백자설(文仲百字說)

박경립자설(朴敬立字說)
박백순자설(朴伯順字說)
박비경자설(朴斐卿字說)
박중옥자설(朴仲玉字說)
박중호자설(朴仲豪字說)
병약설 – 증박성존(病藥說 – 贈朴聖存)
부해설(浮海說)
송복래자설(宋福來字說)
신자화자설(辛自和字說)
안경심자설(安警心字說)
안공선자설(安公善字說)
안자용자설(安子用字說)
안자정자설(安子精字說)
안중술자설(安仲述字說)
양전설 – 증안공삼(養田說 – 贈安公三)
양형범자설(梁亨範字說)
여력설 – 증오자춘(餘力說 – 贈吳子春)
여력설 – 증이첨여(餘力說 – 贈李瞻汝)
오일지자설(吳一止字說)
위은필자설(魏殷弼字說)
위치검자설(魏致儉字說)
유관부자설(柳觀夫字說)
유앙여자설(柳仰汝字說)
유자강자설(柳子强字說)
윤국빈자설(尹國斌字說)
의사문설 – 증유충여(疑思問說 – 贈柳忠汝)
이경항자설(李敬恒字說)
이공집자설(李公執字說)
이백술자설(李伯述字說)
이사극자설(李士極字說)
이사현자설(李士賢字說)
이숙경자설(李肅卿字說)
이중식자설(李仲植字說)
이중식자설(李仲植字說)
인옹설(忍翁說)
임사직자설(任士直字說)
자단설 – 증박순여(煮丹說 – 贈朴純汝)
전견경자설(田見卿字說)
정낙언자설(鄭樂彦字說)
정붕거자설(鄭鵬擧字說)
정운약자설(鄭雲躍字說)
조경유자설(曺景類字說)
조백거자설(曺伯據字說)
조운경자설(趙雲卿字說)
조주설 – 증문여주(操舟說 – 贈文汝舟)
지서설(芝西說)
지주설 – 기이항산순희(止酒說 – 寄李亢山舜熙)
청고설(青皐說)
최성언자설(崔性彦字說)
최영호자설(崔永好字說)
취몽설(醉夢說)
한내경자설(韓乃警字說)
해사설(海史說)
허이경자설(許理卿字說)
허치홍자설(許致弘字說)
홍재윤자설(洪栽允字說)
후잠설(後潛說)

## 기정진(奇正鎭, 1798~1876)

[문집] 노사집(蘆沙集)
[작품] 근복설 – 증한신지(勤復說 – 贈韓信之)
김공실자설(金公實字說)
노사설(蘆沙說)
명자신설(名子辛說)
복제설 – 증재종제우용(服制說 – 贈再從弟羽用)
삼괴설(三愧說)
소가설 – 증차용여(嘯歌說 – 贈車庸汝)

송재종질양연입경설(送再從弟陽衍入京說)
아계설(啞溪說)
오사설－증최경오(吾師說－贈崔卿五)
우맹설(愚氓說)
이래이상백자설(李徠而相柏字說)
이자화자설(李子和字說)
이통설(理通說)
자나순공설(字羅舜功說)
정자설(定字說)
탈쇄설－증김경범(脫灑說－贈金景範)
형질기질설－증정계방(形質氣質說－贈鄭季方)

## 기재(奇宰, 1854~1921)

[문집] 식재집(植齋集)
[작품] 성원자설(聖源字說)
송윤구종인소설(送允九宗人小說)
자천설(柘泉說)

## 기준(奇遵, 1492~1521)

[문집] 덕양유고(德陽遺稿)
[작품] 양어설(養魚說)
축장설(畜獐說)

## 기화(함허화상)〔奇和(涵虛和尙), 1376~1433〕

[문집] 함허어록(涵虛語錄)
[작품] 정랑이공전위모하씨선하청육도보설(正郎李恭全爲母河氏仙賀請六道普說)
제단월청대영보설(諸檀越請對靈普說)
현등사원당주홍섭선하청보설(縣燈寺願堂主洪涉仙賀請普說)

## 김간(金榦, 1646~1732)

[문집] 후재집(厚齋集)
[작품] 위학지방도설(爲學之方圖說)
태극도설(太極圖說)

## 김강민(金江玟, 1868~1928)

[문집] 학천문집(學泉文集)
[작품] 심단설－증최생주언(心丹說－贈崔生柱彦)
옥금설－이박군견실(玉今說－貽朴君見實)
칠우설(漆憂說)

## 김교준(金敎俊, 1883~1944)

[문집] 경암집(敬菴集)
[작품] 황군여성자설(黃君汝聖字說)

## 김굉(金㙆, 1739~1816)

[문집] 귀와집(龜窩集)
[작품] 변용학혹설(辨庸學或說)
연설(筵說)

## 김구(金構, 1649~1704)

[문집] 관복재유고(觀復齋遺稿)
[작품] 논추씨불인이득천하설(論鄒氏不仁而得天下說)
잡설(雜說)
증김군여실설(贈金君汝實說)

## 김구주(金龜柱, 1740~1786)

[문집] 가암유고(可庵遺稿)

[작품] 독주자월광영궐설(讀朱子月光盈闕說)
독주자월중산하영설(讀朱子月中山河影說)
마사설(馬死說)
오효설(烏梟說)
해조설(海潮說)
형이상형이하설(形而上形而下說)

## 김규병(金奎炳, 1840~1905)

[문집] 우엄유고(愚广遺稿)
[작품] 죽장설(竹杖說)

## 김규오(金奎五, 1729~1791)

[문집] 최와집(最窩集)
[작품] 수화설(水火說)
우설(友說)
좌단설(左袒說)

## 김규채(金圭采, 1791~1879)

[문집] 한남유고(漢南遺稿)
[작품] 이복여극명자설(李復汝克名字說)
침설(枕說)

## 김규태(金圭泰, 현대)

[문집] 고당문집(顧堂文集)
[작품] 교경설(矯警說)
독서사유산설(讀書似遊山說)
보본설(報本說)
산거설(山居說)
칙이설－증최종대(則以說－贈崔鍾大)

## 김근행(金謹行, 1713~1784)

[문집] 용재집(庸齋集)
[작품] 기질계분설(氣質界分說)
독병계선생허령설(讀屛溪先生虛靈說)
연설(1)〔筵說(一)〕
연설(2)〔筵說(二)〕
인심도심설(人心道心說)

## 김기수(金基洙, 1818~1873)

[문집] 백후집(栢後集)
[작품] 해주설(海舟說)

## 김기찬(金驥燦, 1748~1812)

[문집] 동곽유고(東郭遺稿)
[작품] 무호설(無號說)

## 김낙행(金樂行, 1708~1766)

[문집] 구사당집(九思堂集)
[작품] 개자간부설(改字艮夫說)
남초설(南草說)
독역설(讀易說)
독퇴계선생집득기정정기심분체용설(讀退溪先生集得其正正其心分體用說)
살오공설(殺蜈蚣說)
쇠부판벽령설(衰負版辟領說)
심체용설(心體用說)
직석설(織席說)
폭건도설(幅巾圖說)
효구설(孝狗說)

## 김대진(金岱鎭, 1800~1871)

[문집] 정와문집(訂窩文集)
[작품] 상불괴우옥루설(尙不愧于屋漏說)
성자성도자도설(誠自成道自道說)
혈구설(絜矩說)

## 김대현(金大賢, 1553~1602)

[문집] 유연당집(悠然堂集)
[작품] 양명후세변후설(揚名後世辨後說)

## 김덕겸(金德謙, 1552~1633)

[문집] 청륙집(靑陸集)
[작품] 삼출설(參朮說)

## 김덕련(金悳鍊, 1869~1929)

[문집] 고헌집(顧軒集)
[작품] 망양귀로작해설(望洋歸路作海說)
양어설(養魚說)

## 김덕성(金德誠, 1562~1636)

[문집] 성옹유고(醒翁遺稿)
[작품] 송시유학귀설(誦詩愈瘧鬼說)

## 김도수(金道洙, 1699~1742)

[문집] 춘주유고(春洲遺稿)
[작품] 기설(驥說)
산정제가문수설(刪定諸家文粹說)
죽설(竹說)

## 김도화(金道和, 1825~1912)

[문집] 탁암선생문집(拓菴先生文集)
[작품] 경자설 – 증이원서(병삼)〔敬字說 – 贈李元瑞(炳三)〕
근설 – 증채승원(勤說 – 贈蔡昇源)
만회설(晩悔說)
면학재설 – 증이순부(관도)〔勉學齋說 – 贈李舜敷(寬燾)〕
방의여성설(防意如城說)
사칠이발기발설(四七理發氣發說)
유성래(인식)자설〔柳聖來(寅植)字說〕
족조공좌(필우)지옹설〔族祖公佐(弼禹)之翁說〕
존덕성도문학설(尊德性道問學說)
죽사설(竹史說)
증유군봉희설(贈柳君鳳熙說)
천군설(天君說)
치심설 – 증족질공섭(용낙)〔治心說 – 贈族姪恭燮(庸洛)〕
태극도설(太極圖說)

## 김득신(金得臣, 1604~1684)

[문집] 백곡집(栢谷集)
[작품] 군심출치지본설(君心出治之本說)
맥병설(麥餠說)
본연지성기질지성변설(本然之性氣質之性卞說)
사배설(沙盃說)
와설(猧說)
웅압위구소서설(雄鴨爲狗所噬說)
의설(醫說)
죽통설(竹筒說)
평호소지석시설(評湖蘇芝石詩說)

## 김령(金坽, 1576~1650)

[문집] 경재선생일고(敬齋先生逸稿)

[작품] 계아조설(戒兒曹說)

## 김만기(金萬基, 1633~1687)

[문집] 둔암유고(遁庵遺稿)

[작품] 무우자설(無憂子說)

백수설(白水說)

## 김만영(金萬英, 1684~1731)

[문집] 남포선생집(南圃先生集)

[작품] 원리기설(原理氣說)

중설(中說)

## 김만증(金萬增, 1635~1720)

[문집] 둔촌유고(遯村遺稿)

[작품] 답인설(答人說)

시낙하제인설(示洛下諸人說)

시지호설(示芝湖說)

## 김만휴(金萬烋, 1625~1694)

[문집] 노노재집(魯魯齋集)

[작품] 심통성정도설(心統性情圖說)

심학도논변설(心學圖論辨說)

육갑도논변설(六甲圖論辨說)

일월구행도논변설(日月九行圖論辨說)

태극도논변설(太極圖論辨說)

## 김매순(金邁淳, 1776~1840)

[문집] 대산집(臺山集)

[작품] 독삼자설－증유생(讀三子說－贈兪生)

운석설(雲石說)

이생기화국평명자설(李生箕和國平名字說)

작치설(鵲鴟說)

중용미발설(中庸未發說)

## 김면택(金冕澤, 1862~1934)

[문집] 극복재사고(克復齋私稿)

[작품] 관물설(觀物說)

방생설(放生說)

석곡설(石谷說)

송석당설(松石堂說)

오행생극설(五行生克說)

월지종성즉이풍우설(月之從星則以風雨說)

천지운기도설(天地運氣圖說)

후운당설(後雲堂說)

## 김문옥(金文鈺, 1901~1960)

[문집] 효당선생문집(曉堂先生文集)

[작품] 강설－기박봉화(强說－寄朴琫和)

강암설(剛庵說)

경당설(絅堂說)

경당설(敬堂說)

고당설(顧堂說)

근암설(近庵說)

사암설(蓑庵說)

양회설(養晦說)

연파설(蓮坡說)

염초설－증김공옥(念初說－贈金公玉)

유헌설(留軒說)

이지설－증김원여(二至說－贈金元汝)
종호재설(從好齋說)
탁헌설(拓軒說)
하당설(荷堂說)
하재설(荷齋說)
학평설(學平說)
현담설(玄潭說)
호은설(湖隱說)

## 김병종(金秉宗, 1871~1931)

[문집] 수산문집(秀山文集)
[작품] 계제생설(戒諸生說)

## 김병휘(金炳輝, 1842~1903)

[문집] 연파집(蓮坡集)
[작품] 계자설(戒子說)
계험설－시조명찬(戒險說－示趙明贊)
동설－증한승여(動說－贈韓承汝)
시설－증백규언(視說－贈白奎彦)
심설(心說)
언설－증이신중(言說－贈李信中)
자경설(自警說)
지경설－증구성일(持敬說－贈具誠日)
청금설(聽琴說)
청설－시남평서(聽說－示南平瑞)

## 김복한(金福漢, 1860~1924)

[문집] 지산집(志山集)
[작품] 서연설(書筵說)

## 김봉열(金鳳烈, 1887~1960)

[문집] 남각유고(南角遺稿)
[작품] 덕도설(德道說)
재설(財說)

## 김사현(金社鉉, 1864~1938)

[문집] 양호재유고(養浩齋遺稿)
[작품] 방치서자설(方致瑞字說)

## 김상덕(金商德, 1873~1930)

[문집] 성재유고(誠齋遺稿)
[작품] 만오설(晩悟說)

## 김상수(金相壽, 1815~1895)

[문집] 초려문집(草廬文集)
[작품] 종삼괴설(種三槐說)
후천괘위변역설(后天卦位變易說)

## 김상수(金相秀, 1875~1952)

[문집] 호은유고(湖隱遺稿)
[작품] 호은자호설(湖隱自號說)

## 김상연(金尙埏, 1689~1774)

[문집] 기기재문집(棄棄齋文集)
[작품] 견전도설(遣奠圖說)
방상도설(方相圖說)
벽령도설(辟領圖說)
상례비요도설(喪禮備要圖說)
상례비요주설(喪禮備要註說)

소도설(筲圖說)
소렴도설(小斂圖說)
시제매위설찬도설(時祭每位設饌圖說)
신주도설(神主圖說)
심의도설(深衣圖說)
악수도설(握手圖說)
앵도설(甖圖說)
저장동장도설(苴杖桐杖圖說)
처위부당복도설(妻爲夫黨服圖說)
첩복도설(妾服圖說)
출가녀본종강복도설(出嫁女本宗降服圖說)
칠성판도설(七星板圖說)
포도설(苞圖說)

## 김상용(金尙容, 1561~1637)

[문집] 선원유고(仙源遺稿)
[작품] 기몽설(記夢說)

## 김상일(金相日, 1756~1822)

[문집] 일엄유고(一广遺稿)
[작품] 대도원설(병인)〔大桃源說(丙寅)〕
일설(정묘)〔一說(丁卯)〕

## 김상정(金相定, 1722~1788)

[문집] 석당유고(石堂遺稿)
[작품] 노청당설(老聽堂說)
북해설(北海說)
양진당설(養眞堂說)
잠려설(潛廬說)
중구직암선생칠십수서후설(仲舅直菴先生七十壽序後說)
치재설(恥齋說)

## 김상진(金相進, 1736~1811)

[문집] 탁계집(濯溪集)
[작품] 규고설(정사)〔刲股說(丁巳)〕
사역구난설(事易求難說)
여도위체설(기해추)〔與道爲體說(己亥秋)〕
한소독서설(병자)〔寒宵讀書說(丙子)〕

## 김상효(金相孝, 1847~1909)

[문집] 경재유고(敬齋遺稿)
[작품] 안포설(安圃說)
정옹설(靜翁說)

## 김석주(金錫胄, 1634~1684)

[문집] 식암집(息庵集)
[작품] 가곡설(稼谷說)
어제항우불도오강설(御題項羽不渡烏江說)
정생효선자설(鄭生孝先字說)
한헌설(閑軒說)

## 김성규(金星圭, 1863~?)

[문집] 초정집(草亭集)
[작품] 연설(演說)
예죽설－증민시랑영익(禮竹說－贈閔侍郎泳翊)
오통설(五統說)
의제설(衣制說)

## 김성년(金聖年, 고종)

[문집] 낙좌초고(洛左草稿)
[작품] 계당설(桂堂說)

동오설 – 증권중여태원(東吾說 – 贈權重汝泰元)
명명덕설(明明德說)

## 김성은(金性溵, 1765~1830)

[문집] 인일정유고(引逸亭遺稿)
[작품] 동국도통연원설(東國道統淵源說)
열옥설(閱獄說)

## 김성일(金誠一, 1538~1593)

[문집] 학봉집(鶴峰集)
[작품] 부관제락설(副官諸樂說)

## 김성탁(金聖鐸, 1684~1747)

[문집] 제산집(霽山集)
[작품] 면재설(勉齋說)
명시책편호씨경위설(明著策篇胡氏徑圍說)
석좌전사조설(釋左傳史趙說)
제출호진장호옥재설(帝出乎震章胡玉齋說)
체용설(體用說)
혈구설(絜矩說)

## 김세락(金世洛, 1804~1873)

[문집] 삼오당집(三吾堂集)
[작품] 치시율설(治詩律說)

## 김세렴(金世濂, 1593~1646)

[문집] 동명집(東溟集)
[작품] 일본담로수자설(日本淡路守字說)

## 김세필(金世弼, 1473~1533)

[문집] 십청선생집(十淸先生集)
[작품] 양군자설(楊君字說)

## 김수(金銖, 일제강점기)

[문집] 창계문집(滄溪文集)
[작품] 만우설(晩宇說)
소암호설(小菴號說)
신인규자설(愼仁奎字說)
호은설(湖隱說)

## 김수삼(金秀三, 1679~1767)

[문집] 치치재문집(恥恥齋文集)
[작품] 맹독설(盲讀說)
이기설(理氣說)
자경설(自警說)

## 김수윤(金秀潤, 1875~1951)

[문집] 명계유고(明溪遺稿)
[작품] 견돈설(犬豚說)
경노설(耕魯說)
만포설(晩圃說)
백암설(白巖說)
영진자설(榮振字說)
희재설(希齋說)

## 김수응(金粹應, 1887~1954)

[문집] 직재문집(直齋文集)
[작품] 알욕설(遏慾說)
자경설(自警說)

죽옹설(竹癰說)

## 김수증(金壽增, 1624~1701)

[문집] 곡운집(谷雲集)
[작품] 손아람상소자설(孫兒嵐祥小字說)

## 김수항(金壽恒, 1629~1689)

[문집] 문곡집(文谷集)
[작품] 김순징호삼형제자설(金洵徵灝三兄弟字說)
청와설(聽蛙說)

## 김수황(金壽璜, 1840~1904)

[문집] 함재문집(涵齋文集)
[작품] 복설(復說)
애죽설(愛竹說)
역설(易說)

## 김순(환각)〔金筍(煥珏), 1888~1978〕

[문집] 염재문집(念齋文集)
[작품] 강설 – 증송사언(剛說 – 贈宋士彦)
개명설(改名說)
괄백설(栝柏說)
김윤무자설(金允務字說)
농은설 – 증김대경(農隱說 – 贈金大庚)
목주설 – 유증양승순(木注說 – 留贈梁勝淳)
분송설(盆松說)
양삼설 – 증장양도(養杉說 – 贈張良度)
자김대경추설(字金大庚追說)
종남과설(種南瓜說)
지헌설(砥軒說)
화분설 – 제암송당벽(花盆說 – 題嵒松堂壁)
화송설(畵松說)
화암설 – 증신선화(化菴說 – 贈申善化)
후남과설(後南瓜說)
후석설 – 증권군(後石說 – 贈權君)
훈도설(薰陶說)

## 김시관(金時觀, 1677~1740)

[문집] 절곡집(節谷集)
[작품] 오륜설(五倫說)
윤득상자설(尹得相字說)

## 김시락(金時洛, 1857~1896)

[문집] 장암집(莊庵集)
[작품] 심경찬도설(心經贊圖說)

## 김시모(金時謨, 조선후기 위항시인)

[문집]
[작품] 재송설(裁松說)

## 김시빈(金始鑌, 1684~1729)

[문집] 백남집(白南集)
[작품] 경구설(景區說)
백호설(白毫說)

## 김시습(金時習, 1435~1493)

[문집] 매월당집(梅月堂集)
[작품] 계인설(契仁說)
명분설(名分說)
상변설(常變說)
생사설(生死說)

생재설(生財說)
신귀설(神鬼說)
역설(易說)
인재설(人才說)
태극설(太極說)

## 김시탁(金時鐸, 1713~1751)

[문집] 이호유고(梨湖遺稿)
[작품] 기왕심래설(記往諗來說)

## 김안국(金安國, 1478~1543)

[문집] 모재집(慕齋集)
[작품] 박난이오김기자설(朴蘭李塢金器字說)
박한로함경충자설(朴漢老咸敬忠字說)
정천령박수춘박감권은자설(鄭千齡朴壽椿朴敢權殷字說)

## 김안로(金安老, 1481~1537)

[문집] 희락당고(希樂堂稿)
[작품] 조석지설(潮汐之說)

## 김약련(金若鍊, 1730~1802)

[문집] 두암집(斗庵集)
[작품] 관수설(灌水說)
교자이신설(敎子以身說)
매초설(買草說)
삼자명자설(三子名字說)
인계설(人雞說)
잡설(雜說)
택일설－시계문내후생(擇日說－示戒門內後生)

형자영관명자설(兄子永觀名字說)

## 김양근(金良根, 1734~1799)

[문집] 동야집(東埜集)
[작품] 소진설(掃塵說)
현훈봉치후억설(玄纁奉置後臆說)

## 김양정(金養楨, 1785~1847)

[문집] 정암선생문집(定庵先生文集)
[작품] 구방심설(求放心說)
부동심설(不動心說)
성선설(性善說)
시경가종관설(示敬可從冠說)

## 김여만(金如萬, 1625~1711)

[문집] 추담집(秋潭集)
[작품] 인인설－증이성이(人人說－贈李盛而)

## 김여욱(金汝煜, 1581~1661)

[문집] 허주문집(虛舟文集)
[작품] 소국설(疏菊說)

## 김영(金瑩, 1765~1840)

[문집] 괴헌집(槐軒集)
[작품] 경신설(敬愼說)
고부벽설(瞽負躄說)

## 김영달(金永達, 1903~1964)

[문집] 의당유고(毅堂遺稿)

[작품] 백질여진수연해설(伯姪汝進壽宴解說)

## 김영두(연두)〔金泳斗(淵斗), 1857~1944〕

[문집] 안우유고(安愚遺稿)

[작품] 근독설(謹獨說)
근언설(謹言說)
근학설(勤學說)
성설(性說)
심설(心說)
안우설(安愚說)
정설(情說)
죽서설(竹西說)

## 김영수(金永壽, 1829~1899)

[문집] 하정집(荷亭集)

[작품] 마설(馬說)
비설(碑說)
오촌설(聱村說)

## 김영작(金永爵, 1802~1868)

[문집] 소정집(邵亭集)

[작품] 명손설(名孫說)
청묘의례안설(淸廟儀禮按說)

## 김영학(金永學, 1869~1933)

[문집] 병산선생문집(甁山先生文集)

[작품] 경독설(耕讀說)
낙초설(樂樵說)
동리설(東里說)
배극성자설(裵克省字說)
백하설(白荷說)
인심편시도심설(人心便是道心說)
자설(字說)
퇴천설(退川說)

## 김영한(金寧漢, 1878~1950)

[문집] 급우재집(及愚齋集)

[작품] 괴장설(壞墻說)
구당설－증김생응원(求堂說－贈金生應元)
규산설(奎山說)
근옹설(槿翁說)
서군홍석자설(徐君洪錫字說)
소설－증김군(梳說－贈金君)
소설－증김군민식(梳說－贈金君敏植)
앵도설(櫻桃說)
이화굉자설(李火宏字說)
죽설(粥說)
지산설－증이군(芝山說－贈李君)
채균설(采菌說)
최생기석개명자설(崔生淇碩改名字說)

## 김용우(金用雨, 1875~1963)

[문집] 경산유고(耕山遺稿)

[작품] 개명여자설(改名與字說)
독서설－시숙아급제학(讀書說－示璹兒及諸學)
명사자설(名四子說)
사칠설(四七說)
애국설(愛國說)
이기설(理氣說)
척비설(斥非說)
한옹설(閒翁說)

## 김용호(金容鎬, 1853~1923)

[문집] 일암문집(一菴文集)
[작품] 변사설(辨邪說)
인와공설(忍窩公說)

## 김우(金玗, 1833~1910)

[문집] 학남집(鶴南集)
[작품] 갑오소설(甲午小說)
괴물설 – 답김군윤건중육채군진숙길병(怪物說 – 答金君允建重育蔡君蓁淑吉秉)
심설 – 시김군자옥(心說 – 示金君子玉)
음양설 – 시김군윤환(陰陽說 – 示金君允煥)
학남호설(鶴南號說)
학폐설 – 서증박백신(學弊說 – 書贈朴伯愼)

## 김우급(金友伋, 1574~1643)

[문집] 추담선생문집(秋潭先生文集)
[작품] 기몽설(記夢說)
잡설(雜說)

## 김우림(金愚林(?), 1888~1978)

[문집] 용와집(慵窩集)
[작품] 만성설(晩醒說)
박진천자설(朴鎭天字說)
수암설(須庵說)
정성호자경지설(鄭誠鎬字敬之說)

## 김원행(金元行, 1702~1772)

[문집] 미호집(渼湖集)
[작품] 심성기질설 – 시이민철(心性氣質說 – 示李敏哲)
인손명자설(麟孫名字說)
중용귀신설(中庸鬼神說)

## 김유(金楺, 1653~1719)

[문집] 검재집(儉齋集)
[작품] 겸애겸양설(兼愛兼養說)
부재승중설(갑인)〔父在承重說(甲寅)〕
서설(序說)
오행설(병진)〔五行說(丙辰)〕
잡설(정해)〔雜說(丁亥)〕

## 김육(金堉, 1580~1658)

[문집] 잠곡유고(潛谷遺稿)
[작품] 옥귀설(玉龜說)

## 김윤식(金允植, 1835~1922)

[문집] 운양집(雲養集)
[작품] 고문설(苦蚊說)
궁혜설(신사동)〔弓鞋說(辛巳冬)〕
명덕설(明德說)
승해주설(乘海舟說)
시무설 – 송육생종륜유천진(時務說 – 送陸生鍾倫遊天津)
신학육예설(新學六藝說)
이순도자설(李舜徒字說)
재이설(災異說)
전채자설(剪綵者說)
천당지옥설(天堂地獄說)
풍수설(상 – 임진맹춘)〔風水說(上 – 壬辰孟春)〕
풍수설(중)〔風水說(中)〕

풍수설(하)〔風水說(下)〕
호표설(임진정월)〔虎豹說(壬辰正月)〕

## 김응하(金應夏, 1783~1830)

[문집] 정수재유고(靜修齋遺稿)
[작품] 광거설(廣居說)
사계자설(舍季字說)
이곡이거설(泥谷移居說)

## 김응환(창시)〔金應煥(昌詩), 1894~1968〕

[문집] 현사문집(玄沙文集)
[작품] 원대설(圓臺說)

## 김이수(金頤壽, 1843~1915)

[문집] 담재유고(澹齋遺稿)
[작품] 증최생덕언필수설(贈崔生德彦必壽說)

## 김이안(金履安, 1722~1791)

[문집] 삼산재집(三山齋集)
[작품] 낙치설(落齒說)
미발기질설(未發氣質說)
유악주자설(兪嶽柱字說)
이해관자설(李海觀字說)
홍생문영자설(洪甥文榮字說)

## 김익(金熤, 1723~1790)

[문집] 죽하집(竹下集)
[작품] 논맥설(論脈說)

## 김익희(金益熙, 1610~1656)

[문집] 창주유고(滄洲遺稿)
[작품] 관자만증설(冠子萬增說)

## 김인섭(金麟燮, 1827~1903)

[문집] 단계선생문집(端溪先生文集)
[작품] 각성경이자설(刻誠敬二字說)
강회이자설(姜晦彛字說)
구방심재명도설(求放心齋銘圖說)
권재옥명자설(權載玉名字說)
남경설(南耕說)
명덕설(明德說)
심담설(心潭說)
심설(心說)
심연지설(尋蓮池說)
예연설(瘞硯說)
인의체용설(仁義體用說)
인재설(忍齋說)
입지설(立志說)
존덕성재명도설(尊德性齋銘圖說)
태극동정설(太極動靜說)

## 김인식(金仁植, 1864~1939)

[문집] 독수재유고(篤守齋遺稿)
[작품] 만송설(晩松說)
위기설－증홍인수인표(爲己說－贈洪仁洙寅杓)

## 김인항(金仁恒, 1749~1828)

[문집] 도촌유고(道村遺稿)
[작품] 농상설(農桑說)

치포설(治圃說)

## 김인후(金麟厚, 1510~1560)

[문집] 하서집(河西集)
[작품] 이지남자설(李至男字說)

## 김장생(金長生, 1548~1631)

[문집] 사계유고(沙溪遺稿)
[작품] 여양진익논계구신독분동정설(與梁振翊論戒懼愼獨分動靜說)

## 김재락(金在洛, 1858~1920)

[문집] 양몽재집(養蒙齋集)
[작품] 과업설(科業說)
관해설(觀海說)
낙육재의식설(樂育齋儀式說)
도식설(圖式說)
목면종자동도설(木綿種子東渡說)
문승설(文勝說)
민농설(憫農說)

## 김재홍(金在洪, 1867~1939)

[문집] 수오재문집(遂吾齋文集)
[작품] 벽사설(闢邪說 )
운전설(芸田說)
증황군윤관치환설(贈黃君允寬致煥說)

## 김재화(金在華, ?~1965)

[문집] 순재문집(醇齋文集)
[작품] 김경임갱명자설(金景臨更名字說)
외당설(畏堂說)
이입부자설(李立夫字說)
잡설(1)〔雜說(一)〕
잡설(2)〔雜說(二)〕
진계설(進溪說)
청전설(聽田說)
포복사설(捕蝮蛇說)

## 김정(金淨, 1486~1521)

[문집] 충암집(冲菴集)
[작품] 석수간자보화설(釋守侃字葆和說)

## 김정국(金正國, 1485~1541)

[문집] 사재집(思齋集)
[작품] 정지운자설(鄭之雲字說)

## 김정기(金定基, 1885~1947)

[문집] 겸산유고(兼山遺稿)
[작품] 독반경설(讀盤庚說)
비은설(費隱說)
소암호설(小庵號說)

## 김정봉(金廷鳳, 1808~1851)

[문집] 노구문집(魯邱文集)
[작품] 지리유무설(地理有無說)

## 김정섭(金廷燮, 1842~1916)

[문집] 죽암집(竹菴集)
[작품] 선후천변역통설(先后天變易統說)

## 김정한(金正漢, 1711~1766)

[문집] 지곡선생문집(芝谷先生文集)
[작품] 아호시설(鵝湖詩說)
연실설(蓮實說)

## 김정호(金正昊, 조선 고종)

[문집] 오강유고(梧岡遺稿)
[작품] 감보재루퇴패설(感普齋樓頹敗說)

## 김정희(金正喜, 1786~1856)

[문집] 완당전집(阮堂全集)
[작품] 실사구시설(實事求是說)
예당설(禮堂說)
인재설(人才說)
일헌예설(壹獻禮說)
적천리설(適千里說)
한유가법설(漢儒家法說)
혁괘설(革卦說)

## 김조순(金祖淳, 1765~1831)

[문집] 풍고집(楓皐集)
[작품] 독춘추설(讀春秋說)
시문시객설(詩文示客說)
어사면감수반설(御賜面鑑手槃說)
임자내사설(壬子內賜說)
죽설(竹說)
풍우설(風雨說)
호모필설(虎毛筆說)

## 김종가(金種嘉, 일제강점기)

[문집] 입헌문집(立軒文集)
[작품] 김자범자설(金子範字說)
신구설(新舊說)
옥석설 - 증양종식(玉石說 - 贈梁宗植)
입지설 - 증양우경(立志說 - 贈梁佑卿)

## 김종덕(金宗德, 1724~1797)

[문집] 천사선생문집(川沙先生文集)
[작품] 대산선생갈문중사칠설 - 왕복개수변(大山先生碣文中四七說 - 往復改修辨)
매류설(梅榴說)
서이학보등시장경당성도설(書李學甫謄示張敬堂性道說)
선악개천리설(善惡皆天理說)
성선설(性善說)
솔성설(率性說)
솔성지위도설(率性之謂道說)
자겸설(自慊說)
조사존망설(操舍存亡說)
존즉정설(存則靜說)
태극도설(太極圖說)
함양설(涵養說)

## 김종섭(金宗燮, 1743~1791)

[문집] 제암집(濟庵集)
[작품] 강심경설(講心經說)
관설 - 시종자경진(병술)〔冠說 - 示從子慶進(丙戌)〕
유주왕산록후설(경진)〔游周王山錄後說(庚辰)〕

## 김종정(金鍾正, 1722~1787)

[문집] 운계만고(雲溪漫稿)

[작품] 교양설 – 증김치오(상정)〔橋梁說 – 贈金稚五(相定)〕

기질설(氣質說)

사단칠정설(四端七情說)

성설(상)〔性說(上)〕

성설(하)〔性說(下)〕

정의설(情意說)

중용부도불문여정여미발설(中庸不覩不聞與未發說)

## 김종직(金宗直, 1431~1492)

[문집] 점필재집(佔畢齋集)

[작품] 일본국거사중준자설(日本國居士重俊字說)

죽락설(鬻駱說)

## 김종후(金鍾厚, 1721~1780)

[문집] 본암집(本庵集)

[작품] 경련설(정해)〔敬蓮說(丁亥)〕

기자서실벽설(幾字書室壁說)

명자설(기묘)〔名字說(己卯)〕

위소후전모지당여모설(爲所後前母之黨如母說)

지행설(기해)〔知行說(己亥)〕

## 김종희(金宗禧, 1878~1932)

[문집] 매계집(梅溪集)

[작품] 지행설〔知行說(己亥)〕

## 김좌영(金佐永, 1789~1856)

[문집] 강해집(江海集)

[작품] 김극생자설(金克生字說)

내종질이석일소자설(內從姪李錫馹小字說)

## 김주식(金胄植, 1859~1916)

[문집] 순와문집(順窩文集)

[작품] 숭자명와설(崇字名窩說)

자경설(自警說)

## 김주신(金柱臣, 1661~1721)

[문집] 수곡집(壽谷集)

[작품] 윤자강자설(尹子强字說)

이용설(二傭說)

잡설(6수)〔雜說(六首)〕

장설(葬說)

천설(天說)

## 김중청(金中淸, 1567~1629)

[문집] 구전문집(苟全文集)

[작품] 서묘설(鼠貓說)

설직설(舌織說)

역괘초상구륙설(易卦初上九六說)

의은고종사부설 – 용여작림우고(擬殷高宗賜傅說 – 用汝作霖雨誥)

## 김지행(金砥行, 1716~1774)

[문집] 밀암집(密菴集)

[작품] 송고종세실설(宋高宗世室說)

이수석명설(履修錫名說)

## 김직원(金直源, 1868~1937)

[문집] 신암유고(愼菴遺稿)

[작품] 천설(泉說)

## 김진규(金鎭圭, 1658~1716)

[문집] 죽천집(竹泉集)

[작품] 몰인설(沒人說)

문와설(聞鼃說)

## 김진성(金璡聲, 1822~1892)

[문집] 연호유고(蓮湖遺稿)

[작품] 연호설(蓮湖說)

## 김진우(金鎭祐, 조선 고종)

[문집] 물천집(勿川集)

[작품] 경신설(敬身說)

물시소재설－증종제진문(勿恃小才說－贈從弟鎭文)

서주부자답진염부서증제생소설(書朱夫子答陳廉夫書贈諸生小說)

안생인거유자설(安生仁居由字說)

이생공직자설(李甥孔直字說)

제국사설(除國祠說)

증이경부소설(贈李敬夫小說)

증제생소설(1)〔贈諸生小說(一)〕

증제생소설(2)〔贈諸生小說(二)〕

학무실득설(學務實得說)

황하려선생입지설－서증장달중재붕(黃下廬先生立志說－書贈張達中載鵬)

## 김진한(金鎭漢, 1629~?)

[문집] 미산집(嵋山集(?))

[작품] 오도일이관지설(吾道一以貫之說)

## 김창직(金昌稷, 1872~1939)

[문집] 구천유집(龜川遺集)

[작품] 색목설－계자손(色目說－戒子孫)

석춘설(石春說)

하도화괘설(河圖畵卦說)

화산여설－기이제(火山旅說－寄二弟)

## 김창협(金昌協, 1651~1708)

[문집] 농암집(農巖集)

[작품] 계신공구통관동정설(戒愼恐懼通貫動靜說)

사단칠정설(四端七情說)

## 김창흡(金昌翕, 1653~1722)

[문집] 삼연집(三淵集)

[작품] 구설(韭說)

낙치설(落齒說)

논지자설(論智字說)

양설(羊說)

에경설(殪猿說)

오재설(寤齋說)

잡설(雜說)

조설(鳥說)

지뉵설(止衄說)

학설(鶴說)

후천도설(后天圖說)

## 김창희(金昌熙, 1844~1890)

[문집] 석능집(石菱集)
[작품] 둔재설(鈍齋集)

## 김천일(金千鎰, 1537~1593)

[문집] 송천집(松川集)
[작품] 군심출치지본설(君心出治之本說)

## 김철수(박수)〔金喆銖(璞銖), 1822~1887〕

[문집] 노원집(魯圓集)
[작품] 효암설(晶菴說)

## 김춘택(金春澤, 1670~1717)

[문집] 북헌집(北軒集)
[작품] 간서잡설(看書雜說)
명아명술손설(命兒名述孫說)
몽설－증송경휘(夢說－贈宋景徽)
잠녀설(潛女說)
주자시설－증송정상(朱子是說－贈宋正相)

## 김취문(金就文, 1509~1570)

[문집] 구암집(久庵集)
[작품] 증금강승성원설(贈金剛僧性源說)
증석자설(2)〔贈釋子說(二)〕

## 김태일(金兌一, 1637~1702)

[문집] 노주집(蘆洲集)
[작품] 견폐계성설(犬吠雞聲說)

## 김택술(金澤述, 1884~1954)

[문집] 후창선생문집(後滄先生文集)
[작품] 경은설(耕隱說)
구질극범자설(龜姪克範字說)
김성원자설(金聲遠字說)
담송설(啖松說)
백굴설(百屈說)
변자설(辨字說)
사자명자설(四子名字說)
우설－자계(憂說－自戒)
은계설(隱溪說)
이사진자설(李士進字說)
자기설(1)〔自欺說(一)〕
자기설(2)〔自欺說(二)〕
최이구이관자설(崔以求以貫字說)
편복설(蝙蝠說)
허정노이중명자설(許正老而中名字說)

## 김택영(金澤榮, 1850~1927)

[문집] 소호당집(韶護堂集)
[작품] 기본선설(氣本善說)
왕원초삼자자설(王原初三子字說)
의설(疑說)
일암설(一菴說)
절부설(節婦說)
증민의백채석설(贈閔毅伯采石說)
천왕수하양설(天王狩河陽說)

## 김팔원(金八元, 1524~1569)

[문집] 지산집(芝山集)
[작품] 산뢰설(山磊說)

## 김평묵(金平默, 1819~1888)

[문집] 중암집(重菴集)

[작품] 가계김씨이랑명자설(嘉溪金氏二郎名字說)
거적설(居謫說)
과학설(상)〔科學說(上)〕
과학설(중)〔科學說(中)〕
과학설(하)〔科學說(下)〕
김세진개명자설(金世鎭改名字說)
나유영자설(羅有英字說)
능소능설(能所能說)
대덕소덕설(大德小德說)
독삼강오상설－지감(讀三綱五常說－志感)
명덕설(明德說)
명륜설(明倫說)
박의석자설(朴毅錫字說)
변어이설(變於夷說)
변어이설(2)〔變於夷說(二)〕
사민설－시박관(四民說－示朴丱)
사민설－시박관홍석(四民說－示朴丱弘錫)
생도설(生道說)
생도설(2)〔生道說(二)〕
소장설(消長說)
시설(상)〔詩說(上)〕
시설(하)〔詩說(下)〕
심설－곤득시말(心說－困得始末)
원형이정설(元亨利貞說)
유인은자설(柳寅殷字說)
유제학자설(柳濟鶴字說)
음양설(陰陽說)
이기설－증김무경(理氣說－贈金武卿)
이기설－증양순집(理氣說－贈梁順集)
이수건자설(李秀健字說)
이원기개명자설(李元基改名字說)
이종설자설(李鐘卨字說)
입후설(立後說)
절의설(節義說)
절의설(2)〔節義說(二)〕
종자법설(宗子法說)
증손이랑명자설(曾孫二郎名字說)

## 김하구(金夏九, 1676~1762)

[문집] 추암집(楸菴集)

[작품] 개화설(改火說)
관화설(觀畵說 )
목과장설(木瓜杖說)

## 김학배(金學培, 1628~1673)

[문집] 금옹집(錦翁集)

[작품] 독계석탄대유이기상발심유체용도설(讀李石灘大柔理氣相發心有體用圖說)
조변이대유이기도설(條辨李大柔理氣圖說)

## 김학수(金學洙, 1891~1975)

[문집] 술암유집(述菴遺集)

[작품] 우당설(愚堂說)
정거사농은설(鄭居士農隱說)

## 김한록(金漢祿, 1722~1790)

[문집] 한간선생문집(寒澗先生文集)

[작품] 계구지정설(戒懼至靜說)
답이경초여성인논제악설(答李景初與成人論濟惡說)
대학정시공부설(大學靜時工夫說)
대학정심설(大學正心說)
대학정정설(大學定靜說)

독주선생적감설(讀朱先生寂感說)
독중용혹문논정소문답설(讀中庸或問論程蘇問答說)
범여식심설(范女識心說)
서명제악설(西銘濟惡說)
수신장지자설(脩身章之字說)
음양설(陰陽說)
인물품기설(人物稟氣說)
인설(仁說)
정심장구혹자설(正心章句或字說)
정자생지위성장설(程子生之謂性章說)
지수설(地水說)
충한무진일은설(冲漢無眹一般說)
통서담자설(通書淡字說)
홍상천자설(洪相天字說)

## 김한섭(金漢燮, 헌종/철종)

[문집] 오남선생문집(吾南先生文集)
[작품] 기도해설(朞圖解說)
논천태강설(論天台講說)
대학전도후설(大學全圖後說)
명덕도변설(明德圖辨說)
벽사설(闢邪說)
비은도변설(費隱圖辨說)
삼극도설(三極圖說)
성현벽사도설(聖賢闢邪圖說)
성현전경도설(聖賢傳敬圖說)
심자신지소주설(心者身之所主說)
심통성정도변설(心通性情圖辨說)
의제변설(衣制辨說)
인물성동이도변설(人物性同異圖辨說)
인자설(寅字說)
일월회삭도변설(日月會朔圖辨說)
토규지중도변설(土圭地中圖辨說)

형이상하도설(形而上下圖說)

## 김한영(金漢英, 1637~1712)

[문집] 눌암선생문집(訥庵先生文集)
[작품] 사단설(四端說)
사시설(四時說)
사자설(思字說)
삼재설(三才說)
예설(禮說)
인자설(忍字說)

## 김해(金垓, 1555~1593)

[문집] 근시재집(近始齋集)
[작품] 이기설(理氣說)

## 김혁권(金赫權, ?~?)

[문집] 함재집(涵齋集)
[작품] 문장설(文章說)

## 김혁수(金赫洙, 1867~1928)

[문집] 양와유고(養窩遺稿)
[작품] 김여직자설(金汝直字說)
정자극자설(丁子克字說)

## 김현옥(金顯玉, 1844~1910)

[문집] 산석집(山石集)
[작품] 경와설(警窩說)
권유칠자설(權儒七字說)
애매설－증권양민삼자(愛梅說－贈權梁閔三子)

오우배우향자설(吳禹拜禹向字說)
유견부자설(劉見夫字說)
유순석자설(劉舜石字說)
이천령명설(李千齡名說)

**김형기**(金瀅基, 현대)

[문집] 태암수화(苔巖隨話)
[작품] 태암설(苔巖說)

**김형수**(金逈洙, 철종)

[문집] 소당유고(嘯堂遺稿)
[작품] 두부설(豆腐說)

**김회석**(金會錫, 1856~1934)

[문집] 우천문집(愚川文集)
[작품] 동지설(冬至說)
척사설(斥邪說)
표재숙자설(表在琡字說)

**김효식**(金孝植, 현대)

[문집] 간암유고(艮庵遺稿)
[작품] 계자설(戒子說)
고집설(固執說)
만설(謾說)
미서설(未敍說)
삼행설(三幸說)
삼효자설(三孝子說)
안분설(安分說)
애설(艾說)
영묘설(永墓說)
오난설(五亂說)
자회설(自悔說)
철주설(掣肘說)
파혹설(破惑說)
한거설(閒居說)
해서설(偕書說)

**김휴**(金烋, 1597~1638)

[문집] 경와집(敬窩集)
[작품] 계자설(戒子說)

**김흥락**(金興洛, 1827~1899)

[문집] 서산집(西山集)
[작품] 세심설－증이재언(洗心說－贈李在言)
주일설(主一說)

**김희순**(金羲淳, 1757~1821)

[문집] 산목헌집(山木軒集)
[작품] 강설(1)〔講說(一)〕
강설(2)〔講說(二)〕
악역불가불위지성설(惡亦不可不謂之性說)
연설(筵說)
우산지목설(牛山之木說)

**김희주**(金熙周, 1760~1830)

[문집] 갈천집(葛川集)
[작품] 약설(約說)
연설(筵說)

# ㄴ~ㄷ

나익남(羅翼南)
~
도한열(都漢烈)

## 나익남(羅翼南, 1558~1646)

[문집] 국암선생문집(菊菴先生文集)
[작품] 몽자사설(夢子思說)
형제강학설(兄弟講學說)

## 남경훈(南慶薰, 1572~1612)

[문집] 난고유고(蘭皐遺稿)
[작품] 기설(棊說)
대명매설(大明梅說)
묵죽설(墨竹說)
사계화설(四季花說)
자오설(慈烏說)

## 남경희(南景羲, 1748~1812)

[문집] 치암집(癡庵集)
[작품] 손암설(遜庵說)
전창위상마설(全昌尉相馬說)
치암설(癡庵說)

## 남고(南皐, 1807~1879)

[문집] 시암집(時庵集)
[작품] 고죽설(枯竹說)
대우설(기미)〔大迂說(己未)〕
양죽설(養竹說)
축묘설(畜猫說)

## 남공수(南公壽, 1793~1875)

[문집] 영은집(瀛隱集)
[작품] 구상유설(狗相乳說)

## 남공철(南公轍, 1760~1840)

[문집] 금릉집(金陵集)
[작품] 위인잡설 – 증남동자한영(爲人雜說 – 贈南童子漢寧)
잡설(1)〔雜說(一)〕
잡설(2)〔雜說(二)〕

## 남구만(南九萬, 1629~1711)

[문집] 약천집(藥泉集)
[작품] 조설(釣說)

## 남구명(南九明, 1661~1719)

[문집] 우암집(寓庵集)
[작품] 마설(馬說)
묘설(猫說)
사설(蛇說)
산세설(山勢說)
신산설(神山說)
의아설(義鴉說)
지리설(地理說)
지세설(地勢說)
천기설(天氣說)

## 남기만(南基萬, 1730~1796)

[문집] 묵산집(默山集)
[작품] 인심도심설(人心道心說)

## 남명학(南溟學, 1731~1798)

[문집] 오룡재유고(五龍齋遺稿)
[작품] 북설(北說)

## 남병인(南秉仁, 1817~1874)

[문집] 노산문집(老山文集)
[작품] 독서유정한설(讀書有程限說)
독서차제설(讀書次第說)
사제설(師弟說)
성의설(誠意說)
심성정의명덕이기분합설(心性情意明德理氣分合說)
충서설(忠恕說)

## 남병철(南秉哲, 1817~1863)

[문집] 규재유고(圭齋遺藁)
[작품] 간평의설(簡平儀說)
구진천추합의설(句陳天樞合儀說)
도사설(賭射說)
양경규일의설(兩景揆日儀說)
양도의설(量度儀說)
지구의설(地球儀說)
험시의설(驗時儀說)
혁설(弈說)
혼개통헌의설(渾蓋通憲儀說)
혼천의설(渾天儀說)
혼평의설(渾平儀說)

## 남상노(南相魯, 1871~1906)

[문집] 목산문집(木山文集)
[작품] 상구설(相龜說)

## 남용만(南龍萬, 1709~1784)

[문집] 활산집(活山集)
[작품] 식와설(息窩說)
암곡설(暗谷說)
용와설(慵窩說)
이군복자설(李君復字說)
임심재설(臨深齋說)
최경자설(崔璥字說)
최생질자설(崔生瓆字說)
팔봉와설(八峯窩說)
하석설(賀石說)
한한정설(閒閒亭說)
활산설(活山說)

## 남용익(南龍翼, 1628~1692)

[문집] 호곡집(壺谷集)
[작품] 주소인설(酒小人說)

## 남유용(南有容, 1698~1773)

[문집] 뇌연집(雷淵集)
[작품] 난설(蘭說)
묘설(猫說)
이다재설(二多齋說)

## 남정섭(南廷燮, 1863~1913)

[문집] 소와문집(素窩文集)
[작품] 성심정일관설(性心情一貫說)

## 남정우(南廷瑀, 1869~1947)

[문집] 입암집(立巖集)
[작품] 겸겸설－증족질자도철희(謙謙說－贈族姪子道轍熙)
권사인자설(權士仁字說)
김원좌자설(金元佐字說)

노대여자설(盧大汝字說)
이여직자설(李汝直字說)

## 남창희(南昌熙, 1870~1945)

[문집] 이천집(夷川集)
[작품] 강유선악중설(剛柔善惡中說)
도불가리설(道不可離說)
독한수재답채군범지각설(讀寒水齋答蔡君範知覺說)
무장영무내외설(無將迎無內外說)
변한주발출부동저시성주재상정저시심지설(辨寒洲發出不同底是性主宰常定底是心之說)
이한주음양동정유점차설변(李寒洲陰陽動靜有漸次說辨)
인물성동이설(人物性同異說)
인심도심설(人心道心說)
치중화장구계구설(致中和章句戒懼說)

## 남학명(南鶴鳴, 1654~1723)

[문집] 회은집(晦隱集)
[작품] 고사(故事)
사한(詞翰)
쇄문(瑣聞)
언행(言行)
예제(禮制)
풍토(風土)

## 남한기(南漢紀, 1675~1748)

[문집] 기옹집(寄翁集)
[작품] 유생자장엄해설(兪生子章掩骸說)

## 남한조(南漢朝, 1744~1809)

[문집] 손재문집(損齋文集)
[작품] 김재원이신자설(金在遠爾愼字說)
이병진퇴가자설(李秉進退可字說)

## 남한호(南漢皜, 1760~1821)

[문집] 성재집(誠齋集)
[작품] 대학채집보궐약설(大學采輯補闕略說)
도설제이절주분합설(圖說第二節註分合說)
이십오장시조설(二十五章時措說)
정심장장구일유지설(正心章章句一有之說)
중용불편불의설(中庸不偏不倚說)
처세설(處世說)
통서통체각구설(通書統體各具說)

## 노경임(盧景任, 1569~1620)

[문집] 경암집(敬菴集)
[작품] 개과설(改過說)
격물치지설(格物致知說)
겸설(謙說)
기질지성설(氣質之性說)
남북극설(南北極說)
뇌정설(雷霆說)
도설(道說)
독서설(讀書說)
명설(名說)
무극설(無極說)
사생설(死生說)
상로설(霜露說)
성신설(星辰說)
성의설(誠意說)
수신설(修身說)

언인과설(言人過說)
역설(易說)
역학계몽설(易學啓蒙說)
염설(廉說)
우설(雨說)
이기설(理氣說)
이십팔수설(二十八宿說)
인설(人說)
인설(忍說)
일월설(日月說)
일월식설(日月蝕說)
입지설(立志說)
잡설(상)〔雜說(上)〕
잡설(하)〔雜說(下)〕
정심설(正心說)
제가설(齊家說)
조석설(潮汐說)
존심양성설(存心養性說)
주경설(主敬說)
처가설(處家說)
천명설(天命說)
천성설(天性說)
천지설(天地說)
치국설(治國說)
태극설(太極說)
평천하설(平天下說)
풍설(風說)
함양설(涵養說)
합설(合說)

## 노국빈(盧國賓, 1747~1821)

[문집] 만헌유고(晩軒遺稿)
[작품] 양심설(養心說)
척사학설(斥邪學說)

## 노상직(盧相稷, 1855~1931)

[문집] 소눌선생문집(小訥先生文集)
[작품] 강설－송임서훈(强說－送林瑞勳)
견백설(堅白說)
김규옥자설(金奎玉字說)
만최설(晩最說)
문지설(文志說)
박즙자설(朴楫字說)
삼헌설(三軒說)
성기원자설(成耆遠字說)
손병현자설(孫柄鉉字說)
손태석자설(孫兌錫字說)
신성규자설(申晟圭字說)
안인환동환춘환자설(安仁煥東煥春煥字說)
애죽설(哀竹說)
유선곤자설(柳善坤字說)
이병기자설(李炳祺字說)
이상백자설(李相白字說)
이석해자설(李錫海字說)
이진락자설(李晉洛字說)
이찬호자설(李瓚鎬字說)
입지설(立志說)
청계설(聽溪說)
형제계립동소목설(兄弟繼立同昭穆說)
황진모자설(黃震模字說)

## 노수신(盧守愼, 1515~1590)

[문집] 소재집(穌齋集)
[작품] 집중설(執中說)

## 노용규(盧龍圭, 1808~1872)

[문집] 소심재집(小心齋集)

[작품] 계자설(戒子說)
구족설(九族說)
면김동자기인설(勉金童子基仁說)
잠포설(潛圃說)

## 노정(盧禎, 1518~1578)

[문집] 옥계집(玉溪集)
[작품] 장횡거양초설(張橫渠養蕉說)

## 노정섭(盧正燮, 1849~1902)

[문집] 연곡집(蓮谷集)
[작품] 기삼백포등법부어류세차급력설(朞三百布等法附語類歲差及曆說)
내외족상칭호설(內外族相稱呼說)
미발설(未發說)
박경구자설(朴敬九字說)
변효설(變爻說)
삼강설(三綱說)
수구여병설(守口如甁說)
심설(心說)
심자설(心字說)
어승여자설(魚升汝字說)
유맹양자설(兪孟養字說)
주정설(主靜說)
참동계납갑도설(參同契納甲圖說)
홍성규자설(洪聖規字說)

## 노정훈(盧正勳, 1853~1929)

[문집] 응초유집(鷹樵遺集)
[작품] 권학설－증재거제생(勸學說－贈齋居諸生)

## 노필연(魯佖淵, 1827~1885)

[문집] 극재집(克齋集)
[작품] 극기설(克己說)
태극도설(太極圖說)

## 노희원(盧希遠, 1759~1819)

[문집] 용인재유고(容忍齋遺稿)
[작품] 용인재몽중강설(容忍齋夢中講說)

## 도신징(都愼徵, 1611~1678)

[문집] 죽헌집(竹軒集)
[작품] 세범변설(歲犯辨說)

## 도우경(都禹璟, 1755~1813)

[문집] 명암문집(明庵文集)
[작품] 삭승설(索繩說)
의구설(義狗說)
제정초설(除庭草說)
종국설(種菊說)
청간옹설(淸澗翁說)

## 도우룡(都右龍, 1838~1906)

[문집] 일회헌집(一悔軒集)
[작품] 논문설(論文說)
서농설(書農說)
척불설(斥佛說)
향약계중창설(鄕約契重創說)
환득실설(歡得失說)

## 도한기(都漢基, 1836~1902)

[문집] 관헌집(管軒集)
[작품] 경권설(經權說)
경전도설(耕田圖說)
관상유설(鸛相乳說)
관후희설(觀猴戱說)
노주설(勞酒說)
목가산설(木假山說)
배기홍명자설(裵箕洪名字說)
백설(白說)
석남설(石枏說)
심의설(深衣說)
쌍묘갈면배위서좌변설(雙墓碣面配位書左辨說)
아자학모명자설(兒子學模名字說)
용인불포문지설(用人不抱門地說)
인산설(仁山說)
일농설(逸儂說)
일봉설(一峰說)
일월역상설(日月曆象說)
장서설(藏書說)
정자생지위성장집설(程子生之謂性章集說)
종손문환명자설(從孫文煥名字說)
종손용환명자설(從孫龍煥名字說)
증승설(憎蠅說)
태극해재설(太極解再說)
태극후설(太極後說)
학산설(學山說)

## 도한열(都漢烈, 1891~1959)

[문집] 묵암문집(默庵文集)
[작품] 자경설(自警說)

# ㅁ

문갑순(文甲淳)
~
민치량(閔致亮)

## 문갑순(文甲淳, 1888~1933)

[문집] 묵암집(默巖集)

[작품] 허자형철자설(許子亨哲字說)

## 문경충(文敬忠, 1494~1555)

[문집] 사미정유집(四美亭遺集)

[작품] 서장사숙좌우명자경설(書張思淑座右銘自警說)

송총혜산인설(送聰慧山人說)

자외십이조설(自畏十二條說)

## 문국현(文國鉉, 1838~1911)

[문집] 방주집(芳洲集)

[작품] 배송성재선생귀김해설(拜送性齋先生歸金海說)

사단칠정설(四端七情說)

## 문동도(文東道, 1646~1699)

[문집] 경암선생문집(敬庵先生文集)

[작품] 천복유수설(天復儒讐說)

## 문상질(文尙質, 1825~1895)

[문집] 회산문집(晦山文集)

[작품] 문가온자설(文可蘊字說)

자경설(自警說)

## 문용(창석)〔文鏞(昌錫), 1861~1926〕

[문집] 겸산문집(謙山文集)

[작품] 김근부자설(金謹夫字說)

김명부자설(金鳴孚字說)

김윤도자설(金允道字說)

김인부자설(金仁夫字說)

만우설(晩友說)

문상옥자설(文祥沃字說)

송명여자설(宋明汝字說)

송이직자설(宋而直字說)

심여중자설(沈汝重字說)

전정익자설(田貞益字說)

주형중자설(周亨重字說)

## 문용기(文龍起, ?~?)

[문집] 산암유고(山菴遺稿)

[작품] 시설(詩說)

## 문존호(정호)〔文存浩(正浩), 1884~1957〕

[문집] 오강문집(吾岡文集)

[작품] 이기호발설(理氣互發說)

청강설(聽江說)

## 문진락(진영)〔文鎭洛(鎭英), 1826~1879〕

[문집] 효효재문집(囂囂齋文集)

[작품] 제초설(除草說)

## 문해구(文海龜, 1776~1849)

[문집] 묵산문집(默山文集)

[작품] 강사장자설(姜士章字說)

김형호상태자설(金亨乎尙兌字說)

서선설(書扇說)

유자신진영자설(柳子新震英字說)

유자화진엽자설(柳子和震燁字說)

일과설(日課說)
자경설(自警說)
천군토사적설(天君討私賊說)
필설(筆說)
한여탁상규자설(韓汝琢相圭字說)

## 민유중(閔維重, 1630~1687)

[문집] 문정공유고(文貞公遺稿)
[작품] 귀신자이기지양능설(鬼神者二氣之良能說)

## 민재남(閔在南, 1802~1873)

[문집] 회정집(晦亭集)
[작품] 기옹설(棄翁說)
상제설(喪祭說)
심성정설(心性情說)
약설(藥說)
연소설(蓮沼說)
인물이기설(人物理氣說)

## 민주현(閔冑顯, 1808~1882)

[문집] 사애선생문집(沙厓先生文集)
[작품] 단사설(丹史說)
대학도설(大學圖說)
심전설(心田說)

## 민치량(閔致亮, 1870~1958)

[문집] 계초문집(稽樵文集)
[작품] 우포설－증김내영영로(愚圃說－贈金乃寧榮老)

# ㅂ

박경가(朴慶家)

~

보우(태고화상)〔普愚(太古和尙)〕

## 박경가(朴慶家, 1780~1841)

[문집] 학양선생문집(鶴陽先生文集)
[작품] 낙구삭설(絡絇索說)
도두옹설(掉頭翁說)
삼분삼역설(三墳三易說)
언자설(諺字說)
채씨범수설(蔡氏範數說)

## 박경진(朴璟鎭, 1884~1956)

[문집] 남죽유고(南竹遺稿)
[작품] 괴목설(槐木說)
자경설 – 시아손(自警說 – 示兒孫)

## 박광옥(朴光玉, 1526~1593)

[문집] 회재유집(懷齋遺集)
[작품] 오공설(蜈蚣說)
한문수양재이설(漢文隋煬灾異說)

## 박광일(朴光一, 1655~1723)

[문집] 손재집(遜齋集)
[작품] 고괘선갑삼일후갑삼일도병설(蠱卦先甲三日後甲三日圖並說)
극기복례위인설(克己復禮爲仁說)
명성도도설(命性道圖說)
몽설(夢說)
몽설 – 증이생(夢說 – 贈李生)
삼재일태극도설(三才一太極圖說)
생음생양설(生陰生陽說)
예설(禮說)
윤법기절법추해설(閏法氣節法推解說)
적손부졸조재위조모심상설(嫡孫父卒祖在爲祖母心喪說)
중용건순해집설(中庸健順解集說)
중정인의주정설(中正仁義主靜說)
증별정선보설(贈別鄭善甫說)
증현훈설(贈玄纁說)
하도생성수병해삼천지설(河圖生成數竝解參天地說)

## 박규호(朴圭浩, 1805~1930)

[문집] 사촌선생문집(沙村先生文集)
[작품] 강자약자설(姜子約字說)
김계조자설(金繼祖字說)
이기호자설(李其虎字說)
홍매설(紅梅說)

## 박기룡(朴淇龍, 1873~1944)

[문집] 병소유고(屛巢遺稿)
[작품] 사친설(事親說)
애백일홍설(愛百日紅說)
홍국설(紅菊說)

## 박돈(朴燉, 1863~1942)

[문집] 간암문집(艮庵文集)
[작품] 우설(愚說)

## 박명부(朴明榑, 1571~1639)

[문집] 지족당문집(知足堂文集)
[작품] 설직설(舌織說)
애례존양설(愛禮存羊說)
이우설(羸牛說)
지벽설(1)〔地癖說(一)〕

지벽설(2)〔地癖說(二)〕

## 박명직(朴命稷, 1781~1852)

[문집] 전호집(箭湖集)
[작품] 호오설(好惡說)

## 박문부(朴文富, 1563~1605)

[문집] 운곡유집(雲谷遺集)
[작품] 대학설(大學說)
역설(易說)
입지설(立志說)
중용설(中庸說)

## 박문오(朴文五, 1835~1899)

[문집] 성암집(誠庵集)
[작품] 이기설(理氣說)
존심양성설(存心養性說)
혈구설(絜矩說)

## 박문일(朴文一, 1822~1894)

[문집] 운암집(雲菴集)
[작품] 격치설(格致說)
관중기소설(管仲器小說)
동정설(動靜說)
불식부지설(不識不知說)
불천노불이과설(不遷怒不貳過說)
성설(이조)〔性說(二條)〕
심설(心說)
심설(오조)〔心說(五條)〕
심지덕수지리변설(心之德受之理辨說)
심통성정설(心通性情說)
예설(禮說)
음양오행설(陰陽五行說)
중용수장설(中庸首章說)
중용영설(中庸零說)
충신변설(忠信辨說)
화서이선생심설(부)〔華西李先生心說(附)〕

## 박문호(朴文鎬, 1846~1918)

[문집] 호산집(壺山集)
[작품] 고부처설(瞽夫妻說)
기우관폭설(旣雨觀瀑說)
농악설(農樂說)
동방도통도설(東方道統圖說)
명덕설(明德說)
범공설(氾恭說)
병박시설(病博施說)
본국분당도설(本國分黨圖說)
봉설(鳳說)
불사수록설(不仕受祿說)
불식목사육설(不食目死肉說)
사분설(四分說)
산리설(山理說)
삼난설(三難說)
삼자부설(三字符說)
서한경사전수보설(西漢經師傳授譜說)
성학도설(性學圖說)
세시유예설(歲時遊藝說)
소탄설(燒炭說)
수사이십칠도설(洙泗二十七圖說)
심본성사설(心本性四說)
심본성삼설(心本性三說)
심본성설(心本性說)
심본성후설(心本性後說)
언문설(諺文說)

운대공신표설(雲臺功臣表說)
육학요령침폄설(陸學要領鍼砭說)
윤손소자설(尹孫小字說)
의성여묘도설(擬聖女廟圖說)
의호설(義虎說)
이람설(貍欖說)
이신촌설(李臣村說)
이신촌후설(李臣村後說)
인물성분수도설(人物性分殊圖說)
입사석지식설(入寺席地食說)
자음복고설(字音復古說)
작문설(作文說)
재상설(灾祥說)
중용수장주각자의보설(中庸首章註各字義補說)
지와설(止訛說)
진연설(鎭硯說)
척사설(斥邪說)
치관등측설(緇冠登厠說)
포구설 – 시이경춘(捕鳩說 – 示李景春)
화망건설(畵網巾說)

## 박미(朴瀰, 1592~1645)

[문집] 분서집(汾西集)
[작품] 고자설(餻字說)
대각지대몽설(大覺知大夢說)

## 박민한(朴民翰, 1778~1839)

[문집] 망현재집(望賢齋集)
[작품] 괴대설(槐碓說)

## 박상돈(朴尙暾, 1790~1860)

[문집] 만취일고(晩就逸稿)
[작품] 입지설 – 면학자(立志說 – 勉學者)

## 박상연(朴尙淵, 1631~1696)

[문집] 금곡선생문집(金谷先生文集)
[작품] 구쟁설(狗爭說)
남영초설(南靈草說)
몽설(夢說)
묘불손설(猫不遜說)
사친연자설(思親戀子說)
수씨자설(誰氏子說)
역우설(易牛說)
인불인설(人不人說)
증안평중삼이설(贈安平仲三異說)
채합망하자설(採蛤網鰕者說)
환역우설(還易牛說)
힐복공조설(詰腹空鳥說)

## 박상현(朴尙玄, 1629~1693)

[문집] 우헌집(寓軒集)
[작품] 성설(性說)
이설(理說)
잡설(雜說)

## 박서구(朴瑞龜, 1546~1623)

[문집] 악견시집(嶽堅詩集)
[작품] 논어설(論語說)

## 박성양(朴性陽, 1809~1890)

[문집] 운창집(芸窓集)

[작품] 남영초설(南靈草說)
목연설(木硯說)
분매설(盆梅說)
송생철헌자설(宋生哲憲字說)
증선익흠설(贈宣翼欽說)

## 박세경(朴世經, 1902~1965)

[문집] 수와집(守窩集)

[작품] 만설(謾說)

## 박세당(朴世堂, 1629~1703)

[문집] 서계집(西溪集)

[작품] 서통설(序通說)

## 박세도(朴世衜, 1651~1727)

[문집] 하계집(河溪集)

[작품] 계칠자설(戒七子說)
이항원명자설(李恒遠名字說)

## 박세채(朴世采, 1631~1695)

[문집] 남계집(南溪集)

[작품] 격물훈의설(格物訓義說)
교병설(矯病說)
교사설(敎士說)
국휼졸곡전장제설(國恤卒哭前葬祭說)
독서천설(讀書淺說)
만강자측은지심설(滿腔子惻隱之心說)
명도선사설(明道選士說)
문묘배종설(文廟配從說)
사단이발칠정기발설(四端理發七情氣發說)
상제치역두설(喪祭値疫痘說)
양지천리설(良知天理說)
위학지방도설(爲學之方圖說)
유도경자설(柳道卿字說)
작정제찬도설(酌定祭饌圖說)
장법소목설(葬法昭穆說)
주독설(主櫝說)
주일설(主一說)
중용비은설(中庸費隱說)
학법총설(學法總說)
후설(後說)

## 박수현(朴守玄, 1605~1674)

[문집] 초정선생유고(草亭先生遺稿)

[작품] 양묘설(養猫說)
종시계헌설(終始禊憲說)

## 박순(朴淳, 1523~1589)

[문집] 사암집(思菴集)

[작품] 우계연보후설(牛溪年譜後說)

## 박승구(朴昇九, 1860~1940)

[문집] 만산유고(晩山遺稿)

[작품] 만고설(晩顧說)

## 박승임(朴承任, 1517~1586)

[문집] 소고집(嘯皐集)

[작품] 송음금복고필설(松陰琴復古筆說)

## 박시무(朴時戊, 1828~1879)

[문집] 소암문집(小庵文集)
[작품] 감하설(感賀說)
소암설(小庵說)

## 박시원(朴時瑗, 1861~1926)

[문집] 우재문집(憂齋文集)
[작품] 기질지성설(氣質之性說)
여성성여재석논성정이기설(與成聖汝載晳論性情理氣說)

## 박시원(朴時源, 1764~1842)

[문집] 일포집(逸圃集)
[작품] 거향여처자설(居鄕如處子說)
덕암석총설(德巖石葱說)
묘파희설(眇跛戱說－贈月隱金義秉)
봉성남당설(鳳城南塘說)
사군물기설(事君勿欺說)
성봉설(星峯說)
월오설(月梧說)
저암문답설(低庵問答說)

## 박신윤(朴身潤, 1661~1698)

[문집] 우곡집(愚谷集)
[작품] 독서설(讀書說)
독소학설(讀小學說)
역행설(力行說)

## 박여룡(朴汝龍, 1541~1611)

[문집] 송애집(松崖集)
[작품] 박윤생채갈설(駁尹甥採葛說)

## 박영로(朴永魯, 1814~1903)

[문집] 암거문집(巖居文集)
[작품] 개정지암김문서건수서명고정도설(改正止庵金文瑞健壽西銘考訂圖說)
이욕교전설(理欲交戰說)

## 박영석(朴永錫, 1735~1801)

[문집] 만취정유고(晩翠亭遺稿)
[작품] 국화설(菊花說)
남초설(南草說)
논산용이기설(論山龍理氣說)
송인향거설(送人鄕居說)
언금설(諺琴說)
이생자설(李生字說)
잡설(雜說)

## 박영순(朴英舜, 1851~1918)

[문집] 경암집(警庵集)
[작품] 경암설(警庵說)

## 박영원(朴永元, 1791~1854)

[문집] 오서집(梧墅集)
[작품] 구암설(계사)〔苟菴說(癸巳)〕

## 박운(朴雲, 1493~1562)

[문집] 용암선생문집(龍巖先生文集)
[작품] 둔옹설(遯翁說)
연평설(延平說)

이천설(伊川說)
정춘(유청지)설〔靜春(劉淸之)說〕
지암설(止庵說)
횡거설(橫渠說)

**박원종**(朴遠鍾, 1887~1944)

[문집] 직암유고(直庵遺稿)
[작품] 시은호설(市隱號說)
아석설(我石說)
제남설(濟南說)

**박윤**(朴潤, 1711~1780)

[문집] 오수당유고(吾守堂遺稿)
[작품] 기질성설(氣質性說)
도통설(道統說)
사단칠정설(四端七情說)
성경설(誠敬說)
성명설(性命說)
오수설(吾守說)

**박윤동**(朴潤東, 1833~1909)

[문집] 부지옹유고(不知翁遺稿)
[작품] 무본설(務本說)
효설(孝說)

**박윤묵**(朴允默, 1771~1849)

[문집] 존재집(存齋集)
[작품] 기복명명설(基福命名說)
기성명명설(基誠命名說)
기직명명설(基直命名說)
독태극도설(讀太極圖說)
명덕설(明德說)
비탕설(沸湯說)
역설(易說)
정초설(庭草說)
지명설(知命說)
호정설(好靜說)

**박윤원**(朴胤源, 1734~1799)

[문집] 근재집(近齋集)
[작품] 인도심위미설(人道心危微說)
자기설(自欺說)
체설(髢說)
홍백림개명설(洪伯臨改名說)
흥학교설(興學校說)

**박응종(련)**〔朴膺鍾(鍊), 1893~1919〕

[문집] 이당집(易堂稿)
[작품] 무아설(無我說)
지약우지행수설(智若禹之行水說)

**박응형**(朴應衡, 1605~1658)

[문집] 남고문집(南皐文集)
[작품] 이초막설(移草幕說)

**박익동**(朴翼東, 1827~1895)

[문집] 소근재집(小近齋集)
[작품] 계자손충효설(戒子孫忠孝說)

**박인**(朴絪, 1583~1640)

[문집] 무민당집(无悶堂集)

[작품] 대맥설(貸麥說)
종국설(種菊說)
책묘설(責猫說)
한설(閒說)

## 박인규(朴仁圭, 1909~1976)

[문집] 성당사고(誠堂私稿)
[작품] 성위심주설(性爲心主說)

## 박장원(朴長遠, 1612~1671)

[문집] 구당집(久堂集)
[작품] 관분매설(灌盆梅說)
구당설(久堂說)
구설(求說)
구옹설(久翁說)
독중용설 – 증이생(讀中庸說 – 贈李生)
박혁설(博奕說)
설유송이생민채(說遊送李生敏采)
시설(詩說)
이생(세구)자설〔李生(世龜)字說〕
치망설(治忘說)
치정설(治井說)

## 박재형(朴在馨, 1838~1900)

[문집] 진계문집(進溪文集)
[작품] 성리유설(性理類說)

## 박전(朴全, 1514~1558)

[문집] 송파일고(松坡逸稿)
[작품] 절비자설(折臂者說)

## 박정최(朴挺最, 1646~1722)

[문집] 금호일고(琴號逸稿)
[작품] 망고서계설(網罟書契說)
삼불천설(三不天說)
종도설 – 증삼자(種桃說 – 贈三子)

## 박제가(朴齊家, 1750~1805)

[문집] 정유각집(貞蕤閣集)
[작품] 색설 – 증조군(嗇說 – 贈趙君)
외종제개명설(外從弟改名說)

## 박종영(朴宗永, 조선 철종)

[문집] 송오유고(松塢遺稿)
[작품] 자옥장설(紫玉杖說)
죽설(竹說)

## 박종완(朴鍾完, 1857~1916)

[문집] 월주존고(月洲存稿)
[작품] 병자대기설(丙子大饑說)
서농설(書農說)
차금설(借琴說)

## 박종필(朴鍾弼, 1849~1898)

[문집] 율재집(栗齋集)
[작품] 권위사입시연설(權慰使入侍筵說)
금강산봉래풍악개골사명설(金剛山蓬萊楓岳皆骨四名說)
원임조영부사입시연설(原任趙領府事入侍筵說)
이비승입시연설(李秘丞入侍筵說)

최찬정입시연설(崔贊政入侍筵說)

회환일본시찰이학대( )특진엄( )( )이판사등입시연설〔回還日本視察李學大( )特進嚴( )( )李判事等入侍筵說〕

## 박준원(朴準源, 1739~1807)

[문집] 금석집(錦石集)

[작품] 사설(射說)

토로설(土爐說)

## 박준흠(朴俊欽, 1719~1796)

[문집] 입암집(立菴集)

[작품] 목도서설(木圖書說)

사불립복설(師不立服說)

성가학지설(聖可學至說)

## 박지계(朴知誡, 1573~1635)

[문집] 잠야집(潛冶集)

[작품] 당차변설(堂箚辨說)

치포설(治圃說)

## 박지원(朴趾源, 1737~1805)

[문집] 연암집(燕巖集)

[작품] 필세설(筆洗說)

## 박찬영(朴燦瑛, 1736~1771)

[문집] 양동유고(陽洞遺稿)

[작품] 석실강설(石室講說)

자경설(1)〔自警說(一)〕

자경설(2)〔自警說(二)〕

## 박창진(朴昌瑨, 1867~1936)

[문집] 퇴산유고(退山遺稿)

[작품] 책서설(責鼠說)

## 박치복(朴致馥, 1824~1894)

[문집] 만성선생문집(晩醒先生文集)

[작품] 납매설(臘梅說)

백련재유제생설(百鍊齋諭諸生說)

위학설(爲學說)

일신설(日新說)

입지설(立志說)

자유설(自濡說)

하한서협운미성설(河翰瑞夾運未惺說)

허경증자설(許景曾字說)

## 박태무(朴泰茂, 1677~1756)

[문집] 서계집(西溪集)

[작품] 검설(劍說)

반송설(盤松說)

이자자설(二子字說)

## 박태원(朴太源, 1816~1891)

[문집] 산천유집(山泉遺集)

[작품] 수신설(修身說)

오정설(悟情說)

자수설(自守說)

정심설(正心說)

치가설(治家說)

학문설(學問說)

## 박태한(朴泰漢, 1664~1697)

[문집] 박정자유고(朴正字遺稿)
[작품] 격물설(格物說)
경의도설(敬義圖說)
색설(色說)
설문(說文)
설문(계해)〔說文(癸亥)〕
인심도심도설(人心道心圖說)
타증불고설(갑자)〔墮甑不顧說(甲子)〕

## 박필주(朴弼周, 1665~1748)

[문집] 여호집(黎湖集)
[작품] 개정왕노재인심도심도설(改正王魯齋人心道心圖說)
경설(敬說)
공부설(工夫說)
김생상열자설(金生相說字說)
대학호오설(大學好惡說)
동정설(動靜說)
성선설(性善說)
심성설(心性說)
언행설(言行說)
의리설(義利說)
이기설(理氣說)
인심도심설(人心道心說)
인심도심후설(人心道心後說)
전체각구설(全體各具說)
증질손상면자설(曾姪孫相冕字說)
천수설(天水說)

## 박하징(朴河澄, 1484~1566)

[문집] 병재집(甁齋集)
[작품] 문답설(問答說)

## 박한식(朴漢植, 1860~1930)

[문집] 서강집(西岡集)
[작품] 경권설(經權說)

## 박헌가(朴獻可, 1713~1772)

[문집] 활효재문집(活孝齋文集)
[작품] 태극도강설(太極圖講說)
활효재설(活孝齋說)

## 박헌수(朴憲脩, 1873~1959)

[문집] 입암집(立庵集)
[작품] 만송설(晩松說)
만오설(晩悟說)
매담설(梅潭說)
운강설(雲岡說)
의립설(毅立說)

## 박호양(朴鎬陽, 1851~1899)

[문집] 월당집(月塘集)
[작품] 관제설(觀堤說)
서생다욕소강설(書生多慾小剛說)

## 박홍미(朴弘美, 1571~1642)

[문집] 관포집(灌圃集)
[작품] 몽포설(夢飽說)
설직설(舌織說)

### 박홍중(홍립)〔朴弘中(弘立), 1582~1646〕

[문집] 추산문집(秋山文集)
[작품] 하상옹설(河上翁說)

### 박효영(朴孝英, 1827~1905)

[문집] 수산문집(輸山文集)
[작품] 계구설(戒懼說)
송규복손리정동숙설(送奎福孫理正洞塾說)
심성설(心性說)
이기설(理氣說)
자방설(自放說)

### 반우형(潘佑亨, 1458~1522)

[문집] 옥계선생문집(玉溪先生文集)
[작품] 천인설(天人說)

### 방두재(房斗載, 1645~1706)

[문집] 서주선생문집(西州先生文集)
[작품] 가부설(可否說)
병계설(病戒說)
수청설(水淸說)
연포조추설(鷰哺鳥雛說)
조수설(潮水說)

### 배극소(裵克紹, 1819~1871)

[문집] 묵암문집(默庵文集)
[작품] 독서설－증정충언치한(讀書說－贈鄭忠彦致翰)
묵암소설(默庵小說)
장설(杖說)

### 배병한(裵炳翰, 1882~1948)

[문집] 의암문집(宜庵文集)
[작품] 자막집중설(子莫執中說)
회우설(悔宇說)

### 배상열(裵相說, 1759~1789)

[문집] 괴담유고(槐潭遺稿)
[작품] 해채씨사십구시허일체수설(解蔡氏四十九蓍虛一體數說)

### 배상유(裵尙瑜, 1622~1666)

[문집] 만학당집(晩學堂集)
[작품] 집설(集說)

### 배석휘(裵錫徽, 1653~1729)

[문집] 겸옹선생문집(謙翁先生文集)
[작품] 경자설(敬字說)

### 배양옥(裵良玉, 1622~1693)

[문집] 사오당일집(四吾堂逸集)
[작품] 사오당설(四吾堂說)

### 배용길(裵龍吉, 1556~1609)

[문집] 금역당집(琴易堂集)
[작품] 의자설(義牸說)

### 백경해(白慶楷, 1765~1842)

[문집] 수와집(守窩集)

[작품] 명이자설(名二子說)
습설(무인)〔習說(戊寅)〕
아동방언정변설(신사)〔我東方言正變說(辛巳)〕
종항명자설(宗恒名字說)

## 백문보(白文寶, 1303~1374)

[문집] 담암일집(淡庵逸集)
[작품] 율정설(栗亭說)
척약재설(惕若齋說)

## 백영직(규병)〔白永直(圭柄), 1841~1912〕

[문집] 육유재유고(六有齋遺稿)
[작품] 심병설(心病說)

## 변계량(卞季良, 1369~1430)

[문집] 춘정문집(春亭文集)
[작품] 효령대군자설(孝寧大君字說)

## 변상수(卞尙綏, 1696~1757)

[문집] 옥성헌일고(玉成軒逸稿)
[작품] 종자재진명자설-후개신(從子在縝名字說-後改愼)

## 변영규(卞榮奎, 1826~1904)

[문집] 효산집(曉山集)
[작품] 문설(文說)
번리설(蕃籬說)
안분설(安分說)
자위설(自慰說)

## 변용래(卞龍來, 1860~1917)

[문집] 옥연집(玉研集)
[작품] 경자설(敬字說)
궁리설(窮理說)
태극설(太極說)

## 변종운(卞鍾運, 1790~1866)

[문집] 소재집(歗齋集)
[작품] 담명설(談命說)
장성설(長城說)
재생설(再生說)
지기설(知己說)
질광설(質狂說)
풍수설-증주진사원(風水說-贈朱進士源)
호타하설(滹沱河說)

## 보우(태고화상)〔普愚(太古和尙), 1301~1382〕

[문집] 태고집(太古集)
[작품] 무설(게송)〔無說(偈頌)〕

# ㅅ

사공억(司公檍)
~
심지한(沈之漢)

## 사공억(司公檍, 1805~1841)

[문집] 다천집(茶泉集)
[작품] 앵도장설(櫻桃杖說)
오도설(烏島說)
칠약설(七藥說)

## 서경덕(徐敬德, 1489~1546)

[문집] 화담집(花潭集)
[작품] 복기견천지지심설(復其見天地之心說)
이기설(理氣說)
태허설(太虛說)

## 서경창(徐慶昌, 1758~?)

[문집] 학포헌집(學圃軒集)
[작품] 가파정주방략설(可破定州方略說)
공수설(攻守說)
공폐설(貢弊說)
구황설(救荒說)
무비설(武備說)
북도종저설(北道種藷說)
송엽구황설(松葉救荒說)
저농해혹설(藷農解惑說)
저종생건변혹설(藷種生乾辯惑說)
택지설(擇地說)

## 서린순(徐璘淳, 1827~1898)

[문집] 화헌유고(華軒遺稿)
[작품] 화헌설(華軒說)

## 서명서(徐命瑞, 1711~1795)

[문집] 만옹집(晩翁集)
[작품] 도설(圖說)

## 서명응(徐命膺, 1716~1787)

[문집] 보만재집(保晩齋集)
[작품] 신법혼천도설(新法渾天圖說)
잡설(1)〔雜說(一)〕
잡설(2)〔雜說(二)〕
잡설(3)〔雜說(三)〕
잡설(4)〔雜說(四)〕
정전설(井田說)

## 서섭(徐涉, 1452~1455)

[문집] 남은선생문집(南隱先生文集)
[작품] 계자손설(戒子孫說)

## 서성구(徐聖耉, 1663~1735)

[문집] 눌헌집(訥軒集)
[작품] 학리도설(상)〔學理圖說(上)〕
학리도설(하)〔學理圖說(下)〕

## 서수석(徐壽錫, 1841~1925)

[문집] 영수전집(潁水全集)
[작품] 족숙정재설(族叔貞齋說)

## 서영곤(徐永坤, 1831~1913)

[문집] 겸산선생문집(兼山先生文集)
[작품] 인체설(人體說)

## 서영보(徐榮輔, 1759~1816)

[문집] 죽석관유집(竹石館遺集)
[작품] 고전통차도설(高轉筒車圖說)
수차삼선설(水車三選說)
용미차도설(龍尾車圖說)
항승차도설(恒升車圖說)

## 서유구(徐有榘, 1764~1845)

[문집] 풍석집(楓石集)
[작품] 악역불가불위지성설(惡亦不可不謂之性說)

## 서유본(徐有本, 1762~1822)

[문집] 좌소산인집(左蘇山人集)
[작품] 교대변포설(絞帶變布說)
기삭영허설(氣朔盈虛說)
대부사제급사세설(大夫士祭及四世說)
선기옥형측험설(璿璣玉衡測驗說)
소렴변복설(小斂變服說)
역수설(曆數說)
우제축위설(虞祭祝位說)
이염설(二厭說)
정제시일설(正祭時日說)
제례설(祭禮說)
조석곡전설(朝夕哭奠說)
중설(重說)
진찬우반좌갱설(進饌右飯左羹說)

## 서응순(徐應淳, 1824~1889)

[문집] 경당유고(絅堂遺稿)
[작품] 사설(思說)
양리설(良吏說)
용산강역설(龍山講易說)
유백거득풍담설(兪白渠得楓潭說)
잡설(雜說)

## 서응윤(徐應潤, 1837~1897)

[문집] 서유자문집(徐孺子文集)
[작품] 세제자경설(歲除自警說)
절욕설(節慾說)
제여지역대이도설(題輿地歷代二圖說)
제화죽봉설(題畵竹鳳說)
화죽설(畵竹說)

## 서재신(徐載信, 1821~1852)

[문집] 봉양유서(鳳陽遺書)
[작품] 부전명자설(附前名字說)
삼재오행이기총도설(三才五行理氣總圖說)
성통사덕도설(誠統四德圖說)
신자훈설(信字訓說)
신포사성도설(信包四性圖說)
인오상체용총도설(人五常體用圖說)
재행설(載行說)
중일설(中一說)
토우사행도설(土寓四行圖說)

## 서종태(徐宗泰, 1652~1719)

[문집] 만정당집(晩靜堂集)
[작품] 수졸설(守拙說)
치포설(治圃說)

## 서종화(徐宗華, 1700~1748)

[문집] 약헌유집(藥軒遺集)

[작품] 군수자설(君受字說)
기이성형리역부언설(氣以成形理亦賦焉說)
당설(堂說)
사온자설(士蘊字說)
원직명신자설(元直命臣字說)

**서찬규**(徐贊奎, 1825~1905)

[문집] 임재문집(臨齋文集)
[작품] 김군영현효행설(金君榮鉉孝行說)
배우설(排憂說)

**서태환**(徐台煥, 조선 고종)

[문집] 무송정사고(撫松亭私稿)
[작품] 수담설(手談說)
채약자설(採藥子說)

**서효원**(徐孝源, 1839~1897)

[문집] 석간집(石澗集)
[작품] 구방심설(정사)〔求放心說(丁巳)〕

**석식영암**(釋息影菴, ?~?)

[문집] 동문선(東文選)
[작품] 검설(劍說)
국파설(菊坡說)
독암선옹목고목장설(禿菴禪翁木苽木杖說)

**선우협**(鮮于浹, 1558~1653)

[문집] 둔암전서(遯菴全書)
[작품] 가상설(假象說)
낙서설(洛書說)
법상설(法象說)
복희선천방원도정위설(伏羲先天方圓圖定位說)
사시설(四時說)
산천설(山川說)
삼명설(三明說)
삼십육궁설(三十六宮說)
삼역설(三易說)
상수설(象數說)
성신설(星辰說)
역여천지준설(易與天地準說)
역유삼양설(易有三樣說)
오행설(五行說)
음양설(상)〔陰陽說(下)〕
음양설(하)〔陰陽說(下)〕
이노부동설(二老不動說)
일월설(日月說)
전뢰설(電雷說)
태극설(상)〔太極說(上)〕
태극설(하)〔太極說(下)〕
하도설(河圖說)
희우즉도서작역범설(羲禹則圖書作易範說)

**설손**(偰遜, 1300년대)

[문집] 동문선(東文選)
[작품] 김원길명자설(金元吉名字說)

**성간**(成侃, 1427~1456)

[문집] 진일재집(眞逸齋集)
[작품] 병중잡설(病中雜說)

## 성근묵(成近默, 1784~1852)

[문집] 과재집(果齋集)
[작품] 강제자미세설(을사)〔姜濟字美世說(乙巳)〕
김광삼자덕경설(병오)〔金光三字德敬說(丙午)〕
삼강오륜설(三綱五倫說)

## 성기운(成璣運, 1867~1946)

[문집] 덕천집(悳泉集)
[작품] 독서설-시제군(讀書說-示諸君)
예채수달경자설(芮埰洙達卿字說)
입지설(立志說)
정심설(正心說)

## 성대중(成大中, 1732~1812)

[문집] 청성집(青城集)
[작품] 동음금증경산설(洞陰琴贈京山說)
사설(思說)
인설-증백영숙지관비인(韌說-贈白永叔之官庇仁)

## 성만징(成晚徵, 1659~1711)

[문집] 추담집(秋潭集)
[작품] 계후설(임신)〔繼後說(戊寅)〕
남차산자설(무인)〔南次山字說(戊寅)〕
진휼설(경인)〔賑恤說(庚寅)〕

## 성삼문(成三問, 1418~1456)

[문집] 성근보집(成謹甫集)
[작품] 이군(예)개자가성설〔李君(芮)改字可成說〕

## 성석근(成石根, 1878~1930)

[문집] 금고유집(琴皐遺集)
[작품] 자우설(自愚說)
해은설(海隱說)

## 성운(成運, 1497~1579)

[문집] 대곡집(大谷集)
[작품] 사설(蛇說)

## 성재기(成在祺, 1912~1979)

[문집] 정헌유집(定軒遺集)
[작품] 식송설(植松說)
자모설(字母說)
지구설(地球說)

## 성종극(成鍾極, 1816~1869)

[문집] 석계집(石溪集)
[작품] 선악설(善惡說)
성경설(誠敬說)
오상설(五常說)
이기사칠설(理氣四七說)

## 성종호(成鍾頀, 1850~1927)

[문집] 잠재집(潛齋集)
[작품] 격양설(擊壤說)
민농설(憫農說)
이생설(理生說)

## 성진교(成鎭敎, ?~1863)

[문집] 남악집(南萼集)

[작품] 명이자설(名二子說)

## 성태영(成台榮, 1879~1951)

[문집] 우포문집(愚圃文集)

[작품] 군교지연설(郡校池蓮說)
귀소설(鬼笑說)
기질지성설(氣質之性說)
둔암설(遯巖說)
분고설(焚藁說)
사단칠정설(四端七情說)
사서잡설(四書雜說)
사칠잡설(四七雜說)
심설(1)〔心說(一)〕
심설(2)〔心說(二)〕
악유설(惡莠說)
오산설(吾山說)
지자귀설(知自貴說)
학포설(鶴圃說)

## 성해응(成海應, 1760~1839)

[문집] 연경재전집(硏經齋全集)

[작품] 가작설 – 예론(加爵說 – 禮論)
가존복설 – 예론(4)〔加尊服說 – 禮論(四)〕
감생제설 – 예론(7)〔感生帝說 – 禮論(七)〕
강복설 – 예론(4)〔降服說 – 禮論(四)〕
결패설패설 – 예론(7)〔結珮設珮說 – 禮論(七)〕
결항설 – 예론(1)〔結項說 – 禮論(一)〕
겸복설 – 예론(4)〔兼服說 – 禮論(四)〕
경획린설 – 경해(3)〔經獲麟說 – 經解(三)〕
계례설 – 예론(1)〔笄禮說 – 禮論(一)〕
계사설 – 예론(5)〔笄纚說 – 禮論(五)〕
계윤불계윤설 – 예론(5)〔計閏不計閏說 – 禮論(五)〕
고문편목설(古文篇目說)
고인설 – 예론(7)〔賈人說 – 禮論(七)〕
고자매복설 – 예론(2)〔姑姊妹服說 – 禮論(二)〕
곡풍설 – 경해(3)〔谷風說 – 經解(三)〕
공자묘시설(孔子墓蓍說)
공주위모복설 – 예론(2)〔公主爲母服說 – 禮論(二)〕
괄발설 – 예론(5)〔髺髮說 – 禮論(五)〕
교성제설 – 예론(1)〔敎成祭說 – 禮論(一)〕
구군복설 – 예론(2)〔舊君服說 – 禮論(二)〕
구부전설 – 예론〔糗不煎說 – 禮論〕
구빈세부녀어설 – 예론(1)〔九嬪世婦女御說 – 禮論(一)〕
구설 – 예론(8)〔屨說 – 禮論(八)〕
구족설(九族說)
구족설 – 경해(3)〔九族說 – 經解(三)〕
국설(菊說)
군모부모복설 – 예론(1)〔君母父母服說 – 禮論(二)〕
군행일신행이설 – 예론〔君行一臣行二說 – 禮論〕
굴복설 – 예론(4)〔屈服說 – 禮論(四)〕
궤식설 – 예론(6)〔饋食說 – 禮論(六)〕
근설 – 예론(覲說 – 禮論)
기이제상설 – 예론(5)〔期而除喪說 – 禮論(一)〕
기전설(箕田說)
기전설 – 예론(箕田說 – 禮論)
길제미배설 – 예론(8)〔吉祭未配說 – 禮論(八)〕

남용설 – 예론(7)〔南牗說 – 禮論(七)〕
노예부설 – 예론(1)〔老禮婦說 – 禮論(一)〕
뇌제설 – 예론(8)〔挼祭說 – 禮論(八)〕
단면설 – 예론(5)〔袒免說 – 禮論(五)〕
단심국설(丹心菊說)
단의설 – 예론(褖衣說 – 禮論)
단제설 – 예론(9)〔壇祭說 – 禮論(九)〕
대곡설 – 예론(代哭說 – 禮論)
대례편목설(戴禮篇目說)
대명홍설 – 예론(9)〔大明紅說 – 禮論(九)〕
대부자강복설 – 예론(2)〔大夫子降服說 – 禮論(二)〕
대우모설 – 경해(3)〔大禹謨說 – 經解(三)〕
대종소종설(상) – 예론(1)〔大宗小宗說(上) – 禮論(一)〕
대종소종설(하) – 예론(1)〔大宗小宗說(下) – 禮論(一)〕
대하척설 – 예론(4)〔帶下尺說 – 禮論(四)〕
도가설(道家說)
동관설 – 경해(3)〔彤管說 – 經解(三)〕
동녕부설(東寧府說)
동방지찬설 – 예론(東方之饌說 – 禮論)
동유사서집주례설(東儒四書輯注例說)
매문매곡읍설 – 예론(每門每曲揖說 – 禮論)
면복설 – 예론(4)〔緬服說 – 禮論(四)〕
면복즉위설 – 예론(2)〔冕服卽位說 – 禮論(二)〕
명당설 – 경해(2)〔明堂說 – 經解(二)〕
명의상설 – 예론(明衣裳說 – 禮論)
모배자설 – 예론(1)〔母拜子說 – 禮論(一)〕
모전용맹자설 – 경해(3)〔毛傳用孟子說 – 經解(三)〕
모허이훈설 – 경해(3)〔毛許異訓說 – 經解(三)〕
묘제설 – 예론(6)〔廟祭說 – 禮論(六)〕

묘주설 – 예론(廟主說 – 禮論)
미가녀역강복설 – 예론(2)〔未嫁女逆降服說 – 禮論(二)〕
반부설 – 예론(5)〔班祔說 – 禮論(五)〕
발해남해도설(渤海南海道說)
방명설 – 예론(方明說 – 禮論)
배읍설 – 예론(7)〔拜揖說 – 禮論(七)〕
백모설 – 예론(白牡說 – 禮論)
백주설 – 경해(3)〔柏舟說 – 經解(三)〕
벽옹설 – 예론(7)〔辟雍說 – 禮論(七)〕
병유상우부설 – 예론(5)〔並有喪虞祔說 – 禮論(五)〕
보복설 – 예론(4)〔報服說 – 禮論(四)〕
복생제어설 – 경해(3)〔伏生齊語說 – 經解(三)〕
봉전부증설 – 예론(賵奠賻贈說 – 禮論)
부묘설 – 예론(5)〔祔廟說 – 禮論(五)〕
부설 – 예론(5)〔祔說 – 禮論(五)〕
부설 – 예론(8)〔赴說 – 禮論(八)〕
부소위형제복처강일등설 – 예론(2)〔夫所爲兄弟服妻降一等說 – 禮論(二)〕
부위구고복설 – 예론(2)〔婦爲舅姑服說 – 禮論(二)〕
부위장자삼년설 – 예론(2)〔父爲長子三年說 – 禮論(二)〕
부인강설 – 예론(婦人降說 – 禮論)
부인배설 – 예론(7)〔婦人拜說 – 禮論(七)〕
부인변제설 – 예론(4)〔婦人變除說 – 禮論(四)〕
부인빙향설 – 예론(7)〔夫人聘享說 – 禮論(七)〕
부인쇠상설 – 예론(5)〔婦人衰裳說 – 禮論(五)〕
부인위부종복설 – 예론(2)〔婦人爲夫從服說 – 禮論(二)〕

부폐질손수중설 – 예론(2)〔父廢疾孫受重說 – 禮論(二)〕
분협설 – 경해(3)〔分狹說 – 經解(三)〕
불수춘추설 – 경해(3)〔不修春秋說 – 經解(三)〕
붕우마설 – 예론(5)〔朋友麻說 – 禮論(五)〕
빈수조설 – 예론(賓受棗說 – 禮論)
빈시설 – 예론(8)〔賓尸說 – 禮論(八)〕
빈장삼헌설 – 예론(9)〔賓長三獻說 – 禮論(九)〕
빈취제이강설 – 예론(賓取祭以降說 – 禮論)
사가설 – 경해(3)〔四家說 – 經解(三)〕
사거전설 – 예론(2)〔嗣擧奠說 – 禮論(二)〕
사악천곤설 – 경해(3)〔四嶽薦鯀說 – 經解(三)〕
사왕조묘설 – 예론(2)〔嗣王朝廟說 – 禮論(二)〕
사이묘설 – 예론(8)〔士二廟說 – 禮論(八)〕
살생설 – 예론(8)〔殺牲說 – 禮論(八)〕
삼년련관이대공지마역지설 – 예론(5)〔三年練冠以大功之麻易之說 – 禮論(五)〕
삼복설 – 예론(三服說 – 禮論)
삼부팔모설(三父八母說)
삼쇠설 – 예론(5)〔三衰說 – 禮論(五)〕
삼읍설 – 예론(7)〔三揖說 – 禮論(七)〕
삼일성복장설 – 예론(三日成服杖說 – 禮論)
상기설 – 예론(2)〔喪期說 – 禮論(二)〕
상무설 – 예론(8)〔象舞說 – 禮論(八)〕
상박전설 – 예론(喪剝奠說 – 禮論)
상복설 – 예론(4)〔殤服說 – 禮論(四)〕
상복설(상) – 예론(2)〔喪服說(上) – 禮論(二)〕
상복설(하) – 예론(2)〔喪服說(下) – 禮論(二)〕
상서서목설(尙書書目說)
상식설 – 예론(8)〔上食說 – 禮論(八)〕
상종사자제용생자설 – 예론(6)〔喪從死者祭用生者說 – 禮論(六)〕
상필길제설 – 예론(6)〔喪畢吉祭說 – 禮論(六)〕
생시설 – 경해(3)〔笙詩說 – 經解(三)〕
생여내일사여왕일설 – 예론(5)〔生與來日死與往日說 – 禮論(五)〕
서서설(書序說)
서자불계조설 – 예론(2)〔庶子不繼祖說 – 禮論(二)〕
서자위처부담설 – 예론(庶子爲妻不禫說 – 禮論)
석경설(石經說)
석습설 – 예론(7)〔裼襲說 – 禮論(七)〕
석씨설(釋氏說)
석폐우예설 – 예론(釋幣于禰說 – 禮論 )
선불설(仙佛說)
선설 – 예론(7)〔跣說 – 禮論(七)〕
설원고려본설(說苑高麗本說)
섬시조설 – 예론(9)〔錟尸俎說 – 禮論(九)〕
세복설 – 예론(4)〔稅服說 – 禮論(四)〕
세설 – 예론(4)〔繐說 – 禮論(四)〕
세자불강처부모복설 – 예론(2)〔世子不降妻父母服說 – 禮論(二)〕
소렴벽전설 – 예론(小斂辟奠說 – 禮論)
소목설 – 예론(1)〔昭穆說 – 禮論(一)〕
소후자복참설 – 예론(2)〔所後子服斬說 – 禮論(二)〕
송일장설 – 경해(3)〔頌一章說 – 經解(三)〕
송지설(松芝說)
수관설 – 예론(授館說 – 禮論)
수복설(상) – 예론(4)〔受服說(上) – 禮論(四)〕
수복설(하) – 예론(4)〔受服說(下) – 禮論

(四)〕
숭정황제묘호설 - 예론(9)〔崇禎皇帝廟號說 - 禮論(九)〕
승정설 - 예론(8)〔升鼎說 - 禮論(八)〕
시삼위설 - 경해(3)〔詩三緯說 - 經解(三)〕
시작주부출우방설 - 예론(尸酌主婦出于房說 - 禮論)
시주소분성현설 - 경해(3)〔詩周召分聖賢說 - 經解(三)〕
신제설 - 예론(8)〔神祭說 - 禮論(八)〕
심상설 - 예론(5)〔心喪說 - 禮論(五)〕
안정복기전설 - 기전설(安鼎福箕田說 - 箕田說)
안흥정설(安興亭說)
양정조설 - 예론(9)〔羊正俎說 - 禮論(九)〕
어좌수설 - 예론(魚左首說 - 禮論)
여위인후설-예론(2)〔與爲人後說-禮論(二)〕
여자부모복설 - 예론(2)〔女子父母服說 - 禮論(二)〕
여제후위형제자복설 - 예론(2)〔與諸侯爲兄弟者服說 - 禮論(二)〕
여진평설(女眞坪說)
역위설 - 경해(3)〔易緯說 - 經解(三)〕
연미설 - 예론(4)〔燕尾說 - 禮論(四)〕
연양설 - 예론(燕養說 - 禮論)
연제설 - 예론(6)〔練祭說 - 禮論(六)〕
염복설 - 예론(4)〔厭服說 - 禮論(四)〕
영설 - 예론(1)〔纓說 - 禮論(一)〕
예복설 - 예론(禮服說 - 禮論)
오복쇠설 - 예론(4)〔五服衰說 - 禮論(四)〕
오제삼주설 - 예론(6)〔五齊三酒說 - 禮論(六)〕
오형설 - 경해(3)〔五刑說 - 經解(三)〕
옥당학설(玉堂鶴說)
왕자지후불위시봉군묘설 - 예론(1)〔王者之後不爲始封君廟說 - 禮論(一)〕
요정건인설 - 경해(3)〔堯正建寅說 - 經解(三)〕
우수집소좌수승부설 - 예론(7)〔右手執簫左手承弣說 - 禮論(七)〕
위상후설 - 예론(2)〔爲殤後說 - 禮論(二)〕
위인후설 - 예론(2)〔爲人後說 - 禮論(二)〕
유근기전도설 - 기전설(柳根箕田圖說 - 箕田說)
육경설(六經說)
은환설 - 예론(2)〔隱桓說 - 禮論(二)〕
음염양염설 - 예론(6)〔陰厭陽厭說 - 禮論(六)〕
이수설 - 경해(3)〔狸首說 - 經解(三)〕
이씨여태산설(李氏旅泰山說)
이이명기전설 - 기전설(李頤命箕田說 - 箕田說)
이익기전속설 - 기전설(李瀷箕田續說 - 箕田說)
이일역월설 - 예론(2)〔以日易月說 - 禮論(二)〕
익송지조설 - 예론(益送之俎說 - 禮論)
일례설 - 경해(2)〔逸禮說 - 經解(二)〕
일헌설 - 예론(7)〔壹獻說 - 禮論(七)〕
입후설 - 예론(2)〔立後說 - 禮論(二)〕
자사부복설 - 예론(2)〔姊姒婦服說 - 禮論(二)〕
장복설 - 예론(5)〔葬服說 - 禮論(五)〕
장부좌산대수설 - 예론(丈夫髽散帶垂說 - 禮論)
장용유일설 - 예론(8)〔葬用柔日說 - 禮論(八)〕
쟁설 - 경해(2)〔箏說 - 經解(二)〕
저설(諸說)

저장삭장설 – 예론(5)〔苴杖削杖說 – 禮論(五)〕

적모복중소생모복설 – 예론(2)〔適母服中所生母服說 – 禮論(二)〕

전색이설 – 예론(塡塞耳說 – 禮論)

전시설 – 예론(8)〔餞尸說 – 禮論(八)〕

전제류설(田制類說)

전지설 – 예론(5)〔塡池說 – 禮論(五)〕

절조설 – 경해(2)〔折俎說 – 經解(二)〕

접자지례설 – 예론(1)〔接子之禮說 – 禮論(一)〕

정설 – 예론(6)〔鼎說 – 禮論(六)〕

정전주이의설 – 경해(3)〔鄭箋註異義說 – 經解(三)〕

제복설 – 예론(9)〔祭服說 – 禮論(九)〕

제후재상칭위설 – 예론(2)〔諸侯在喪稱謂說 – 禮論(二)〕

제후흔묘설 – 예론(2)〔諸侯釁廟說 – 禮論(二)〕

조갈대설 – 예론(9)〔澡葛帶說 – 禮論(九)〕

조량고설-예론(7)〔操量鼓說-禮論(七)〕

조례설 – 예론(5)〔弔禮說 – 禮論(五)〕

조배설 – 예론(5)〔弔拜說 – 禮論(五)〕

조설(棗說)

조설 – 예론(弔說 – 禮論)

조제복설 – 예론(8)〔助祭服說 – 禮論(八)〕

조종군설 – 예론(1)〔祖宗君說 – 禮論(一)〕

졸곡설 – 예론(5)〔卒哭說 – 禮論(五)〕

종모복설 – 예론(2)〔從母服說 – 禮論(二)〕

종연설(種蓮說)

좌우잉설 – 경해(3)〔左右媵說 – 經解(三)〕

주부아헌설 – 예론(8)〔主婦亞獻說 – 禮論(八)〕

주부천두변설 – 예론(9)〔主婦薦豆籩說 – 禮論(九)〕

주부치작부작설 – 예론(主婦致爵不酢說 – 禮論)

주척전제설 – 예론(7)〔周尺田制說 – 禮論(七)〕

준설(繜說)

준설 – 예론(8)〔餕說 – 禮論(八)〕

중상설 – 예론(5)〔中殤說 – 禮論(五)〕

증조부모복설 – 예론(2)〔曾祖父母服說 – 禮論(二)〕

지설 – 예론(7)〔贄說 – 禮論(七)〕

진용설 – 예론(進容說 – 禮論)

진용하정설 – 경해(3)〔晉用夏正說 – 經解(三)〕

진제설 – 예론(9)〔振祭說 – 禮論(九)〕

질대설 – 예론(4)〔絰帶說 – 禮論(四)〕

질설 – 예론(4)〔絰說 – 禮論(四)〕

찬설 – 예론(9)〔饌說 – 禮論(九)〕

찬예부설 – 예론(1)〔贊禮婦說 – 禮論(一)〕

처복설 – 예론(2)〔妻服說 – 禮論(二)〕

천거설 – 예론(薦車說 – 禮論)

천자복서조모설 – 예론(2)〔天子服庶祖母說 – 禮論(二)〕

첩모복설 – 예론(2)〔妾母服說 – 禮論(二)〕

청사설 – 예론(聽事說 – 禮論)

체발설(薙髮說)

체설 – 예론(6)〔禘說 – 禮論(六)〕

초무풍설 – 경해(3)〔楚無風說 – 經解(三)〕

출모가모복설 – 예론(2)〔出母嫁母服說 – 禮論(二)〕

친영설 – 예론(1)〔親迎說 – 禮論(一)〕

태왕전상설 – 경해(3)〔太王剪商說 – 經解(三)〕

폐철설 – 경해(3)〔廢徹說 – 經解(三)〕

포유고엽설 – 경해(3)〔匏有苦葉說 – 經解(三)〕

하설 – 예론(8)〔嘏說 – 禮論(八)〕
하원설 – 예론(河源說 – 禮論)
한백겸기전도설 – 기전설(韓百謙箕田圖說 – 箕田說)
합모포주설 – 경해(3)〔盍毛包周說 – 經解(三)〕
향부설 – 예론(9)〔饗婦說 – 禮論(九)〕
향설 – 예론(8)〔饗說 – 禮論(八)〕
허성서기전도설(후) – 기전설〔許筬書箕田圖說(後) – 箕田說〕
헌내형제설 – 예론(9)〔獻內兄弟說 – 禮論(九)〕
현상설 – 예론(8)〔顯相說 – 禮論(八)〕
협배설 – 예론(夾拜說 – 禮論)
협설 – 예론(6)〔祫說 – 禮論(六)〕
형남지치설 – 예론(9)〔鉶南之觶說 – 禮論(九)〕
형제지복설 – 예론(2)〔兄弟之服說 – 禮論(二)〕
홀자온설(忽刺溫說)
후부인설 – 예론(1)〔后夫人說 – 禮論(一)〕

## 성헌징(成獻徵, 1654~1676)

[문집] 동허재집(洞虛齋集)
[작품] 태허설(太虛說)

## 성현(成俔, 1439~1504)

[문집] 허백당집(虛白堂集)
[작품] 국옹설(菊翁說)
신당퇴우설(神堂退牛說)
작소설(鵲巢說)
정료설(庭蓼說)
타농설(惰農說)
흑우설(黑牛說)

## 성환구(成煥龜, 1896~1946)

[문집] 후금유고(後琴遺稿)
[작품] 동포설(同胞說)

## 성환부(환보)〔成煥孚(煥寶), 1870~1947〕

[문집] 정곡유집(正谷遺集)
[작품] 간정설(艱貞說)
연안짐독설(宴安鴆毒說)
위생소설(衛生小說)

## 소시만(蘇始萬, 1735~1761)

[문집] 국헌선생문집(菊軒先生文集)
[작품] 수리저설(數理著說)

## 소학규(蘇學奎, 1859~1950)

[문집] 설재집(說齋集)
[작품] 근학설(勤學說)
성설(性說)
심설(心說)
양몽설(養夢說)
양성타설(養性惰說)
유동사제생설(諭同社諸生說)
유자질제아설(諭子姪諸兒說)
이기설(理氣說)
이용술자효선설(李容述字孝先說)
자경설(自警說)
조병순자학현설(趙炳淳字學賢說)

## 소휘면(蘇輝冕, 1814~1889)

[문집] 인산집(仁山集)

[작품] 권명수자성중설(權明洙字誠仲說)

김정자여옥설(金晶字汝玉說)

증족제휘관경자설(贈族弟輝觀敬字說)

## 손기락(광인)〔孫基洛(光仁), 1858~1922〕

[문집] 월호집(月湖集)

[작품] 계주설(戒酒說)

돈종족설(敦宗族說)

오례설(五禮說)

오륜설(五倫說)

오상설(五常說)

주경설(主敬說)

주실선설(做實善說)

천형설(踐形說)

호기설(浩氣說)

## 손기양(孫起陽, 1559~1617)

[문집] 오한집(聱漢集)

[작품] 소제설(掃除說)

조운설(嘲雲說)

풍신설(風神說)

## 손명래(孫命來, 1664~1722)

[문집] 창사집(昌舍集)

[작품] 논신주백문장설(論申周伯文章說)

섬설(蟾說)

## 손순익(孫舜翼, 1909~1983)

[문집] 삼성유고(三省遺稿)

[작품] 교폐설(矯蔽說)

기학설(嗜學說)

용학설(庸學說)

장매설(葬埋說)

## 송광연(宋光淵, 1638~1695)

[문집] 범허정집(泛虛亭集)

[작품] 조묘설(祧廟說)

## 송국택(宋國澤, 1597~1659)

[문집] 사우당집(四友堂集)

[작품] 사자명자설(四子名字說)

## 송규렴(宋奎濂, 1630~1709)

[문집] 제월당집(霽月堂集)

[작품] 조석설(潮汐說)

지수설(地水說)

## 송규헌(宋奎憲, 1870~1938)

[문집] 사위유고(史謂遺稿)

[작품] 위학설 – 증정래동(爲學說 – 贈丁來東)

## 송근수(宋近洙, 1818~1902)

[문집] 입재집(立齋集)

[작품] 삼정설(三政說)

여택재설(麗澤齋說)

옥천군향약설(沃川郡鄕約說)

증안학노치수설(贈安學魯致洙說)

## 송기양(宋基襄, 1887~1956)

[문집] 월곡집(月谷集)
[작품] 권학설－시제생(勸學說－示諸生)
독서설(讀書說)
사희현설(士希賢說)
산천설－증유군동항(山泉說－贈柳君東恒)
존신공맹설(尊信孔孟說)

## 송기하(宋基夏, 1828~1877)

[문집] 운파선생문집(雲坡先生文集)
[작품] 상산설(商山說)
서아농자설(書啞聾子說)
애죽설(愛竹說)
양어설(養魚說)
우복동설(牛腹洞說)
지독설(舐犢說)
토저설(土苴說)
현허자감몽설(玄虛子感夢說)

## 송달수(宋達洙, 1808~1858)

[문집] 수종재집(守宗齋集)
[작품] 전례변설(典禮辨說)
훼예설(毁譽說)

## 송덕상(宋德相, 1710~1783)

[문집] 과암선생문집(果菴先生文集)
[작품] 김성노자설(金星魯字說)
연설(筵說)

## 송덕용(헌용)〔宋悳用(憲用), 1864~1932〕

[문집] 과재문집(果齋文集)
[작품] 권하경재구자설(權夏卿載龜字說)
송치범자설(宋致範字說)
수국화설(水菊花說)

## 송래희(宋來熙, 1791~1867)

[문집] 금곡집(錦谷集)
[작품] 오씨삼은설(기유)〔吳氏三隱說(己酉)〕

## 송명기(宋命基, 1680~1755)

[문집] 매헌선생문집(梅軒先生文集)
[작품] 비은설(費隱說)
이진후자설(李鎭垕字說)

## 송문흠(宋文欽, 1710~1752)

[문집] 한정당집(閒靜堂集)
[작품] 치관설(緇冠說)
현재설(弦齋說)

## 송민용(시용)〔宋民用(時用), 1839~1904〕

[문집] 상강문집(常岡文集)
[작품] 기수설(氣數說)
우설(偶說)
이일분수설(理一分殊說)
인물구품설(人物俱稟說)
태극본체설(太極本體說)
허령지각설(虛靈知覺說)
혼연찬연설(渾然粲然說)

## 송방조(宋邦祚, 1567~1618)

[문집] 습정집(習靜集)
[작품] 곽생인자설(郭生仁字說)

## 송병규(宋炳奎, 1863~1898)

[문집] 둔암유고(鈍菴遺稿)
[작품] 손생명훈성지자설(孫生明勳誠之字說)

## 송병선(宋秉璿, 1836~1905)

[문집] 연재선생문집(淵齋先生文集)
[작품] 경세설(警世說)
근근설 – 증송희보(勤謹說 – 贈宋希甫)
김공립개명설(金公立改名說)
김사흥개명설(金士興改名說)
독서설 – 증구첨여(讀書說 – 贈具瞻汝)
벽사설(闢邪說)
복제변설(服制辨說)
불기불구설 – 증여윤중(不忮不求說 – 贈呂允中)
사물설 – 증이윤경(四勿說 – 贈李允卿)
송래헌자설(宋來憲字說)
장희설(長噫說)
전경현개명설(全景賢改名說)
정공직자설(鄭公直字說)
조자중개명설(趙子中改名說)
창애설 – 증허명국(蒼崖說 – 贈許鳴國)
호계압각수설(虎溪鴨脚樹說)
홍의설 – 증조성여(弘毅說 – 贈趙性汝)

## 송병순(宋秉珣, 1839~1912)

[문집] 심석재집(心石齋集)
[작품] 각자설 – 증별김맹응(恪字說 – 贈別金孟應)
근근이자설 – 증별김공선(勤謹二字說 – 贈別金公善)
기암설 – 증안문엽시량(箕菴說 – 贈安文燁時良)
논회남풍설(論會南豊說)
답허생리임풍조설(答許生林風潮說)
덕은재설(德隱齋說)
변사영자설(卞士永字說)
변외필설(辨猥筆說)
변요씨설(辨饒氏說)
변혹인설(辨或人說)
복암설(復菴說)
삼수재설(三修齋說)
서회옹설 – 증한화여동규(書悔翁說 – 贈韓華汝東奎)
송백연자설(宋伯淵字說)
송심신이군남귀설(送沈辛二君南歸說)
송안문제군남귀설(送安文諸君南歸說)
송윤형삼남귀설(送尹亨三南歸說)
송재빈개자설(宋載斌改字說)
송정숙명남귀설(送鄭淑明南歸說)
송최순서북귀설(送崔舜瑞北歸說)
이군경일개명설(李君敬一改名說)
이중능개명설(李中能改名說)
이중명자설(李仲明字說)
일암설(一菴說)
전영여명자설(田靈汝名字說)
정맹삼자설(鄭孟三字說)
정윤문자설(丁允文字說)
조생방현개명설(趙生方鉉改名說)
증김공유설(贈金公猷說)
증김성우설(贈金聖遇說)
증노군화설(贈魯君和說)
증독고서경설(贈獨孤敍卿說)

증성도이설(贈成道以說)
증조국홍설(贈曺國洪說)
증조성여설(贈趙成汝說)
채성약자설(蔡聲若字說)

## 송병화(宋炳華, 1852~1915)

[문집] 난곡집(蘭谷集)
[작품] 광영지설(光影池說)
농암설(聾巖說)
송학순자설(宋學淳字說)
양의전설(兩宜煎說)
월곡설(月谷說)
의복설(衣服說)
태극설(太極說)
함촌재명설(咸村齋名說)

## 송순(宋純, 1493~1583)

[문집] 면앙집(俛仰集)
[작품] 명이자설(名二子說)

## 송시열(宋時烈, 1607~1689)

[문집] 송자대전(宋子大全)
[작품] 강상의명설(姜尙義名說)
곽제백자설(郭濟伯字說)
곽중수자설(郭仲受字說)
곽지숙자설(郭智叔字說)
관가정설(觀稼亭說)
구씨삼대장설(具氏三大將說)
기몽설－증송병원(記夢說－贈宋炳遠)
김득수사곤계자설(金得洙四昆季字說)
논어말주시본설(論語末郎是本說)
독락정기후설(獨樂亭記後說)
몽재설(蒙齋說)
무공랑이군회혼설(務功郎李君回婚說)
박세주자설(朴世周字說)
변유원지예설(辨柳元之禮說)
사휴려기후설(思休廬記後說)
서여고여근설(書與高汝根說)
서여김군평설(書與金君平說)
서퇴계선생시증이자형설(書退溪先生詩贈李子馨說)
서회옹시증별제생설(書晦翁詩贈別諸生說)
석음와설(惜陰窩說)
성지선자설(成至善字說)
손와설(遜窩說)
송선장자설(宋善長字說)
시민여상설(視民如傷說)
쌍청당안산고송설(雙淸堂案山古松說)
야복도설(野服圖說)
양진당설(養眞堂說)
예설(禮說)
유광기인백자설(兪廣基仁伯字說)
윤순경자설(尹舜卿字說)
윤종자설(尹淙字說)
이계만자설(李啓晩字說)
이문서개명자설(李文瑞改名字說)
이범석자설(李範錫字說)
이여구개자설(李汝九改字說)
이정자설(李頲字說)
일가정설(一架亭說)
자치정화설(資治精華說)
조의망명자설(趙嶷望名字說)
주해천우속마생각설(註解天雨粟馬生角說)
증이경화설(贈李景和說)
증이생시현설(贈李生蓍顯說)
증이택지설(贈李擇之說)
증정생천설(贈鄭生洊說)

해상송권윤이손북귀설(海上送權尹二孫北歸說)

호음천설 – 증외손윤주교(好音川說 – 贈外孫尹周敎)

홍구이고심정설(洪九以古心亭說)

## 송양(宋亮, 1534~1618)

[문집] 우곡선생문집(愚谷先生文集)

[작품] 경설(經說)

## 송원기(宋遠器, 1548~1617)

[문집] 아헌선생문집(啞軒先生文集)

[작품] 위선최락설(爲善最樂說)

## 송익필(宋翼弼, 1534~1599)

[문집] 구봉집(龜峯集)

[작품] 김은자직백설(金檃字直伯說)

답인설(答人說)

잡설(雜說)

## 송인(宋寅, 1516~1584)

[문집] 이암집(頤庵集)

[작품] 예설(禮說)

## 송준길(宋浚吉, 1606~1672)

[문집] 동춘당집(同春堂集)

[작품] 증이생설(贈李生說)

## 송증헌(宋曾憲, 1878~1947)

[문집] 후암문집(後菴文集)

[작품] 무한호설 – 증윤영돈(無限好說 – 贈尹泳敦)

송양군주승남귀설(送梁君柱承南歸說)

수당설(修堂說)

실암설(實菴說)

증백양보설(贈白陽普說)

증선찬명설(贈宣粲明說)

증염동윤설(贈廉東潤說)

증이고설 – 윤군영은(贈二顧說 – 尹君泳殷)

증조희범설(贈趙熙範說)

진학설 – 증김재석(進學說 – 贈金在錫)

처세설 – 증조희수(處世說 – 贈曺喜洙)

최구실자설(崔九實字說)

## 송진봉(宋鎭鳳, 1840~1898)

[문집] 사복재집(思福齋集)

[작품] 변태서설(辨泰西說)

사친설 – 서증박희준(事親說 – 書贈朴熙俊)

석운자설(錫雲字說)

위학설 – 증이문여(爲學說 – 贈李文汝)

지경설 – 시질아방호(持敬說 – 示姪兒邦浩)

향약본의후설(鄕約本義後說)

향음례본의후설(鄕飮禮本義後說)

## 송징은(宋徵殷, 1652~1720)

[문집] 약헌집(約軒集)

[작품] 약헌설(約軒說)

요주곤공공설(堯誅鯀共工說)

## 송치규(宋穉圭, 1759~1838)

[문집] 강재집(剛齋集)

[작품] 근근이자설 – 증족손익수형제(勤謹二字說 – 贈族孫翊洙兄弟)

독서설(讀書說)

백천재설(百千齋說)

순재설(循齋說)

신상석명자설(申相祏名字說)

율포정사설(栗圃精舍說)

이묵증금가이동자설(二墨贈琴家二童子說)

## 송헌재(宋獻在, 1863~1884)

[문집] 사성재문집(思省齋文集)

[작품] 두견화설(杜鵑花說)

부부설(夫婦說)

의관설(衣冠說)

## 송호곤(덕병)〔宋鎬坤(德炳), 1865~1930〕

[문집] 정산문집(靖山文集)

[작품] 구미설 – 증곽경실동수(求味說 – 贈郭敬實東洙)

기암설(幾菴說)

김분좌자설(金盆佐字說)

답유태희심성설(答柳泰希心性說)

독정자체설(讀程子禘說)

면재도통설도설(勉齋道統說圖說)

박선명자설(朴善明字說)

부조설 – 증이중경영인김용화병섭(不措說 – 贈李仲敬英寅金用和秉燮)

분설 – 증송원현(憤說 – 贈宋元賢)

심재여재선자설(沈在汝載墡字說)

위인유기설 – 증송내형(爲仁由己說 – 贈宋乃衡)

유내극자설(柳乃克字說)

유태명자설(柳泰明字說)

인심도심도설(人心道心圖說)

임내위내강자설(林乃偉乃綱字說)

자중설 – 증김경도(自重說 – 贈金警道)

전형설(剪荊說)

정노석자설(鄭魯碩字說)

중고설 – 증김우삼(重固說 – 贈金宇三)

천산설(天山說)

한사설(旱蓑說)

## 송호완(宋鎬完, 1863~1919)

[문집] 의재문집(毅齋文集)

[작품] 곽가호호자설(郭可豪濠字說)

금계설(琴溪說)

김장중종화자설(金莊仲鍾和字說)

김직재자설(金直哉字說)

만취설(晩翠說)

문선양자설(文善養字說)

박성진운종자설(朴聲振云鍾字說)

삼구도설(三九圖說)

송신부자설(宋愼夫字說)

송여빈자설(宋汝斌字說)

송효선호증자설(宋孝宣鎬增字說)

신자용복규자설(申子容復圭字說)

영계설(潁溪說)

위기설(爲己說)

이자회재목자설(李子晦在木字說)

최산경순종자설(崔山卿淳宗字說)

허덕조자설(許德祚字說)

## 송환기(宋煥箕, 1728~1807)

[문집] 성담집(性潭集)

[작품] 김성수자설(金聖授字說)

농포소은설(農圃小隱說)

학생방공행적설(學生房公行蹟說)

## 송희일(宋熙馹, 1837~1901)

[문집] 난곡유고(蘭谷遺稿)

[작품] 심성설(心性說)

## 순조(純祖, 1790~1834)

[문집] 순재고(純齋稿)

[작품] 군자소인설(君子小人說)

독서편애야장시설(계해)〔讀書偏愛夜長時說(癸亥)〕

만파식적설(萬波息笛說)

문침시선지가독시설(問寢視膳之暇讀詩說)

사친약증자자가야설(을축)〔事親若曾子者可也說(乙丑)〕

시민여상설(視民如傷說)

절검설(임술)〔節儉說(壬戌)〕

천지현황우주홍황설(天地玄黃宇宙洪荒說)

효맹지호연장설(效孟子浩然章說)

## 신경(申暻, 1696~1766)

[문집] 직암집(直菴集)

[작품] 가묘봉안설(家廟奉安說)

계자설(戒子說)

계종자대손설(戒從子大孫說)

김종직자설(金鍾直字說)

시구상훈설(示具常勳說)

## 신경준(申景濬, 1712~1781)

[문집] 여암집(旅菴集)

[작품] 순원화훼잡설－국(淳園花卉雜說－菊)

순원화훼잡설－규(淳園花卉雜說－葵)

순원화훼잡설－근(淳園花卉雜說－槿)

순원화훼잡설－금정(淳園花卉雜說－錦庭)

순원화훼잡설－난혜(淳園花卉雜說－蘭蕙)

순원화훼잡설－도(淳園花卉雜說－桃)

순원화훼잡설－동백(淳園花卉雜說－冬栢)

순원화훼잡설－망우합환(淳園花卉雜說－忘憂合歡)

순원화훼잡설－매(淳園花卉雜說－梅)

순원화훼잡설－면래(淳園花卉雜說－眠來)

순원화훼잡설－명사(淳園花卉雜說－榠櫨)

순원화훼잡설－목가(淳園花卉雜說－木茄)

순원화훼잡설－목단(淳園花卉雜說－牧丹)

순원화훼잡설－무(淳園花卉雜說－楙)

순원화훼잡설－백합(淳園花卉雜說－百合)

순원화훼잡설－사계(淳園花卉雜說－四季)

순원화훼잡설－산수유(淳園花卉雜說－山茱萸)

순원화훼잡설－상산(淳園花卉雜說－常山)

순원화훼잡설－석류(淳園花卉雜說－石榴)

순원화훼잡설－아명(淳園花卉雜說－牙名)

순원화훼잡설－앵도(淳園花卉雜說－櫻桃)

순원화훼잡설－어상(淳園花卉雜說－禦霜)

순원화훼잡설－연(淳園花卉雜說－蓮)

순원화훼잡설－영산홍(淳園花卉雜說－映山紅)

순원화훼잡설－옥잠(淳園花卉雜說－玉簪)

순원화훼잡설－자미(淳園花卉雜說－紫薇)

순원화훼잡설－작약(淳園花卉雜說－芍藥)

순원화훼잡설－죽(淳園花卉雜說－竹)

순원화훼잡설－지(淳園花卉雜說－枳)

순원화훼잡설 – 창포(淳園花卉雜說 – 菖蒲)
순원화훼잡설 – 척촉(淳園花卉雜說 – 躑躅)
순원화훼잡설 – 충천(淳園花卉雜說 – 衝天)
순원화훼잡설 – 풍목단(淳園花卉雜說 – 風牧丹)
예미와설(曳尾窩說)
와관설(瓦棺說)
후재설(後齋說)

## 신광한(申光漢, 1484~1555)

[문집] 기재집(企齋集)
[작품] 과영화명령설(蜾蠃化螟蛉說)
포전합환과설(圃田合歡瓜說)

## 신구(申球, 1666~1734)

[문집] 묵암집(默庵集)
[작품] 제경수와설(題檠叟窩說)

## 신국빈(申國賓, 1724~1799)

[문집] 태을암집(太乙菴集)
[작품] 관수설(觀水說)
기우설 – 기시황산독우유운우(騎牛說 – 寄示黃山督郵柳雲羽)
수설(睡說)
수헌소설(守軒小說)
장밀암설(藏密菴說)
태을암설(太乙菴說)
향약설(鄕約說)

## 신기선(申箕善, 1851~1909)

[문집] 양원유집(陽園遺集)
[작품] 간암설(艮巖說)
구사설(求仕說)
남운설(南雲說)
내산설(來山說)
북귀설(北歸說)
성은설(城隱說)
심와설(心窩說)
양원설(陽園說)
연호설(蓮湖說)
해사설(海史說)

## 신대우(申大羽, 1735~1809)

[문집] 완구유집(宛丘遺集)
[작품] 삼자자설(三子字說)
자설 – 시제자(字說 – 示諸弟)
정술인자설(鄭述仁字說)
철재설(徹齋說)

## 신득구(申得求, 1850~1900)

[문집] 농산집(農山集)
[작품] 경예사문형기신리후설(임신)〔經禮史文形氣神理後說(壬申)〕
물구오상설(物具五常說)
부인명정신주설(婦人銘旌神主說)

## 신몽삼(辛夢參, 1648~1711)

[문집] 일암집(一庵集)
[작품] 검약설(儉約說)
명삼자설(名三子說)
모헌설(慕軒說)
약허재설(若虛齋說)
의리설(義利說)

화학당설(華鶴堂說)

**신민일**(申敏一, 1576~1650)

[문집] 화당집(化堂集)
[작품] 논포저대학설(論浦渚大學說)
정정재설(定靜齋說)
중화도설(中和圖說)
춘추쇄설(春秋瑣說)
포저답설(浦渚答說)
화당설(化堂說)

**신방**(申昉, 1685~1736)

[문집] 둔암집(屯菴集)
[작품] 백집설－증백연신숙경소부연(白集說－贈白淵愼叔敬所赴燕)

**신병조**(愼炳朝, 1846~1924)

[문집] 사소유고(士笑遺藁)
[작품] 만취설(晩醉說)
사소설(士笑說)
숙정설(淑亭說)
우천설(愚川說)
죽포설(竹圃說)

**신봉석**(申鳳錫, 1631~1704)

[문집] 자족재유집(自足齋遺集)
[작품] 자족설(自足說)

**신붕**(申鵬, 1889~1922)

[문집] 춘담집(春潭集)

[작품] 시사제설(우)〔示舍弟說(雨)〕

**신석우**(申錫愚, 1805~1865)

[문집] 해장집(海藏集)
[작품] 해설(병진)〔海說(丙辰)〕
호향소설(무오)〔虎鄕所說(戊午)〕

**신성규**(申晟圭, 1905~1971)

[문집] 손암문집(遜庵文集)
[작품] 견포호설(犬捕虎說)
내질안정수자설(內姪安政洙字說)
수족당설(睡足堂說)
이서호형자설(李婿篪衡字說)
이종한자설(李鍾漢字說)
이희규자설(李熙奎字說)

**신성수**(辛性洙, 1895~?)

[문집] 노호유집(蘆湖遺集)
[작품] 노호설(蘆湖說)
자경설(自警說)

**신수이**(愼守彝, 1688~1768)

[문집] 황고집(黃皐集)
[작품] 재종질원명명자설(再從姪元明名字說)
재종질학명명자설(再從姪學明名字說)
제죽우당설(題竹友堂說)
취한당자서설(就閒堂自敍說)

**신숙주**(申叔舟, 1417~1475)

[문집] 보한재집(保閑齋集)

[작품] 가직설 – 서송윤생원(자영)시권[稼織說 – 書送尹生員(子榮)詩卷]

## 신열도(申悅道, 1589~1659)

[문집] 나재집(懶齋集)
[작품] 나재설(懶齋說)

## 신완(申琬, ?~?)

[문집] 병세집(幷世集)
[작품] 문설(文說)

## 신유한(申維翰, 1681~1752)

[문집] 청천집(靑泉集)
[작품] 이자야자설(李子野字說)
잡설(雜說)

## 신익상(申翼相, 1634~1697)

[문집] 성재집(醒齋集)
[작품] 연설(硯說)

## 신익성(申翊聖, 1588~1644)

[문집] 낙전당집(樂全堂集)
[작품] 나헌설(懦軒說)
창연정설(蒼然亭說)

## 신익전(申翊全, 1605~1660)

[문집] 동강유집(東江遺集)
[작품] 지일폐관설(至日閉關說)
편일헌설(扁一軒說)

## 신익황(申益愰, 1672~1722)

[문집] 극재집(克齋集)
[작품] 귀신설(鬼神說)
이로유도설(以路喩道說)

## 신적도(申適道, 1574~1663)

[문집] 호계집(虎溪集)
[작품] 무극이태극설(無極而太極說)
성설(性說)
심설(心說)
음양설(陰陽說)
인의예지설(仁義禮智說)

## 신정(申晸, 1628~1687)

[문집] 분애유고(汾厓遺稿)
[작품] 문맹설(蚊蝱說)
증민석보설(贈閔碩輔說)
추풍회심맹설(秋風悔心萌說)

## 신정모(申正模, 1690~1742)

[문집] 이치재문집(二恥齋文集)
[작품] 경설(敬說)
반씨논한문한무설(潘氏論漢文漢武說)
서증유수재설(書贈柳秀才說)
일치일란설(一治一亂說)
정지설(定志說)
홍의설(弘毅說)
화이상승설(華夷相勝說)

**신정하**(申靖夏, 1681~1716)

[문집] 서암집(恕菴集)
[작품] 면정생래교설(勉鄭生來僑說)

**신종호**(申鍾浩, 1827~1906)

[문집] 사은문집(泗隱文集)
[작품] 피발염발설(被髮斂髮說)

**신천익**(愼天翊, 1592~1661)

[문집] 소은유고(素隱遺稿)
[작품] 서한비설 – 난편후(書韓非說 – 難篇後)
청백안설(青白眼說)

**신체인**(申體仁, 1731~1812)

[문집] 회병집(晦屛集)
[작품] 부졸삼년내위모복설(父卒三年內爲母服說)
창명집구도병설(牕銘集句圖幷說)

**신최**(申最, 1619~1658)

[문집] 춘소자집(春沼子集)
[작품] 귀은설(歸隱說)
위인신자위소신계모지가출자부당복설(爲人辛者爲所辛繼母之嫁出者不當服說)
춘소설(春沼說)
황극경세도설(皇極經世圖說)

**신필흠**(申弼欽, 1806~1866)

[문집] 천재집(泉齋集)
[작품] 독정재격치설(讀定齋格致說)
의계설(義雞說)

**신호인**(申顥仁, 1762~1832)

[문집] 삼주문집(三洲文集)
[작품] 인물성설(人物性說)

**신혼**(申混, 1624~1656)

[문집] 초암집(初菴集)
[작품] 학설(鶴說)

**신홍원**(申弘遠, 1787~1865)

[문집] 석주문집(石洲文集)
[작품] 격사설(擊蛇說)
상계아자설(相鷄兒者說)
숙흥야침설(夙興夜寢說)
학귀어봉설(鶴貴於鳳說)
화호설(畵虎說)

**신후재**(申厚載, 1636~1699)

[문집] 규정집(葵亭集)
[작품] 방골설(放鶻說)
호패설(號牌說)

**신흠**(申欽, 1523~1597)

[문집] 상촌집(象村集)
[작품] 경세연역도설(經世衍易圖說)
귀래재설(歸來齋說)
도가경의설(道家經義說)
독역설(讀易說)
무망지재설(无妄之灾說)

문왕팔괘방위설(文王八卦方位說)
부경역관설(赴京譯官說)
불가경의설(佛家經義說)
비로설(備虜說)
비왜설(備倭說)
선천도설(先天圖說)
역대천문지설(歷代天文志說)
왕례설(王禮說)
유도위괘설(由圖爲卦說)
이생미생설(已生未生說)
이시설(二始說)
정회설(貞悔說)
초연재설(超然齋說)
칠팔구륙설(七八九六說)
풍수가설(風水家說)
현옹설(玄翁說)

**심노숭**(沈魯崇, 1762~1837)

[문집] 효전산고(孝田散稿)
[작품] 담복설(禫服說)
연설(筵說)

**심동구**(沈東龜, 1594~1660)

[문집] 청봉집(晴峯集)
[작품] 유여매쟁춘설(柳與梅爭春說)

**심상길**(沈相吉, 1858~1916)

[문집] 이산문집(伊山文集)
[작품] 고종몽설여현경조물설(高宗夢說如懸鏡照物說)

**심상석**(沈相碩, 현대)

[문집] 함재존고(涵齋存稿)
[작품] 심익범자설(沈益範字說)

**심육**(沈錥, 1685~1753)

[문집] 저촌유고(樗村遺稿)
[작품] 경설(1)〔經說(一)〕
경설(2)〔經說(二)〕
한운동설(閒雲洞說)

**심정진**(沈定鎭, 1725~1786)

[문집] 제헌집(霽軒集)
[작품] 가협설(1)〔嘉峽說(一)〕
가협설(2)〔嘉峽說(二)〕
가협설(3)〔嘉峽說(三)〕
가협설(4)〔嘉峽說(四)〕
갑경선후설(甲庚先後說)
괘효설(卦爻說)
면종질건영설(勉從姪健永說)
서증이우선장(정인)유금강설〔書贈李友善長(廷仁)遊金剛說〕
성본연대동설(性本然大同說)
성설(性說)
솔성지위도설(경자)〔率性之謂道說〕
송설(松說)
역설－납갑설(병도)〔易說－納甲說(幷圖)〕
역설－대명종시설(易說－大明終始說)
역설－득붕상붕설(1)〔易說－得朋喪朋說(一)〕
역설－득붕상붕설(2)〔易說－得朋喪朋說(二)〕
역설－서괘설(병도)〔易說－序卦說(幷圖)〕

잡설(雜說)
증종질건영설(贈從姪健永說)
차거이정익공(완)고택설〔借居李貞翼公(浣)故宅說〕
천명지위성설(天命之謂性說)
출처설 – 증조경서(出處說 – 贈趙景瑞)
하락삼동이이설(河洛三同二異說)
해조설(상)〔海潮說(上)〕
해조설(하)〔海潮說(下)〕
혼백설(魂魄說)

## 심조(沈潮, 1694~1756)

[문집] 정좌와집(靜坐窩集)
[작품] 연변포대설(임자)〔練變布帶說(壬子)〕
이기호발원위설(갑인)〔理氣互發源委說(甲寅)〕
지각설(갑인)〔知覺說(甲寅)〕
허령설(갑인)〔虛靈說(甲寅)〕
허령지각설(정사)〔虛靈知覺說(丁巳)〕

## 심지한(沈之漢, 1596~1657)

[문집] 창주집(滄洲集)
[작품] 월괘도설(月卦圖說)

# ㅇ

안경시(安景時)

~

임헌회(任憲晦)

## 안경시(安景時, 1712~1794)

[문집] 만회집(晩悔集)
[작품] 선정봉수전수설(先亭奉守傳授說)
의고전수설(義庫傳授說)

## 안경점(安景漸, 1722~1789)

[문집] 냉와집(冷窩集)
[작품] 영손부설(迎孫婦說)
최장방설(最長房說)

## 안광벽(安光璧, 1808~1889)

[문집] 우재집(愚齋集)
[작품] 도덕설(道德說)
성정설(性情說)

## 안교익(安教翼, 1824~1896)

[문집] 혼재집(渾齋集)
[작품] 개자중보설(改字中甫說)
근헌설(近軒說)
반암설(反菴說)
보사설(報師說)
사고재설(師古齋說)
인설-송홍군제유환향(정해)〔仁說-送洪君濟裕還鄉(丁亥)〕
증재설(憎齋說)

## 안극(安極, 1864~1945)

[문집] 회은집(晦隱集)
[작품] 난포설(蘭圃說)
심설(心說)
인감설(人鑑說)

## 안명하(安命夏, 1682~1752)

[문집] 송와집(松窩集)
[작품] 가장서병설(家藏書屛說)
납매설(臘梅說)
소암설(素菴說)
송균설(松菌說)
수인질자설(壽仁姪字說)

## 안민학(安敏學, 1542~1601)

[문집] 풍애집(楓厓集)
[작품] 하도낙서설(河圖洛書說)

## 안석경(安錫儆, 1718~1782)

[문집] 삽교집(霅橋集)
[작품] 명덕설(明德說)
산중잡설(山中雜說)

## 안성환(동환)〔安成煥(棟煥), 1858~1911〕

[문집] 소산유고(蘇山遺稿)
[작품] 귀설(龜說)
불식설(不息說)
임탁여홍주자설(任卓如洪柱字說)
족증손경전사순자설(族曾孫景傳思淳字說)
족질수경규직자설(族姪樹卿圭稷字說)

## 안영노(安英老, 1797~1846)

[문집] 면암집(勉菴集)
[작품] 조군한광개명설(趙君漢廣改名說)

## 안정려(安鼎呂, 1871~1939)

[문집] 회산문집(晦山文集)
[작품] 경소설－증삼종질선중(敬笑說－贈三從姪善中)
김여강자설(金汝剛字說)
민경옥자설(閔敬玉字說)
삼역설－증박달삼(三易說－贈朴達三)
직자설－증민치록(直字說－贈閔致祿)

## 안정복(安鼎福, 1712~1791)

[문집] 순암집(順菴集)
[작품] 동국지계설(무인)〔東國地界說(戊寅)〕
변방종수설(계유)〔邊防種樹說(癸酉)〕
성제설(계유)〔城制說(癸酉)〕
아기설(정사)〔啞器說(丁巳)〕
안분설(신미)〔安分說(辛未)〕
왜국지세설(무인)〔倭國地勢說(戊寅)〕
잡괘설(경오)〔雜卦說(庚午)〕
잡괘후설(신미)〔雜卦後說(辛未)〕
정전설(경신)〔井田說(庚申)〕
파아기설(정사)〔破啞器說(丁巳)〕

## 안종두(安鍾斗, 1881~1954)

[문집] 긍암문집(兢庵文集)
[작품] 지령초설(指佞草說)
탁마설－송조화경도규(琢磨說－送曹和敬道奎)

## 안종화(安鍾和, 1885~1937)

[문집] 약재문집(約齋文集)
[작품] 반경설(反經說)
성구여자설(成龜汝字說)

## 안중관(安重觀, 1683~1752)

[문집] 회와집(悔窩集)
[작품] 거붕당설(去朋黨說)
관기설(觀棊說)
구우설(求友說)
명제자설(名諸子說)
자욕거구이설(子欲居九夷說)
잡설(1)〔雜說(一)〕
잡설(2)〔雜說(二)〕
출처설(出處說)

## 안택호(安宅鎬, 1848~1918)

[문집] 우산문집(尤山文集)
[작품] 심성정도설(心性情圖說)
자정설(柘町說)

## 안하진(安廈鎭, 1876~1935)

[문집] 농서유고(農西遺稿)
[작품] 곡죽설(曲竹說)
잡설(雜說)
제초설(除草說)
치정설(治井說)

## 안훈(安壎, 현대)

[문집] 분암문집(憤庵文集)
[작품] 김씨이자자설(金氏李子字說)
난파소설(蘭坡小說)
남궁초우설(南宮草偶說)
남초설(南草說)

몽소설(夢巢說)
송문설(松問說)
운전설(耘田說)
자유자행설(字柳子行說)
정관설(正冠說)
주곤설(酒困說)

## 양도남(楊道南, 1624~1700)

[문집] 무금당유고(無禁堂遺稿)
[작품] 정국설(庭菊說)
지조불군설(鷙鳥不羣說)

## 양득중(梁得中, 1665~1742)

[문집] 덕촌집(德村集)
[작품] 명대의변후설(明大義辨後說)
비효설(譬曉說)
상향이곡설(相向而哭說)
알묘설(揠苗說)
조여중자설(曹汝中字說)
조포혜소사왕복후설(趙苞嵆紹事往復後說)

## 양상엽(梁相曄, 1852~1903)

[문집] 포운유집(圃雲遺集)
[작품] 소초설(小樵說)

## 양응수(楊應秀, 1700~1767)

[문집] 백수집(白水集)
[작품] 강수어심설(講粹語心說)
기설(氣說)
논정전설(論井田說)
불인고부지설(不仁故不智說)
비은설(費隱說)
선악개천리설(善惡皆天理說)
숭례설(崇禮說)
신설(神說)
심설(心說)
일기이기설(一氣二氣說)
지각설(知覺說)
형기설(形氣說)
혼천도설(渾天圖說)

## 양종락(楊鍾樂, 1870~1941)

[문집] 유재유고(裕齋遺稿)
[작품] 심수설(心守說)
유재설(裕齋說)
희작평설-정김물와(戱作萍說-呈金勿窩)

## 양진영(梁進永, 1788~1860)

[문집] 만희집(晩羲集)
[작품] 감여설(堪輿說)
계자설(戒子說)
사설(思說)
사우설(四友說)
애오설(愛惡說)
어채설(魚菜說)
역설(曆說)
이우설(二友說)
채약설(採藥說)
청심설(淸心說)
최자현자설(崔子峴字說)

## 양처제(梁處濟, 1643~1716)

[문집] 묵재집(默齋集)

[작품] 도설(道說)
묵설(默說)
박승기자설(朴承基字說)
이인제자설(李仁濟字說)
인설(人說)
정언필자설(鄭彦弼字說)
편당설(偏黨說)

## 양헌수(梁憲洙, 1816~1888)

[문집] 하거집(荷居集)
[작품] 측기아설(惻棄兒說)

## 양회갑(회을)〔梁會甲(會乙), 1884~1961〕

[문집] 정재집(正齋集)
[작품] 동해일민설－송안후봉(東海逸民說－送安後峯)
새옹설(塞翁說)
오교설－증박봉래(五敎說－贈朴蓬來)
이자명자설(二子名字說)
채규태희도자설(蔡奎泰希道字說)
효학설－기양두승(孝學說－寄梁斗承)

## 어유봉(魚有鳳, 1672~1744)

[문집] 기원집(杞園集)
[작품] 양저설(養樗說)
잡설(1)〔雜說(一)〕
잡설(2)〔雜說(二)〕
증심자위설(贈沈子威說)
질자석정석영자설(姪子錫定錫寧字說)
천하무불시저부모설(天下無不是底父母說)

## 엄흔(嚴昕, 1508~1553)

[문집] 십성당집(十省堂集)
[작품] 십성당설(十省堂說)

## 여응규(呂應奎, 1800~1876)

[문집] 국반집(菊伴集)
[작품] 기몽면인취사설(記夢勉人就師說)
척사설(斥邪說)
희답운행옹국반설(戲答雲杏翁菊伴說)

## 여태회(呂泰會, 1854~1928)

[문집] 묵와유집(默窩遺集)
[작품] 여상윤효행설(呂相胤孝行說)

## 여효주(呂孝周, 1608~1654)

[문집] 남계문집(南溪文集)
[작품] 몽도설(夢陶說)

## 염석진(廉錫珍, 1855~1932)

[문집] 남곡유고(南谷遺稿)
[작품] 세강설－정위형치균(世講說－呈魏兄致均)

## 예대주(芮大周, 1865~?)

[문집] 의재집(毅齋集)
[작품] 경천설(敬天說)
궁리설(窮理說)
도불가이설(道不可離說)
독태극도설(讀太極圖說)
송석설(松石說)

안명설(安命說)
입지설(立志說)
조우언자설(趙禹言字說)
주경설(主敬說)
천인설(天人說)
치심묘제설(治心妙劑說)

**오계종**(吳繼宗, 1407~1459)

[문집] 귀은유집(歸隱遺集)
[작품] 독황극경세설(讀皇極經世說)
불시고예설(不試故藝說)
지지선설(止至善說)
호연장설(浩然章說)

**오광운**(吳光運, 1689~1745)

[문집] 약산만고(藥山漫稿)
[작품] 경설(經說)

**오달제**(吳達濟, 1609~1637)

[문집] 충열공유고(忠烈公遺稿)
[작품] 명계자설(名季子說)
화은소설(華隱小說)

**오도일**(吳道一, 1645~1703)

[문집] 서파집(西坡集)
[작품] 원이기불상리설(原理氣不相離說)

**오도형**(吳道炯, 1826~1900)

[문집] 묵헌집(默軒集)
[작품] 석란설(惜蘭說)

**오세로**(吳世魯, 1852~1900)

[문집] 인산문집(仁山文集)
[작품] 학설(學說)

**오숙**(吳䎘, 1592~1634)

[문집] 천파집(天坡集)
[작품] 명최일설(名崔逸說)
아설(鵝說)

**오시수**(吳始壽, 1632~1681)

[문집] 수촌집(水村集)
[작품] 분매설(盆梅說)

**오억령**(吳億齡, 1552~1618)

[문집] 만취문집(晩翠文集)
[작품] 증단질권학설(贈端姪勸學說)
효왕양명객좌사축편체증사제설(效王陽明客坐私祝篇體贈舍弟說)

**오윤상(원상)**〔吳允常(元常), 조선 정조〕

[문집] 영재유고(寧齋遺稿)
[작품] 각비설(覺非說)
맹자생지위성장설(孟子生之謂性章說)
태극도오행위치설(太極圖五行位置說)

**오이익**(吳以翼, 1618~1666)

[문집] 석문집(石門集)
[작품] 귀설－증김생(貴說－贈金生)
대소설(大小說)

만설(謾說)

## 오익승(吳益升, 1620~1679)

[문집] 송봉유고(松峯遺稿)

[작품] 담농설 – 여오평중(談農說 – 與吳平仲)

위오여빈(관복)상자설〔慰吳汝彬(觀復)喪子說〕

장섭설 – 여권시보(將攝說 – 與權時甫)

## 오인선(吳麟善, 1841~1905)

[문집] 경암유고(絅菴遺稿)

[작품] 교우설(交友說)

난산자설(亂山自說)

서농설 – 시아질(書農說 – 示兒姪)

신설(信說)

심성설(心性說)

애국설(愛菊說)

언설(言說)

제가설(齊家說)

## 오장(吳長, 1565~1617)

[문집] 사호집(思湖集)

[작품] 무제산설(無題散說)

## 오재순(吳載純, 1727~1792)

[문집] 순암집(醇庵集)

[작품] 복희즉도화괘도설(伏羲則圖畵卦圖說)

잡설(雜說)

정문설(靜文說)

중설(中說)

팔괘설(八卦說)

하도해후설(河圖解後說)

희노애락미발설(喜怒哀樂未發說)

## 오재영(吳在永, 1865~1919)

[문집] 소재집(小齋集)

[작품] 교북설 – 증김군성기(喬北說 – 贈金君聲基)

송재설 – 증정군인경(松齋說 – 贈鄭君寅景)

## 오준선(吳駿善, 1851~1931)

[문집] 후석유고(後石遺稿)

[작품] 광산설(狂山說)

농은설 (農隱說)

보만설 – 증이재춘(保晩說 – 贈李載春)

양회설 – 증유회근(養晦說 – 贈柳晦根)

이경회자설(李景晦字說)

지지설 – 증최영문(持志說 – 贈崔永文)

취산설(醉山說)

## 오학건(吳學鍵, 1844~1928)

[문집] 만포집(晩圃集)

[작품] 국포설(菊圃說)

## 오해겸(吳海謙, 1890~1925)

[문집] 두남사고(斗南私稿)

[작품] 교우설(交友說)

독서설(讀書說)

사군설(事君說)

사친설(事親說)

## 오핵(吳翮, 1615~1653)

[문집] 백천당유고(百千堂遺稿)
[작품] 폭건도설(幅巾圖說)

## 오횡묵(吳宖默, 1834~?)

[문집] 총쇄(叢瑣)
[작품] 견첩루삼승설(見輒樓三勝說)
견첩루설(見輒樓說)
경설(經說)
괴목정설(槐木亭說)
녹순석설(鹿循石說)
답향유논문폐설(答鄉儒論文弊說)
대향장논읍사설(對鄉長論邑事說)
만회당설(晚悔堂說)
무안군자방포추록설(務安郡自防浦追錄說)
벽계청장관설(碧溪靑嶂館說)
사중위생설(使衆衛生說)
수석침류설(漱石枕流說)
욕지도개척설(浴智島開拓說)
유소감어심자작오충설(有所感於心者作五蟲說)
자문와설(自問窩說)
조출경모귀독고인설(朝出耕暮歸讀古人說)
택방설(澤舫說)
평안수산동지시설(評安睡山冬至詩說)
평인당한수작설(平易堂閒酬酌說)
한산시설(寒山詩說)

## 오희상(吳熙常, 1763~1833)

[문집] 노주집(老洲集)
[작품] 잡설(雜說)
첨논심천노심기질설(籤論沈天老心氣質說)

## 왕원(성순)〔王原(性淳), 1868~1922〕

[문집] 우아당고(尤雅堂稿)
[작품] 진동은명자설(秦東隱名字說)

## 우석간(禹錫簡, 1782~1833)

[문집] 지족헌집(知足軒集)
[작품] 월령설(越嶺說)
풍경설(風磬說)

## 우석문(禹錫文, 1793~1860)

[문집] 아천집(啞川集)
[작품] 적거설(謫居說)

## 우성규(禹成圭, 1830~1905)

[문집] 경재집(景齋集)
[작품] 단봉호설(丹峯號說)
오단설(五端說)

## 원경하(元景夏, 1698~1761)

[문집] 창하집(蒼霞集)
[작품] 속동파강설(續東坡剛說)
인손명자설(仁孫名字說)

## 위계도(魏啓道, 1926~1990)

[문집] 만취집(晚翠集)
[작품] 계포란설(鷄抱卵說)
붕우참오륜설(朋友參五倫說)
일금일불환이명설(一今日不換二明說)
자효설(慈孝說)

조삭비설(鳥數飛說)
천만인중상지유기설(千萬人中常知有己說)
타산지석가이공옥설(他山之石可以攻玉說)

**위계반**(魏啓泮, 1848~1895)

[문집] 춘헌집(春軒集)
[작품] 가은설(稼隱說)
농와설(聾窩說)
농은설(農隱說)
백헌설(柏軒說)
월포설(月圃說)
지봉설(芝峯說)
직직당설(直直堂說)
청계당설(淸溪堂說)

**위덕후**(魏德厚, 1556~1605)

[문집] 안항공유고(顔巷公遺稿)
[작품] 경세설(警世說)

**위도한**(魏道僩, 1763~1830)

[문집] 죽오유고(竹塢遺稿)
[작품] 고복설(皐復說)
역묘설(易墓說)

**위백규**(魏伯珪, 1727~1798)

[문집] 존재집(存齋集)
[작품] 격물설-가의(格物說-賈誼)
격물설-가후(格物說-賈后)
격물설-감무(格物說-甘茂)
격물설-강유(格物說-姜維)
격물설-건안칠자(格物說-建安七子)
격물설-곤충(格物說-昆蟲)
격물설-공손홍(格物說-公孫弘)
격물설-공승등(格物說-龔勝等)
격물설-곽광(格物說-霍光)
격물설-곽외(格物說-郭隗)
격물설-곽자의(格物說-郭子儀)
격물설-곽태서치(格物說-郭泰徐穉)
격물설-광무입공사(格物說-光武入空舍)
격물설-광무형제(格物說-光武兄弟)
격물설-광형적방진장우등(格物說-匡衡翟方進張禹等)
격물설-구풍(格物說-颶風)
격물설-금수(格物說-禽獸)
격물설-기재(格物說-奇才)
격물설-낙의(格物說-樂毅)
격물설-당고제인(格物說-黨錮諸人)
격물설-당덕종(格物說-唐德宗)
격물설-당말종실궁권(格物說-唐末宗室宮眷)
격물설-당태종(格物說-唐太宗)
격물설-대명군신유사론(格物說-大明君臣有史論)
격물설-동중서(格物說-董仲舒)
격물설-두예(格物說-杜預)
격물설-두우(格物說-杜祐)
격물설-등예종회(格物說-鄧乂鍾會)
격물설-마원(格物說-馬援)
격물설-반고(格物說-班固)
격물설-방언겸현령두여회(格物說-房彥謙玄齡杜如晦)
격물설-백거이(格物說-白居易)
격물설-병길(格物說-丙吉)
격물설-부귀존영(格物說-富貴尊榮)
격물설-부필(格物說-富弼)
격물설-붕당(格物說-朋黨)

격물설－사마군실(格物說－司馬君實)
격물설－사물(1)〔格物說－事物(一)〕
격물설－사물(2)〔格物說－事物(二)〕
격물설－사호(格物說－四皓)
격물설－소자첨(格物說－蘇子瞻)
격물설－소진진섭한신(格物說－蘇秦陳涉韓信)
격물설－소평중(格物說－蕭平仲)
격물설－송고종(格物說－宋高宗)
격물설－송영종(格物說－宋寧宗)
격물설－송이종(格物說－宋理宗)
격물설－송인종(格物說－宋仁宗)
격물설－송효종(格物說－宋孝宗)
격물설－순경(格物說－荀卿)
격물설－시인(格物說－詩人)
격물설－신시평림(格物說－新市平林)
격물설－심부정(格物說－心不正)
격물설－아(格物說－我)
격물설－안자(格物說－晏子)
격물설－안자어자(格物說－晏子御者)
격물설－양웅(格物說－楊雄)
격물설－엄자릉(格物說－嚴子陵)
격물설－염파(格物說－廉頗)
격물설－오륜(格物說－五倫)
격물설－오예(格物說－吳芮)
격물설－오징(格物說－吳澄)
격물설－오행(格物說－五行)
격물설－온교(格物說－溫嶠)
격물설－완안석(格物說－王安石)
격물설－왕도(格物說－王導)
격물설－왕문정(格物說－王文正)
격물설－왕통(格物說－王通)
격물설－왕희지헌지(格物說－王羲之獻之)
격물설－외효(格物說－隗囂)
격물설－이광필(格物說－李光弼)
격물설－이덕유(格物說－李德裕)
격물설－이밀(格物說－李密)
격물설－이응범방(格物說－李膺范滂)
격물설－이항(格物說－李沆)
격물설－이형(格物說－禰衡)
격물설－인(格物說－人)
격물설－자복(格物說－自服)
격물설－장간지등오왕(格物說－張柬之等五王)
격물설－장량(格物說－張良)
격물설－장형(格物說－張衡)
격물설－전수화약(格物說－剪鬚和藥)
격물설－정책(格物說－定策)
격물설－정헐후(格物說－鄭歇後)
격물설－제갈근량탄(格物說－諸葛瑾亮誕)
격물설－제갈량방통서서(格物說－諸葛亮龐統徐庶)
격물설－조개한양(格物說－趙蓋韓楊)
격물설－조맹부(格物說－趙孟頫)
격물설－조사익〔格物說－趙師(익)〕
격물설－조적(格物說－祖逖)
격물설－주발(格物說－周勃)
격물설－주실김포도(格物說－珠實金葡萄)
격물설－주아부(格物說－周亞夫)
격물설－주의(格物說－周顗)
격물설－진원제(格物說－晉元帝)
격물설－진의중(格物說－陳宜中)
격물설－창읍왕(格物說－昌邑王)
격물설－채옹(格物說－蔡邕)
격물설－천하비(格物說－天下肥)
격물설－청담(格物說－淸談)
격물설－촉선생(格物說－蜀先生)
격물설－풍이(格物說－馮異)
격물설－한고(格物說－漢高)
격물설－한기(格物說－韓琦)

격물설 – 한당지치(格物說 – 漢唐之治)
격물설 – 한무제(格物說 – 漢武帝)
격물설 – 한신(格物說 – 韓信)
격물설 – 허형(格物說 – 許衡)
격물설 – 후왕(格物說 – 後王)
논하락도설(論河洛圖說)
백이전설(伯夷傳說)
사략설(史略說)
예설(禮說)
요전설(堯典說)
우공설(禹貢說)
인설(人說)
일원종시설(一元終始說)

## 위석규(魏錫奎, 1883~1913)

[문집] 덕암유고(德庵遺稿)
[작품] 경자설 – 서시학성재제생(敬字說 – 書示學聖齋諸生)
명자문답설(名字問答說)
별자설 – 증백수재영준(別字說 – 贈白秀才永俊)
봉명설 – 정봉명재첨군자(鳳鳴齋 – 呈鳳鳴齋僉君子)
사자설 – 증오석홍(思字說 – 贈吳錫洪)
신언설(愼言說)
위학설 – 증김태식(爲學說 – 贈金台植)
호인설 – 송윤권오(好人說 – 送尹權五)

## 위영복(魏榮馥, 1832~1884)

[문집] 다암문집(茶嵒文集)
[작품] 변인물오상부동설(辨人物五常不同說)

## 위정명(魏廷鳴, 1589~1639)

[문집] 반계유고(磻溪遺稿)
[작품] 경세설(警世說)

## 위정훈(魏廷勳, 1578~1662)

[문집] 청금유고(聽禽遺稿)
[작품] 승약설(蠅藥說)
주인공화식설(主人公貨殖說)

## 위홍량(魏洪良, 1881~1961)

[문집] 중와유고(重窩遺稿)
[작품] 신언설(愼言說)

## 유건휴(柳健休, 1768~1834)

[문집] 대야집(大埜集)
[작품] 고시천지명명설(顧諟天之明命說)
관선재설(觀善齋說)
도불리물설(道不離物說)
명자설(신해)〔名字說(辛亥)〕
박정중자설(朴貞中字說)
부석소설(浮石小說)
사단칠정각유소종래설(四端七情各有所從來說)
선난후획설(先難後獲說)
성건재설(省愆齋說)
수기이경총명예유시출설(修己以敬聰明睿由是出說)
주정설(主靜說)
혈구설(絜矩說)

## 유경심(柳景深, 1516~1571)

[문집] 구촌집(龜村集)

[작품] 장횡거양초설(張橫渠養蕉說)

헌경설(獻鏡說)

## 유경조(柳景祚, 1676~1734)

[문집] 수림문집(修林文集)

[작품] 성리설(性理說)

심설(心說)

예설(禮說)

의설(義說)

인의예지대소계한설(仁義禮智大小界限說)

인포사덕설(仁包四德說)

## 유계(兪棨, 1607~1664)

[문집] 시남집(市南集)

[작품] 독서쇄설(1)〔讀書瑣說(一)〕

독서쇄설(2)〔讀書瑣說(二)〕

독서쇄설(3)〔讀書瑣說(三)〕

윤륜자설(尹掄字說)

치각종설(治脚腫說)

## 유광천(柳匡天, 1732~1799)

[문집] 귀락와집(歸樂窩集)

[작품] 개양아명자설(改兩兒名字說)

관인손서시명자설(冠麟孫書示名字說)

## 유규(柳湀, 1730~1806)

[문집] 임여재집(臨汝齋集)

[작품] 연설(筵說)

## 유도원(柳道源, 1721~1791)

[문집] 노애집(蘆厓集)

[작품] 골돌옹설(榾柮翁說)

교아설(教兒說)

병와설(病窩說)

염회설(斂灰說)

포갈설(捕蝎說)

## 유동연(柳東淵, 1613~1681)

[문집] 남간집(南磵集)

[작품] 계자손설(戒子孫說)

교자손설(教子孫說)

국학향교설(國學鄕校說)

두곡권도설(斗斛權度說)

붕당설(朋黨說)

여우인논심성도설(與友人論心性圖說)

위문장이표귀천설(爲文章以表貴賤說)

증간호논노화설(贈艮湖論爐火說)

하학상달설(下學上達說)

## 유동익(柳東翼, 1884~1960)

[문집] 성암문고(醒巖文稿)

[작품] 신기흠경도자설(申基欽景陶字說)

## 유득공(柳得恭, 1748~1807)

[문집] 냉재집(冷齋集)

[작품] 의계설(義雞說)

## 유몽인(柳夢寅, 1559~1623)

[문집] 어우집(於于集)

[작품] 우인설(優人說)
호광나창설(湖廣癩脂說)

## 유문규(柳文奎, 1759~1828)

[문집] 숙재일고(肅齋逸稿)
[작품] 벌목설(伐木說)
복약설(服藥說)
신뢰설(迅雷說)
치민설(治民說)
치승설(治繩說)
화설 – 증홍휘백(花說 – 贈洪輝伯)

## 유방선(柳方善, 1388~1443)

[문집] 태재집(泰齋集)
[작품] 서파삼우설(西坡三友說)

## 유범휴(柳範休, 1744~1823)

[문집] 호곡집(壺谷集)
[작품] 노심설(병자)〔奴心說(丙子)〕
삼과설(정묘)〔三過說(丁卯)〕

## 유병헌(劉秉憲, 1842~1919)

[문집] 만송유고(晩松遺稿)
[작품] 경당세학자설(警當世學者說)
규일설(葵日說)
맹농아축설(盲聾啞蹙說)
변하사비군설(辨何事非君說)
섬왜편사설(殲倭片史說)
진학설(進學說)
축연설(逐燕說)

## 유봉영(현영)〔柳鳳榮(顯榮), 1858~1896〕

[문집] 진산유고(震山遺稿)
[작품] 두설(蠹說)

## 유사온(柳思溫, 1573~1639)

[문집] 구정집(龜亭集)
[작품] 경설(敬說)
덕설(德說)
도설(道說)
성명설(性命說)
성설(誠說)
성설(性說)
신설(信說)
심설(心說)
예설(禮說)
의설(義說)
이기설(理氣說)
인설(仁說)
자경설(自警說)
정설(情說)
지설(智說)

## 유상길(柳相吉, 1890~1952)

[문집] 지인재유고(志仁齋遺稿)
[작품] 노강강설(鷺江講說)

## 유상대(柳相大, 1864~1935)

[문집] 돈재문집(敦齋文集)
[작품] 김병원성약명자설(金炳遠聲若名字說)
독정자거일유사덕설(讀程子居一有四德說)
병계명덕설 – 기의(屛溪明德說 – 記疑)

유유길자설(柳儒吉字說)

## 유상인(柳相仁, 1863~1945)

[문집] 호은유고(湖隱遺稿)

[작품] 자곡설(紫谷說)

## 유상준(柳相浚, 1853~1895)

[문집] 경당유고(敬堂遺稿)

[작품] 간구본설(看九本說)

종인천규명자설(宗人仟奎名字說)

종인춘석자설(宗人春錫字說)

종질원학명설(從姪元學名說)

## 유상철(柳相喆, 1882~1968)

[문집] 계재집(溪齋集)

[작품] 족질자일자설(族姪子一字說)

## 유성룡(柳成龍, 1542~1607)

[문집] 서애집(西厓集)

[작품] 건원형이정설(乾元亨利貞說)

견군룡무수설(見羣龍无首說)

산성설(山城說)

시교설(詩教說)

인재설(人才說)

조명설(釣名說)

주재설(主宰說)

지행설(知行說)

지행합일설(知行合一說)

## 유세명(柳世鳴, 1636~1688)

[문집] 우헌집(寓軒集)

[작품] 기반씨양씨설(記潘氏楊氏說)

벽력금인발후설(霹靂琴引跋後說)

## 유세훈(柳世勛, 1564~1631)

[문집] 치헌유고(耻軒遺稿)

[작품] 악유설(惡莠說)

## 유숙기(兪肅基, 1696~1752)

[문집] 겸산집(兼山集)

[작품] 금토설－봉증관찰사한공(金土說－奉贈觀察使韓公)

심여기질부동설(병신)〔心與氣質不同說(丙申)〕

오행환설(병인)〔五行丸說(丙寅)〕

이수재갑신경복질부자설(경오)〔李秀才坤信卿嶫質夫字說(庚午)〕

이수재연상이천자설(임자)〔李秀才衍祥而天字說(壬子)〕

## 유숭조(柳崇祖, 1452~1512)

[문집] 진일재집(眞一齋集)

[작품] 이기설(理氣說)

## 유승현(柳升鉉, 1680~1746)

[문집] 용와집(慵窩集)

[작품] 연설(기유)〔筵說(己酉)〕

## 유식(柳栻, 1755~1822)

[문집] 근와집(近窩集)
[작품] 참매설(斬梅說)
치곡설(致曲說)

## 유신환(兪莘煥, 1801~1859)

[문집] 봉서집(鳳棲集)
[작품] 대학도설(大學圖說)
대학호오의리설(大學好惡義利說)
문학난후설(文學難後說)
미발설(未發說)
위학지방도설(爲學之方圖說)
이기신화설(理氣神化說)

## 유심춘(柳尋春, 1762~1834)

[문집] 강고선생문집(江皐先生文集)
[작품] 검설(儉說)
김원방자설(金元方字說)
자경설(自警說)

## 유연근(柳淵根, 1857~1933)

[문집] 수서문집(水西文集)
[작품] 농은호설(農隱號說)

## 유영선(柳永善, 1893~1961)

[문집] 현곡선생문집(玄谷先生文集)
[작품] 경석자지설 - 시제생(敬惜字紙說 - 示諸生)
관유성재사향명제설(觀柳省齋祠饗明帝說)
논물유명덕설(論物有明德說)
독남당상수암서성삼층설(讀南塘上遂庵書性三層說)
독서설 - 시정사학도(讀書說 - 示精舍學徒)
명육자설(名六子說)
무불시저저부모설(無不是底父母說)
박약설 - 시김생(博約說 - 示金生)
봉노종치명자설(奉老鍾穉明字說)
사례제요안설(四禮提要按說)
성위심재설(性爲心宰說)
소행설 - 증전군(素行說 - 贈田君)
송하설(松下說)
수양설(修攘說)
신설(愼說)
신소유설(愼所遊說)
신언어설(愼言語說)
신질종익백겸자설(辛姪鍾益伯謙字說)
심성설(心性說)
심통성정설(心統性情說)
애국설(愛菊說)
전제설(田制說)
차아태석명설(次兒泰錫名說)
홍의설 - 증송생(弘毅說 - 贈宋生)

## 유영하(柳榮河, 1787~1868)

[문집] 보산집(甫山集)
[작품] 척주퇴조비설(陟州退潮碑說)
효정설(孝井說)

## 유원중(柳遠重, 1861~?)

[문집] 서강집(西岡集)
[작품] 공자설(公字說)
국복설(國服說)
권휘원자설(權輝遠字說)
송이정자설(宋而貞字說)

유성흠자설(柳聖欽字說)
유양래태수자설(柳陽來泰秀字說)
유의유리설(喩義喩利說)
윤랑성습자설(尹郎聖習字說)
정승경자설(鄭升卿字說)
지자설－증이여정(智字說－贈李汝貞)
학이시습설(學而時習說)

## 유원지(柳元之, 1598~1674)

[문집] 졸재집(拙齋集)
[작품] 명설(名說)
사단칠정변후설(四端七情辨後說)
사설(思說)
상수소설(象數小說)
애죽설(愛竹說)
이기설(理氣說)

## 유응두(柳應斗, ?~?)

[문집] 풍서집(豊西集)
[작품] 위문귀유법상설(爲文貴有法象說)

## 유응목(柳應睦, 1841~1921)

[문집] 학산문집(鶴山文集)
[작품] 이견설(二犬說)
인설(仁說)
전의독서설(專意讀書說)
정학연원도설(正學淵源圖說)
효우설－시아손배(孝友說－示兒孫輩)

## 유의건(柳宜健, 1687~1760)

[문집] 화계집(花溪集)
[작품] 나릉진안설(羅陵眞贋說)
명오아설(名五兒說)
몽설(夢說)
보응설(1)〔報應說(一)〕
보응설(2)〔報應說(二)〕
불지설(佛池說)
삼재설(三才說)
승설(蠅說)
오학상송설(烏鶴相訟說)
우중설－갈설(寓中說－蝎說)
우중설－병설(寓中說－病說)
우중설－산막설(寓中說－山幕說)
우중설－삼물설(寓中說－三物說)
우중설－우설(寓中說－憂說)
인과설(因果說)
자시설(을축)〔子時說(乙丑)〕
적토설(赤兎說)
한거잡설(閒居雜說)
해우설(解憂說)

## 유인석(柳麟錫, 1841~1915)

[문집] 의암집(毅菴集)
[작품] 국병설(國病說)
김기홍이자자설(金箕洪二子字說)
김민초자설(金民初字說)
김영삼자설(金永三字說)
김옥근자설(金玉根字說)
김정자설(金鋥字說)
김택제자설(金宅濟字說)
박도훈자설(朴道燻字說)
변승도자설(邊承道字說)
신금남삼손명자설(申錦南三孫名字說)
유제중자설(柳濟中字說)
윤덕형자설(尹德衡字說)

이민응자설(李敏應字說)
이용인명자설(李容仁名字說)
이원수자설(李遠洙字說)
이학희자설(李鶴熺字說)
장성식자설(張性植字說)
장일복자설(張日復字說)
제춘자설(濟春字說)
조대현자설(趙大賢字說)
조헌제자설(趙憲濟字說)
직목설(直木說)
최학현자설(崔學賢字說)
출처설(出處說)

## 유장식(柳璋植, 1875~1950)

[문집] 가림문집(可林文集)
[작품] 횡수설(橫竪說)

## 유장원(柳長源, 1724~1796)

[문집] 동암집(東巖集)
[작품] 금강장소설(金剛杖小說)
서게퇴도선생시설(書揭退陶先生詩說)
진맥설(診脈說)

## 유정원(柳正源, 1703~1761)

[문집] 삼산집(三山集)
[작품] 아구설(兒駒說)
역전팔칙양생설(易傳八則陽生說)
정전설(井田說)

## 유주목(柳疇睦, 1813~1872)

[문집] 계당집(溪堂集)
[작품] 약헌설(若軒說)
주민산거설(酒民山居說)
증박생성가설(贈朴生聖可說)
증주상인설(贈珠上人說)
효처설 – 증곽순구(孝處說 – 贈郭舜九)

## 유중교(柳重教, 1821~1893)

[문집] 성재집(省齋集)
[작품] 구중식자설(具中植字說)
김기붕자설(金基朋字說)
김병규자설(金秉珪字說)
김춘선자설(金春善字說)
논어설(論語說)
대학설(大學說)
맹자설(孟子說)
문행충신설(文行忠信說)
박제노명자설(朴齊老名字說)
삼강오상설(三綱五常說)
소대학총설(小大學總說)
소학설(小學說)
신종한자설(愼宗漢字說)
심여명덕형이상하설(心與明德形而上下說)
역설(1)〔易說(一)〕
역설(2)〔易說(二)〕
역설(3)〔易說(三)〕
역설(4)〔易說(四)〕
역설(5)〔易說(五)〕
역설(6)〔易說(六)〕
육경총설(六經總說)
이여길삼자명자설(李汝吉三子名字說)
전중설(傳重說)
중용설(1)〔中庸說(一)〕
중용설(2)〔中庸說(二)〕
하도낙서설(河圖洛書說)

향삼물설(鄕三物說)

**유즙**(柳楫, 1585~1651)

[문집] 백석유고(白石遺稿)
[작품] 귀천쟁우설(貴賤爭優說)
매두옹설(賣斗翁說)
송죽국쟁장설(松竹菊爭長說)
증제동자설(贈諸童子說)

**유진**(柳袗, 1582~1635)

[문집] 수암집(修巖集)
[작품] 격치설(格致說)
두견설(杜鵑說)

**유진하**(兪鎭河, 일제강점기)

[문집] 존재선생문집(存齋先生文集)
[작품] 정학이단설(正學異端說)

**유창**(兪瑒, 1614~1690)

[문집] 추담집(秋潭集)
[작품] 감적설(甘糴說)
사이불수녹설(仕而不受祿說)
자이생우성설(字李生羽成說)

**유초**(柳初, 1584~1658)

[문집] 유천선생유고(柳川先生遺稿)
[작품] 안명설(安命說)

**유치덕**(柳致德, 1823~1881)

[문집] 근암집(近庵集)
[작품] 근암소설(近庵小說)
조존설(操存說)

**유치명**(柳致明, 1777~1861)

[문집] 정재집(定齋集)
[작품] 격물치지설(格物致知說)
귀신장설(鬼神章說)
독서설(讀書說)
독심의제설(讀深衣諸說)
독주장양선생인설(讀朱張兩先生仁說)
명당실소설(名堂室小說)
부도불문설(不睹不聞說)
옥권자설(玉圈子說)
이동정설(理動靜說)
제사귀신설(祭祀鬼神說)
제찬설(祭饌說)
조존설(操存說)
팔조목선후차제설(八條目先後次第說)
포특설(抱特說)
혈구설(絜矩說)

**유치호**(柳致皜, 1800~1862)

[문집] 동림집(東林集)
[작품] 독이외암주정설(讀李畏庵主靜說)
명명덕설(明明德說)
사단칠정설(四端七情說)
심무출입설(心無出入說)
옥루설(屋漏說)

## 유태좌(柳台佐, 1763~1837)

[문집] 학서집(鶴棲集)

[작품] 김해비어설(金海備禦說)

## 유필영(柳必永, 1841~1924)

[문집] 서파선생문집(西坡先生文集)

[작품] 기생설(奇生說)
남초설(南草說)
이국설(移菊說)
전거장미설(剪去薔薇說)

## 유한준(兪漢雋, 1732~1811)

[문집] 자저(自著)

[작품] 별호설(別號說)
잡설 – 논용(雜說 – 論勇)
잡설 – 읍어(雜說 – 泣漁)
잡설 – 호사(雜說 – 好士)

## 유호근(柳浩根, 1861~?)

[문집] 사가집(四可集)

[작품] 김노동성구자설(金魯東聖九字說)
김명동성만자설(金明東聖萬字說)
김은동성팔자설(金殷東聖八字說)
김종원성백자설(金宗元城伯字說)
엄주훈경흠자설(嚴柱勳景欽字說)
임원호수능자설(林元鎬秀能字說)
최익중겸자설(崔益仲謙字說)

## 유휘문(柳徽文, 1773~1827)

[문집] 호고와집(好古窩集)

[작품] 동하음양승강설(冬夏陰陽升降說)
사성재설(思誠齋說)
조석설(潮汐說)

## 유희춘(柳希春, 1513~1577)

[문집] 미암집(眉巖集)

[작품] 관수설(觀水說)

## 육용정(陸用鼎, 1843~1888)

[문집] 의산문고(宜山文稿)

[작품] 난곡설(蘭谷說)
백설조설(百舌鳥說)
자경설(自警說)
창석설(蒼石說)

## 윤광계(尹光啓, 1559~1619)

[문집] 귤옥졸고(橘屋拙稿)

[작품] 역려설(逆旅說)
이수설(移樹說)
잡설(3)〔雜說(三)〕

## 윤광소(尹光紹, 1708~1786)

[문집] 소곡유고(素谷遺稿)

[작품] 군신시종설(병신)〔君臣始終說(丙申)〕
성명지설(星命之說)
심경후론후설(임자)〔心經後論後說(壬子)〕
은원설(정유)〔恩怨說(丁酉)〕
자경도부설(서여도견원편)〔自警圖附說(序與圖見原編)〕
정통설(정미)〔正統說(丁未)〕

## 윤긍주(尹兢周, 1853~1912)

[문집] 고당집(顧堂集)

[작품] 견자난신설(狷者難信說)
군자불기설(君子不器說)
묘일여자불출설(卯日女子不出說)
속학무사도설(俗學無師道說)
수필설(隨筆說)
육설(陸說)
이기설(理氣說)
장아석종자설(長兒錫琮字說)
차아우현자설(次兒瑀鉉字說)

## 윤기(尹愭, 1741~1826)

[문집] 무명자집(無名子集)

[작품] 강설(講說)
강유설(剛柔說)
과설(科說)
과설(1) – 난장지상〔科說(一) – 亂場之狀〕
과설(2) – 근래시관개시강관자류〔科說(二) – 近來試官皆是絳灌者流〕
과설(3) – 고금시관〔科說(三) – 古今試官〕
과설(4) – 향유지장내통정〔科說(四) – 鄕儒之場內通情〕
과설(5) – 겸종급노예배지출입과장〔科說(五) – 傔從及奴隷輩之出入科場〕
과설(6) – 근래과거가위극란대괴〔科說(六) – 近來科擧可謂極亂大壞〕
관시설(觀市說)
관인설(觀人說)
관주설(觀舟說)
매도설(買刀說)
몽설(夢說)
배행상계석명설(輩行相繼錫名說)
벽이단설(闢異端說)
병설(病說)
삼설(蔘說)
서측자설(抒廁者說)
소일설(消日說)
음설(飮說)
이설(利說)
잡설(1)〔雜說(一)〕
잡설(2)〔雜說(二)〕
잡설(3)〔雜說(三)〕
종호설(種瓠說)
천원지방설(天圓地方說)
첨설(諂說)

## 윤동수(尹東洙, 1674~1739)

[문집] 경암유고(敬庵遺稿)

[작품] 명재선생연보후설(明齋先生年譜後說)
양김사칠이기변후설(梁金四七理氣辨後說)
잡저 – 예설(雜著 – 禮說)
증민사상(옥)설〔贈閔士相(鈺)說〕
증족숙인백설〔贈族叔仁伯說〕

## 윤두수(尹斗壽, 1533~1601)

[문집] 오음유고(梧陰遺稿)

[작품] 잡설(雜說)

## 윤병기(병린)〔尹炳基(炳麟), 1856~1931〕

[문집] 녹동문집(鹿東文集)

[작품] 유관유의설(儒冠儒衣說)

## 윤병형(尹柄馨, 1891~1967)

[문집] 심재유고(尋齋遺稿)

[작품] 각결상대여빈설(卻缺相對如賓說)

방창해역사설 – 복수대의(訪滄海力士說 – 復讐大義)

이복제설 – 근고동지(以服制說 – 謹告同志)

장량용고조설(張良用高祖說)

## 윤봉구(尹鳳九, 1683~1767)

[문집] 병계집(屛溪集)

[작품] 강필간강설(갑신)〔姜必簡講說(甲申)〕

금수초목지성불가이인의예지명설(신축하)〔禽獸草木之性不可以仁義禮智名說(辛丑夏)〕

김경휴근사록강설(을해)〔金景休近思錄講說(乙亥)〕

김경휴미발강설(기묘)〔金景休未發講說(己卯)〕

김경휴심설강설(기묘)〔金景休心說講說(己卯)〕

김경휴심설강설(을해)〔金景休心說講說(乙亥)〕

김경휴예의강설(金景休禮疑講說)

김경휴중용강설(기묘)〔金景休中庸講說(己卯)〕

김여사강설(신미)〔金汝四講說(辛未)〕

김유도심성강설(金幼道心性講說)

나처대인심도심강설(신사)〔羅妻大人心道心講說(辛巳)〕

답숭화서재제생강설(答崇化書齋諸生講說)

대학도설(大學圖說)

부산서원강설(浮山書院講說)

부위처장기혹부장기연담유무고증설(계축)〔夫爲妻杖朞或不杖朞練禫有無考證說(癸丑)〕

성선보수명태극강설(成善甫守明太極講說)

성여후미발강설(병술)〔成汝厚未發講說(丙戌)〕

송경여율곡인심도심도설강설(宋絅汝栗谷人心道心圖說講說)

송경여중용혹문강설(宋絅汝中庸或問講說)

송경회논어강설(기묘)〔宋景晦論語講說(己卯)〕

송경회심경강설(신사)〔宋景晦心經講說(辛巳)〕

송경회심성강설(갑신)〔宋景晦心性講說(甲申)〕

송경회심성강설(임오)〔宋景晦心性講說(壬午)〕

숙중미발강설(기묘)〔塾中未發說(己卯)〕

숙중심설강설(병술)〔塾中心說講說(丙戌)〕

심성정합인심도심도설(心性情合人心道心圖說)

야기장설(夜氣章說)

오상설(갑진동)〔五常說(甲辰冬)〕

이중일인심도심강설(갑신)〔李仲一人心道心講說(甲申)〕

이태이대학강설(갑술)〔李泰以大學講說(甲戌)〕

이태이중용강설(李泰以中庸講說)

죽림서원태극도강설(竹林書院太極圖講說)

중용서차설(中庸序箚說)

중용수장도설(中庸首章圖說)

한여사(종세)논어강설(신미)〔韓汝師(宗世)論語講說(辛未)〕

한여사심성강설(韓汝師心性講說)

한여사태극도설(신미)〔韓汝師太極圖說(辛未)〕

효경강설(갑신)〔孝經講說(甲申)〕
효암서원대학강설(孝巖書院大學講說)

## 윤봉조(尹鳳朝, 1680~1761)

[문집] 포암집(圃巖集)
[작품] 미발설(未發說)

## 윤선거(尹宣擧, 1610~1669)

[문집] 노서유고(魯西遺稿)
[작품] 우계선생연보후설(牛溪先生年譜後說)
유명필자직지설(兪命弼字直之說)
윤식자미중설(尹拭字美中說)
중씨구도담기후설(仲氏龜島潭記後說)
후천도설(後天圖說)

## 윤선도(尹善道, 1587~1671)

[문집] 고산유고(孤山遺稿)
[작품] 격물물격설(格物物格說)
마천견설(馬踐犬說)
예설(상)〔禮說(上)〕
예설(하)〔禮說(下)〕

## 윤순거(尹舜擧, 1596~1668)

[문집] 동토집(童土集)
[작품] 공최근인설(公最近仁說)
붕자미정설(朋字未正說)
아식자설(阿拭字說)
아증자설(阿拯字說)

## 윤신지(尹新之, 1582~1657)

[문집] 현주집(玄洲集)
[작품] 격사자설(擊蛇者說)
포조설(捕蚤說)

## 윤우학(尹禹學, 1852~1930)

[문집] 사성재문집(四誠齋文集)
[작품] 계례지자위장자삼년당부설(繼禰之子爲長子三年當否說)
교대변설(絞帶辨說)
기해복의설(己亥服議說)
논맹강설(論孟講說)
논입후설(論立後說)
복의설(服疑說)
삼가석설(三可惜說)
소학강설(小學講說)
오대조승중복상가부설(五代祖承重服喪可否說)
유원빈교년자설(柳元彬敎年字說)
은초설(隱樵說)
읍궁설(泣弓說)
인기설－서시재종질병형(忍飢說－書示再從姪炳馨)
조주천장방설(祧洲遷長房說)
학용강설(學庸講說)
행등설(行縢說)

## 윤자(尹慈, ?~?)

[문집] 동문선(東文選)
[작품] 호암설(虎巖說)

## 윤자현(尹滋鉉, 1845~1909)

[문집] 눌와유고(訥窩遺稿)
[작품] 고광인자공보설(高光仁字公甫說)
논심설(論心說)
답동해설(踏東海說)
문계수자성여설(文啓洙字誠汝說)
문석돈자경오설(文錫惇字敬五說)
백이간무왕설(伯夷諫武王說)
심성정설(心性情說)
양효묵자내원설(梁孝默字乃源說)
여신내헌설(與愼乃憲說)
여조형선설(與曺亨善說)
여최순필설(與崔舜弼說)
이병덕자명숙설(李秉德字明淑說)
인물성설(人物性說)
종손인혁자성유설(從孫麟赫字聖有說)
증기연연설(贈奇淵淵說)
증문사흠제훈설(贈文士欽濟勛說)
증유약습설(贈柳若習說)
증이백순백중계설(贈李伯舜伯仲季說)
증정사흥설(贈鄭士興說)
증최자옥설(贈崔子玉說)
증황경함설(贈黃景涵說)
증황신여설(贈黃新汝說)

## 윤정현(尹定鉉, 1793~1874)

[문집] 잠계집(梣溪集)
[작품] 안명와설(安命窩說)

## 윤주하(尹冑夏, ?~1906)

[문집] 교우문집(膠宇文集)
[작품] 비송생자경계몽설(批宋甥字敬啓蒙說)
심경강록후설(心經講錄後說)
하계옥자설(河繼沃字說)
회우설(晦宇說)

## 윤증(尹拯, 1629~1714)

[문집] 명재유고(明齋遺稿)
[작품] 박태한자교백설(朴泰漢字喬伯說)
이세덕백소자설(李世德伯邵字說)
현석소정국휼졸곡전장제설(玄石所定國恤卒哭前葬祭說)

## 윤지당임씨(允摯堂任氏, 1721~1793)

[문집] 윤지당유고(允摯堂遺稿)
[작품] 극기복례위인설(克己復禮爲仁說)
예악설(禮樂說)
오도일관설(吾道一貫說)
이기심성설(理氣心性說)
인심도심사단칠정설(人心道心四端七情說)
치란재득인설(治亂在得人說)

## 윤진(尹搢, 1631~1698)

[문집] 덕포유고(德浦遺稿)
[작품] 입설(立說)

## 윤현(尹鉉, 1514~1578)

[문집] 국간집(菊磵集)
[작품] 목안설(木雁說)

## 윤홍규(尹弘圭, 1760~1826)

[문집] 도계유고(陶溪遺稿)

[작품] 가인괘도설(家人卦圖說)
논심설(論心說)
도촌신거설(陶村新居說)
영덕향교입의설(盈德鄕校立議說)
이생민도자설(李生敏道字說)
증김효숙설(贈金孝叔說)

## 윤휴(尹鑴, 1617~1680)

[문집] 백호집(白湖集)
[작품] 공고직장도설(상) – 제설〔公孤職掌圖說(上) – 製說〕
공고직장도설(중) – 제진〔公孤職掌圖說(中) – 製進〕
공고직장도설(하) – 제진〔公孤職掌圖說(下) – 製進〕
선계설(禪繼說)
손위조후설(孫爲祖後說)
언설(言說)
인심안불안설(人心安不安說)
첩자위기모복설(妾子爲其母服說)
칠십노이전설(七十老而傳說)
회암사관설(晦菴辭官說)

## 은성일(殷成馹, 1857~1935)

[문집] 백후유집(栢後遺集)
[작품] 경암설(敬巖說)
반구재설(反求齋說)
봉서설(鳳西說)
오우당설(五友堂說)

## 이간(李柬, 1677~1727)

[문집] 외암유고(巍巖遺稿)
[작품] 미발변후설(未發辨後說)
사설(상)〔師說(上)〕
사설(하)〔師說(下)〕
천지변후설(天地辨後說)

## 이건명(李健命, 1663~1722)

[문집] 한포재집(寒圃齋集)
[작품] 보망설(補網說)

## 이건창(李建昌, 1852~1898)

[문집] 명미당고(明美堂稿)
[작품] 겸설(謙說)
과설(過說)
논계운궁례설(論啓運宮禮說)
논기해예설(論己亥禮說)
뇌설(雷說)
역권설(易圈說)
응설(鷹說)
전설(傳說)
제초설(除草說)
차죽헌설(借竹軒說)

## 이경석(李景奭, 1595~1671)

[문집] 백헌집(白軒集)
[작품] 의묘설(疑墓說)

## 이경전(李慶全, 1567~1644)

[문집] 석루유고(石樓遺稿)
[작품] 소설 – 시동자(梳說 – 示童子)

## 이경주(李擎柱, 1500~1597)

[문집] 효렴재유집(孝廉齋遺集)

[작품] 마경설(磨鏡說)

원천설(源泉說)

## 이계서(李溪墅, ?~?)

[문집] 계서고(溪墅稿)

[작품] 교비설(矯非說)

장노이도설(張老弛盜說)

## 이곡(李穀, 1298~1351)

[문집] 가정집(稼亭集)

[작품] 경부설(敬父說)

내옹설 – 송배군윤견동귀(乃翁說 – 送裵君允堅東歸)

배갱설(杯羹說)

사설 – 증전정부별(師說 – 贈田正夫別)

시사설(市肆說)

신설 – 송이부령귀국(臣說 – 送李府令歸國)

심부설(深父說)

차마설(借馬說)

## 이관명(李觀命, 1661~1733)

[문집] 병산집(屛山集)

[작품] 매서화설(買書畵說)

## 이관후(李觀厚, 1869~1949)

[문집] 우재문집(偶齋文集)

[작품] 만오설(晩悟說)

모암설(慕巖說)

생양가세계도설(生養家世系圖說)

## 이광사(李匡師, 1705~1777)

[문집] 원교집(圓嶠集)

[작품] 태설야설(兌說也說)

## 이광수(李光秀, 1873~1953)

[문집] 옥산집(玉山集)

[작품] 내와설(耐窩說)

문여자설(聞汝字說)

반신농산저의설(反申農山沮義說)

사천설(沙川說)

삼호설(三乎說)

운사설(雲沙說)

회봉설(晦峯說)

회산설(晦山說)

## 이광정(李光靖, 1714~1789)

[문집] 소산집(小山集)

[작품] 개자설(改字說)

계신부도공구불문설(戒愼不覩恐懼不聞說)

과거설(科擧說)

## 이광정(李光庭, 1674~1756)

[문집] 눌은집(訥隱集)

[작품] 구옥암거설(九玉巖居說)

권가원자설(權可遠字說)

복수설(復讎說)

## 이교문(교관)〔李敎文(敎爟), 1878~1958〕

[문집] 지재유고(止齋遺稿)

[작품] 종연설(種蓮說)

## 이교엽(李敎曄, 1863~1943)

[문집] 국포문집(菊圃文集)

[작품] 국포설(菊圃說)

포곡설(布穀說)

## 이구(李榘, 1613~1654)

[문집] 활재집(活齋集)

[작품] 극편설(克偏說)

맹자설(盲者說)

보망설(補網說)

심성정이기설(心性情理氣說)

유사불산설(遊四佛山說)

이기제설(理氣諸說)

## 이규명(규홍)〔李奎命(圭洪), 1851~1918〕

[문집] 세심헌유집(洗心軒遺集)

[작품] 대학강령조목도설(大學綱領條目圖說)

심성정도설(心性情圖說)

중용인심도심도설(中庸人心道心圖說)

## 이규보(李奎報, 1168~1241)

[문집] 동국이상국집(東國李相國集)

[작품] 경설(鏡說)

괴토실설(壞土室說)

기명설(忌名說)

논시설(論詩說)

뇌설(雷說)

몽설(夢說)

슬견설(虱犬說)

완격탐신설(垸擊貪臣說)

이옥설(理屋說)

주뢰설(舟賂說)

천인상승설(天人相勝說)

칠현설(七賢說)

## 이규상(李奎象, 1727~1799)

[문집] 일몽고(一夢稿)

[작품] 세계설(世界說)

소사무인설 – 기조경서(素沙武人說 – 寄趙景瑞)

시어상설 – 기함광헌이중호(鰣魚商說 – 寄含光軒李仲浩)

장설(杖說)

홍상사달영자설(洪上舍達榮字說)

## 이규운(李奎運, 1739~1806)

[문집] 벽재문집(甓齋文集)

[작품] 만설(漫說)

애국설(愛菊說)

의벽옹설(醫甓翁說)

이건별묘설(移建別廟說)

중자사목자설(仲子思睦字說)

## 이규헌(李圭憲, 1896~1976)

[문집] 긍당집(肯堂集)

[작품] 조유인반장설(趙孺人返葬說)

종행설(種杏說)

초운설(樵雲說)

## 이근수(李根洙, 고종)

[문집] 수암집(守庵集)
[작품] 예설(禮說)
주산설(住汕說)

## 이기(李夔, 1699~1779)

[문집] 용산집(龍山集)
[작품] 취선위성민설(醉仙爲醒民說)

## 이기(李沂, 1848~1909)

[문집] 이해학유서(李海鶴遺書)
[작품] 동의설(東醫說)
법학설(法學說)
자강회월보논설(自强會月報論說)
조어자설(釣魚者說)
호남학보논설(湖南學報論說)

## 이기발(李起浡, 1602~1662)

[문집] 서귀유고(西歸遺稿)
[작품] 오학설(誤學說)

## 이기상(李驥相, 1826~1913)

[문집] 민와문집(敏窩文集)
[작품] 궁리진성설(窮理盡性說)
극기복례위인설(克己復禮爲仁說)
기질지성설(氣質之性說)
변화기질설(變化氣質說)
복성도후설(復性圖後說)
삼양설(三養說)
성설(誠說)
성즉리설(性卽理說)
심선설(心善說)
오행지생각일기성설(五行之生各一其性說)
이기동정설(理氣動靜說)
이혜청화설(夷惠淸和說)
인물지생성동기이설(人物之生性同氣異說)
정허동직설(靜虛動直說)
제사신지설(祭祀神祇說)
주호인설(做好人說)
지두설(地頭說)
태극본무극설(太極本無極說)
학설(學說)
학예설(學禮說)

## 이기옥(李璣玉, 1566~1604)

[문집] 두암문집(竇巖文集)
[작품] 이재설(頤齋說)

## 이기원(李基元, 1885~1982)

[문집] 삼주선생문집(三洲先生文集)
[작품] 관복설(冠服說)
난석설(蘭石說)
유운설(柳隱說)
화담설(花潭說)

## 이기일(李基一, 1861~1908)

[문집] 임재유고(臨齋遺稿)
[작품] 기곡설(棄谷說)
사상견례설(士相見禮說)
해조설(海潮說)
향음주례설(鄕飮酒禮說)

## 이기홍(李箕洪, 1641~1708)

[문집] 직재집(直齋集)

[작품] 제선생사칠이기변설(諸先生四七理氣辨說)

## 이남규(李南珪, 1855~1907)

[문집] 수당유집(修堂遺集)

[작품] 내제심영만영억자설(內弟沈永萬永億字說)

도설(盜說)

독성호예설(讀星湖禮說)

박왕석천혜사기절기설(駁王錫闡惠士奇絶碁說)

부상미장모복설(父喪未葬母服說)

이덕구자준경설(李德九字俊卿說)

정구명설(定求名說)

좌임불뉴설(左衽不紐說)

평재설(平齋說)

## 이능구(李能九, 1846~1896)

[문집] 정존헌문집(靜存軒文集)

[작품] 교졸설(巧拙說)

천인설(天人說)

## 이능윤(李能允, 1850~1930)

[문집] 곡포문집(谷圃文集)

[작품] 내곡설(內谷說)

무극이태극후설(無極而太極後說)

소송설(小松說)

## 이능화(李能和, 1869~1943)

[문집] 조선여속고(朝鮮女俗考)

[작품] 금강산초부취우의천녀설(金剛山樵夫娶羽衣天女說)

법우화상취성모천왕설(法祐和尙娶聖母天王說)

천제자해모수취하백녀설(天帝子解慕漱娶河伯女說)

천제자환웅취웅녀급단군취하백녀설(天帝子桓雄娶熊女及檀君娶河伯女說)

탐라국삼신인취일본삼왕녀설(耽羅國三神人娶日本三王女說)

## 이단상(李端相, 1628~1669)

[문집] 정관재집(靜觀齋集)

[작품] 물격설(物格說)

복수설(상)〔復讐說(上)〕

복수설(중)〔復讐說(中)〕

복수설(하)〔復讐說(下)〕

복제설(服制說)

영녕설(永寧說)

오경전수설(五經傳授說)

의례설(儀禮說)

## 이달충(李達衷, ?~1385)

[문집] 제정집(霽亭集)

[작품] 동제설(動齊說)

## 이담명(李聃命, 1646~1701)

[문집] 정재집(靜齋集)

[작품] 경복궁유지설(계유)〔景福宮遺址說(癸酉)〕

## 이대형(李大馨, 1850~1921)

[문집] 난포문집(蘭圃文集)
[작품] 사생설(死生說)
수재설(修齋說)
치평설(治平說)

## 이덕무(李德懋, 1741~1793)

[문집] 청장관전서(靑莊官全書)
[작품] 궤호설(饋虎說)
유무설(有無說)
이심설(怡心說)
학설(學說)

## 이덕수(李德壽, 1673~1744)

[문집] 서당집(西堂集)
[작품] 고경설(古鏡說)

## 이덕주(李德胄, 1696~1751)

[문집] 하정집(苄亭集)
[작품] 후제례설(後祭禮說)

## 이덕형(李德馨, 1561~1613)

[문집] 한음문고(漢陰文稿)
[작품] 김명세무송소설(金命世茂松小說)

## 이덕홍(李德弘, 1541~1596)

[문집] 간재집(艮齋集)
[작품] 동명설(東銘說)
명이자설(名二子說)
서명설(西銘說)
연월일시원회운세설(年月日時元會運世說)

## 이도현(李道顯, 1726~1776)

[문집] 계촌문집(溪村文集)
[작품] 군병차마설(軍兵車馬說)
악기설(握機說)
양몽도설(養蒙圖說)
역학도설(易學圖說)
육도설(六韜說)
중용불언사단설(中庸不言四端說)
팔진도설(八陣圖說)

## 이돈우(李敦禹, 1807~1884)

[문집] 긍암문집(肯庵文集)
[작품] 강자설(腔子說)
경이직내설(敬以直內說)
독신암집사문독서록제조왕복설(讀信庵集師門讀書錄諸條往復說)
독신암집천근월굴설(讀信庵集天根月窟說)
미발시역성찰설(未發時亦省察說)
성정선후설(性情先後說)
성해동정성정분동정설(性該動靜性情分動靜說)
이기무한량설(理氣無限量說)
이기체용설(理氣體用說)
퇴계선생심통성정상중하삼도설(退溪先生心統性情上中下三圖說)

## 이동간(李東幹, 1757~1822)

[문집] 침산문집(砧山文集)
[작품] 동거찬설(同居爨說)

성현심학사원설(聖賢心學四圓說)

## 이동급(李東汲, 1738~1811)

[문집] 만각재집(晩覺齋集)
[작품] 무극태극설(無極太極說)
하락설(河洛說)

## 이득윤(李得胤, 1553~1630)

[문집] 서계집(西溪集)
[작품] 예설(禮說)

## 이륙(李陸, 1438~1498)

[문집] 청파집(靑坡集)
[작품] 묘상지설(猫相舐說)
삼이설(三異說)
오행설(五行說)
의견설(義犬說)
일본국뢰충사송사천수좌청승경철자원행자설(日本國賴忠使送師川首座請僧景轍字圓行字說)

## 이만각(李晩慤, 1815~1874)

[문집] 신암집(愼庵集)
[작품] 권순해자설(權舜諧字說)
이건덕표자설(李建德杓字說)

## 이만도(李晩燾, 1842~1910)

[문집] 향산집(響山集)
[작품] 무명자설(無名子說)
족질중원(중철)간은설[族姪仲圓(中轍)簡隱說]

## 이만부(李萬敷, 1664~1732)

[문집] 식산집(息山集)
[작품] 간약설(簡約說)
격물설(格物說)
경서논사지설(經書論思之說)
경재잠도설(敬齋箴圖說)
공자불견천왕설(孔子不見天王說)
논어지설(論語之說)
맹자지설(孟子之說)
명설(名說)
부귀설(富貴說)
서규훈후증신부설(書閨訓後贈新婦說)
서지설(書之說)
심경도설(心鏡圖說)
심경속설(心鏡續說)
역지설(易之說)
원류설(源流說)
종통적통설(宗統嫡統說)
중용지설(中庸之說)
천운설(天運說)

## 이만상(李萬相, 1857~1899)

[문집] 교재집(僑齋集)
[작품] 박비경자설(朴斐卿字說)

## 이만수(李晩秀, 1752~1820)

[문집] 극원유고(屐園遺稿)
[작품] 박승규유송자설(朴承圭幼松字說)
승우자유자설(乘愚子庾字說)
안우자설(安愚字說)

## 이만영(李晩榮, 1604~1672)

[문집] 설해유고(雪海遺稿)
[작품] 지일폐관설(至日閉關說)

## 이만운(李萬運, 1736~1820)

[문집] 묵헌집(默軒集)
[작품] 변태극도설(辨太極圖說)
제잠설(鯷岑說)
존양함양동정설(存養涵養動靜說)
칙낙서위후천괘설(則洛書爲後天卦說)
칙하도화괘설(則河圖畵卦說)

## 이면백(李勉伯, 1767~1830)

[문집] 대연유고(岱淵遺藁)
[작품] 비지설(碑誌說)

## 이명배(李命培, 1672~1736)

[문집] 모계문집(茅溪文集)
[작품] 관산설(鸛山說)
노아설(蘆兒說)

## 이명준(李命俊, 1572~1630)

[문집] 잠와유고(潛窩遺稿)
[작품] 예설(禮說)

## 이민곤(李敏坤, 1695~1756)

[문집] 임은유편(林隱遺編)
[작품] 강재관이율자설(姜在寬而栗字說)
민석주중엄자설(閔碩周仲儼字說)
부부설(夫婦說)
사복설(師服說)
신생아소자설(1)〔新生兒小字說(一)〕
신생아소자설(2)〔新生兒小字說(二)〕
신생아소자설(3)〔新生兒小字說(三)〕
안치일체일수일명자설(安致一體一守一名字說)

## 이민구(李敏求, 1589~1670)

[문집] 동주집(東州集)
[작품] 굴원설(屈原說)
동주산인설(東州山人說)
문불가이지속분공졸설(文不可以遲速分工拙說)
문유설(文喩說)
병설(病說)
이윤설(伊尹說)
잡설(雜說)
주공설(周公說)

## 이민덕(李敏德, 1728~1786)

[문집] 한호문집(漢湖文集)
[작품] 독서설(讀書說)

## 이민보(李敏輔, 1717~1799)

[문집] 풍서집(豊墅集)
[작품] 회심헌게액설(會心軒揭額說)

## 이민성(李民宬, 1570~1629)

[문집] 경정집(敬亭集)
[작품] 변양하설(辨蘘荷說)

## 이반(변)〔李槃(枅), 1686~1718〕

[문집] 잠와산고(潛窩散稿)
[작품] 경의협지설(敬義夾持說)
인물지성설(人物之性說)
인설(仁說)

## 이방(李榜, 1669~1734)

[문집] 고재집(顧齋集)
[작품] 성징여자설(成徵余字說)

## 이병규(李炳奎, 1864~1936)

[문집] 자산유고(紫山遺稿)
[작품] 가제학구자설(家弟學九字說)
김덕소진용자설(金德昭晋容字說)
이성고자설(李聖固字說)

## 이병운(李炳運, 1858~1937)

[문집] 긍재문집(兢齋文集)
[작품] 장아창희명자설(長兒昌熙名字說)

## 이병원(李秉遠, 1774~1840)

[문집] 소암집(所菴集)
[작품] 강한규자설(姜漢奎字說)
명이손설(名二孫說)
문직자설(文稷字說)
삼지자설(三止子說)
용구용육설(用九用六說)
일개산인설(一介山人說)
조석설(潮夕說)
체용설(體用說)

## 이병주(李秉柱, 1890~1964)

[문집] 학포유고(學圃遺稿)
[작품] 학포설(學圃說)

## 이병철(李柄喆, 1874~1914)

[문집] 묵재문집(默齋文集)
[작품] 종국설(種菊說)

## 이병태(李炳台, 1867~1895)

[문집] 호은유고(湖隱遺稿)
[작품] 종란설(種蘭說)

## 이병호(李秉灝, 1892~1964)

[문집] 홍당문집(弘堂文集)
[작품] 우담설(愚潭說)

## 이병화(병립)〔李炳和(炳立), 1889~1955〕

[문집] 이당집(頤堂集)
[작품] 가소사종설 - 의의(賈疎四種說 - 疑義)
소산호설(笑山號說)
우관설(藕觀說)
춘곡설(春谷說)

## 이보림(李普林, 일제강점기)

[문집] 월헌집(月軒集)
[작품] 설천지인(說天地仁)
성설(性說)
존심설(存心說)

## 이복원(李福源, 1719~1792)

[문집] 쌍계유고(雙溪遺稿)
[작품] 강설(講說)

## 이봉흥(李鳳興, 1735~1810)

[문집] 무산재유고(武山齋遺稿)
[작품] 관수설(觀水說)

## 이빈망(李賓望, 1694~1773)

[문집] 흘봉문집(屹峯文集)
[작품] 장손명자설(長孫名字說)

## 이사질(李思質, 1705~1776)

[문집] 흡재고(翕齋稿)
[작품] 계지자선설(繼之者善說)
기질설(氣質說)
심설(心說)
역설(易說)
일설(一說)
혼백설(魂魄說)

## 이산해(李山海, 1538~1609)

[문집] 아계집(鵝溪集)
[작품] 울릉도설(蔚陵島說)

## 이삼환(李森煥, 1729~1813)

[문집] 소미산방장(少眉山房藏)
[작품] 인기설(忍飢說)

## 이상(李翔, 1620~1690)

[문집] 타우유고(打愚遺稿)
[작품] 연설(경자)〔筵說(庚子)〕
연설(기해)〔筵說(己亥)〕
연설(정유)〔筵說(丁酉)〕

## 이상규(李祥奎, 1847~1923)

[문집] 혜산집(惠山集)
[작품] 동은설(東隱說)
만포설(晩圃說)
매초설(梅樵說)
삼호설(三湖說)
석우설(石友說)
소심설(小心說)
위학설(爲學說 )
입지설(立志說)
초사설(樵史說)
치치설(恥恥說)
훈자질설(訓子姪說)

## 이상모(李尙模, 1853~1932)

[문집] 구봉유고(龜峰遺稿)
[작품] 둔암설(遯庵說)
증송기중설(贈宋基重說)

## 이상백(李常白, 1857~1944)

[문집] 죽오집(竹塢集)
[작품] 양직설(養直說)
한윤지자설(韓潤之字說)

## 이상수(李象秀, 1820~1882)

[문집] 오당집(峿堂集)

[작품] 거마설(임오)〔祛魔說(壬午)〕
곤지설(상)〔困知說(上)〕
곤지설(중)〔困知說(中)〕
곤지설(하)〔困知說(下)〕
광계명설(廣鷄鳴說)
구사설(九思說)
구용설(九容說)
궁통설(窮通說)
농은설(정축)〔農隱說(丁丑)〕
독세설(기미)〔讀世說(己未)〕
묵설(신축)〔墨說(辛丑)〕
박염재(기동)자설(임술)〔朴念齋(基東)字說(壬戌)〕
박영석관후증설(朴永錫冠後贈說)
부암설(孚菴說)
서여희아설(계해)〔書與喜兒說(癸亥)〕
소당설(疎堂說)
시학중제자설(병자)〔示學中諸子說(丙子)〕
여오김이동자설(을축)〔與吳金二童子說(乙丑)〕
여와설(餘窩說)
역길흉상인도설(신사)〔易吉凶相因圖說(辛巳)〕
연안설(宴安說)
우환설(경신)〔憂患說(庚申)〕
유청장설(갑인)〔惟靑莊說(甲寅)〕
이명오자설(李明悟字說)
자애설-증오보일필영(무진)〔自愛說-贈吳輔一弼泳(戊辰)〕
조백양(한희)자설(신유)〔趙伯陽(漢熹)字說(辛酉)〕
주설(신미)〔蛛說(辛未)〕
증한양이동자설(을묘)〔贈韓梁二童子說(乙卯)〕
축응설(계묘)〔畜鷹說(癸卯)〕
회린설(경진)〔悔吝說(庚辰)〕
후도설(정사)〔後陶說(丁巳)〕

## 이상정(李象靖, 1710~1781)

[문집] 대산집(大山集)

[작품] 분개설(사단칠정설)〔分開說(四端七情說)〕
솔성지위도설(경신)〔率性之謂道說(庚申)〕
심무출입설(정축)〔心無出入說(丁丑)〕
이기동정설(理氣動靜說)
이기선후설(理氣先後說)
일성구사덕설(갑자)〔一性具四德說(甲子)〕
혼륜설(사단칠정설)〔渾淪說(四端七情說)〕

## 이상형(李尙馨, 1585~1645)

[문집] 천묵재유고(天默齋遺稿)

[작품] 명제손설(名諸孫說)
제한비설-후(題韓非說-後)
지천설(知天說)

## 이상호(李尙鎬, 1864~1919)

[문집] 우산유고(愚山遺稿)

[작품] 학자치주설(學者治主說)

## 이색(李穡, 1328~1396)

[문집] 목은문고(牧隱文藁)

[작품] 가명설(可明說)
경춘설(景春說)
맹양설(孟陽說)

맹의설(孟儀說)
맹주설孟周說
무진김씨삼자명자설(茂珍金氏三子名字說)
백공설(伯共說)
백중설－증이장원별(伯中說－贈李狀元別)
설우설(雪牛說)
순중설(純仲說)
이씨삼자명자설(李氏三子名字說)
자복설(子復說)
자인설(子因說)
중영설(仲英說)
중지설(仲至說)
지현설(之顯說)
직설(1)〔直說(一)〕
직설(2)〔直說(二)〕
직설(3)〔直說(三)〕
천봉설(千峰說)
평원설(平源說)
한씨사자명자설(韓氏四子名字說)
호연설－증정보별(浩然說－贈鄭甫別)

## 이서(李漵, 1662~1723)

[문집] 홍도유고(弘道遺稿)
[작품] 심경설(心鏡說)
오매설(寤寐說)

## 이서우(李瑞雨, 1633~1709)

[문집] 송파집(松坡集)
[작품] 산앵설(山櫻說)
입해몽룡설(立奚夢龍說)
토상설(土像說)
투전설(投錢說)
환호설(幻胡說)

## 이서화(李紓華, ?~?)

[문집] 성재유고(惺齋遺稿)
[작품] 물암설(勿菴說)
수당설(修堂說)
정상의자설(鄭尙毅字說)
청은편설(淸隱扁說)

## 이석균(李鉐均, 1855~1927)

[문집] 소암선생문집(小庵先生文集)
[작품] 정급여자설(鄭及汝字說)
족자선부자설(族子善夫字說)

## 이석형(李石亨, 1415~1477)

[문집] 저헌집(樗軒集)
[작품] 잉명설(仍名說)

## 이선풍(李善風, 1813~?)

[문집] 송파집(松坡集)
[작품] 만설(漫說)
호남산기설(湖南山氣說)

## 이세구(李世龜, 1646~1700)

[문집] 양와집(養窩集)
[작품] 동국삼한사군고금강역설(東國三韓四郡古今疆域說)
물격설(계해하)〔物格說(癸亥夏)〕
우답최여화논격물설(기사)〔又答崔汝和論格物說(己巳)〕
우답최여화논격물설(기사10월)〔又答崔汝和論格物說(己巳十月)〕

우설(신해)〔友說(辛亥)〕
후격물설(경오납월)〔後格物說(庚午臘月)〕

## 이세필(李世弼, 1642~1718)

[문집] 구천유고(龜川遺稿)
[작품] 예설(禮說)

## 이세형(李世珩, 1685~1761)

[문집] 서헌문집(恕軒文集)
[작품] 가례고애자효증설(家禮孤哀子孝證說)
고대학설(古大學說)
노량의총설(露梁疑塚說)
대학정심장설(大學正心章說)
대학지지정정안려득설(大學知止定靜安慮得說)
심의설(深衣說)
의례사종설(儀禮四種說)

## 이수광(李睟光, 1563~1628)

[문집] 지봉집(芝峰集)
[작품] 도우설(禱雨說)
물화설(物化說)
시설(詩說)
이묘설(二猫說)
이부설(里婦說)
증학열상인설(贈學悅上人說)
축묘구설(畜猫狗說)

## 이수인(李樹仁, 1739~1822)

[문집] 구암집(懼庵集)
[작품] 명아자효영설(名兒子孝永說)
명족질관영설(名族姪觀永說)
명종질길영설(名從姪吉永說)
명종질노영설(名從姪老永說)
살귀방귀설(殺龜放龜說)
이거설(移居說)
자경설(自警說)
후설(後說)
후자경설(後自警說)

## 이수형(李壽瀅, 1837~1908)

[문집] 효산문집(曉山文集)
[작품] 족군낙서기몽설(族君洛瑞記夢說)

## 이숙량(李叔樑, 1519~1592)

[문집] 매암(일창)집〔梅巖(一傖)集〕
[작품] 성인설(成人說)
이내순병자설(李乃純鈵字說)

## 이순신(李舜臣, 1545~1598)

[문집] 이충무공전서(李忠武公全書)
[작품] 도설(圖說)
새설(傕說)

## 이순용(李淳鎔, 1869~1933)

[문집] 지산문집(止山文集)
[작품] 정경구자설(鄭敬久字說)
지암설(芝庵說)

## 이숭인(李崇仁, 1349~1392)

[문집] 도은집(陶隱集)

[작품] 충원판관이군급자설(忠原判官李君及字說)

## 이승기(李承基, 1879~1959)

[문집] 문강선생문집(汶岡先生文集)

[작품] 심경주일설(心敬主一說)

향목설(香木說)

## 이승배(李升培, 1768~1834)

[문집] 수계집(修溪集)

[작품] 경사이신설(敬事而信說)

긍양언삼설 – 시아자(병발)〔矜讓言三說 – 示兒子(幷跋)〕

명리설(名理說)

사덕설(四德說)

오행설(3조)〔五行說(三條)〕

일리설(一理說)

태극설(6조)〔太極說(六條)〕

## 이승복(李承福, 1886~1961)

[문집] 양곡유고(良谷遺稿)

[작품] 명덕설(상)〔明德說(上)〕

명덕설(중)〔明德說(中)〕

명덕설(하)〔明德說(下)〕

학설(學說)

## 이승엽(李承燁, 1883~1941)

[문집] 경양재유고(景陽齋遺稿)

[작품] 고직부자설(高直夫字說)

증강군사겸설(贈姜君仕謙說)

증김군선원설(贈金君善源說)

증김군자선설(贈金君子善說)

증송생순설(贈宋生錞說)

증조군자관설(贈趙君子寬說)

## 이승희(李承熙, 1847~1916)

[문집] 대계선생문집(大溪先生文集)

[작품] 김성필자설(金聖必字說)

김양직자설(金養直字說)

김종진성재자설(金鍾震省哉字說)

도홍모의여자설(都弘模毅汝字說)

성사관복설(聖祀冠服說)

심건칠자설(沈建七字說)

운산설(갑술)〔雲山說(甲戌)〕

이특부현규자설(李特夫鉉珪字說)

장용원대경자설(張龍遠大卿字說)

장지경자설(張智卿字說)

조중온자설(趙仲溫字說)

주례천부직해후설(周禮泉府職解後說)

청심환설(淸心丸說)

태서격물설(변)〔泰西格物說(辨)〕

황복성내초자설(黃復性乃初字說)

## 이시발(李時發, 1569~1660)

[문집] 벽오유고(碧梧遺稿)

[작품] 훼예설 – 증장생(毁譽說 – 贈張生)

## 이시성(李時省, 1598~1668)

[문집] 기봉집(騏峯集)

[작품] 귀신자이기지양능설(鬼神者二氣之良能說)

## 이시수(李蓍秀, 1790~1849)

[문집] 모정선생문집(慕亭先生文集)

[작품] 신독설(愼獨說)
심무출입설(心無出入說)
음강양승설(陰降陽升說)
중론과욕무욕설(重論寡欲無欲說)
화생금설(火生金說)

**이시원**(李是遠, 1790~1866)

[문집] 사기집(沙磯集)
[작품] 구암설(苟庵說)
예구설(瘞狗說)

**이시일**(李時逸, 1731~1792)

[문집] 한와문집(閒窩文集)
[작품] 덕성합연설(德成閤筵說)

**이시항**(李時恒, 1672~1736)

[문집] 화은집(和隱集)
[작품] 국사령형편설(國祠嶺形便說)

**이식**(李植, 1584~1647)

[문집] 택당집(澤堂集)
[작품] 왜송설(矮松說)
삼자개명설(三子改名說)
선천기설(先天器說)

**이안태**(李顔泰, 1834~1892)

[문집] 남파유고(南坡遺稿)
[작품] 민중혁자설(閔中爀字說)
천교설－시절우재독서제생(遷喬說－示節友齋讀書諸生)

**이야순**(李野淳, 1755~1831)

[문집] 광뢰집(廣瀨集)
[작품] 순척도설(舜跖圖說)

**이언영**(李彦英, 1568~1639)

[문집] 완정집(浣亭集)
[작품] 자경설(自警說)
종서과설(種西瓜說)

**이여**(李畬, 1645~1718)

[문집] 수곡집(睡谷集)
[작품] 서수종질도진설(書授從姪道鎭說)
종손명자심자설(從孫溟子深字說)

**이연죽**(李然竹, 조선 고종)

[문집] 연죽유고(然竹遺稿)
[작품] 개경포득명설(開經浦得名說)
배옹호설(配翁號說)
삼죽설(三竹說)
오조설(烏鳥說)
해조설(海潮說)

**이엽**(李燁, 1729~1788)

[문집] 농은집(農隱集)
[작품] 관기설(觀棋說)
인역도후설(人易圖後說)
천역인역죽역설(天易人易竹易說)
축보설(築洑說)

## 이영보(李英輔, 1687~1747)

[문집] 동계유고(東溪遺稿)
[작품] 진손설(晉損說)

## 이영익(李令翊, 1740~1780)

[문집] 신재집(信齋集)
[작품] 관례설(冠禮說)
논장설(論葬說)
도원설(桃源說)
무구포설(無口匏說)
신재설(信齋說)
이재순관설(李在淳冠說)

## 이옥(李沃, 1641~1698)

[문집] 박천집(博泉集)
[작품] 독한문공두습유이선생서설(讀韓文公杜拾遺二先生書說)
부자대가설－어제거괴(夫子待價說－御題居魁)

## 이용규(李龍珪, ?~?)

[문집] 가운문고(稼雲文稿)
[작품] 문장설(文章說)

## 이용휴(李用休, 1708~1782)

[문집] 탄만집(歎數集)
[작품] 외손허숙자수옥설(外孫許璹字壽玉說)
외손허질자순옥설(外孫許瓆字純玉說)
조씨형제명자설(趙氏兄弟名字說)
종손재중자유여설(從孫載重字幼輿說)
포경설(抱經說)
호문설(好問說)

## 이우(李堣, 1739~1810)

[문집] 면암집(俛庵集)
[작품] 독심무출입설(讀心無出入說)
독우담집의의(설)〔讀愚潭集疑義(說)〕
독일원소장도(설)〔讀一元消長圖(說)〕
오행치성설(五行穉盛說)

## 이우락(李宇洛, 1881~1951)

[문집] 가산문집(可山文集)
[작품] 가산설(可山說)
매은설(埋隱說)
삼여설(三如說)
석아설(石啞說)
어호설(漁湖說)
완산설(莞山說)

## 이우빈(李佑贇, 1792~1855)

[문집] 월포집(月浦集)
[작품] 마식란설(馬植蘭說)

## 이욱(도복)〔李昱(道復), 일제강점기〕

[문집] 후산집(厚山集)
[작품] 사순자설(士純字說)
소능미능설(小能未能說)
순효자설(舜孝字說)
심명부자설(沈鳴夫字說)
심자화자설(沈子華字說)
정양직자설(丁養直字說)

족질행원자설(族姪行源字說)
중용강유지도설(中庸綱維之圖說)
학통국통설(學統國統說)

## 이운정(李運楨, 1819~1893)

[문집] 방산집(方山集)
[작품] 대아설(大啞說)
도불원인설(道不遠人說)
백년화설(百年花說)
분정설(分定說)
삼종손문흠명자설(三從孫文欽名字說)
연비어약설(鳶飛魚躍說)
일일복잠도설(一日復箴圖說)
주자서이조설(朱子書二條說)
치포설(治圃說)
학이시습설(學而時習說)

## 이원교(李元敎, 1890~1936)

[문집] 교재유고(嘐齋遺稿)
[작품] 재거권면제우설(齋居勸勉諸友說)
치란설(治亂說)

## 이원배(李元培, 1745~1802)

[문집] 구암집(龜巖集)
[작품] 감포설(병시)〔感匏說(幷詩)〕
독서설 – 시제질(讀書說 – 示弟姪)
순척설(舜跖說)
양자설(養子說)
지평공기의시설 – 시종인백춘(持平公起義時說 – 示宗人伯春)

## 이원정(李元禎, 1622~1680)

[문집] 귀암선생문집(歸巖先生文集)
[작품] 귀신자이기지양능설(鬼神者二氣之良能說)

## 이원조(李源祚, 1792~1872)

[문집] 응와선생문집(凝窩先生文集)
[작품] 귀신장설(鬼神章說)
복성도설(復性圖說)
비진질소저제설(批震姪所著諸說)
수정재설(壽靜齋說)
양사설(陽舍說)
해설(海說)

## 이유(李濰, 1669~1742)

[문집] 용포집(龍浦集)
[작품] 신효표자설(申孝標字說)
자여자설(子輿字說)

## 이유성(李有星, 1808~1864)

[문집] 광서집(廣棲集)
[작품] 자손조성노자설(姊孫趙性魯字說)

## 이유원(李裕元, 1814~1888)

[문집] 가오고략(嘉梧藁略)
[작품] 방서설(放鼠說)
배송설(培松說)
서가정고설(書家正泒說)
양마설(養馬說)
을미기몽설(乙未記夢說)
종종려설(種棕櫚說)

축묘자설(畜猫者說)

## 이유장(李惟樟, 1624~1701)

[문집] 고산집(孤山集)
[작품] 김도망(간)덕망(현)자설〔金道望(侃)德望(俔)字說〕

## 이유태(李惟泰, 1607~1684)

[문집] 초려집(草廬集)
[작품] 갑인설(甲寅說)
건역곤간설(乾易坤簡說)
경자설(庚子說)
논어주해설(論語註解說)
병진설(丙辰說)
복희강절하도팔괘상좌설(伏羲康節河圖八卦相左說)
삼이원장설(三二圓章說)
서자승위적적자서자지명병행불패설(庶子升爲適適子庶子之名並行不悖說)
서자입위적자이미개중계지명설(庶子立爲適子而未改仲季之名說)
승위적자불가위지장자이가위지태자세자설(升謂適者不可謂之長子而可謂之太子世子說)
승위적자위지적자이겸유서자지의설(升爲適者謂之適子而兼有庶子之義說)
승위적자위지적자이불가위지장자설(升爲適者謂之適子而不可謂之長子說)
역설(易說)
유명병자설(兪命丙字說)
이택지공지초서연평설(李擇之空紙抄書延平說)
적여장가분설(適與長可分說)
정주입적이장지적비적첩소생지적설(鄭註立適以長之適非嫡妾所生之嫡說)
종여적불가분설(宗與適不可分說)
증윤순경설(贈尹舜卿說)
증의주사인김구명설(무오시월)〔贈義州士人金九鳴說(戊午十月)〕
증의주사인백세혁설(贈義州士人白世赫說)
증이제열설(贈李齊說說)

## 이유흥(李裕興, 1859~1923)

[문집] 성암유고(誠菴遺稿)
[작품] 가색간난설(稼穡艱難說)
개명설(開明說)
격물치지설(格物致知說)
과영설(蜾蠃說)
교경경타설(矯輕警惰說)
구기설(拘忌說)
김인영자설(金仁永字說)
김하구자설(金夏求字說)
당랑포선설(螳螂捕蟬說)
대장전육장단거성의설(大章傳六章單擧誠意說)
명선설(鳴蟬說)
변화기질설(變化氣質說)
복선화음설(福善禍淫說)
상제종선조변설(喪祭從先祖辨說)
수오설(羞惡說)
의전설(蟻戰說)
이수필자설(李秀必字說)
이재근성일자설(李在勤成逸字說)
인개가이위요순설(人皆可以爲堯舜說)
인자설(仁字說)
재불여근설(才不如勤說)
재종손규봉자설(再從孫圭鳳字說)

종국설(種菊說)
지리설(地理說)
지주설(蜘蛛說)
최명집자설(崔明執字說)
타농자안설(惰農自安說)

**이육**(李堉, 1827~1898)

[문집] 곡은유고(谷隱遺稿)
[작품] 심설(心說)
이기설(理氣說)
효설(孝說)

**이은**(李隱, 조선 고종)

[문집] 매당집(梅堂集)
[작품] 경설-논어설(經說-論語說)
경설-대학설(經說-大學說)
경설-맹자설(經說-孟子說)
경설-서설(經說-書說)
경설-시설(經說-詩說)
경설-역설(經說-易說)
경설-재기설(經說-載記說)
경설-중용설(經說-中庸說)
경설-춘추설(經說-春秋說)
괘기설(卦氣說)
윤교설(倫敎說)
조석설(潮汐說)
호생설(好生說)

**이을호**(李乙鎬, 1871~1945)

[문집] 죽호유집(竹湖遺集)
[작품] 덕산설-손윤선호(德山說-孫潤善號)
만송설-이사습호(晩松說-李士濕號)
매계설-고정주호 (梅溪說-高玎柱號)
백암설-이성거호(白岩說-李聖擧號)
성암설-족제처중호(醒庵說-族弟處中號)
청암설-족제성화호(靑巖說-族弟成和號)

**이응화**(李應和, 1735~1813)

[문집] 오옹선생일집(塢翁先生逸集)
[작품] 인자설(人字說)

**이의경**(李毅敬, 1704~1778)

[문집] 동강선생유고(桐岡先生遺稿)
[작품] 원본재설(源本齋說)
표제김천행건이개명천근자복자설(表弟金天行健以改名天根字復字說)

**이의숙**(李義肅, 1733~1805)

[문집] 이재집(頤齋集)
[작품] 기사설(棄蛇說)
범밀설(范蜜說)
잡설(3수)〔雜說(三首)〕
종제자설(從弟字說)
준치자기부설(蹲鴟子起富說)
휘설(諱說)

**이의현**(李宜顯, 1669~1745)

[문집] 도곡집(陶谷集)
[작품] 도협총설-일백사칙(陶峽叢說-一百四則)

**이의활**(李宜活, 1573~1527)

[문집] 설천집(雪川集)

[작품] 육효지동삼극지도설(六爻之動三極之道說)

## 이이(李珥, 1536~1584)

[문집] 율곡전서(栗谷全書)
[작품] 극기복례설(克己復禮說)
논사칠설(論四七說)
송조여식설(送趙汝式說)
인심도심설(人心道心說)
증유응서치군설(贈柳應瑞治郡說)
증홍생설(贈洪甥說)
호송설(護松說)

## 이이명(李頤命, 1658~1722)

[문집] 소재집(疎齋集)
[작품] 강역관방도설(疆域關防圖說)
김문택자덕조설(金文澤字德祖說)
응천지설(應天之說)
풍수설(책문)〔風水說(策文)〕

## 이이송(李爾松, 1598~1665)

[문집] 개곡선생유집(開谷先生遺集)
[작품] 용량설(容量說)

## 이익(李瀷, 1681~1763)

[문집] 성호문집(星湖文集)
[작품] 갈대삼중설(葛帶三重說)
괘기직일설(병도)〔卦氣直日說(並圖)〕
교대변포설(絞帶變布說)
국풍총설(國風總說)
국휼사가행제설(國恤私家行祭說)
군부인복설(君夫人服說)
기복분상성복설(朞服奔喪成服說)
길제복일급고축설(吉祭卜日及告祝說)
녹명설(鹿鳴說)
담불계윤설(禫不計閏說)
도구우선설(導柩右旋說)
독자위인후설(獨子爲人後說)
동자수경설(童子首經說)
밀과유병설(蜜果油餠說)
반함설(飯含說)
부상중모복설(父喪中母服說)
부재위모연제설(父在爲母練除說)
북극고하설(北極高下說)
빈시설(豳詩說)
상내천장설(喪內遷葬說)
상복설(殤服說)
상식설(上食說)
상여복설(殤女服說)
상후축사개정설(祥後祝辭改正說)
소공이하분상성복설(小功以下奔喪成服說)
수도설(隧道說)
숙흥야매잠도설(병도)〔夙興夜寐箴圖說(並圖)〕
승중자지처고재복조설(承重者之妻姑在服祖說)
신성자성경설(愼成字成卿說)
심설(心說)
심통성정도설(병도)〔心統性情圖說(並圖)〕
연설(筵說)
염교설(斂絞說)
염금설(斂衾說)
염주설(斂主說)
위처불련설(爲妻不練說)
유식설(侑食說)
윤동기자원명설(尹東箕字源明說)
윤행경자희정설(尹行敬字希靖說)

이아설(二雅說)
이유자약수설(李瀏字若水說)
일용정사설(日用丁巳說)
입렴설(入斂說)
장방불개제설(長房不改題說)
전우구서설(奠于柩西說)
조석기전설(朝夕器奠說)
종자복설(宗子服說)
종자입후설(宗子立後說)
칙도화괘설(則圖畫卦說)
피란매주설(避亂埋主說)
홍범설(洪範說)
후천도설(後天圖說)

## 이익구(李翊九, 1838~1912)

[문집] 항재문집(恒齋文集)
[작품] 궁리설(窮理說)
성신설(誠身說)
이창설(里倉說)
혈구설(상)〔絜矩說(上)〕
혈구설(하)〔絜矩說(下)〕

## 이인재(李寅梓, 1870~1929)

[문집] 성와문집(省窩文集)
[작품] 귀신지위덕설(鬼神之爲德說)
명덕설－고증(明德說－考證)
심본체설(心本體說)
주재설(主宰說)
태극동정설－고증(太極動靜說－考證)
허령지각설(虛靈知覺說)

## 이일협(李逸協, 1750~1808)

[문집] 이와집(蝸窩集)
[작품] 마경자설(磨鏡者說)
심설(心說)
자경설(自警說)
종죽설(種竹說)
최죽설(摧竹說)
황구작설(黃口雀說)

## 이장찬(李章贊, 1794~1860)

[문집] 향은집(薌隱集)
[작품] 선사설(善士說)
속사설(續師說)
오륜통회설(五倫統會說)
증금서설(贈錦西說)
후파설(後坡說)

## 이재(李縡, 1680~1746)

[문집] 도암집(陶菴集)
[작품] 오관자설(吳瓘字說)
이신중개자설(李晨中改字說)
인불가이불학설(人不可以不學說)
정재자설(鄭梓字說)

## 이재(李栽, 1657~1730)

[문집] 밀암집(密菴集)
[작품] 조신경자설(趙信卿字說)

## 이재강(李在康, 1814~1884)

[문집] 자고유고(紫皐遺稿)

[작품] 운초설(耘草說)

## 이재근(李在根, 1892~1960)

[문집] 건재유고(健齋遺稿)
[작품] 노수인설(盧受人說)
미하변이설(眉夏變夷說)
천작설(天爵說)

## 이재두(李載斗, 1920~1946)

[문집] 직봉유고(直峯遺稿)
[작품] 경설(敬說)
계상북진구이신대설(稽顙北辰求以身代說)
교득채근백사가주설(咬得菜根百事可做說)
군사부무경중설(君師父無輕重說)
명덕설(明德說)
목욕설(沐浴說)
무자기설(毋自欺說)
변화기질설(變化氣質說)
사무사설(思無邪說)
시불견청불문설(視不見聽不聞說)
이화계설(理花堦說)
인발수명설(因發遂明說)
인자이재발신설(仁者以財發身說)
정심설(正心說)
충서설(忠恕說)

## 이재목(李在穆, 헌종/철종)

[문집] 경암문집(敬庵文集)
[작품] 고유기제설(古有忌祭說)
구중함양설(求中涵養說)
기제축세사설(忌祭祝歲事說)
삼대유묘제설(三代有墓祭說)
선월행상역당행선설(禪月行祥亦當行禪說)
적자부재위처행련설(適子父在爲妻行練說)
추후성복자소상변제설(追後成服者小祥變除說)
칠세묘관덕설(七世廟觀德說)
폭호설(暴虎說)
혈구의설(絜矩義說)
회왕설(悔往說)

## 이재영(李在永, 1804~1892)

[문집] 내헌문집(耐軒文集)
[작품] 고사설(古査說)
내헌설(耐軒說)

## 이재의(李載毅, 1772~1839)

[문집] 문산집(文山集)
[작품] 의작설(義鵲說)
착묘설(捉猫說)

## 이재항(李在恒, 1776~1830)

[문집] 기재유고(跂齋遺稿)
[작품] 도설(道說)
영귀정설(詠歸亭說)

## 이재형(李載亨, 1665~1731)

[문집] 송암집(松巖集)
[작품] 성명도설(性命圖說)

## 이전후(李典厚, 1890~1963)

[문집] 극암유고(克庵遺稿)

[작품] 영대설(靈臺說)
죽파설(竹坡說)
징분설(懲忿說)

## 이정구(李廷龜, 1564~1635)

[문집] 월사집(月沙集)
[작품] 기성고경설(箕城古鏡說)

## 이정국(李楨國, 1743~1807)

[문집] 우원집(尤園集)
[작품] 계몽설(啓蒙說)
공거설(貢擧說)
구용설(九容說)
극기복례설(克己復禮說)
명덕설(明德說)
음양상하설(陰陽上下說)
화복설(禍福說)

## 이정모(李正模, 1846~1875)

[문집] 자동집(紫東集)
[작품] 김제경모자설(金弟景模字說)
삼재설(三才說)
재종제건모자설(再從弟建模字說)

## 이정순(李靖淳, 1908~1956)

[문집] 향암유고(向菴遺稿)
[작품] 송김서암노장설(送金栖巖老丈說)
인능홍도비도홍인설(人能弘道非道弘人說)

## 이정암(李廷馣, 1541~1600)

[문집] 사류재집(四留齋集)
[작품] 이자명재설(二子名齋說)
인재설(忍齋說)
제가례후설(題家禮後說)

## 이정제(李鼎濟, 1755~1817)

[문집] 심와문집(深窩文集)
[작품] 과거설(科擧說)
백련정산수설－증최경지(白蓮亭山水說－贈崔景至)
자경설(自警說)
천양설(闡揚說)
풍신설(風神說)
혼취설(婚娶說)

## 이정직(李定稷, 1841~1910)

[문집] 석정집(石亭集)
[작품] 석자설(釋字說)

## 이제신(李濟臣, 1536~1584)

[문집] 청강집(淸江集)
[작품] 납목단설(蠟牧丹說)
왜척촉설(倭躑躅說)
후곡설(后谷說)

## 이종기(李種杞, 1837~1902)

[문집] 만구집(晩求集)
[작품] 노천민자설(盧天民字說)
만우자설(萬愚子說)

소목설 – 여곽명원(昭穆說 – 與郭鳴遠)
송족군공백설(送族君孔伯說)
이기선후주종편전설(理氣先後主從偏全說)
입지설 – 송이미홍(立志說 – 送李美弘)
증김생이자설(贈金生二子說)
지암설(遲庵說)

## 이종기(李宗基, 1900~1970)

[문집] 우파선생문집(愚坡先生文集)
[작품] 출처설(出處說)
격치설(格致說)
이기설(理氣說)
종교설(宗敎說)

## 이종봉(李鍾鳳, 1836~1918)

[문집] 졸헌유고(拙軒遺稿)
[작품] 경심설(警心說)
도원설(桃原說)
묵죽설(墨竹說)
사보설(四寶說)
효조설(孝鳥說)

## 이종상(李鍾祥, 1799~1870)

[문집] 정헌집(定軒集)
[작품] 기삭분제설(氣朔分齊說)
역상전용자범례설(易象傳用字凡例說)
정헌설(定軒說)
좌전강노년수설(左傳絳老年數說)

## 이종수(李宗洙, 1722~1797)

[문집] 후산집(后山集)
[작품] 권인경자설(權仁卿字說)
김계원자설(金啓源字說)
농소설(農巢說)
명덕설(明德說)
박공옥자설(朴孔玉字說)
박이정자설(朴而貞字說)
성승윤자설(成承允字說)
송조중근소설(送曺仲謹小說)
시채동춘김창성설(示蔡東櫄金昌聲說)
이앙여자설(李仰汝字說)
허령설(虛靈說)
[문집] 후산집(초간)〔后山集(初刊)〕
[작품] 성의장도설(誠意章圖說)
솔성지위도설(경자)〔率性之謂道說(庚子)〕
자경설(경신)〔自警說(庚申)〕

## 이종일(李鍾鎰, 1874~1938)

[문집] 회천유고(晦川遺稿)
[작품] 답곽인섭설(答郭仁燮說)
부조헌설(不措軒說)
세변설(世變說)
이불리설(利不利說)
증박수재인달설(贈朴秀才仁達說)

## 이종화(李鍾和, 1830~1886)

[문집] 경회유고(絅晦遺稿)
[작품] 무심공설(無心公說)
변이학이명대소학지설(辨異學而明大小學之說)
병설(病說)
시학자설(示學者說)
양성정설(養性情說)
여이양몽설(與李養蒙說)

예설(禮說)
오학선자설(吳鶴善字說)
유소운규설(諭蘇運奎說)
유승명설(諭承明說)
유윤철병설(諭尹轍炳說)
유학자설(諭學者說)
의설(義說)
이기불이부잡설(理氣不離不雜說)
인설(仁說)
인의예지총설(仁義禮智摠說)
자경설(自警說)
지설(智說)

## 이종화(李鍾和, 1813~1886)

[문집] 만송당문집(晩松堂文集)
[작품] 우락설(憂樂說)

## 이종휘(李種徽, 1731~1797)

[문집] 수산집(修山集)
[작품] 곡궤설(曲几說)
문설(文說)
하도설(河道說)

## 이종희(李鍾熙, 1883~1929)

[문집] 양근당문집(養槿堂文集)
[작품] 경권설(經權說)
물화설(物化說)
수경설(守耕說)

## 이주(李紬, 1599~1669)

[문집] 학가재문집(學稼齋文集)
[작품] 분국설(盆菊說)

## 이주면(李周冕, 1796~1875)

[문집] 지락와유고(至樂窩遺稿)
[작품] 박영하자설(朴永夏字說)

## 이주원(李周遠, 1714~1796)

[문집] 면운재문집(眠雲齋文集)
[작품] 조화유감설(厝火有感說)

## 이준(李埈, 1560~1635)

[문집] 창석문집(蒼石文集)
[작품] 강기지자설(康起之字說)
답혹설(答或說)
아배명자설(兒輩名字說)
정문중자설(鄭文中字說)
정종직자설(鄭從直字說)

## 이준구(영구)〔李準九(齡九), 1851~1924〕

[문집] 신암문집(信菴文集)
[작품] 문자설(文字說)
조공립(용극)자설〔趙公立(鏞極)字說〕

## 이중수(李中洙, 1863~1946)

[문집] 이류재문집(二柳齋文集)
[작품] 당질규호자여문설(堂姪奎鎬字汝文說 )
변형일자종만설(邊衡一字宗萬說)
안분설-증당질정호(安分說-贈堂姪政鎬)
작인설-증손서이동일(作人說-贈孫壻李東一)

## 이중후(이후)〔李中厚(以厚), 1865~1934〕

[문집] 서강문집(西岡文集)

[작품] 홍성호자설(洪性浩字說)

## 이지염(李之濂, 1628~1691)

[문집] 치암집(恥菴集)

[작품] 논금계군박공동량묘표설(論錦溪君朴公東亮墓表說)

붕우설(朋友說)

## 이지용(李志容, 1825~1891)

[문집] 소송유고(小松遺稿)

[작품] 이포종백설(移葡種柏說)

천교설(遷喬說)

## 이지함(李之菡, 1517~1578)

[문집] 토정유고(土亭遺稿)

[작품] 과욕설(寡欲說)

대인설(大人說)

피지음설(避知音說)

## 이직현(李直鉉, 조선 고종)

[문집] 시암문집(是菴文集)

[작품] 김무약동식자설(金武約東植字說)

심설－문답(心說－問答)

## 이진상(李震相, 1818~1886)

[문집] 한주집(寒洲集)

[작품] 곤지기변후설(임자)〔困知記辨後說(壬子)〕

곽명원자설(郭鳴遠字說)

괘변설(卦變說)

괘화설(卦畫說)

기질지성고증후설(氣質之性考證後說)

달도설(達道說)

대학차의후설(大學箚義後說)

맹자출척설(기미)〔孟子怵惕說(己未)〕

명덕설(무인)〔明德說(戊寅)〕

명설(무인)〔命說(戊寅)〕

묘제설(廟制說)

사칠경위설(무인)〔四七經緯說(戊寅)〕

사칠변후설(四七辨後說)

사칠원위설(을축)〔四七原委說(乙丑)〕

석가설(錫嘉說)

석합보공설(析合補空說)

심역동정도설(心易動靜圖說)

심자고증후설(心字考證後說)

심즉리설(心卽理說)

옥사자인장설(玉獅子印章說)

이기동정고증후설(계축)〔理氣動靜考證後說(癸丑)〕

이기선후고증후설(理氣先後考證後說)

이대형자설(李大衡字說)

인물성동이설(人物性同異說)

인심도심고증후설(人心道心考證後說)

존덕성재명설(상)〔尊德性齋銘說(上)〕

존덕성재명설(하)〔尊德性齋銘說(下)〕

주역괘서설(周易卦序說)

주자대전고의후설(신유)〔朱子大全考疑後說(辛酉)〕

주재도설(主宰圖說)

중용차의후설(中庸箚義後說)

태극도차의후설(太極圖箚義後說)

퇴계집차의후설(退溪集箚義後說)

팔칙양생설(八則陽生說)

후산설(後山說)

## 이진흥(李震興, 영조)

[문집] 연조귀감(掾曹龜鑑)

[작품] 분관설(分館說)

## 이창신(李昌新, 1852~1919)

[문집] 괴정집(槐亭集)

[작품] 효자설(孝慈說)

## 이창진(李昌鎭, 1619~1684)

[문집] 창주선생문집(滄洲先生文集)

[작품] 방탁목조설(放啄木鳥說)

사전설 – 여정참봉극가창기(謝篆說 – 與鄭參奉克家昌基)

송구영신자경설(送舊迎新自警說)

오도종설(吾道宗說)

## 이채(李埰, 1616~1684)

[문집] 몽암집(蒙庵集)

[작품] 봉설(蜂說)

예양설(豫讓說)

장량설(張良說)

전횡설(田橫說)

## 이채(李采, 1745~1820)

[문집] 화천집(華泉集)

[작품] 착정설(鑿井說)

청우문답설(계묘)〔靑牛問答說(癸卯)〕

## 이철모(세모)〔李澈模(世模), 1817~1886〕

[문집] 석우유고(石愚遺稿)

[작품] 권학설(勸學說)

태극설(太極說)

## 이철보(李喆輔, 1691~1770)

[문집] 지암유고(止庵遺稿)

[작품] 휴류설(鵂鶹說)

## 이철승(李喆承, ?~1951)

[문집] 직암선생문집(直菴先生文集)

[작품] 경설(絅說)

서시종병두합명설(徐侍從丙斗合名說)

정로설(正路說)

지경설(持敬說)

화위귀설(和爲貴說)

## 이철후(李澈厚, 1874~1934)

[문집] 무문헌문집(無聞軒文集)

[작품] 동리설(東籬說)

## 이첨(李詹, 1345~1405)

[문집] 쌍매당집(雙梅堂集)

[작품] 밀봉설(蜜蜂說)

신재설(信齋說)

응계설(鷹鷄說)

청심설(淸心說)

황정설(黃庭說)

## 이최환(李琡煥, 1775~1815)

[문집] 근사재유고(近思齋遺稿)
[작품] 극기복례설(克己復禮說)
인심도심설(人心道心說)

## 이춘수(李春壽, 1861~1939)

[문집] 기수유고(沂叟遺藁)
[작품] 기수설(沂叟說)

## 이춘영(李春英, 1563~1606)

[문집] 체소집(體素集)
[작품] 김생기봉자설(金生起鳳字說)

## 이충익(李忠翊, 1744~1816)

[문집] 초원유고(椒園遺稿)
[작품] 가설(상)〔假說(上)〕
가설(하)〔假說(下)〕
군자지과설(君子之過說)
귀사설(龜槎說)

## 이타수(李垞洙, 1887~1963)

[문집] 송석유고(松石遺稿)
[작품] 입지설 (立志說)

## 이탁(李鐸, 1890~1972)

[문집] 우석문집(友石文集)
[작품] 대산사단칠정설(大山四端七情後說)
독서설(讀書說)
분개설(分開說)
석은설(石隱說)
성호사칠신편후설(星湖四七新編後說)
쇄설(瑣說)
오도설(吾道說)
우설(友說)
이대산선생속기고봉사단칠정총론후설(李大山先生續奇高峯四端七情總論後說)
천명도설(天命圖說)
취설(醉說)
취우설(驟雨說)
치포설(治圃說)
혼륜설(渾淪說)

## 이탁모(李鐸謨, 1857~1911)

[문집] 순암유고(淳菴遺稿)
[작품] 자연자설(自然子說)

## 이탁소(李鐸韶, 1836~1885)

[문집] 일산집(一山集)
[작품] 소철설(蘇鐵說)
옥상맥설(屋上麥說)

## 이태우(李泰宇, 1714~1770)

[문집] 고암선생문집(古巖先生文集)
[작품] 원조자경설(元朝自警說)

## 이태현(李泰鉉, 1838~1904)

[문집] 춘탄문집(春灘文集)
[작품] 태극설(太極說)

## 이하곤(李夏坤, 1667~1724)

[문집] 두타초(頭陀草)

[작품] 미호설(媚狐說)

벌목설(伐木說)

석표자설(錫杓字說)

## 이학규(李學逵, 1770~1835)

[문집] 낙하생전집(洛下生全集)

[작품] 계마조설(戒馬弔說)

백각설(百刻說)

성운설(聲韻說)

월식설(月蝕說)

조석설(潮汐說)

## 이한기(李漢騏, 1894~1954)

[문집] 근당유고(槿堂遺稿)

[작품] 애근설(愛槿說)

## 이한룡(李漢龍, 1862~1926)

[문집] 당천집(唐川集)

[작품] 경침설(警枕說)

고자성인연정이작락설(古者聖人沿情以作樂說)

관역설(觀易說)

군문원어만리설(君門遠於萬里說)

김군명자설(金君名字說)

나종언이동종사공묘설(羅從彦李侗從祀孔廟說)

문설(文說)

복두설(幞頭說)

사은충파독서설(史隱琉頗讀書說)

삼세유학설(三世儒學說)

서군명자설(徐君名字說)

섭백거상서설(葉伯巨尚書說)

시설(詩說)

심기불로설(沈機不露說)

악곡설(惡曲說)

예비창설(豫備倉說)

오숙경명자설(吳叔敬名字說)

원기중불부공의설(袁幾仲不負公議說)

의란조사대신설(猗蘭操賜大臣說)

이정항위급사중설(以丁缸爲給事中說)

입법설(立法說)

조정청명설(朝廷淸明說)

천관서설(天官書說)

최성칙자설(崔聖則字說)

파채금설(罷採金說)

형법설(刑法說)

## 이한보(李漢輔, 1675~1748)

[문집] 졸은유고(拙隱遺稿)

[작품] 만록잉설(漫錄剩說)

## 이한응(李漢膺, 1778~1864)

[문집] 경암선생문집(敬菴先生文集)

[작품] 목이설(木匜說)

사단칠정설(四端七情說)

예설(醴說)

원관설(圓冠說)

주망설(蛛網說)

## 이함(李涵, 1554~1632)

[문집] 운악선생문집(雲嶽先生文集)

[작품] 논학설(論學說)

## 이항(李恒, 1499~1576)

[문집] 일재집(一齋集)
[작품] 이기설(理氣說)

## 이항로(李恒老, 1792~1868)

[문집] 화서집(華西集)
[작품] (부)괘시설((附)卦蓍說)
개이백오길흉회린도설(改李伯五吉凶悔吝圖說)
건문언상구설(乾文言上九說)
기명고설(器皿攷說)
김기명자설(金基明字說)
김장묵자설(金章默字說)
논어자공문인장강설(論語子貢問仁章講說)
능소설(能所說)
대학명덕장구설(大學明德章句說)
도기설(道器說)
독자설(篤字說)
동서남북설(東西南北說)
명변설(明辨說)
묘자설(妙字說)
민치형자설(閔致亨字說)
반함설(飯含說)
변동파금설(辨東坡琴說)
사단칠정도설(四端七情圖說)
사자설(辭字說)
선천원도해설(先天圓圖解說)
선천후천도괘설(先天後天圖卦說)
선행천설－시배윤소(先行天說－示裵允素)
성근인자설(成近仁字說)
성선설(性善說)
성정중화도설(性情中和圖說)
송하김장제손자설(松下金丈諸孫字說)
심여기질동이설(心與氣質同異說)
심여이동이설(心與理同異說)
심지지각지지지각설(心之知覺智之知覺說)
양기설(養氣說)
역여태극도동이설(易與太極圖同異說)
역유태극심위태극설(易有太極心爲太極說)
오륜설(五倫說)
오륜일음양설(吳倫一陰陽說)
오행생성유행도설(五行生成流行圖說)
오행생성지서유행지서부동설(五行生成之序流行之序不同說)
온고지신설(溫故知新說)
왕형공시설(王荊公詩說)
유맹교자설(柳孟敎字說)
이기선후설(理氣先後說)
이능문어불능이다문어과설(以能問於不能以多問於寡說)
이유본말경위설(理有本末經緯說)
이자설(以字說)
인능홍도비도홍인설(人能弘道非道弘人說)
인물성동이설(人物性同異說)
인심도심설(人心道心說)
일월성진설(日月星辰說)
장술후술흠자설(張述厚述欽字說)
재물위리허물위의설(在物爲理處物爲義說)
제민지산설(制民之産說)
제사설(祭祀說)
존덕성장주설(尊德性章註說)
주자이기결시이물설(朱子理氣決是二物說)
중용수장설(中庸首章說)
즉이론사취사논리유양양설(卽理論事就事論理有兩樣說)
차설(車說)

차설-속제(車說-續題)
천지불관설(天地不裸說)
청허일대설(淸虛一大說)
출회설(秫灰說)
태극도주정설(太極圖主靜說)
태극설(太極說)
태극자본연지묘설(太極者本然之妙說)
패공좌사마조무상설(沛公左司馬曺無傷說)
피음사둔설(詖淫邪遁說)
행자설(行字說)
형기신리설(形氣神理說)
홍재구자설(洪在龜字說)

## 이항복(李恒福, 1556~1618)

[문집] 백사집(白沙集)
[작품] 산가지설(山家之說)

## 이행(李行, 1352~1432)

[문집] 기우집(騎牛集)
[작품] 기우설(騎牛說)

## 이헌경(李獻慶, 1719~1791)

[문집] 간옹집(艮翁集)
[작품] 묘제설(墓祭說)
이검설(二劍說)
토련설(土蓮說)

## 이현석(李玄錫, 1647~1703)

[문집] 유재집(游齋集)
[작품] 강도문답설(江都問答說)
고금이의설(古今異宜說)
관잠설(官箴說)
구기감설(懼幾感說)
기몽설(記夢說)
논봉수제일로설(論烽燧第一路說)
논오거봉수설(論誤擧烽燧說)
봉산건사설(烽山建寺說)
시세기수설(時勢氣數說)
유재문대설(游齋問對說)
은원설(恩怨說)
지기노인대설(知己老人對說)
청풍병태수해조설(淸風病太守解嘲說)
평극자설(平屐子說)

## 이현욱(李鉉郁, 1879~1948)

[문집] 동암집(東菴集)
[작품] 심설(心說)
정수설(靜叟說)
정영선자설(鄭永善字說)
한홍섭자설(韓鴻燮字說)

## 이현익(李顯益, 1678~1717)

[문집] 정암집(正菴集)
[작품] 논대학명덕정심이장변설(論大學明德正心二章辨說)
논어설(論語說)
논율곡선생사칠설(論栗谷先生四七說)
논중용변설(論中庸辨說)
논퇴계선생사칠설(論退溪先生四七說)
맹자설(孟子說)
미발시형이하설(未發是形而下說)
변김숙함사칠설(辨金叔涵四七說)
변졸수재사칠설(辨拙修齋四七說)
서전설(書傳說)

서화담사설변－사생귀신설(徐花潭四說辨－死生鬼神說)
서화담사칠설－원이기태허설(徐花潭四七說－原理氣太虛說)
신자설(神字說)
예기설(禮記說)
인심도심사단칠정설(人心道心四端七情說)
자경설(自警說)
주역설(周易說)
주정설(主靜說)
중용설(中庸說)

## 이현일(李玄逸, 1627~1704)

[문집] 갈암집(葛菴集)
[작품] 정설(政說)

## 이형상(李衡祥, 1653~1733)

[문집] 병와집(瓶窩集)
[작품] 가례시종설(家禮始終說)
기형설(璣衡說)
선니관설(宣尼冠說)
성명설(性命說)
순옹설(順翁說)
역위복서서설(易爲卜筮書說)
음양호생설(陰陽互生說)
정생자설(鄭生字說)
존경설(尊經說)

## 이호근(李鎬根, 1859~1902)

[문집] 모당집(某堂集)
[작품] 가국설(假菊說)

## 이호민(李好閔, 1553~1634)

[문집] 오봉집(五峯集)
[작품] 경륙자설(景陸字說)

## 이호우(李浩祐, 1826~1892)

[문집] 소산문집(素山文集)
[작품] 농산설(農山說)
목가산설(木假山說)
목필통설(木筆筒說)
분국설(盆菊說)
산거설(山居說)
소산설(素山說)
속비설(俗屛說)
양화초설(養花草說)
이충여자설(李忠汝字說)
이포설(理圃說)
청련배설(靑蓮盃說)
청사설(晴簑說)
한서설(寒棲說)

## 이화보(李和甫, 1714~1781)

[문집] 유심재집(有心齋集)
[작품] 면인위학설(勉人爲學說)
유성사측설(惟聖斯惻說)
천형유초설(踐形惟肖說)

## 이화상(李華祥, 1842~1915)

[문집] 백운정문집(白雲亭文集)
[작품] 모년유감설(暮年有感說)
자설－증서흠경(字說－贈徐欽卿)

## 이황(李滉, 1501~1570)

[문집] 퇴계집(退溪集)

[작품] 격물물격속설(변의) – 답정자중설〔格物物格俗說(辯疑) – 答鄭子中說〕

김이정잠재설(金而精潛齋說)

심통성정도설(心通性情圖說)

심학도설(心學圖說)

인설(仁說)

천명도설(天命圖說)

태극도설(太極圖說)

## 이회보(李回寶, 1594~1669)

[문집] 석병집(石屛集)

[작품] 붕자미정설(朋字未正說)

## 이후(李垕, 1870~1934)

[문집] 낭산선생문집(朗山先生文集)

[작품] 검암설(儉菴說)

곽사운자설(郭四運字說)

국산설(菊山說)

규석설(圭石說)

기암설(棄庵說)

김가청자설(金可淸字說)

김사국자설(金士國字說)

늑수설(扐叟說)

박성옥구양자설(朴性玉玖陽字說)

백사설(白史說)

악수설(握手說)

양관도설(兩關圖說)

위당설(韋堂說)

유여명진형자설(柳汝明鎭炯字說)

의암설(宜庵說)

이동기이도설(理同氣異圖說)

이임가자설(李臨可字說)

이함수자설(李涵叟字說)

이형보자설(李亨輔字說)

좌천설(左川說)

추청여자설(秋淸汝字說)

후암설(後菴說)

## 이훤(장헌세자)〔李愃(莊獻世子), 1735~1762〕

[문집] 능허관만고(凌虛關漫稿)

[작품] 결의설(決疑說)

예보육기연성십팔반설(藝譜六技演成十八般說)

## 이휘일(李徽逸, 1619~1672)

[문집] 존재집(存齋集)

[작품] 계몽도설(啓蒙圖說)

## 이휘재(李彙載, 1795~1875)

[문집] 운산집(雲山集)

[작품] 계신호기소부도공구호기소불문설(戒愼乎其所不睹恐懼乎其小不聞說)

극기복례위인설(克己復禮爲仁說)

무자기설(毋自欺說)

유불선미상부지지지미상복행설(有不善未嘗不知知之未嘗復行說)

인심도심설(人心道心說)

정원재설(貞元齋說)

징분질욕설(懲忿窒慾說)

천명지위성설(天命之謂性說)

천선개과설(遷善改過說)

한사존기성설(閑邪存其誠說)

희노애락미발지위중설(喜怒哀樂未發之謂中說)

## 이휴(李烋, 조선 순조)

[문집] 낭해서생문집(朗海先生文集)

[작품] 소자도관후자설(小子壔冠後字說)

임군함자설(任君涵字說)

## 이희발(李羲發, 1768~1850)

[문집] 운곡집(雲谷集)

[작품] 생지위성설－봉교제진(生之謂性說－奉敎製進)

성기신설－봉교제진(誠幾神說－奉敎製進)

재설성시편이불시성설－봉교제진(纔說性時便已不是性說－奉敎製進)

## 이희석(李僖錫, 1804~1889)

[문집] 남파집(南坡集)

[작품] 거긍설(去矜說)

거려설(蘧廬說)

정설－증영석재제생(貞說－贈永錫齋諸生)

회갑설(回甲說)

## 이희조(李喜朝, 1655~1724)

[문집] 지촌집(芝村集)

[작품] 중용설(中庸說)

## 이희준(李羲準, 1775~?)

[문집] 한산세고(계서고)〔韓山世稿(溪墅稿)〕

[작품] 교비설(矯非說)

장노이도설(張老弛盜說)

## 이희지(李喜之, 1681~1722)

[문집] 응재집(凝齋集)

[작품] 시불능궁인설(詩不能窮人說)

## 이희진(李希進, 1851~1882)

[문집] 수재문집(修齋文集)

[작품] 이성능산재독서서후설(李性能山齋讀書序後說)

이의여자설(李毅汝字說)

주역상하경반대각위십팔괘도설(周易上下經反對各爲十八卦圖說)

## 이희풍(李喜豊, 1813~1886)

[문집] 송파유고(松坡遺稿)

[작품] 호남산기설(湖南山氣說)

## 임광택(林光澤, 1714~1799)

[문집] 쌍백당유고(雙柏堂遺稿)

[작품] 강설(剛說)

관시비갈설(官侍碑碣說)

김공천여보부고수장설(金公天與甫父藁收藏說)

신선설(神仙說)

포선설(捕蟬說)

## 임방(任埅, 1640~1724)

[문집] 수촌집(水村集)

[작품] 변왕우군서도덕경진안설(辨王右軍書道

德經眞贋說)

## 임상덕(林象德, 1683~1719)

[문집] 노촌집(老村集)

[작품] 개자설(改字說)

유석설(瘤石說)

잡설(1) – 자노계〔雜說(一) – 子老雞〕

잡설(2) – 함정호〔雜說(二) – 陷穽虎〕

종정도설(從政圖說)

## 임성주(任聖周, 1711~1788)

[문집] 녹문집(鹿門集)

[작품] 동지여일여천회불상관설 – 시병공(갑오)〔冬至與日與天會不相關說 – 示擗共(甲午)〕

맹자부동심장설(孟子不動心章說)

상복설(경진11월)〔祥服說(庚辰十一月)〕

선설(갑진)〔蟬說(甲辰)〕

성성존존도의지문설(成性存存道義之門說)

인물성도병설(신미)〔人物性圖並說(辛未)〕

입자이적이장설(立子以嫡以長說)

증눌재주인설(경술)〔贈訥齋主人說(庚戌)〕

처복설(임진)〔妻服說(壬辰)〕

학유문정설(정미)〔學有門庭說(丁未)〕

한문공체협의설(임자)〔韓文公禘祫議說(壬子)〕

험천예설(병인)〔險川禮說(丙寅)〕

## 임숙영(任叔英, 1576~1623)

[문집] 소암집(疎庵集)

[작품] 동해풍파설(東海風波說)

## 임적(任適, 1685~1728)

[문집] 노은집(老隱集)

[작품] 과거설 – 증홍제중경(제유)〔科擧說 – 贈洪弟仲經(濟猷)〕

선설(扇說)

## 임정주(任靖周, 1727~1796)

[문집] 운호집(雲湖集)

[작품] 미발설(未發說)

## 임종칠(林宗七, 1781~1859)

[문집] 둔오집(屯塢集)

[작품] 계설 – 여족자희증(을묘)〔戒說 – 與族子熙曾(乙卯)〕

송아자계설(정미)〔送兒子戒說(丁未)〕

## 임진부(林眞怤, 1586~1657)

[문집] 임곡집(林谷集)

[작품] 유연설(乳鷰說)

향천우거설(香川寓居說)

## 임창택(林昌澤, 1682~1723)

[문집] 숭악집(崧岳集)

[작품] 고노설(古老說)

백락설(伯樂說)

신상설(神像說)

유설(柳說)

종수설(種樹說)

## 임천상(任天常, 1754~?)

[문집] 궁오집(窮悟集)

[작품] 십일족부자이분설(十一族父字而憤說)

이계성자설(李季省字說)

## 임태주(任泰柱, 1881~1944)

[문집] 성재문집(誠齋文集)

[작품] 계몽괘화추산설(啓蒙卦畫推筭說)

답인례설(答人禮說)

서시동지설(書示同志說)

시중설(時中說)

심경현토전말설(心經懸吐顚末說)

위학설-증족생형빈(爲學說-贈族生亨彬)

## 임한주(林翰周, 1871~1954)

[문집] 성헌집(惺軒集)

[작품] 간이무오설(簡而無傲說)

강석설(江石說)

동초설(東樵說)

만오설(晩悟說)

묵와설(默窩說)

소봉설(韶鳳說)

시이군중현설(示李君重鉉說)

안군황화설(安君黃花說)

역취순수설(逆取順守說)

유몽설(牖蒙說)

윤세건자설(尹世健字說)

의계설(義鷄說)

이명복자설(李鳴馥字說)

정송설(靜松說)

조은설(早隱說)

축묘설(畜猫說)

축묘설(逐猫說)

평지신선설(平地神仙說)

## 임헌회(任憲晦, 1811~1876)

[문집] 고산선생문집(鼓山先生文集)

[작품] 병촉당설(을해)〔炳燭堂說(乙亥)〕

서상오회경자설(徐相午晦卿字說)

용재설(勇齋說)

육행재설(六行齋說)

자삼자설(字三子說)

정군조삼자명자설(鄭君祚三子名字說)

종자치교명설(從子穉教名說)

친영설(親迎說)

# ㅈ

장경세(張經世)

~

진정범(陳正範)

## 장경세(張經世, 1547~1615)

[문집] 사촌집(沙村集)
[작품] 방원익자설(房元益字說)

## 장경우(張慶遇, 1581~1656)

[문집] 만회당문집(晩悔堂文集)
[작품] 법천설(法天說)

## 장기홍(張基洪, 1883~1956)

[문집] 학남재유고(學南齋遺稿)
[작품] 장주산호열가장고전설(張周山壕烈家藏古錢說)
족질내의진홍자설(族姪乃毅鎭弘字說)
증김군형규설(贈金君亨圭說)

## 장명상(張命相, 1865~1937)

[문집] 견산문집(見山文集)
[작품] 창엄설(蒼广說)

## 장복추(張福樞, 1815~1900)

[문집] 사미헌집(四未軒集)
[작품] 긍재설(兢齋說)
불개명설(不改名說)
성재설(惺齋說)

## 장석룡(張錫龍, 1823~1906)

[문집] 유헌집(遊軒集)
[작품] 잡설(雜說)

## 장석신(張錫藎, 1841~1923)

[문집] 과재문집(果齋文集)
[작품] 과재설(果齋說)
변명호설(變名號說)
안자불개기락설(顔子不改其樂說)
인심도심설(人心道心說)

## 장석영(張錫英, 1851~1929)

[문집] 회당선생문집(晦堂先生文集)
[작품] 계쇄설(笄繀說)
구방심설－증김무량(求放心說－贈金武良)
김사함자설(金士涵字說)
김성빈자설(金聖賓字說)
김원백자설(金愿伯字說)
김치성이자장자설(金致性李子章字說)
변사교설(辨邪敎說)
변의송설(辨疑訟說)
변지구원전설(辨地球圓轉說)
성석설(醒石說)
소모설(小帽說)
송이씨자양생설(送李氏子兩生說)
심의설(深衣說)
안석민자설(安石民字說)
이성유자설(李聖遊字說)
장순소자설(張舜韶字說)
정씨이자자설(鄭氏二子字說)
증강상현설(贈姜尙賢說)
증서사중설(贈徐思中說)
증제순거설(贈諸舜擧說)
증허충여설(贈許忠汝說)
치포관기이남빈설(緇布冠寄李南彬說)
치포관설(緇布冠說)
한혁지자설(韓革之字說)

호범설(湖帆說)

## 장승원(張承遠, 1853~1917)

[문집] 운정유집(雲庭遺集)
[작품] 반차설(反車說)
차설(車說)

## 장승택(張升澤, 1838~1916)

[문집] 농산문집(農山文集)
[작품] 김순형자설(金舜衡字說)
남명중자설(南明重字說)
맹자설 – 정성능박(盲者說 – 呈成能博)
이자강자설(李子强字說)
하래경자설(河來卿字說)

## 장시택(張時澤, 1833~1900)

[문집] 창주문집(蒼洲文集)
[작품] 창주설(蒼洲說)

## 장영석(張永奭, 조선 고종)

[문집] 학초문집(鶴楚文集)
[작품] 고금작저설(叩琴作杵說)
기정설(杞亭說)
우초설(雨樵說)
장와설(藏窩說)
지남설(智南說)
췌옹설(贅翁說)

## 장용한(張龍翰, 1564~1599)

[문집] 기촌선생문집(岐村先生文集)
[작품] 대연집설(大衍集說)
삼십육궁도설(三十六宮圖說)

## 장유(張維, 1587~1638)

[문집] 계곡집(谿谷集)
[작품] 곡목설(曲木說)
김생수홍자설(金生壽弘字說)
복전설(福田說)
유생명자설(柳生名字說)
인심도심설(人心道心說)
청백안설(青白眼說)
풍죽설(風竹說)
필설(筆說)
해구불하설(海鷗不下說)
화당설(化堂說)

## 장이유(張以兪, 1598~1660)

[문집] 지분헌문집(知分軒文集)
[작품] 잡설(雜說)
정헌설(靜軒說)

## 장지완(張之琬, 1806~1858)

[문집] 침우당집(枕雨堂集)
[작품] 강리설 – 송대행인(疆理說 – 送大行人)
응거설 – 여유생(應擧說 – 與柳生)

## 장헌주(張憲周, 1777~1867)

[문집] 여력재집(餘力齋集)
[작품] 과거설 – 답이공진필성(科擧說 – 答李拱辰弼星)
산설 – 증신명오(山說 – 贈愼明吾)

성극설－송정여홍(省克說－送鄭汝弘)
천풍자설－증임군현초일상(天風子說－贈林君玄初一相)
취성설－증이중규(醉醒說－贈李仲圭)

## 장현광(張顯光, 1554~1637)

[문집] 여헌선생문집(旅軒先生文集)
[작품] 계상설(溪牀說)
관해설(觀海說)
괘명손익설(卦名損益說)
구설(究說)
궤위관설(饋位官說)
김상사자설(金上舍字說)
도통설(道統說)
문설(文說)
방명설(坊名說)
병인상례설(丙寅喪禮說)
본교이건시시제생설(本校移建時示諸生說)
본교중수설(本校重修說)
봉대설(鳳臺說)
서원설(書院說)
손영관설(孫鍈冠說)
심설(心說)
여헌설(旅軒說)
와유당설(臥遊堂說)
용졸당설(用拙堂說)
인신설(人身說)
인심도심설(人心道心說)
인의방설(仁義坊說)
입암설(立巖說)
제시조잉유성중노소설(祭始祖仍喩姓中老少說)
청구도설(靑丘圖說)
평설(平說)
피대설(皮帒說)
해설(海說)

## 장혼(張混, 1759~1828)

[문집] 이이엄집(而已广集)
[작품] 사초낭설(私草囊說)

## 장화식(張華植, 1853~1938)

[문집] 학암집(鶴巖集)
[작품] 계자불망설(戒子不忘說)
태복시포도총설(太僕寺葡萄驄說)

## 장화식(蔣華植, 1871~1947)

[문집] 복암선생문집(復菴先生文集)
[작품] 서생학균자정부설(徐生學均字正夫說)
심해설(心解說)

## 장환규(張煥奎, 1853~1876)

[문집] 해일재문집(海逸齋文集)
[작품] 만물춘계선편설(萬物春繼善篇說)
맹자진심장장구설(孟子盡心章章句說)

## 장희적(蔣熙績, 1627~1705)

[문집] 세심정문집(洗心亭文集)
[작품] 세심정복축설(洗心亭卜築說)

## 전귀해(全貴海, 1674~1731)

[문집] 일와유고(逸窩遺稿)
[작품] 소포설(小圃說)

아자명명설(兒子命名說)

## 전규환(全奎煥, 1832~1893)

[문집] 소심정유고(小心亭遺稿)

[작품] 이수설(伊瞍說)

## 전근사(全近思, 1675~1732)

[문집] 죽림선생문집(竹林先生文集)

[작품] 중용장도설(中庸章圖說)

## 전병항(田炳恒, 1879~1950)

[문집] 규와문집(圭窩文集)

[작품] 농재설(農齋說)

## 전봉석(全鳳錫, 1871~1953)

[문집] 노재문집(魯齋文集)

[작품] 관수설(灌水說)

시설(市說)

## 전봉수(병옥)〔全鳳遂(炳玉), 1882~1961〕

[문집] 오산문집(吾山文集)

[작품] 가산설(可山說)

겸재설(謙齋說)

금려설(琴旅說)

김춘익자설(金春翼字說)

노은설(壚隱說)

반괴설(盤槐說)

신암설(愼菴說)

인와설(訒窩說)

일호설(一毫說)

청사설(晴簑說)

회석설(晦石說)

후포설(後圃說)

## 전상무(田相武, 1851~1924)

[문집] 율산집(栗山集)

[작품] 감물설(感物說)

전사흥자설(田士興字說)

## 전용규(田溶奎, 1878~1944)

[문집] 활암유고(活菴遺稿)

[작품] 명덕설(明德說)

## 전우(田愚, 1841~1922)

[문집] 간재집(艮齋集)

[작품] 관김감역절의설(觀金監役節義說)

관화지안인물성설(觀花之安人物性說)

극기설(克氣說)

근시설(謹始說)

기김유개정심설(記金柳改定心說)

김경부자설(金景孚字說)

난설(難說)

논배설－서시제군(論裵說－書示諸君)

논범란계설(論范蘭溪說)

독원형이정설(讀元亨利貞說)

독제성현설(讀諸聖賢說)

독중용수장설(讀中庸首章說)

독호락전인물성설(讀湖洛前人物性說)

마경설(磨鏡說)

명명설(明命說)

명암설(明暗說)

모상설(摸象說)

무본설(務本說)
미옹설(迷翁說)
사학설(思學說)
석전설(石田說)
성기설(成己說)
성의지성통관동정설(誠意之誠通貫動靜說)
소발설(梳髮說)
쇠복설(략)〔衰服說(略)〕
신생설(愼生說)
심본성설(心本性說)
안빈고궁도장설(安貧固窮圖章說)
양가심성존비설(兩家心性尊卑說)
우경자설(耦耕子說)
위설(危說)
유재설(裕齋說)
유치정보화서설(柳穉程補華西說)
음양설(陰陽說)
이기설(理氣說)
쟁유공사설(爭有公私說)
정산설(井山說)
정서심설(程書心說)
정시기질설(靜時氣質說)
정중유물설(제삼)〔靜中有物說(第三)〕
정중유물설(제이)〔靜中有物說(第二)〕
정중유물설(제일)〔靜中有物說(第一)〕
주자심설(朱子心說)
주재설(主宰說)
증김잠독서설(贈金潛讀書說)
증황군설(贈黃君說)
지설(止說)
진심설－전후본(盡心說－前後本)
택사설(擇師說)
포특설(包特說)
품수기질성설(禀受氣質性說)
하근재설(下根齋說)
현연심리설(玄淵心理說)
황종희려양명설(黃宗羲慮陽明說)
회면설(靧面說)
흠설(欽說)

## 전유경(全有慶, 1605~1643)

[문집] 각암선생문집(覺菴先生文集)
[작품] 도학설(道學說)

## 정간(鄭幹, 1692~1757)

[문집] 명고집(鳴皐集)
[작품] 죽대설(竹帶說)
칠사설－제송사구후소병(七事說－題松沙舊侯小屛)

## 정개청(鄭介淸, 1529~1590)

[문집] 우득록(愚得錄)
[작품] 감통설(感通說)
강신설(降神說)
격치성정설(格致誠正說)
겸허설(謙虛說)
경용오사설(敬用五事說)
공이이인체지위인설(公而以人體之爲仁說)
괘화설(卦畫說)
군자소인상반설(君子小人相反說)
근동다풍설(近東多風說)
기질설(신사오)〔氣質說(辛巳五)〕
기질설(신사칠)〔氣質說(辛巳七)〕
내외공부설(內外工夫說)
논장자후사정순운여인동체척륙자수왈차주장제목설(論張子厚事正淳云與人同體慼陸子壽曰此主張題目說)

동한진송소상부동설(東漢晉宋所尙不同說)
막론관휴설(莫論官休說)
물래순응설(物來順應說)
범응곡당용각부동설(泛應曲當用各不同說)
비례물시설(非禮勿視說)
선소악다설(善小惡多說)
선악개천리설(善惡皆天理說)
쇄소응대지리존언설(洒掃應對至理存焉說)
수도이인설(修道以仁說)
신심상수설(身心相須說)
심불가유일물설(心不可有一物說)
악기산수합동설(樂記散殊合同說)
안로증석문묘좌차설(顔路曾晳文廟坐次說)
업광설(業廣說)
여사암상공논해속설(與思菴相公論駭俗說)
예자설(禮字說)
유벽봉천설(惟辟奉天說)
이기설(理氣說)
인포사덕설(仁包四德說)
일고신설(一故神說)
재의위리설(在義爲理說)
제주좌방설(題主左傍說)
조박외신설(糟粕煨燼說)
종륙자자개개학득불손패만무례설(從陸子者箇箇學得不遜悖慢無禮說)
좌우위설(左右位說)
중니조술요순장전겸내외해본말설(仲尼祖述堯舜章傳兼內外該本末說)
지속기행속질설(知屬氣行屬質說)
천리인욕교전설(天理人欲交戰說)
치지속건양역행속곤음설(致知屬乾陽力行屬坤陰說)
포로설(蒲蘆說)
하용신성설(學庸心性說)
훼예설(毁譽說)

## 정경세(鄭經世, 1563~1633)

[문집] 우복집(愚伏集)
[작품] 남헌설(南軒說)
단지자설(斷指者說)
우암설(愚巖說)
임천설(臨川說)
잠실설(潛室說)

## 정곤수(鄭崑壽, 1538~1602)

[문집] 백곡집(栢谷集)
[작품] 공설(恭說)
복구물설(復舊物說)
서천설(西川說)

## 정교(鄭墧, 1739~1819)

[문집] 진암선생문집(進菴先生文集)
[작품] 문석설(文石說)
수간설(漱澗說)

## 정구(鄭逑, 1543~1620)

[문집] 한강선생문집(寒岡先生文集)
[작품] 이군섭자설(李君涉字說)
졸재설(拙齋說)

## 정권(간)〔鄭權(榦), 1692~1757〕

[문집] 명고선생문집(鳴皐先生文集)
[작품] 죽대설(竹帶說)
칠사설－제송사구후소병(七事說－題松沙舊侯小屛)

**정규석**(鄭珪錫, 1876~1954)

[문집] 성재문집(誠齋文集)
[작품] 박순명자설(朴舜明字說)
하우규자설(河禹圭字說)

**정규영**(鄭奎榮, 1860~1921)

[문집] 한재집(韓齋集)
[작품] 백산설(柏山說)
회한재설(悔恨齋說)

**정극후**(鄭克後, 1577~1658)

[문집] 쌍봉집(雙峯集)
[작품] 석가산설(石假山說)
유설(儒說)

**정기안**(鄭基安, 1695~1775)

[문집] 만모유고(晩慕遺稿)
[작품] 복재설(復齋說)

**정기연**(鄭璣淵, 1877~1952)

[문집] 탁와선생문집(琢窩先生文集)
[작품] 습례국도설(習禮局圖說)

**정길**(鄭佶, 1566~1619)

[문집] 난곡유고(蘭谷遺稿)
[작품] 난곡설(蘭谷說)
부정반곡설(附丁盤谷說)

**정내교**(鄭來僑, 1681~1757)

[문집] 완암집(浣巖集)
[작품] 김이실(종수)자설〔金而實(種秀)字說〕
잡설(雜說)

**정내석**(鄭來錫, 1808~1893)

[문집] 고헌선생문집(顧軒先生文集)
[작품] 경의재명도설(敬義齋銘圖說)
수신도설(修身圖說)
심통성정합이기설(心統性情合理氣說)
야당화설(野堂花說)

**정내성**(鄭來成, 1744~1835)

[문집] 사헌집(思軒集)
[작품] 구추설(鳩雛說)

**정내원**(鄭來源, 1845~1916)

[문집] 면와일고(俛窩逸稿)
[작품] 치포관제도증손설(緇布冠制度贈損說)

**정도전**(鄭道傳, 1337~1398)

[문집] 삼봉집(三峰集)
[작품] 가난(家難)
경렴정명후설(景濂亭銘後說)
금남야인(錦南野人)
답전부(答田父)
무설산인극복루기후설(無說山人克復樓記後說)
이호연(원령)명자후설〔李浩然(原齡)名字後說〕

## 정돈섭(丁敦燮, 1870~1941)

[문집] 도암문집(陶庵文集)
[작품] 몽설(夢說)
문설(蚊說)
산천설(山泉說)
인설(釼說)
자득설(自得說)

## 정동식(鄭東植, 1850~1910)

[문집] 모은유고(慕隱遺稿)
[작품] 삼호설(三號說)

## 정범조(丁範祖, 1723~1801)

[문집] 해좌집(海左集)
[작품] 도봉설(悼蜂說)
변감여설(辨堪輿說)
변봉건논설(辨封建論說)
사편증의후설(四編證疑後說)
시설－증강경임(詩說－贈姜景任)
식옹설(蝕翁說)
전국책설(戰國策說)
조군(재성재량)형제자설〔趙君(材成材良)兄弟字說〕
주례설(周禮說)

## 정병조(鄭丙朝, 1863~1945)

[문집] 녹어산관집(漉魚山館集)
[작품] 위당별자설(韋堂別字說)
화암별자설(和菴別字說)

## 정봉현(鄭鳳鉉, 1852~1918)

[문집] 운남집(雲藍集)
[작품] 과설－증홍군사중(過說－贈洪君士中)
권학설－증정민팔(勸學說－贈鄭民八)
노포설(老圃說)
농세재중증주인김경노교준설(聾世齋中贈主人金敬魯敎俊說)
독서설－송대견종(讀書說－送大見從)
동경설－송양백우(同庚說－送楊伯佑)
본입재설(本立齋說)
송대방박황이김사군설(送帶方朴黃二金四君說)
송문군상철장군환봉설(送文君相喆張君煥琫說)
송박노흥성권설(送朴魯興聖權說)
숙흥야매설－증신한남(夙興夜寐說－贈申漢南)
오진묵자설(吳晉默字說)
위백거자설(魏伯擧字說)
유군흥수흥제자설(柳君興修興齊字說)
이강수개명설(李康秀改名說)
정의설(正誼說)
책설－증안성지(策說－贈安誠之)

## 정사진(鄭四震, 1567~1616)

[문집] 수암선생문집(守庵先生文集)
[작품] 명윤연번설(名尹延蕃說)

## 정사하(鄭師夏, 1713~1779)

[문집] 안분당유집(安分堂遺集)
[작품] 손아명자설(孫兒名字說)

## 정사화(鄭思和, 1831~1883)

[문집] 백치유고(百癡遺稿)

[작품] 서설경헌정전설(후)〔書薛敬軒井田說(後)〕

성음설(聲音說)

## 정상(鄭詳, 1533~1609)

[문집] 창주선생문집(滄洲先生遺稿)

[작품] 분매설(盆梅說)

## 정상이(鄭象履, 1774~1848)

[문집] 제암집(制庵集)

[작품] 심설(心說)

심통성정중하도설(心統性情中下圖說)

여서유환보자설(女婿柳權甫字說)

## 정석달(鄭碩達, 1660~1720)

[문집] 함계집(涵溪集)

[작품] 발몽설(갑술)〔發蒙說(甲戌)〕

## 정석진(鄭錫珍, 1851~1894)

[문집] 난파유고(蘭坡遺稿)

[작품] 애란설(愛蘭說)

## 정석호(鄭錫祜, 1840~1906)

[문집] 자봉집(紫峯集)

[작품] 신교사우설(新交四友說)

## 정시림(鄭時林, ?~1912)

[문집] 월파집(月波集)

[작품] 사수취여설－여정순호(辭受取與說－與鄭淳瑚)

손재명학중자설(孫在明學仲字說)

여강영섭설(與姜永燮說)

여김의유설 (與金義裕說)

여정언채설(與鄭彦采說)

오독설－증신각휴(梧櫝說－贈申恪休)

외필상질설(猥筆相質說)

차윤덕자설(次允德字說)

## 정시수(鄭時修, 1601~1647)

[문집] 금천집(琴川集)

[작품] 누항설－송용주선생귀해서(陋巷說－送龍洲先生歸海西)

## 정약용(丁若鏞, 1762~1836)

[문집] 여유당전서(與猶堂全書)

[작품] 거관사설(居官四說)

관계추설(觀鷄雛說)

구염설(舊染說)

기중도설(起重圖說)

누조도설(漏槽圖說)

본연지설(本然之說)

삼본설(三本說)

삼정설(三正說)

삼품설(三品說)

성기호설(性嗜好說)

성설(城說)

성자설(誠字說)

애체출화도설(靉靆出火圖說)

오행설(五行說)
옹성도설(甕城圖說)
완부청설(碗浮靑說)
외단활차설(桅端滑車說)
용인이재설(用人理財說)
음양설(陰陽說)
의설(醫說)
이발기발설(理發氣發說)
이자설(理字說)
자설(字說)
존심설(存心說)
종두설(種痘說)
지구도설(地毬圖說)
지원설(地圓說)
총설(總說)
칠실관화설(漆室觀畫說)
포루도설(砲樓圖說)
현안도설(懸眼圖說)
호체설(互體說)
효변설(爻變說)

## 정언굉(鄭彦宏, 1569~1640)

[문집] 서계선생문집(西溪先生文集)
[작품] 하락이수변화출입설(河洛理數變化出入說)

## 정여창(鄭汝昌, 1450~1504)

[문집] 일두유집(一蠹遺集)
[작품] 이기설(理氣說)

## 정여해(鄭汝諧, 1450~1530)

[문집] 둔재선생문집(遯齋先生文集)
[작품] 상시설(傷時說)

## 정엽(丁熠, 1524~1609)

[문집] 만헌집(晩軒集)
[작품] 고수재전즙자설(高秀才前楫字說)

## 정엽(鄭曄, 1563~1625)

[문집] 수몽집(守夢集)
[작품] 창포설(菖蒲說)
후목설(朽木說)

## 정영진(鄭榮振, 1673~1708)

[문집] 평암선생문집(平巖先生文集)
[작품] 권학설 – 증이질광현(勸學說 – 贈李姪光顯)
기삼백설(朞三百說)
운암설(雲庵說)

## 정영진(丁永鎭, 1871~1938)

[문집] 만성고(晩省稿)
[작품] 농아설(聾啞說)
백하설(白荷說)
인와자설(忍窩自說)
천산와설(天山窩說)
퇴천설(退川說)
호은설(湖隱說)

## 정오석(鄭五錫, 1826~1869)

[문집] 일헌선생문집(逸軒先生文集)
[작품] 동정설(動靜說)
서운암중건설(棲雲庵重建說)
일헌설(逸軒說)
증고청자설(贈孤淸子說)

증차강산설(贈車江山說)

## 정온(鄭蘊, 1569~1641)

[문집] 동계집(桐溪說)
[작품] 기황전설(起荒田說)

## 정운오(鄭雲五, 1846~1920)

[문집] 벽서유고(碧棲遺稿)
[작품] 운강설－증박생여삼(雲岡說－贈朴甥汝三)

## 정원용(鄭元容, 1783~1873)

[문집] 경산집(經山集)
[작품] 기설(碁說)
오류설(烏騮說)

## 정원하(鄭源河, 1866~1937)

[문집] 용강유고(龍岡遺稿)
[작품] 경서일통도설(經書一統圖說)
군성일통도설(群聖一統圖說)
심동정도설(心動靜圖說)
위학설(爲學說)
이기선후설(理氣先後說)

## 정의림(鄭義林, 1845~1910)

[문집] 일신재집(日新齋集)
[작품] 김덕윤자설(金德潤字說)
김우언자설(金禹言字說)
김의백자설(金毅伯子說)
김주경자설(金周卿字說)
문경오자설(文敬五字說)
문기서자설(文岐瑞字說)
문자일자설(文子一字說)
박경립자설(朴景立字說)
박관보자설(朴寬甫字說)
박덕장자설(朴德璋字說)
박백순자설(朴伯順字說)
박선장자설(朴善長字說)
박원보자설(朴元寶字說)
박인수자설(朴仁叟字說)
박자신자설(朴子愼字說)
배순문자설(裵純文字說)
사옥자설(士沃字說)
사칠설－시황경함(四七說－示黃景涵)
손화문자설(孫和聞字說)
송사덕자설(宋士德字說)
송자인자설(宋子仁字說)
안경백자설(安慶伯字說)
안사앙자설(安士仰字說)
안자용자설(安子容字說)
오경배자설(吳景拜字說)
오영지자설(吳永之字說)
오윤명자설(吳允明字說)
위과경자설(魏果卿字說)
위심숙자설(魏心叔字說)
위운여자설(魏雲汝字說)
이사온자설(李士溫字說)
이생원경자설(李生元敬字說)
이인보자설(李仁父字說)
입각설－시배사원(立脚說－示裵士遠)
정사준자설(鄭士遵字說)
정원경자설(鄭元卿字說)
조구규자설(曺九圭字說)
조중직자설(曺仲直字說)
홍사증자설(洪士拯字說)

### 정이오(鄭以吾, 1354~1434)

[문집] 교은집(郊隱集)
[작품] 조풍설(阻風說)

### 정익동(鄭翊東, 1735~1795)

[문집] 겸재문집(謙齋文集)
[작품] 이생독역설(李生讀易說)

### 정인보(鄭寅普, 1892~?)

[문집] 담원문집(薝園文集)
[작품] 태대형대형소형설(太大兄大兄小兄說)

### 정인채(鄭仁采, 1855~1934)

[문집] 지암유고(志巖遺稿)
[작품] 오현설 – 봉증신항지사(五賢說 – 奉贈莘巷志士)

### 정일당강씨(靜一堂姜氏, 1772~1832)

[문집] 정일당유고(靜一堂遺稿)
[작품] 연설 – 시이동자불억(硯說 – 示李童子佛億)

### 정일신(丁一愼, 1682~1737)

[문집] 임와일고(臨窩逸稿)
[작품] 계자설(誡子說)
설와설(雪窩說)
자모송설(子母松說)
저굴지설(猪掘地說)
종국설(種菊說)
지부장설(地膚杖說)

### 정일우(丁日宇, 조선 고종)

[문집] 율헌집(栗軒集)
[작품] 율헌설(栗軒說)

### 정일진(鄭一鎭, 1713~1752)

[문집] 학고문집(鶴皐文集)
[작품] 고암설(顧庵說)
농산설(聾汕說)
눌옹설(訥翁說)
외당설(畏堂說)

### 정재경(鄭在璟, 1881~1948)

[문집] 학강유고(學岡遺稿)
[작품] 계은설(溪隱說)
요산설(樂山說)

### 정재경(鄭在褧, 1781~1858)

[문집] 신와집(愼窩集)
[작품] 괴석설(恠石說)
백탄설 – 적유인궤백탄작차설(白炭說 – 適有人饋白炭作此說)
애국설(愛菊說)

### 정재규(鄭載圭, 1843~1911)

[문집] 노백헌집(老柏軒集)
[작품] 가설 – 증정자원(상덕)〔稼說 – 贈鄭子元(尙悳)〕
감자즙(제현)자설〔甘子楫(濟鉉)字說〕
권추경자설(權樞卿字說)
극종설 – 증박언가(克終說 – 贈朴言可)

김자상자설(金子尙字說)
도신설－증홍문영(度身說－贈洪文寧)
묘합설(妙合說)
무학설－증조중직(務學說－贈曺仲直)
성문경자설(成文卿字說)
성성여자설(成聖與字說)
신도설－송강낙중(영지)〔信道說－送姜洛中(永址)〕
양강설－증정낙언(養剛說－贈鄭樂彦)
여사설－증정공직(餘師說－贈鄭公直)
오화익자설(吳和益字說)
용력설－증오양로(用力說－贈吳陽路)
유공무자설(柳公懋字說)
이이길자설(李履吉字說)
전열경자설(田說卿字說)
정고경(진열)자설〔鄭顧卿(軫烈)字說〕
치사설－증이이회(致思說－贈李而晦)
허경부자설(許敬夫字說)
혼변설(昏變說)

## 정전기〔鄭銓基(典基), 1847~1920〕

[문집] 회산유고(晦山遺藁)
[작품] 정심설(貞心說)

## 정제두(鄭齊斗, 1649~1736)

[문집] 하곡집(霞谷集)
[작품] 건룡사효설(乾龍四爻說)
기삼백설(朞三百說)
도심천리설(道心天理說)
명아설(名兒說)
사단칠정설(四端七情說)
생리성체설(生理性體說)
생리허세설(生理虛勢說)
성학설(聖學說)
심체천리설(心體天理說)
양지성체설(良知性體說)
예조명예설(睿照明睿說)
이기불가분언설(理氣不可分言說)
이목구비설(상)〔耳目口鼻說(上)〕
이목구비설(하)〔耳目口鼻說(下)〕
이일설(理一說)
인심도심설(人心道心說)
일점생리설(一點生理說)
정설(正說)
조석설(潮汐說)
천지방위리도설(天地方位里度說)
체용일원설(體用一原說)
치지설(致知說)
칠요우행설(七曜右行說)
태극주정중용미발설(太極主靜中庸未發說)
퇴계심경발후설(退溪心經跋後說)

## 정조대왕(正祖大王, 1752~1800)

[문집] 홍재전서(弘齋全書)
[작품] 극기설(克己說)
사대례설(事大禮說)
편주공전서정주자어록설(編周公全書定朱子語錄說)

## 정종노(鄭宗魯, 1738~1816)

[문집] 입재집(立齋集)
[작품] 남군한탁자설(南君漢濯字說)
남택정자설(南宅正字說)
사령설(四靈說)
솔성설(率性說)
시분설(時分說)

심출입설(心出入說)
오상설(五常說)
오행설(상)〔五行說(上)〕
오행설(하)〔五行說(下)〕
요산수설(樂山水說)
월광설(月光說)
율관후기설(律管候氣說)
이강기약설(理强氣弱說)
이기심성설(理氣心性說)
일원설(一原說)
자재옹설(自在翁說)
지두설(地頭說)
태극권자설(太極圈子說)
태극동정설(太極動靜說)
풍기설(風氣說)

**정종엽(진용, 진희)**〔鄭鍾燁(晉鏞, 鎭喜), 1885~1940〕

[문집] 수당유고(修堂遺稿)
[작품] 김병문자설(金炳文字說)
이계진자설(李啓眞字說)
임별제군(설)〔臨別諸君(說)〕
장효경자설(張斅敬字說)
최성안자설(崔成安字說)

**정중기**(鄭重器, 1685~1757)

[문집] 매산집(梅山集)
[작품] 상후시음주식육설(祥後始飮酒食肉說)
서얼복제설(병자)〔庶孼服制說(丙子)〕
위종부형제처복시설(정묘)〔爲從父兄弟妻服緦說(丁卯)〕
정침설(신미)〔正寢說(辛未)〕
중월이담설(임인)〔中月而禫說(壬寅)〕

**정중대**(鄭重岱, 1691~1762)

[문집] 비와집(卑窩集)
[작품] 연설(演說)

**정지선**(鄭趾善, 1839~1897)

[문집] 긍재집(兢齋集)
[작품] 김덕중자설(金德中字說)
심설-문답(心說-問答)
지비설(知非說)

**정지호**(鄭之虎, 1605~1678)

[문집] 무은문집(霧隱文集)
[작품] 강명설(剛明說)
동지설(冬至說)
묘지반설(猫之反說)
자신설(自信說)
주수설(舟水說)

**정창주**(鄭昌冑, 1606~1664)

[문집] 만주집(晩洲集)
[작품] 연고천홍삼자지의위소설(衍高天鴻三字之義爲小說)
유선설(遊仙說)
장무설(瘴霧說)

**정철**(鄭澈, 1536~1593)

[문집] 송강집(松江集)
[작품] 청강쇄설(淸江瑣說)

## 정충필(鄭忠弼, 1725~1789)

[문집] 노우집(魯宇集)
[작품] 학설(學說)
후천괘도설(後天卦圖說)

## 정칙(鄭侙, 1601~1663)

[문집] 우천집(愚川集)
[작품] 경자제설(警子弟說)
논감여설(論堪輿說)
서진백인자설(書進百忍字說)
애국설(愛菊說)
음장설(飮漿說)
작치설(作菑說)
잡설(雜說)
종남영초설(種南靈草說)
종자기학자설(從子基學字說)

## 정태원(鄭泰元, 1824~1879)

[문집] 쌍주유고(雙洲遺稿)
[작품] 족질도수자설(族姪道修字說)
직자설(直字說)

## 정태하(丁泰夏, 1850~1915)

[문집] 소계유고(小溪遺稿)
[작품] 분매소설(盆梅小說)
죽오설(竹吾說)

## 정필달(鄭必達, 1611~1693)

[문집] 팔송집(八松集)
[작품] 계상소설(溪上小說)

## 정해필(鄭海弼, 1831~1887)

[문집] 조암집(照菴集)
[작품] 성선설(性善說)
양기설(養氣說)
지성설(至誠說)

## 정헌철(낙시)〔鄭憲喆(樂時), 1889~1970〕

[문집] 석재유고(石齋遺稿)
[작품] 내설(耐說)
자성설(自省說)
잠룡설(潛龍說)
정심설(1)〔定心說(一)〕
정심설(2)〔定心說(二)〕
정심설(3)〔定心說(三)〕

## 정혁신(鄭赫臣, 1719~1793)

[문집] 성당집(性堂集)
[작품] 하락이수변화출입설(河洛理數變化出入說)

## 정형규(鄭衡圭, 조선 고종)

[문집] 창수집(蒼樹集)
[작품] 전봉유자설(田鳳儒字說)
족질기원자설(族姪基元字說)

## 정호(鄭澔, 1648~1736)

[문집] 장암집(丈巖集)
[작품] 논공안소락설(論孔顔所樂說)
사생설(문설)〔師生說(問說)〕

## 정홍명(鄭弘溟, 1592~1650)

[문집] 기암집(畸庵集)
[작품] 대각지대몽설(大覺知大夢說)
이기무선후설(理氣無先後說)

## 정홍채(鄭泓采, 1901~1981)

[문집] 일재유고(逸齋遺稿)
[작품] 광관봉이숙항설(光館逢李叔恒說)
난곡설(蘭谷說)
도설(道說)
동서양풍습미악설(東西洋風習美惡說)
무호설(無號說)
성위심재설(性爲心宰說)
송윤교수남철설(送尹敎授南哲說)
심뇌합위신명설(心腦合爲神明說)
이기설－의상공부자서(理氣說－擬上孔夫子書)
일하자설(逸下自說)
자부이씨설(子婦李氏說)
재지조종구병흑설(載之曹從求病黑說)
학후설(鶴後說)
희모생설(戲毛生說)

## 정회찬(鄭悔燦, 1759~1831)

[문집] 계당집(溪堂集)
[작품] 노화설(爐火說)
답존양성찰전후설(答存養省察前後說)
도량설(度量說)
목갑설(木甲說)
서설 (鼠說)
자우설(自迂說)
죽원자설(竹圓子說)
호설(虎說)

## 정희량(鄭希良, 1469~1502)

[문집] 허암유고(虛庵遺藁)
[작품] 산은(散隱)

## 정희맹(丁希孟, 1536~1596)

[문집] 선양정집(善養亭集)
[작품] 선양정설(善養亭說)

## 제세희(세호)〔諸世禧(世鎬), 1861~1923〕

[문집] 월곡문집(月谷文集)
[작품] 근근설－증이삼현(勤謹說－贈李三見)
명설(名說)
이삼현자설(李三見字說)
이성대자설(李聖大字說)
제경집자설(諸敬集字說)
제희현자설(諸希賢字說)
조대설(釣臺說)
해조설(解嘲說)
황윤성자설(黃閏成字說)

## 조경(趙絅, 1586~1669)

[문집] 용주유고(龍洲遺稿)
[작품] 병설(病說)
병자난온양유교생구모설(丙子難溫陽有校生救母說)
예학설(瘞鶴說)
통천해척표풍설(通川海尺飄風說)

## 조경(趙璥, 1727~1787)

[문집] 하서집(荷棲集)

[작품] 강원기설(講院記說)
개계설(介雞說)
경연강설(經筵講說)
사목도설(四木圖說)
서연강설(書筵講說)
옥서진설(玉書鎭說)

## 조관빈(趙觀彬, 1691~1757)

[문집] 회헌집(悔軒集)

[작품] 감목소설(感木梳說)
개호설(改號說)
독이중승봉사설(讀李中丞封事說)
몽견도암이공설(夢見陶庵李公說)
에악조설(殪惡鳥說)
추억남충장설(追憶南忠壯說)

## 조구명(趙龜命, 1693~1737)

[문집] 동계집(東谿集)

[작품] 대학설(大學說)
불구설(계사)〔不苟說(癸巳)〕
역설(정사)〔易說(丁巳)〕
연륜설(병진)〔蓮輪說(丙辰)〕
왜려설(경자)〔倭驢說(庚子)〕
이채자성박설(계축)〔李採字聖博說(癸丑)〕
일죽옹설(을사)〔一竹翁說(乙巳)〕
장공예백인설(대시회형작, 신축)〔張公藝百忍說(代時晦兄作, 辛丑)〕
중용설(中庸說)
회지자설(신해)〔會之字說(辛亥)〕

## 조극선(趙克善, 1595~1658)

[문집] 야곡집(冶谷集)

[작품] 경신수야설(庚申守夜說)
불식과설(不食瓜說)
의예론설(疑藝論說)
주설(酒說)

## 조긍섭(曺兢燮, 1873~1933)

[문집] 암서선생문집(巖西先生文集)

[작품] 격물설(格物說 )
구와설(久窩說)
근암설(根庵說)
기질성설(氣質性說)
독한주이씨심즉리설(讀寒洲李氏心卽理說)
마희천자설(馬希遷字說)
만수설(晩樹說)
묵암설(默庵說)
성씨삼자명자설(成氏三子名字說)

## 조덕승(曺悳承, 1873~1960)

[문집] 흠재문고(欽齋文藁)

[작품] 변명기설(辨明氣說)
순경자설(順卿字說)

## 조덕신(趙德臣, 1722~1791)

[문집] 둔암집(遯庵集)

[작품] 논비조관가옥찬설(論裨竈瓘斝玉瓚說)
논황종설(論黃鍾說)
사물설(四勿說)
사칠문답설(四七問答說)
삭설(朔說)

선후천설(先後天說)
지자설(智字說)
춘추설(春秋說)

## 조덕인(趙德隣, 1658~1737)

[문집] 옥천집(玉川集)
[작품] 양조교비연설(兩朝敎批筵說)
정원분연설(政院盆蓮說)

## 조독호(趙篤祜, 1843~1914)

[문집] 회간문집(晦磵文集)
[작품] 회간예설(晦磵囈說)

## 조두순(趙斗淳, 1796~1870)

[문집] 심암집(心庵集)
[작품] 기설－증남원명(碁說－贈南原明)
분시설－증이재행인(分詩說－贈彛齋行人)
상림도우설(桑林禱雨說)
수진보작설(을축)〔壽進寶酌說(乙丑)〕
인심도심설(人心道心說)

## 조면호(趙冕鎬, 1803~1887)

[문집] 옥수집(玉垂集)
[작품] 교봉설(咬葑說)
기자설(飢字說)
매설(梅說)
미산산방설(갑신)〔未山山房說(甲申)〕
사민설(四民說)
선사후설(정해)〔扇史後說(丁亥)〕
심일재설(心一齋說)
오포설(계해)〔烏哺說(癸亥)〕
욕자설(정해윤사월사일)〔欲字說(丁亥閏四月四日)〕
윤종설(輪鍾說)
이위당인보설(병자)〔李偉堂印譜說(丙子)〕
절성편설(병술)〔節性扁說(丙戌)〕
취설(醉說)
하박처사설(賀朴處士說)
화암설(경진)〔華庵說(庚辰)〕

## 조백승(曺栢承, 1835~1893)

[문집] 임거일고(林渠逸稿)
[작품] 만취설(晩翠說)

## 조병덕(趙秉悳, 1800~1870)

[문집] 숙재집(肅齋集)
[작품] 눌자설－증오경은귀눌곡(訥字說－贈吳景殷歸訥谷)
변임명노생지위성설(辨任明老生之謂性說)
변종노석범정순체천설(辨宗老石帆鼎淳遞遷說)
소진형자설(蘇鎭衡字說)
이래경개명자설(李來卿改名字說)

## 조병하(曺秉夏, 일제강점기)

[문집] 민암문집(敏菴文集)
[작품] 심성정분개설(心性情分開說)

## 조병희(병채)〔曺秉憙(柄彩), 1880~1925〕

[문집] 회와집(晦窩集)
[작품] 주재설(主宰說)
허백설(虛白說)

## 조보양(趙普陽, 1709~1788)

[문집] 팔우헌집(八友軒集)
[작품] 작소설(鵲巢說)
훈몽잡설－논인도(訓蒙雜說－論人道)
훈몽잡설－논진도(訓蒙雜說－論盡道)
훈몽잡설－논천도(訓蒙雜說－論天道)

## 조봉묵(曺鳳默, 1805~1883)

[문집] 화교유고(華郊遺稿)
[작품] 종화설(種花說)
학가설(學稼說)

## 조상덕(趙相悳, 1808~1870)

[문집] 위재문집(危齋文集)
[작품] 사판봉적개조설(祠版逢賊改造說)

## 조상우(趙相禹, 1582~1657)

[문집] 시암집(時庵集)
[작품] 명육남설(名六男說)

## 조석일(曺錫日, 1886~1969)

[문집] 강재유고(强齋遺稿)
[작품] 목용설(木俑說)

## 조선적(曺善迪, 1697~1756)

[문집] 치재집(恥齋集)
[작품] 시백아설(示伯兒說)
훈백아설(訓伯兒說)

## 조성가(趙性家, 1824~1904)

[문집] 월고집(月皐集)
[작품] 김현경자설(金贙卿字說)
만학설－증족손용태(晩學說－贈族孫鏞台)
미성설(未惺說)
쌍강설(雙岡說)
이생자설(李生字說)
취련설(醉蓮說)

## 조성기(趙聖期, 1638~1689)

[문집] 졸수재집(拙修齋集)
[작품] 이기설(理氣說)

## 조성립(趙成立, 1622~1691)

[문집] 죽암유고(竹菴遺稿)
[작품] 이적설(異蹟說)

## 조성윤(趙性胤, 1845~1904)

[문집] 광천집(廣川集)
[작품] 오초신거설(吾樵新居說)
잡설(雜說)

## 조수삼(趙秀三, 1762~1844)

[문집] 추재집(秋齋集)
[작품] 매분송자설(賣盆松者說)
불가설설(不可說說)

## 조술도(趙述道, 1729~1803)

[문집] 만곡집(晩谷集)

[작품] 강안후설(講案後說)
명자설 – 시종손명복(名字說 – 示宗孫明復)
염자설 – 시족질성신(恬字說 – 示族姪星臣)

## 조언식(趙彦植, 조선)

[문집] 손거사집(蓀居私集)
[작품] 우췌공록형제자설(友贅恭祿兄弟字說)
족제돈식이백자설(族弟敦植頤伯字說)

## 조연복(趙淵復, 1790~1868)

[문집] 목간문집(木澗文集)
[작품] 증이기지태구추회설(贈李器之泰九追悔說)

## 조영순(趙榮順, 1725~1775)

[문집] 퇴헌집(退軒集)
[작품] 복수설(갑오)〔復讐說(甲午)〕

## 조용섭(曺龍燮, 1870~1925)

[문집] 위당유고(韋堂遺稿)
[작품] 독서애유선생격치설(讀西厓柳先生格致說)

## 조용한(曺龍翰, 1694~1742)

[문집] 자계유집(慈溪遺集)
[작품] 문설(文說)
시설(詩說)

## 조우인(曺友仁, 1561~1625)

[문집] 이재집(頤齋集)
[작품] 반송설(蟠松說)

## 조욱(趙昱, 1498~1557)

[문집] 용문집(龍門集)
[작품] 사액시연설(賜額時筵說)
증직시연설(贈職時筵說)

## 조원기(趙遠期, 1630~1680)

[문집] 구봉집(九峯集)
[작품] 규춘소설(規春沼說)

## 조유선(趙有善, 1731~1809)

[문집] 나산집(蘿山集)
[작품] 예설(禮說)

## 조의곤(曺毅坤, 1832~1893)

[문집] 동오유고(東塢遺稿)
[작품] 과눌설 – 정기상사우만(寡訥說 – 呈奇上舍宇萬)
기몽설(記夢說)
송족제병삼풍곤서행설(送族弟昞三豊坤西行說)

## 조익(趙翼, 1579~1655)

[문집] 포저집(浦渚集)
[작품] 개신공보중화도설(改申功甫中和後說)
고설(苦說)
공재설(恭齋說)
답신영흥공보춘추쇄설(答申永興功甫春秋瑣說)
대학곤득후설(상)〔大學困得後說(上)〕
대학곤득후설(중)〔大學困得後說(中)〕

대학곤득후설(하)〔大學困得後說(下)〕
불위주곤설(不爲酒困說)
성의설(誠意說)
심학종방후설(心學宗方後說)
애매설(愛梅說)
의금당설(衣錦堂說)
의금당후설(衣錦堂後說)
잡설(雜說)
중용곤득후설(상)〔中庸困得後說(上)〕
중용곤득후설(하)〔中庸困得後說(下)〕
중용설(中庸說)
지경도설(持敬圖說)
지경도후설(持敬圖後說)

## 조임도(趙任道, 1585~1664)

[문집] 간송집(澗松集)
[작품] 관규쇄설(管窺瑣說)
내내신거설(奈內新居說)
박황암수의설(朴篁巖收議說)
잡설(雜說)
저익설(沮溺說)
정진해해관설(鄭鎭海解官說)

## 조장섭(趙章燮, 조선 고종)

[문집] 위당집(韋堂集)
[작품] 거작인간이설(去作人間爾說)
경자지설－시후생(敬字紙說－示後生)
구방심설－증족손병화(求放心說－贈族孫炳華)
답혹인설(答或人說)
명리설(明理說)
본령설－시제군(本領說－示諸君)
성근심설(性根心說)
송국설－증유중열(松菊說－贈柳仲烈)
안중실자설(安仲實字說)
애련설－주해(愛蓮說－註解)
양무가진설(陽無可盡說)
양재설(養材說)
연심구주설(鷰尋舊主說)
용한납제선조설(用漢臘祭先祖說)
장천작우설(將泉作雨說)
종손상오자설(從孫祥吾字說)
증별정조이군설(贈別丁曺二君說)
증유덕용설(贈柳德容說)
증족손동욱설(贈族孫東昱說)
지설－송이교훈(止說－送李敎勳)
천세력설(千歲曆說)
포화설(匏花說)
홍관호자설(洪觀浩字說)
화공문성설(火攻蚊城說)
황화처사설(黃花處士說)

## 조정래(趙正來, 1880~1945)

[문집] 화헌문집(和軒文集)
[작품] 경설－증전규호(敬說－贈全圭浩)
오여익자설(吳汝翼字說)

## 조존영(趙存榮, 조선 철종)

[문집] 종산집(鍾山集)
[작품] 혁자설(奕者說)

## 조종근(형구)〔趙從根(亨九), 1855~1930〕

[문집] 약헌유고(約軒遺稿)
[작품] 애류설(愛柳說)

## 조진관(趙鎭寬, 1739~1808)

[문집] 가정유고(柯汀遺稿)
[작품] 거사괘설(去四卦說)
대연설(大衍說)
쇠변지설(衰變之說)
인변지설(因變之說)
중사괘설(中四卦說)
하도괘설(河圖卦說)
환변지설(環變之說)

## 조찬한(趙纘韓, 1572~1631)

[문집] 현주집(玄洲集)
[작품] 권돈설(圈豚說)
대은은심설(大隱隱心說)
백이사명설(伯夷死名說)
설직설(舌織說)

## 조천경(趙天經, 1695~1776)

[문집] 이안당집(易安堂集)
[작품] 시가잡설－논엄주시(詩家雜說－論弇州詩)
시가잡설－독문산시(詩家雜說－讀文山詩)
시가잡설－두시영공명(詩家雜說－杜詩詠孔明)

## 조학승(曺學承, 1825~1894)

[문집] 야옹유고(野翁遺稿)
[작품] 괴허예설(愧虛譽說)
치병설－유학자문(治病說－諭學者文)
형제연락설(兄弟燕樂說)
회몽설(誨蒙說)

## 조현규(趙顯奎, 1874~1958)

[문집] 고암문집(古庵文集)
[작품] 자경설(自警說)

## 조호익(曺好益, 1545~1609)

[문집] 지산집(芝山集)
[작품] 사설(射說)
제성학십도설(題聖學十圖說)

## 주기일(周基鎰, 1862~1930)

[문집] 옥봉문집(玉峰文集)
[작품] 심설－문답(心說－問答)
철죽장설－증재종제경택(鐵竹杖說－贈再從弟京宅)

## 주상홍(상홍)〔周尙洪(相洪), 1854~1906〕

[문집] 회산선생문집(晦山先生文集)
[작품] 권학설(勸學說)
번쾌배달직입설(樊噲排闥直入說)

## 주세붕(周世鵬, 1495~1554)

[문집] 무릉잡고(武陵雜稿)
[작품] 필흑가설(筆黑家說)

## 지덕붕(상일)〔池德鵬(祥馹), 1804~1872〕

[문집] 상산선생문집(商山先生文集)
[작품] 대학설(大學說)
독사물잠자경설(讀四勿箴自警說)
독역설(讀易說)

무극이태극설(無極而太極說)
서자여사설(逝者如斯說)
소학설(小學說)
신저박설(新底樸說)

## 지두환(池斗煥, 1867~1938)

[문집] 직와집(直窩集)
[작품] 김이재병철자설(金以載柄轍字說)
주재설(主宰說)
초산설(蕉山說)
추청여자설(秋淸汝字說)

## 진정범(陳正範, 1813~1864)

[문집] 만오유고(晩悟遺稿)
[작품] 율곡선생변무설(栗谷先生卞誣說)

# ㅊ

차석호(車錫祜)

~

최흥원(崔興遠)

## 차석호(車錫祜, 1846~1911)

[문집] 해사집(海史集)
[작품] 기형설(璣衡說)
획시설(獲蓍說)

## 차천로(車天輅, 1556~1615)

[문집] 오산집(五山集)
[작품] 백이사명설(伯夷死名說)

## 채문기(蔡文基, 1881~1949)

[문집] 흠재문집(欽齋文集)
[작품] 경국설(敬國說)

## 채병달(蔡炳達, 1879~1957)

[문집] 우당문집(愚堂文集)
[작품] 심성정설(心性情說)
이기설(理氣說)

## 채수(蔡壽, 1449~1515)

[문집] 나재집(懶齋集)
[작품] 나재설(懶齋說)

## 채제공(蔡濟恭, 1720~1799)

[문집] 번암집(樊巖集)
[작품] 식성설(食性說)
안화설(案花說)
옥로설(玉鷺說)
용호도설(龍虎圖說)

## 채종식(蔡鍾植, 1832~1890)

[문집] 일재문집(一齋文集)
[작품] 곤륜천지지중설(崑崙天地之中說)
기설(幾說)
묵설(默說)
천군극복설(天君克復說)
형성도설(形性圖說)

## 채지홍(蔡之洪, 1683~1741)

[문집] 봉암집(鳳巖集)
[작품] 국설(菊說)
노사설(鷺絲說)
송두신설(送痘神說)
송재은성징자설(경신)〔宋載殷聖徵字說(庚申)〕
애련설(愛蓮說)
유구명명설(有龜命名說)
죽설(竹說)
화양동이적설(華陽洞異蹟說)

## 채팽윤(蔡彭胤, 1669~1731)

[문집] 희암집(希菴集)
[작품] 과백로주설(過白鷺洲說)
도설(盜說)
죽정설(竹亭說)
칩학설(縶鶴說)
회아설(懷兒說)

## 채필훈(蔡必勳, 1759~1838)

[문집] 금와유집(琴窩遺集)
[작품] 낙락옹설(樂樂翁說)

**채헌징**(蔡獻徵, 1648~1726)

[문집] 우헌문집(愚軒文集)
[작품] 만오헌집(晩悟軒集)
양헌설(讓軒說)

**최경윤**(崔慶胤, 1534~1602)

[문집] 파호선생문집(罷湖先生文集)
[작품] 이기설(理氣說)

**최곤술**(崔坤述, 1870~1953)

[문집] 고재문집(古齋文集)
[작품] 이취정설(二翠亭說)
지강설(智岡說)
천지동정설(天地動靜說)
천하동문설(天下同文說)

**최규서**(崔奎瑞, 1650~1735)

[문집] 간재집(艮齋集)
[작품] 관심설(觀心說)
명리설(名利說)

**최긍민**(崔兢敏, 1883~1970)

[문집] 신암문집(愼庵文集)
[작품] 용호편설(龍湖扁說)

**최기대**(崔基大, 1750~1813)

[문집] 사정집(思亭集)
[작품] 역상계도설(易上繫圖說)

**최남중**(崔南重, 1674~1740)

[문집] 허재문집(虛齋文集)
[작품] 문체설(文體說)
문학설(文學說)

**최덕환**(崔德煥, 1866~1909)

[문집] 강재문집(强齋文集)
[작품] 면자설－송구국일영목(勉字說－送具國一英牧)
박명중자설(朴明仲字說)

**최동익**(崔東翼, 1868~1912)

[문집] 청계집(晴溪集)
[작품] 박경욱개자설(朴景郁改字說)
이맹규자설(李孟圭字說)

**최동태(정빈)**〔崔東泰(鼎彬), 1844~1877〕

[문집] 일계집(日溪集)
[작품] 잡설(雜說)

**최림**(崔琳, 1779~1841)

[문집] 외와집(畏窩集)
[작품] 경의집설(經義集說)

**최립**(崔岦, 1539~1612)

[문집] 간이집(簡易集)
[작품] 윤정춘영공삼자표덕소설(尹靜春令公三子表德小說)
표설(豹說)

## 최명길(崔鳴吉, 1586~1647)

[문집] 지천집(遲川集)
[작품] 복잠후설(復箴後說)

## 최명희(낙문)〔崔命熙(洛文), 1864~1928〕

[문집] 효당문집(曉堂文集)
[작품] 소목도설(昭穆圖說)

## 최무열(崔武烈, 1883~1946)

[문집] 미당문집(彌堂文集)
[작품] 김치경병탁자설(金致敬柄鐸字說)
종죽설(種竹說)

## 최민열(崔敏烈, 1896~1980)

[문집] 종양유고(宗陽遺稿)
[작품] 종양재설(宗陽齋說)
죽와설(竹窩說)

## 최벽(崔璧, 1762~1813)

[문집] 질암집(質菴集)
[작품] 악불가불위지성(惡不可不謂之性)

## 최병식(崔秉軾, 1867~1928)

[문집] 옥간집(玉澗集)
[작품] 수병설(守甁說)
수사선도설(守死善道說)

## 최보열(崔輔烈, 1847~1922)

[문집] 운정집(篔亭集)
[작품] 가색설(稼穡說)
가정설(家庭說)
거족설(擧足說)
검약설(儉約說)
겸공설(謙恭說)
경장설(敬長說)
교우설(交友說)
근만설(勤慢說)
김상기자사근설(金庠基字士謹說)
김준기자사명설(金濬基字士明說)
노복설(奴僕說)
도설(盜說)
독서설(讀書說)
명차자자백심설(命次子字伯心說)
무격설(巫覡說)
무괴방심설(無愧放心說)
박혁설(博奕說)
방적설(紡績說)
복린설(卜隣說)
부부설(夫婦說)
부이무교설(富而無驕說)
부자설(父子說)
분사난설(忿思難說)
빈객설(賓客說)
상장설(喪葬說)
수구설(守口說)
시무설(時務說)
시보설(施報說)
식색설(食色說)
신도설(臣道說)
신질설(愼疾說)
언해설(言解說)

여인충설(與人忠說)
여자설(女子說)
외법설(畏法說)
음주설(飮酒說)
일유설(逸遊說)
조세설(租稅說)
탐욕설(貪慾說)
택사설(擇師說)
향당설(鄕黨說)
혼인설(婚姻說)
훼예설(毁譽說)

## 최부(崔溥, 1454~1504)

[문집] 금남선생문집(錦南先生文集)
[작품] 무염설(貿鹽說)

## 최상순(崔祥純, 1814~1865)

[문집] 경재선생문집(絅齋先生文集)
[작품] 벽불설(闢佛說)
상경설(尙絅說)
성맹립자설(成孟立字說)
소목설(昭穆說)
애일설(愛日說)
족손원약자설(族孫元若字說)
족질승여자설(族姪升汝字說)

## 최상용(崔象龍, 1786~1849)

[문집] 봉촌집(鳳村集)
[작품] 이기선후설(理氣先後說)

## 최석정(崔錫鼎, 1646~1715)

[문집] 명곡집(明谷集)
[작품] 김생희로자설(金生希魯字說)
우주도설(宇宙圖說)
윤생제명자설(尹生濟明字說)
지인설(志仁說)
추암제자명자설(秋巖諸子名字說)

## 최성(崔晟, 1639~1710)

[문집] 영사재유고(永思齋遺稿)
[작품] 애봉설(愛蜂說)
훈자설(訓子說)

## 최성규(崔性奎, 1847~1924)

[문집] 장와문집(藏窩文集)
[작품] 동천설(東泉說)
장와설(藏窩說)

## 최숙민(崔琡民, 조선 고종)

[문집] 계남집(溪南集)
[작품] 강수지자설(姜修之字說)
김희림개명자설(金喜林改名字說)
붕기헌소설(繃已軒小說)
심설 (心說)
양묘설－증안생극유(養苗說－贈安生克有)
여중초자설(余仲初字說)
요옹설－증임중현(療癰說－贈林仲賢)
유산설－증유태회양길(遊山說－贈柳泰會陽吉)
이벽경자설(李璧卿字說)
이봉길자설(李鳳吉字說)

조긍부자설(曺兢夫字說)
주상도개명자설(朱相道改名字說)

### 최승우(홍우)〔崔昇羽(鴻羽), 1770~1841〕

[문집] 이재와집(耳齋窩集)
[작품] 이기선후설(理氣先後說)

### 최신(崔愼, 1642~1708)

[문집] 학암집(鶴菴集)
[작품] 연설(병신)〔筵說(丙申)〕
연설(병신)〔筵說(丙申)〕
연설(임오)〔筵說(壬午)〕
연설(정축)〔筵說(丁丑)〕

### 최연(崔演, 1503~1549)

[문집] 간재집(艮齋集)
[작품] 묘포서설(猫捕鼠說)
안노설(雁奴說)

### 최우순(崔宇淳, 1832~1911)

[문집] 서비문집(西扉文集)
[작품] 시은설(是隱說)
치포설(治圃說)

### 최유연(崔有淵, 1587~?)

[문집] 현암유고(玄巖遺稿)
[작품] 후공설항우설(侯公說項羽說)

### 최유해(崔有海, 1588~1641)

[문집] 묵수당집(嘿守堂集)
[작품] 계몽설(啓蒙說)
숙흥야매잠추연설(夙興夜寐箴推演說)
황극경세설(皇極經世說)

### 최응사(崔應泗, 1520~1612)

[문집] 유정일집(柳亭逸集)
[작품] 대전향약회설(大田鄕約悔說)

### 최익중(崔益重, 1717~1788)

[문집] 부훤당문집(負暄堂文集)
[작품] 기설－경후학(機說－警後學)
나설(儺說)
남초설－증곽수사지한곤계(南草說－贈郭秀士之翰昆季)
명자설 (名字說)
문효자검설(文孝子劒說)
박군경로안자설(朴君景魯顔字說)
박군중광자설(朴君仲匡字說)
사농설－증김수사의지(士農說－贈金秀士宜之)
사우문설(四友問說)
사제설－계문중자질(師弟說－戒門中子姪)
이기설(理氣說)
족질주담자설(族姪柱聃字說)
족질중관자설(族姪仲觀字說)
족질중양자설(族姪仲養字說)
족질중탁자설(族姪仲濯字說)
족질지립자설(族姪祗立字說)
척양묘설(斥養猫說)
환락설(換駱說)

## 최익현(崔益鉉, 1833~1906)

[문집] 면암집(勉菴集)

[작품] 몽천설 – 여정덕윤(蒙泉說 – 與鄭德潤)
문일지십문일지이설(聞一知十聞一知二說)
문재희자설(文載熙字說)
서신최중설(書贐崔仲說)
윤상렴자설(尹相濂字說)
이능문어불능설(以能問於不能說)
조영선자설(趙永善字說)
조우식자설(趙愚植字說)

## 최인교(崔仁教, 1867~1934)

[문집] 고와문집(顧窩文集)

[작품] 검신사설(檢身私說)
교우설(交友說)
대뇌사공자설(大牢祀孔子說)
목수설(牧叟說)
산거설(山居說)
왕령설(旺嶺說)
원리기설(原理氣說)
의설(醫說)
징분설(懲忿說)
충효일치설(忠孝一致說)
풍년상서설(豊年尙瑞說)

## 최일휴(崔日休, 1638~1699)

[문집] 연천유고(蓮泉遺稿)

[작품] 애석설(愛石說)

## 최장한(崔鏘翰, 1843~1923)

[문집] 간와문집(艮窩文集)

[작품] 박봉서승호자설(朴奉瑞承浩字說)
박자훈정근자설(朴子薰靜根字說)
우수설(愚叟說)
유내유원근자설(柳乃瑜遠瑾字說)
윤성수병교자설(尹聖修炳教字說)
이기설(理氣說)
입서자위후설(立庶子爲後說)
족손군실효신자설(族孫君實孝信字說)
주인양자설(做人樣子說)
지행설(知行說)

## 최전(崔澱, 1567~1588)

[문집] 양포유고(楊浦遺藁)

[작품] 독역잡설(讀易雜說)

## 최천익(崔天翼, 1712~1779)

[문집] 농수집(農叟集)

[작품] 예토자설(瘞兎子說)

## 최충성(崔忠成, 1458~1491)

[문집] 산당집(山堂集)

[작품] 잡설(雜說)
잡설(1)〔雜說(一)〕
잡설(2)〔雜說(二)〕

## 최태규(崔泰逵, 1828~1900)

[문집] 화사문집(花史文集)

[작품] 경자설(敬字說)
농설(農說)
문무설(文武說)
문장불후설(文章不朽說)

성자설(性字說)

**최학길**(崔鶴吉, 1862~1936)

[문집] 구재선생문집(懼齋先生文集)
[작품] 심구문대설(心口問對說)
심일도설(心一圖說)
조수초목설(鳥獸草木說)
지도설(地道說)
천도설(天道說)
태허도설(太虛圖說)

**최항경**(崔恒慶, 1560~1638)

[문집] 죽헌집(竹軒集)
[작품] 명이자설(名二子說)
예설(禮說)

**최헌식**(崔憲植, 1846~1915)

[문집] 식헌집(息軒集)
[작품] 독서설 – 시학자(讀書說 – 示學者)
삼천양지설(參天兩地說)

**최현**(崔晛, 1563~1640)

[문집] 인재집(訒齋集)
[작품] 용졸당설(用拙堂說)

**최현달**(崔鉉達, 1867~1942)

[문집] 일화선생문집(一和先生文集)
[작품] 교소학실천설(教小學實踐說)
김덕연자설(金德淵字說)
답소년설(答少年說)
역수설(易數說)
이자화설(理字畫說)
중양설(重陽說)

**최현필**(崔鉉弼, 1860~1937)

[문집] 수헌문집(脩軒文集)
[작품] 금해설(錦海說)
난파설(蘭坡說)
당속설(戇俗說)
방생설(放生說)
백초설(栢樵說)
시산설(柴山說)
일초설(日樵說)
토와설(土窩說)

**최호문**(崔虎文, 1800~1850)

[문집] 송애집(松厓集)
[작품] 인자설(忍字說)

**최효술**(崔孝述, 1786~1870)

[문집] 지헌집(止軒集)
[작품] 동정설(動靜說)
무극태극설(無極太極說)
사덕차제설(四德次第說)
수장설(手掌說)
신심설(身心說)
심속화설(心屬火說)
약헌설(若軒說)
자회설(自悔說)
주재설(主宰說)
지자설(止字說)
태극권중소권설(太極圈中小圈說)

## 최훈교(崔薰教, 1882~1956)

[문집] 동산유고(東山遺稿)

[작품] 신경언자설(愼敬彦字說)

이인가자설(李仁可字說)

정복여자설(鄭復汝字說)

지와설(止窩說)

추자인자설(秋子仁字說)

## 최흥원(崔興遠, 1705~1786)

[문집] 백불암집(百佛菴集)

[작품] 원습설(願習說)

전사설(傳事說)

# ㅎ

하경휴(河慶烋)

~

황호(黃戾)

## 하경휴(河慶烋, 1841~1900)

[문집] 해산유집(海山遺集)
[작품] 감시설(感時說)
근자설 – 시학자(勤字說 – 示學者)
만송설(晩松說)
매류쟁춘설 – 시소배(梅柳爭春說 – 示少輩)
응석사동고설(凝石寺同苦說)
하성천계회자설(河聖千啓悔字說)

## 하긍호(河兢鎬, 1846~1928)

[문집] 황계유고(篁溪遺稿)
[작품] 관집설(鸛集說)

## 하달홍(河達弘, 1809~1877)

[문집] 월촌선생문집(月村先生文集)
[작품] 강설(剛說)
균부설(均賦說)
노행설(老杏說)
맹호설(猛虎說)
모한재삼물설(慕寒齋三物說)
목영설(木瘿說)
속천설(續天說)
애국설(愛菊說)
약설(藥說)
어조설(魚鳥說)
자미화설(紫薇花說)
작수설(斫樹說)
잡설(雜說)
적용부적용설 – 면학자(適用不適用說 – 勉學者)
진학설 – 시하희윤(進學說 – 示河羲允)
축계설(畜鷄說)

## 하대관(河大觀, 1698~1776)

[문집] 괴와유고(愧窩遺稿)
[작품] 발현묘소설(發賢墓所說)
발현소래설(發賢蘇萊說)

## 하륜(河崙, 1347~1416)

[문집] 호정집(浩亭集)
[작품] 명자설(名子說)
성설(性說)
순자격설(循資格說)
심설(心說)
의정부상규설(議政府相規說)

## 하복호(河復浩, 1726~1805)

[문집] 단사유고(丹砂遺稿)
[작품] 구옹설(九翁說)

## 하세응(河世應, 1671~1727)

[문집] 지명당문집(知命堂文集)
[작품] 낙천지명설(樂天知命說)

## 하수일(河受一, 1553~1612)

[문집] 송정집(松亭集)
[작품] 가설 – 증자순(稼說 – 贈子循)
검설 – 증최군(劍說 – 贈崔君)
노행설(老杏說)
대소설(大小說)
밀봉설(蜜蜂說)
병죽설(病竹說)
사설(射說)

유목설(柳木說)
이동설(異同說)
초당삼경설(草堂三逕說)
효유불급설(孝有不及說)

**하시찬**(夏時贊, 1750~1828)

[문집] 열암집(悅菴集)
[작품] 성설(性說)

**하용제**(河龍濟, 1854~1919)

[문집] 약헌문집(約軒文集)
[작품] 강설(剛說)
독서설(讀書說)
반포오설(反哺烏說)
안택설(安宅說)
초산설(蕉山說)

**하용환**(河龍煥, 1892~1961)

[문집] 운석유고(雲石遺稿)
[작품] 인의미상불리설(仁義未嘗不利說)

**하응노**(河應魯, 1848~1916)

[문집] 이곡집(尼谷集)
[작품] 가사산설(佳士山說)
자미화설(紫薇花說)

**하인수**(河仁壽(麟壽), 1830~1904)

[문집] 이곡문집(梨谷文集)
[작품] 강남명선생학기도설(講南冥先生學記圖說)
금하당설(今下堂說)

맹위자설(孟韋字說)
반천설(反川說)
청학백운정설(青鶴白雲亭說)

**하정근**(河貞根, 1889~1973)

[문집] 묵재문집(默齋文集)
[작품] 간송호설(澗松號說)
만산호설(晩山號說)
세장설－시종자만관(世庄說－示宗子萬觀)
소계설(小溪說)
수헌설(守軒說)

**하천일**(河天一, 1558~1597)

[문집] 수긍재유집(守肯齋遺集)
[작품] 칠팔구륙설(七八九六說)

**하홍도**(河弘度, 1593~1666)

[문집] 겸재집(謙齋集)
[작품] 경의설－증이의중(敬義說－贈李義仲)
독서설(讀書說)
면포은서생자손설(勉圃隱先生子孫說)
소설(小說)
양원진명자설(梁元鎭名字說)
역법도설(曆法圖說)
이생복하자설(李生復夏字說)
징분설－시인(懲忿說－示人)

**한경의**(韓敬儀, 1739~1821)

[문집] 치서집(菑墅集)
[작품] 무급제주현도복수설(武及第朱顯道復讎說)
서민한천득반장설(庶民韓天得反葬說)

**한남교(교학)**〔韓南敎(敎鶴), 1800~1862〕

[문집] 만송집(晩松集)
[작품] 경암설(競庵說)
군자불기설(君子不器說)
학계설(學溪說)

**한몽인**(韓夢麟, 1684~1762)

[문집] 봉암집(鳳巖集)
[작품] 성명이기설(性命理氣說)
잡설(雜說)
천군거안택설(天君居安宅說)
천군설–유치심공부(天君說–諭治心工夫)

**한백겸**(韓百謙, 1552~1615)

[문집] 구암유고(久菴遺稿)
[작품] 기전유제설(箕田遺制說)
빈풍금등설(豳風金縢說)
사단칠정설(四端七情說)
심의설(深衣說)
접목설(接木說)

**한백유**(韓伯愈, 1675~1742)

[문집] 오천유고(鰲川遺稿)
[작품] 병인섬어설(病人譫語說)

**한산두**(韓山斗, 1556~1627)

[문집] 추월당문집(秋月堂文集)
[작품] 세한설(歲旱說)

**한석필**(韓碩弼, 1672~1732)

[문집] 조암선생문집(釣巖先生文集)
[작품] 경전설(耕田說)
논유석설(論儒釋說)
매강옹문답설(賣薑翁問答說)
매포설(賣布說)
석저설(析箸說)
양계설(養鷄說)
양죽기(설)〔養竹記(說)〕
조어설(釣魚說)
척사자설(擲柶者說)

**한여유**(韓汝愈, 1642~1709)

[문집] 둔옹집(遁翁集)
[작품] 성인즉하도화팔괘설(聖人則河圖畫八卦說)
제둔옹유고후설(題遁翁遺稿後說)

**한우동**(韓右東, 1883~1950)

[문집] 후암유고(厚菴遺稿)
[작품] 변이도유논화도심설(辨李道維論華島心說)
석우설(石愚說)
애국설(愛國說)

**한우석(기석)**〔韓禹錫(夔錫), 1872~1947〕

[문집] 원곡집(元谷集)
[작품] 김의원자설(金毅遠字說)
일신설(日新說)

**한운성**(韓運聖, 1802~1863)

[문집] 입헌집(立軒集)

[작품] 임응만자설(任應萬字說)

## 한원진(韓元震, 1682~1751)

[문집] 남당집(南塘集)

[작품] 가례종선진(家禮從先進)

가례종속(家禮從俗)

경연설(상)〔經筵說(上)〕

경연설(하)〔經筵說(下)〕

대대재료(大帶再繚)

대학성명설(大學性命說)

명덕설 – 시안사정경신(明德說 – 示安士定 庚申)

미발기질변도설(견상)〔未發氣質辨圖說(見上)〕

본연지성기질지성설(本然之性氣質之性說)

부록진심성정설[소]〔附錄進心性情說[疏]〕

부미발기질변도설[서]〔附未發氣質辨圖說[書]〕

부인계(婦人髻)

서연설(상)〔書筵說(上)〕

서연설(하)〔書筵說(下)〕

심의(深衣)

용구용육설(用九用六說)

원형이정설(元亨利貞說)

윤심위자설(尹心緯字說)

이일분수설(理一分殊說)

이체용설(理體用說)

인심도심설(人心道心說)

제주칭현자(題主稱顯字)

종제백진자설(從弟伯震字說)

중용성신설(中庸誠神說)

증정천장설(贈鄭天章說)

지각설(知覺說)

천자제후정통방기복제설(무신)〔天子諸侯正統旁期服制說(戊申)〕

청좌와명설(견하)〔請坐窩銘說(見下)〕

태극도해이동설(太極圖解異同說)

해조설(海潮說)

허령지각설(虛靈知覺說)

## 한장석(韓章錫, 1832~1894)

[문집] 미산집(眉山集)

[작품] 오촌설(聱村說)

## 한형리(韓炯履, 1847~1926)

[문집] 죽농선생문집(竹農先生文集)

[작품] 죽농설(竹農說)

## 한후수(韓後遂, 영조/정조)

[문집] 명호유고(明湖遺稿)

[작품] 기질설(氣質說)

아자성세자설(兒子聖世字說)

정덕검삼종형제자설(鄭德儉三從兄弟字說)

혈구설(絜矩說)

훈자설(訓子說)

## 허강(許僴, 1766~1822)

[문집] 묵암집(默庵集)

[작품] 묵암설(默庵說)

옥천설(玉泉說)

## 허경윤(許景胤, 1573~1646)

[문집] 죽암선생집(竹庵先生集)

[작품] 명당재총설(名堂齋總說)

## 허균(許筠, 1569~1618)

[문집] 성소부부고(惺所覆瓿藁)

[작품] 관동불가피난설(關東不可避亂說)

문설(文說)

임노인양생설(任老人養生說)

## 허녕(許寗, 1867~1939)

[문집] 중계유고(中溪遺稿)

[작품] 문헌무징설(文獻無徵說)

## 허돈(許燉, 1586~1632)

[문집] 창주선생문집(滄洲先生文集)

[작품] 계남영초설(戒南靈草說)

## 허만책(許萬策, 1890~1962)

[문집] 회당문집(晦堂文集)

[작품] 팔우설－증이찬화현선(八友說－贈李瓚華鉉宣)

## 허목(許穆, 1595~1682)

[문집] 미수기언(眉叟記言)

[작품] 경설－귀신설(經說－鬼神說)

경설－서설(經說－書說)

경설－시령설(經說－時令說)

경설－시설(經說－詩說)

경설－악설(經說－樂說)

경설－정설(經說－政說)

경설－춘추설(經說－春秋說)

경설－형설(經說－刑說)

경설－홍범설(經說－洪範說)

고매루자대년설(古梅樓子大年說)

권군성중자설(權君聖中字說)

대명홍설(大明紅說)

득석도설(得石刀說)

만목춘도소설(萬木春隝小說)

백졸장설(百拙藏說)

이군자설(李君字說)

정군형제자설(鄭君兄弟字說)

좌우음양설(左右陰陽說)

지함설(地陷說)

## 허봉(許篈, 1551~1588)

[문집] 하곡집(荷谷集)

[작품] 가승자설(可昇字說)

## 허섭(許鍱, 1834~1902)

[문집] 수학집(睡鶴集)

[작품] 운성우소증이우설(雲城寓所贈二友說)

파초설(芭蕉說)

포양두사설(捕兩頭蛇說)

## 허숙(許埱, 1861~1923)

[문집] 묵헌문집(默軒文集)

[작품] 어천설(漁川說)

## 허식(許湜, 1879~1959)

[문집] 서산유고(曙山遺稿)

[작품] 서산자설(曙山自說)

성암설(惺庵說)

이씨인우춘포설(李氏仁雨春圃說)
천군평욕구설(天君平慾寇說)
청계설(聽溪說)

## 허신(許信, 1876~1946)

[문집] 뇌산유고(雷山遺稿)
[작품] 독태극도설(讀太極圖說)
십죽병설(十竹屛說)
우공공목설(禹貢貢木說)
추회설(追悔說)
출처설(出處說)
홍초설(紅蕉說)

## 허업(許業, 1883~1922)

[문집] 몽회집(夢晦集)
[작품] 김군앙자설(金君仰字說)
김수중형준자설(金秀中炯俊字說)
논당금지선무자막불왈자강자치지소이위무자원문기설(論當琴之先務者莫不曰自強自治之所以爲務者願聞其說)
벽사설(闢邪說)
삼종제문경건자설(三從弟門敬楗字說)
시율소설(詩律小說)
식연설(植蓮說)
우설(偶說)
자경설(1)〔自警說(一)〕
자경설(2)〔自警說(二)〕
정명설(正名說)
흡연설－증김응오(吸煙說－贈金應五)

## 허엽(許曄, 1517~1580)

[문집] 초당집(草堂集)
[작품] 송이준설(送李浚說)

## 허유(許愈, 1833~1904)

[문집] 후산집(后山集)
[작품] 김이현자설(金而現字說)
미성설(未惺說)
설몽(說夢)
신독설(愼獨說)
심맹뇌자설(沈孟雷字說)
심속화설(心屬火說)
심합이기설(心合理氣說)
여택당강회후소설(麗澤堂講會後小說)
이정윤자설(李靖允字說)
정치정자설(鄭穉貞字說)
조입부자설(趙立夫字說)
조효근자설(趙孝謹字說)
중용지절도설(中庸支節圖說)
최자건자설(崔子建字說)
하경연자설(河絅然字說)
허달경자설(許達卿字說)
허중연자설(許仲淵字說)
허치가자설(許致可字說)

## 허재찬(許在瓚, 1847~1918)

[문집] 죽사집(竹史集)
[작품] 의제설(衣制說)

## 허전(許傳, 1797~1886)

[문집] 성재집(性齋集)
[작품] 권태영명자설(權泰榮名字說)
극기설(克己說)
명배생서실설(名裵生書室說)

성경설(誠敬說)
여와씨설(女媧氏說)
역설(力說)
잡설(雜說)
재이설(災異說)
존심설(存心說)
항설(恒說)

## 허혁(許赫, 1884~1950)

[문집] 도촌유집(陶村遺集)
[작품] 이성모자설(李聖謨字說)

## 허훈(許薰, 1836~1907)

[문집] 방산집(舫山集)
[작품] 변이한주심의설(辨李寒洲深衣說)
빈풍편례설(豳風編例說)
삼년내묘제설(三年內墓祭說)
서배옹설(書裵翁說)
심설(心說)
염설(鹽說)
차설(車說)
포설(砲說)
하도낙서설(河圖洛書說)
해조설(海潮說)
혈구설(絜矩說)

## 현상벽(玄尙璧, 1677~1731)

[문집] 관봉유고(冠峯遺稿)
[작품] 황강주중설(黃江舟中說)

## 현찬봉(玄燦鳳, 1861~1918)

[문집] 남강유고(南岡遺稿)
[작품] 경설-시아조(敬說-示兒曹)
한설(旱說)

## 혜근(나옹화상)〔惠勤(懶翁和尙), 1320~1376〕

[문집] 나옹집(懶翁集)
[작품] 국행수륙재기시육도보설(國行水陸齋起始六道普說)
보설(普說)
왕사봉숭일보설(王師封崇日普說)
육도보설(六道普說)
입내보설(入內普說)
자자일조상서청보설(自恣日趙尙書請普說)
장흥사원당주청육도보설(長興寺願堂主請六道普說)

## 홍가신(洪可臣, 1541~1615)

[문집] 만전집(晩全集)
[작품] 김명시무송소설(金命時撫松小說)
난혜설(蘭蕙說)

## 홍귀달(洪貴達, 1438~1504)

[문집] 허백정집(虛白亭集)
[작품] 명심상장자사곤계설(名沈上將子四昆季說)
명유후정후이자설(名柳侯正厚二子說)
문사예개명설(文司藝改名說)
한훈자설(韓訓字說)

## 홍대용(洪大容, 1731~1783)

[문집] 담헌서(湛軒書)
[작품] 명기집략변설(明記輯略辨說)
자경설(自警說)
증홍백능설(贈洪伯能說)

## 홍석주(洪奭周, 1774~1842)

[문집] 연천집(淵泉集)
[작품] 실사구시설(實事求是說)

## 홍성민(洪聖民, 1536~1594)

[문집] 졸옹집(拙翁集)
[작품] 마환우설(馬換牛說)
망설(忘說)
무염판속설(貿鹽販粟說)
석전설(石戰說)
이학위시설(以學爲詩說)
촉견폐일설(蜀犬吠日說)

## 홍세공(洪世恭, 1541~1598)

[문집] 봉계선생일고(鳳溪先生逸稿)
[작품] 태극설(太極說)

## 홍순주(洪淳柱, 1897~1971)

[문집] 회당유고(晦堂遺稿)
[작품] 월주설(月洲說)

## 홍승(洪昇, 1852~1928)

[문집] 정애선생문집(鼎厓先生文集)
[작품] 거가잡설(居家雜說)
송현묘설(松峴墓說)
안상만설(案上漫說)

## 홍양호(洪良浩, 1724~1802)

[문집] 이계집(耳溪集)
[작품] 경연강설(계묘)〔經筵講說(癸卯)〕
경연강설(무인)〔經筵講說(戊寅)〕
경연강설(병자)〔經筵講說(丙子)〕
경연강설(임인)〔經筵講說(壬寅)〕
경연강설(정축)〔經筵講說(丁丑)〕
도설 – 낙서(圖說 – 洛書)
도설 – 하도(圖說 – 河圖)
이수자자설(李樹滋字說)
주연강설(갑술)〔胄筵講說(甲戌)〕
주연강설(경신)〔胄筵講說(庚申)〕
주연강설(병자)〔胄筵講說(丙子)〕
혼의설(渾儀說)

## 홍여하(洪汝河, 1621~1678)

[문집] 목제집(木齋集)
[작품] 간설(상)〔諫說(上)〕
간설(하)〔諫說(下)〕
법제설(法制說)
빈부설(貧婦說)
성지설(城池說)
정시교자설(鄭是僑字說)
지원설(志願說)

## 홍우원(洪宇遠, 1605~1687)

[문집] 남파집(南坡集)
[작품] 각설(角說)

노마설(老馬說)
목근침설(木根枕說)

## 홍우정(洪宇定, 1595~1656)

[문집] 두곡선생집(杜谷先生集)
[작품] 정자수실장설(鄭子修失杖說)

## 홍유손(洪裕孫, 1452~1529)

[문집] 소총유고(篠叢遺稿)
[작품] 정중자설(正中字說)

## 홍주세(洪柱世, 1612~1661)

[문집] 정허당집(靜虛堂集)
[작품] 분국설(盆菊說)

## 홍중성(洪重聖, 1668~1735)

[문집] 운와집(芸窩集)
[작품] 연소설(鷰巢說)

## 홍직필(洪直弼, 1776~1852)

[문집] 매산집(梅山集)
[작품] 악대연설(幄對筵說)
이사온개자설(李士蘊改字說)

## 홍한주(洪翰周, 1798~1868)

[문집] 해옹고(海翁稿)
[작품] 해천설(海泉說)

## 홍호(洪鎬, 1586~1646)

[문집] 무주일고(無住逸稿)
[작품] 남헌설(南軒說)
임천설(臨川說)
잠실설(蠶室說)

## 홍흔(洪昕, 1602~1653)

[문집] 문곡유집(文谷遺集)
[작품] 성상근설(性相近說)
수면앙배설(晬面盎背說)
우락설(憂樂說)

## 황난선(黃蘭善, 1825~1908)

[문집] 시려선생문집(是廬先生文集)
[작품] 묵동연배설(墨洞蓮杯說)
장평김씨우계우구설(掌坪金氏友鷄友狗說)

## 황덕길(黃德吉, 1750~1827)

[문집] 하려집(下廬集)
[작품] 강설－증허문심(剛說－贈許文心)
모검재설(慕儉齋說)
사단칠정설(四端七情說)
삼불행설(三不幸說)
이단설(異端說)
일소설(一疏說)
자헌설(自軒說)
흠사이충숙공서대설(欽賜李忠肅公犀帶說)

## 황덕일(黃德壹, 1748~1800)

[문집] 공백당집(拱白堂集)

[작품] 성현기상집설 – 공문제자(聖賢氣像集說 – 孔門諸子)
성현기상집설 – 공자(聖賢氣像集說 – 孔子)
성현기상집설 – 동국제현(聖賢氣像集說 – 東國諸賢)
성현기상집설 – 맹자(聖賢氣像集說 – 孟子)
성현기상집설 – 소자(聖賢氣像集說 – 邵子)
성현기상집설 – 안자(聖賢氣像集說 – 顔子)
성현기상집설 – 여동래(聖賢氣像集說 – 呂東萊)
성현기상집설 – 원제자(聖賢氣像集說 – 元諸子)
성현기상집설 – 장남헌(聖賢氣像集說 – 張南軒)
성현기상집설 – 장자(聖賢氣像集說 – 張子)
성현기상집설 – 정문제자(聖賢氣像集說 – 程門諸子)
성현기상집설 – 정백자(聖賢氣像集說 – 程伯子)
성현기상집설 – 정숙자(聖賢氣像集說 – 程叔子)
성현기상집설 – 주문제자(聖賢氣像集說 – 朱門諸子)
성현기상집설 – 주자(聖賢氣像集說 – 周子)
성현기상집설 – 주자(聖賢氣像集說 – 朱子)
성현기상집설 – 증자(聖賢氣像集說 – 曾子)
성현기상집설 – 한당송제자(聖賢氣像集說 – 漢唐宋諸子)
성현기상집설 – 황명제자(聖賢氣像集說 – 皇明諸子)
심역의의도설(心易議擬圖說)

## 황복성(黃復性, 1880~1933)

[문집] 성재문집(惺齋文集)
[작품] 자책설(自責說)
주회근자설(周晦根字說)

## 황신구(黃信龜, 1633~1685)

[문집] 운계선생문집(雲溪先生文集)
[작품] 광지방설(廣止謗說)
뇌진고목설(雷震古木說)
발류소주제뇌자설(拔類小註諸餒字說)
붕박설(鵬撲說)
사해포서설(使蟹捕鼠說)
여인갱론정좌설(與人更論靜坐說)
재태인증별한공보설(在泰仁贈別韓公輔說)

## 황여일(黃汝一, 1556~1622)

[문집] 해월집(海月集)
[작품] 불이설(不移說)

## 황원선(黃源善, 1798~1873)

[문집] 장원선생문집(藏園先生文集)
[작품] 불수설(不數說)
상옹호설(商翁號說)
족제윤여석원만치설(族弟胤汝錫元晩耻說)
창연자호설(蒼然子號說)
환성설(喚醒說)

## 황유(黃紐, 1578~1626)

[문집] 반간집(槃澗集)
[작품] 능리노온설(陵里老媼說)

## 황윤중(黃允中, 1782~1855)

[문집] 운학집(雲鶴集)
[작품] 고목설(古木說)

## 황일호(黃一皓, 1588~1641)

[문집] 지소선생문집(芝所先生文集)
[작품] 난이설(難易說)

## 황재영(黃在英, 1835~1885)

[문집] 대계유고(大溪遺稿)
[작품] 화란설(畵蘭說)

## 황재필(黃在弼, 1847~1893)

[문집] 단파유고(檀坡遺稿)
[작품] 단설(檀說)
유건설(儒巾說)

## 황종해(黃宗海, 1579~1642)

[문집] 후천집(朽淺集)
[작품] 서원묘향위차설(書院廟享位次說)
제상치위설(除喪致慰說)
추숭설(追崇說)

## 황준량(黃俊良, 1517~1563)

[문집] 금계집(錦溪集)
[작품] 오월오일헌경설(五月五日獻鏡說)

## 황찬주(黃贊周, 1848~1924)

[문집] 기원문집(綺園文集)
[작품] 휴수동귀설(携手同歸說)

## 황택후(黃宅厚, 1687~1737)

[문집] 화곡집(華谷集)
[작품] 축봉설(畜蜂說)

## 황현(黃玹, 1855~1910)

[문집] 매천집(梅泉集)
[작품] 권왈서개자경소설(權曰瑞改字景韶說)
연와설(然窩說)
자암현설(字巖顯說)
해사설(海史說)

## 황호(黃㦿, 1604~1656)

[문집] 만랑집(漫浪集)
[작품] 공최근인설(公最近仁說)
애국설(愛菊說)
이손명자설(二孫名字說)

# 文集别

# ㄱ

가림문집(可林文集)

~

기촌선생문집(岐村先生文集)

## 가림문집(可林文集)

[작가] 유장식(柳璋植, 1875~1950)
[작품] 횡수설(橫竪說)

## 가산문집(可山文集)

[작가] 이우락(李宇洛, 1881~1951)
[작품] 가산설(可山說)
매은설(埋隱說)
삼여설(三如說)
석아설(石啞說)
어호설(漁湖說)
완산설(莞山說)

## 가암유고(可庵遺稿)

[작가] 김구주(金龜柱, 1740~1786)
[작품] 독주자월광영궐설(讀朱子月光盈闕說)
독주자월중산하영설(讀朱子月中山河影說)
마사설(馬死說)
오효설(烏梟說)
해조설(海潮說)
형이상형이하설(形而上形而下說)

## 가오고략(嘉梧藁略)

[작가] 이유원(李裕元, 1814~1888)
[작품] 방서설(放鼠說)
배송설(培松說)
서가정고설(書家正泒說)
양마설(養馬說)
을미기몽설(乙未記夢說)
종종려설(種椶櫚說)
축묘자설(畜猫者說)

## 가운문고(稼雲文稿)

[작가] 이용규(李龍珪, ?~?)
[작품] 문장설(文章說)

## 가재문집(可齋文集)

[작가] 권명우(權明佑, 1722~1795)
[작품] 논한구암사칠설(論韓久庵四七說)

## 가정유고(柯汀遺稿)

[작가] 조진관(趙鎭寬, 1739~1808)
[작품] 거사괘설(去四卦說)
대연설(大衍說)
쇠변지설(衰變之說)
인변지설(因變之說)
중사괘설(中四卦說)
하도괘설(河圖卦說)
환변지설(環變之說)

## 가정집(稼亭集)

[작가] 이곡(李穀, 1298~1351)
[작품] 경부설(敬父說)
내옹설 – 송배군윤견동귀(乃翁說 – 送裵君允堅東歸)
배갱설(杯羹說)
사설 – 증전정부별(師說 – 贈田正夫別)
시사설(市肆說)
신설 – 송이부령귀국(臣說 – 送李府令歸國)
심부설(深父說)
차마설(借馬說)

## 각암선생문집(覺菴先生文集)

[작가] 전유경(全有慶, 1605~1643)
[작품] 도학설(道學說)

## 간송집(澗松集)

[작가] 조임도(趙任道, 1585~1664)
[작품] 관규쇄설(管窺瑣說)
내내신거설(柰內新居說)
박황암수의설(朴篁巖收議說)
잡설(雜說)
저익설(沮溺說)
정진해해관설(鄭鎭海解官說)

## 간암문집(艮庵文集)

[작가] 박돈(朴墩, 1863~1942)
[작품] 우설(愚說)

## 간암유고(艮庵遺稿)

[작가] 김효식(金孝植, 현대)
[작품] 계자설(戒子說)
고집설(固執說)
만설(謾說)
미서설(未敍說)
삼행설(三幸說)
삼효자설(三孝子說)
안분설(安分說)
애설(艾說)
영묘설(永墓說)
오난설(五亂說)
자회설(自悔說)
철주설(掣肘說)
파혹설(破惑說)
한거설(閒居說)
해서설(偕書說)

## 간옹집(艮翁集)

[작가] 이헌경(李獻慶, 1719~1791)
[작품] 묘제설(墓祭說)
이검설(二劍說)
토련설(土蓮說)

## 간와문집(艮窩文集)

[작가] 최장한(崔鏘翰, 1843~1923)
[작품] 박봉서승호자설(朴奉瑞承浩字說)
박자훈정근자설(朴子薰靜根字說)
우수설(愚叟說)
유내유원근자설(柳乃瑜遠瑾字說)
윤성수병교자설(尹聖修炳敎字說)
이기설(理氣說)
입서자위후설(立庶子爲後說)
족손군실효신자설(族孫君實孝信字說)
주인양자설(做人樣子說)
지행설(知行說)

## 간이집(簡易集)

[작가] 최립(崔岦, 1539~1612)
[작품] 윤정춘영공삼자표덕소설(尹靜春令公三子表德小說)
표설(豹說)

## 간재집(艮齋集)

[작가] 이덕홍(李德弘, 1541~1596)

[작품] 동명설(東銘說)
명이자설(名二子說)
서명설(西銘說)
연월일시원회운세설(年月日時元會運世說)

## 간재집(艮齋集)

[작가] 전우(田愚, 1841~1922)
[작품] 관김감역절의설(觀金監役節義說)
관화지안인물성설(觀花之安人物性說)
극기설(克氣說)
근시설(謹始說)
기김유개정심설(記金柳改定心說)
김경부자설(金景孚字說)
난설(難說)
논배설 – 서시제군(論裵說 – 書示諸君)
논범란계설(論范蘭溪說)
독원형이정설(讀元亨利貞說)
독제성현설(讀諸聖賢說)
독중용수장설(讀中庸首章說)
독호락전인물성설(讀湖洛前人物性說)
마경설(磨鏡說)
명명설(明命說)
명암설(明暗說)
모상설(摸象說)
무본설(務本說)
미옹설(迷翁說)
사학설(思學說)
석전설(石田說)
성기설(成己說)
성의지성통관동정설(誠意之誠通貫動靜說)
소발설(梳髮說)
쇠복설(략)〔衰服說(略)〕
신생설(愼生說)
심본성설(心本性說)
안빈고궁도장설(安貧固窮圖章說)
양가심성존비설(兩家心性尊卑說)
우경자설(耦耕子說)
위설(危說)
유재설(裕齋說)
유치정보화서설(柳穉程補華西說)
음양설(陰陽說)
이기설(理氣說)
쟁유공사설(爭有公私說)
정산설(井山說)
정서심설(程書心說)
정시기질설(靜時氣質說)
정중유물설(제삼)〔靜中有物說(第三)〕
정중유물설(제이)〔靜中有物說(第二)〕
정중유물설(제일)〔靜中有物說(第一)〕
주자심설(朱子心說)
주재설(主宰說)
증김잠독서설(贈金潛讀書說)
증황군설(贈黃君說)
지설(止說)
진심설 – 전후본(盡心說 – 前後本)
택사설(擇師說)
포특설(包特說)
품수기질성설(稟受氣質性說)
하근재설(下根齋說)
현연심리설(玄淵心理說)
황종희려양명설(黃宗羲慮陽明說)
회면설(䩙面說)
흠설(欽說)

## 간재집(艮齋集)

[작가] 최규서(崔奎瑞, 1650~1735)
[작품] 관심설(觀心說)
명리설(名利說)

## 간재집(艮齋集)

[작가] 최연(崔演, 1503~1549)
[작품] 묘포서설(猫捕鼠說)
안노설(雁奴說)

## 갈암집(葛菴集)

[작가] 이현일(李玄逸, 1627~1704)
[작품] 정설(政說)

## 갈천집(葛川集)

[작가] 김희주(金熙周, 1760~1830)
[작품] 약설(約說)
연설(筵說)

## 강고선생문집(江皐先生文集)

[작가] 유심춘(柳尋春, 1762~1834)
[작품] 검설(儉說)
김원방자설(金元方字說)
자경설(自警說)

## 강재문집(强齋文集)

[작가] 최덕환(崔德煥, 1866~1909)
[작품] 면자설 – 송구국일영목(勉字說 – 送具國一英牧)
박명중자설(朴明仲字說)

## 강재유고(强齋遺稿)

[작가] 조석일(曺錫日, 1886~1969)
[작품] 목용설(木俑說)

## 강재집(剛齋集)

[작가] 송치규(宋穉圭, 1759~1838)
[작품] 근근이자설 – 증족손익수형제(勤謹二字說 – 贈族孫翊洙兄弟)
독서설(讀書說)
백천재설(百千齋說)
순재설(循齋說)
신상석명자설(申相秳名字說)
율포정사설(栗圃精舍說)
이묵증금가이동자설(二墨贈琴家二童子說)

## 강좌집(江左集)

[작가] 권만(權萬, 1688~1749)
[작품] 묘향승설(妙香僧說)
숙질설(叔姪說)
역설(易說)
울창설(鬱鬯說)
자모설(字母說)

## 강해집(江海集)

[작가] 김좌영(金佐永, 1789~1856)
[작품] 김극생자설(金克生字說)
내종질이석일소자설(內從姪李錫馹小字說)

## 개곡선생유집(開谷先生遺集)

[작가] 이이송(李爾松, 1598~1665)
[작품] 용량설(容量說)

## 건재유고(健齋遺稿)

[작가] 이재근(李在根, 1892~1960)

[작품] 노수인설(盧受人說)
미하변이설(眉夏變夷說)
천작설(天爵說)

## 검재집(儉齋集)

[작가] 김유(金楺, 1653~1719)
[작품] 겸애겸양설(兼愛兼養說)
부재승중설(갑인)〔父在承重說(甲寅)〕
서설(序說)
오행설(병진)〔五行說(丙辰)〕
잡설(정해)〔雜說(丁亥)〕

## 견산문집(見山文集)

[작가] 장명상(張命相, 1865~1937)
[작품] 창엄설(蒼广說)

## 견암집(堅菴集)

[작가] 권재기(權載璣, 1887~1930)
[작품] 권학설－증서사제생(勸學說－贈書社諸生)

## 겸산문집(謙山文集)

[작가] 문용(창석)〔文鏞(昌錫), 1861~1926〕
[작품] 김근부자설(金謹夫字說)
김명부자설(金鳴孚字說)
김윤도자설(金允道字說)
김인부자설(金仁夫字說)
만우설(晩友說)
문상옥자설(文祥沃字說)
송명여자설(宋明汝字說)
송이직자설(宋而直字說)
심여중자설(沈汝重字說)
전정익자설(田貞益字說)
주형중자설(周亨重字說)

## 겸산선생문집(兼山先生文集)

[작가] 서영곤(徐永坤, 1831~1913)
[작품] 인체설(人體說)

## 겸산유고(兼山遺稿)

[작가] 김정기(金定基, 1885~1947)
[작품] 독반경설(讀盤庚說)
비은설(費隱說)
소암호설(小庵號說)

## 겸산집(兼山集)

[작가] 유숙기(兪肅基, 1696~1752)
[작품] 금토설－봉증관찰사한공(金土說－奉贈觀察使韓公)
심여기질부동설(병신)〔心與氣質不同說(丙申)〕
오행환설(병인)〔五行丸說(丙寅)〕
이수재갑신경복질부자설(경오)〔李秀才坤信卿僕質夫字說(庚午)〕
이수재연상이천자설(임자)〔李秀才衍祥而天字說(壬子)〕

## 겸옹선생문집(謙翁先生文集)

[작가] 배석휘(裵錫徽, 1653~1729)
[작품] 경자설(敬字說)

## 겸재문집(謙齋文集)

[작가] 정익동(鄭翊東, 1735~1795)
[작품] 이생독역설(李生讀易說)

## 겸재집(謙齋集)

[작가] 하홍도(河弘度, 1593~1666)
[작품] 경의설 – 증이의중(敬義說 – 贈李義仲)
독서설(讀書說)
면포은서생자손설(勉圃隱先生子孫說)
소설(小說)
양원진명자설(梁元鎭名字說)
역법도설(曆法圖說)
이생복하자설(李生復夏字說)
징분설 – 시인(懲忿說 – 示人)

## 경당유고(絅堂遺稿)

[작가] 서응순(徐應淳, 1824~1889)
[작품] 사설(思說)
양리설(良吏說)
용산강역설(龍山講易說)
유백거득풍담설(兪白渠得楓潭說)
잡설(雜說)

## 경당유고(敬堂遺稿)

[작가] 유상준(柳相浚, 1853~1895)
[작품] 간구본설(看九本說)
종인천규명자설(宗人仟奎名字說)
종인춘석자설(宗人春錫字說)
종질원학명설(從姪元學名說)

## 경산유고(耕山遺稿)

[작가] 김용우(金用雨, 1875~1963)
[작품] 개명여자설(改名與字說)
독서설 – 시숙아급제학(讀書說 – 示璹兒及諸學)
명사자설(名四子說)
사칠설(四七說)
애국설(愛國說)
이기설(理氣說)
척비설(斥非說)
한옹설(閒翁說)

## 경산집(經山集)

[작가] 정원용(鄭元容, 1783~1873)
[작품] 기설(碁說)
오류설(烏騮說)

## 경암문집(敬庵文集)

[작가] 이재목(李在穆, 헌종/철종)
[작품] 고유기제설(古有忌祭說)
구중함양설(求中涵養說)
기제축세사설(忌祭祝歲事說)
삼대유묘제설(三代有墓祭說)
선월행상역당행선설(禪月行祥亦當行禪說)
적자부재위처행련설(適子父在爲妻行練說)
추후성복자소상변제설(追後成服者小祥變除說)
칠세묘관덕설(七世廟觀德說)
폭호설(暴虎說)
혈구의설(絜矩義說)
회왕설(悔往說)

## 경암선생문집(敬庵先生文集)

[작가] 문동도(文東道, 1646~1699)

[작품] 천복유수설(天復儒讐說)

## 경암선생문집(敬菴先生文集)

[작가] 이한응(李漢膺, 1778~1864)

[작품] 목이설(木匜說)
사단칠정설(四端七情說)
예설(醴說)
원관설(圓冠說)
주망설(蛛網說)

## 경암유고(絅菴遺稿)

[작가] 오인선(吳麟善, 1841~1905)

[작품] 교우설(交友說)
난산자설(亂山自說)
서농설－시아질(書農說－示兒姪)
신설(信說)
심성설(心性說)
애국설(愛菊說)
언설(言說)
제가설(齊家說)

## 경암유고(敬庵遺稿)

[작가] 윤동수(尹東洙, 1674~1739)

[작품] 명재선생연보후설(明齋先生年譜後說)
양김사칠이기변후설(梁金四七理氣辨後說)
잡저－예설(雜著－禮說)
증민사상(옥)설〔贈閔士相(鈺)說〕
증족숙인백설〔贈族叔仁伯說〕

## 경암집(敬菴集)

[작가] 김교준(金敎俊, 1883~1944)

[작품] 황군여성자설(黃君汝聖字說)

## 경암집(敬菴集)

[작가] 노경임(盧景任, 1569~1620)

[작품] 개과설(改過說)
격물치지설(格物致知說)
겸설(謙說)
기질지성설(氣質之性說)
남북극설(南北極說)
뇌정설(雷霆說)
도설(道說)
독서설(讀書說)
명설(名說)
무극설(無極說)
사생설(死生說)
상로설(霜露說)
성신설(星辰說)
성의설(誠意說)
수신설(修身說)
언인과설(言人過說)
역설(易說)
역학계몽설(易學啓蒙說)
염설(廉說)
우설(雨說)
이기설(理氣說)
이십팔수설(二十八宿說)
인설(人說)
인설(忍說)
일월설(日月說)
일월식설(日月蝕說)
입지설(立志說)

잡설(상)〔雜說(上)〕
잡설(하)〔雜說(下)〕
정심설(正心說)
제가설(齊家說)
조석설(潮汐說)
존심양성설(存心養性說)
주경설(主敬說)
처가설(處家說)
천명설(天命說)
천성설(天性說)
천지설(天地說)
치국설(治國說)
태극설(太極說)
평천하설(平天下說)
풍설(風說)
함양설(涵養說)
합설(合說)

## 경암집(警庵集)

[작가] 박영순(朴英舜, 1851~1918)
[작품] 경암설(警庵說)

## 경양재유고(景陽齋遺稿)

[작가] 이승엽(李承燁, 1883~1941)
[작품] 고직부자설(高直夫字說)
증강군사겸설(贈姜君仕謙說)
증김군선원설(贈金君善源說)
증김군자선설(贈金君子善說)
증송생순설(贈宋生錞說)
증조군자관설(贈趙君子寬說)

## 경와집(敬窩集)

[작가] 김휴(金烋, 1597~1638)
[작품] 계자설(戒子說)

## 경재선생문집(絅齋先生文集)

[작가] 최상순(崔祥純, 1814~1865)
[작품] 벽불설(闢佛說)
상경설(尙絅說)
성맹립자설(成孟立字說)
소목설(昭穆說)
애일설(愛日說)
족손원약자설(族孫元若字說)
족질승여자설(族姪升汝字說)

## 경재선생일고(敬齋先生逸稿)

[작가] 김령(金靈, 1576~1650)
[작품] 계아조설(戒兒曹說)

## 경재유고(敬齋遺稿)

[작가] 김상효(金相孝, 1847~1909)
[작품] 안포설(安圃說)
정옹설(靜翁說)

## 경재집(景齋集)

[작가] 우성규(禹成圭, 1830~1905)
[작품] 단봉호설(丹峯號說)
오단설(五端說)

## 경정집(敬亭集)

[작가] 이민성(李民宬, 1570~1629)
[작품] 변양하설(辨蘘荷說)

## 경회유고(絅晦遺稿)

[작가] 이종화(李鍾和, 1830~1886)
[작품] 무심공설(無心公說)
변이학이명대소학지설(辨異學而明大小學之說)
병설(病說)
시학자설(示學者說)
양성정설(養性情說)
여이양몽설(與李養蒙說)
예설(禮說)
오학선자설(吳鶴善字說)
유소운규설(諭蘇運奎說)
유승명설(諭承明說)
유윤철병설(諭尹轍炳說)
유학자설(諭學者說)
의설(義說)
이기불이부잡설(理氣不離不雜說)
인설(仁說)
인의예지총설(仁義禮智摠說)
자경설(自警說)
지설(智說)

## 계곡집(谿谷集)

[작가] 장유(張維, 1587~1638)
[작품] 곡목설(曲木說)
김생수홍자설(金生壽弘字說)
복전설(福田說)
유생명자설(柳生名字說)
인심도심설(人心道心說)
청백안설(靑白眼說)
풍죽설(風竹說)
필설(筆說)
해구불하설(海鷗不下說)
화당설(化堂說)

## 계남집(溪南集)

[작가] 최숙민(崔琡民, 조선 고종)
[작품] 강수지자설(姜修之字說)
김희림개명자설(金喜林改名字說)
붕기헌소설(繃己軒小說)
심설 (心說)
양묘설 – 증안생극유(養苗說 – 贈安生克有)
여중초자설(余仲初字說)
요옹설 – 증임중현(療癰說 – 贈林仲賢)
유산설 – 증유태회양길(遊山說 – 贈柳泰會陽吉)
이벽경자설(李璧卿字說)
이봉길자설(李鳳吉字說)
조긍부자설(曺兢夫字說)
주상도개명자설(朱相道改名字說)

## 계당집(溪堂集)

[작가] 유주목(柳疇睦, 1813~1872)
[작품] 약헌설(若軒說)
주민산거설(酒民山居說)
증박생성가설(贈朴生聖可說)
증주상인설(贈珠上人說)
효처설 – 증곽순구(孝處說 – 贈郭舜九)

## 계당집(溪堂集)

[작가] 정회찬(鄭晦燦, 1759~1831)
[작품] 노화설(爐火說)
답존양성찰전후설(答存養省察前後說)
도량설(度量說)
목갑설(木甲說)
서설 (鼠說)
자우설(自迂說)
죽원자설(竹圓子說)
호설(虎說)

## 계서고(溪墅稿)

[작가] 이계서(李溪墅, ?~?)
[작품] 교비설(矯非說)
장노이도설(張老弛盜說)

## 계재집(溪齋集)

[작가] 유상철(柳相喆, 1882~1968)
[작품] 족질자일자설(族姪子一字說)

## 계초문집(稽樵文集)

[작가] 민치량(閔致亮, 1870~1958)
[작품] 우포설 – 증김내영영로(愚圃說 – 贈金乃寧榮老)

## 계촌문집(溪村文集)

[작가] 이도현(李道顯, 1726~1776)
[작품] 군병차마설(軍兵車馬說)
악기설(握機說)
양몽도설(養蒙圖說)
역학도설(易學圖說)
육도설(六韜說)
중용불언사단설(中庸不言四端說)
팔진도설(八陣圖說)

## 고당문집(顧堂文集)

[작가] 김규태(金圭泰, 현대)
[작품] 교경설(矯警說)
독서사유산설(讀書似遊山說)
보본설(報本說)
산거설(山居說)
칙이설 – 증최종대(則以說 – 贈崔鍾大)

## 고당집(顧堂集)

[작가] 윤긍주(尹兢周, 1853~1912)
[작품] 견자난신설(狷者難信說)
군자불기설(君子不器說)
묘일여자불출설(卯日女子不出說)
속학무사도설(俗學無師道說)
수필설(隨筆說)
육설(陸說)
이기설(理氣說)
장아석종자설(長兒錫琮字說)
차아우현자설(次兒瑀鉉字說)

## 고봉집(高峰集)

[작가] 기대승(奇大升, 1527~1572)
[작품] 고봉상퇴계사단칠정설(高峰上退溪四端七情說)
사단부중절지설(四端不中節之說)
사단칠정후설(四端七情後說)
이심법설(移心法說)

이주설(二主說)
자경설(自警說)
후론이허위리지설(後論以虛爲理之說)

## 고산선생문집(鼓山先生文集)

[작가] 임헌회(任憲晦, 1811~1876)
[작품] 병촉당설(을해)〔炳燭堂說(乙亥)〕
서상오회경자설(徐相午晦卿字說)
용재설(勇齋說)
육행재설(六行齋說)
자삼자설(字三子說)
정군조삼자명자설(鄭君祚三子名字說)
종자치교명설(從子穉敎名說)
친영설(親迎說)

## 고산유고(孤山遺稿)

[작가] 윤선도(尹善道, 1587~1671)
[작품] 격물물격설(格物物格說)
마천견설(馬踐犬說)
예설(상)〔禮說(上)〕
예설(하)〔禮說(下)〕

## 고산집(孤山集)

[작가] 이유장(李惟樟, 1624~1701)
[작품] 김도망(간)덕망(현)자설〔金道望(侃)德望(俔)字說〕

## 고암문집(古庵文集)

[작가] 조현규(趙顯奎, 1874~1958)
[작품] 자경설(自警說)

## 고암선생문집(古巖先生文集)

[작가] 이태우(李泰宇, 1714~1770)
[작품] 원조자경설(元朝自警說)

## 고와문집(顧窩文集)

[작가] 최인교(崔仁敎, 1867~1934)
[작품] 검신사설(檢身私說)
교우설(交友說)
대뇌사공자설(大牢祀孔子說)
목수설(牧叟說)
산거설(山居說)
왕령설(旺嶺說)
원리기설(原理氣說)
의설(醫說)
징분설(懲忿說)
충효일치설(忠孝一致說)
풍년상서설(豊年尙瑞說)

## 고재문집(古齋文集)

[작가] 최곤술(崔坤述, 1870~1953)
[작품] 이취정설(二翠亭說)
지강설(智岡說)
천지동정설(天地動靜說)
천하동문설(天下同文說)

## 고재집(顧齋集)

[작가] 이방(李榜, 1669~1734)
[작품] 성징여자설(成徵余字說)

## 고헌선생문집(顧軒先生文集)

[작가] 정내석(鄭來錫, 1808~1893)
[작품] 경의재명도설(敬義齋銘圖說)
수신도설(修身圖說)
심통성정합이기설(心統性情合理氣說)
야당화설(野堂花說)

## 고헌집(顧軒集)

[작가] 김덕련(金悳鍊, 1869~1929)
[작품] 망양귀로작해설(望洋歸路作海說)
양어설(養魚說)

## 고환당집(古歡堂集)

[작가] 강위(姜瑋, 1820~1884)
[작품] 애초설(愛蕉說)

## 곡운집(谷雲集)

[작가] 김수증(金壽增, 1624~1701)
[작품] 손아람상소자설(孫兒嵐祥小字說)

## 곡은유고(谷隱遺稿)

[작가] 이육(李堉, 1827~1898)
[작품] 심설(心說)
이기설(理氣說)
효설(孝說)

## 곡포문집(谷圃文集)

[작가] 이능윤(李能允, 1850~1930)
[작품] 내곡설(內谷說)
무극이태극후설(無極而太極後說)
소송설(小松說)

## 공백당집(拱白堂集)

[작가] 황덕일(黃德壹, 1748~1800)
[작품] 성현기상집설－공문제자(聖賢氣像集說－孔門諸子)
성현기상집설－공자(聖賢氣像集說－孔子)
성현기상집설－동국제현(聖賢氣像集說－東國諸賢)
성현기상집설－맹자(聖賢氣像集說－孟子)
성현기상집설－소자(聖賢氣像集說－邵子)
성현기상집설－안자(聖賢氣像集說－顔子)
성현기상집설－여동래(聖賢氣像集說－呂東萊)
성현기상집설－원제자(聖賢氣像集說－元諸子)
성현기상집설－장남헌(聖賢氣像集說－張南軒)
성현기상집설－장자(聖賢氣像集說－張子)
성현기상집설－정문제자(聖賢氣像集說－程門諸子)
성현기상집설－정백자(聖賢氣像集說－程伯子)
성현기상집설－정숙자(聖賢氣像集說－程叔子)
성현기상집설－주문제자(聖賢氣像集說－朱門諸子)
성현기상집설－주자(聖賢氣像集說－周子)
성현기상집설－주자(聖賢氣像集說－朱子)
성현기상집설－증자(聖賢氣像集說－曾子)
성현기상집설－한당송제자(聖賢氣像集說－漢唐宋諸子)
성현기상집설－황명제자(聖賢氣像集說

–皇明諸子)
심역의의도설(心易議擬圖說)

## 과암선생문집(果菴先生文集)

[작가] 송덕상(宋德相, 1710~1783)
[작품] 김성노자설(金星魯字說)
연설(筵說)

## 과재문집(果齋文集)

[작가] 송덕용(헌용)〔宋悳用(憲用), 1864~1932〕
[작품] 권하경재구자설(權夏卿載龜字說)
송치범자설(宋致範字說)
수국화설(水菊花說)

## 과재문집(果齋文集)

[작가] 장석신(張錫藎, 1841~1923)
[작품] 과재설(果齋說)
변명호설(變名號說)
안자불개기락설(顔子不改其樂說)
인심도심설(人心道心說)

## 과재집(果齋集)

[작가] 성근묵(成近默, 1784~1852)
[작품] 강제자미세설(을사)〔姜濟字美世說(乙巳)〕
김광삼자덕경설(병오)〔金光三字德敬說(丙午)〕
삼강오륜설(三綱五倫說)

## 관복재유고(觀復齋遺稿)

[작가] 김구(金構, 1649~1704)
[작품] 논추씨불인이득천하설(論鄒氏不仁而得天下說)
잡설(雜說)
증김군여실설(贈金君汝實說)

## 관봉유고(冠峯遺稿)

[작가] 현상벽(玄尙璧, 1677~1731)
[작품] 황강주중설(黃江舟中說)

## 관포집(灌圃集)

[작가] 박홍미(朴弘美, 1571~1642)
[작품] 몽포설(夢飽說)
설직설(舌織說)

## 관헌집(管軒集)

[작가] 도한기(都漢基, 1836~1902)
[작품] 경권설(經權說)
경전도설(耕田圖說)
관상유설(鸛相乳說)
관후희설(觀猴戲說)
노주설(勞酒說)
목가산설(木假山說)
배기홍명자설(裵箕洪名字說)
백설(白說)
석남설(石枏說)
심의설(深衣說)
쌍묘갈면배위서좌변설(雙墓碣面配位書左辨說)
아자학모명자설(兒子學模名字說)
용인불포문지설(用人不抱門地說)
인산설(仁山說)
일농설(逸儂說)

일봉설(一峰說)
일월역상설(日月曆象說)
장서설(藏書說)
정자생지위성장집설(程子生之謂性章集說)
종손문환명자설(從孫文煥名字說)
종손용환명자설(從孫龍煥名字說)
증승설(憎蠅說)
태극해재설(太極解再說)
태극후설(太極後說)
학산설(學山說)

## 광뢰집(廣瀨集)

[작가] 이야순(李野淳, 1755~1831)
[작품] 순척도설(舜跖圖說)

## 광서집(廣棲集)

[작가] 이유성(李有星, 1808~1864)
[작품] 자손조성노자설(姊孫趙性魯字說)

## 광천집(廣川集)

[작가] 조성윤(趙性胤, 1845~1904)
[작품] 오초신거설(吾樵新居說)
잡설(雜說)

## 괴담유고(槐潭遺稿)

[작가] 배상열(裵相說, 1759~1789)
[작품] 해채씨사십구시허일체수설(解蔡氏四十九蓍虛一體數說)

## 괴와유고(愧窩遺稿)

[작가] 하대관(河大觀, 1698~1776)
[작품] 발현묘소설(發賢墓所說)
발현소래설(發賢蘇萊說)

## 괴정집(槐亭集)

[작가] 이창신(李昌新, 1852~1919)
[작품] 효자설(孝慈說)

## 괴헌집(槐軒集)

[작가] 김영(金塋, 1765~1840)
[작품] 경신설(敬愼說)
고부벽설(瞽負躄說)

## 교우문집(膠宇文集)

[작가] 윤주하(尹胄夏, ?~1906)
[작품] 비송생자경계몽설(批宋甥字敬啓蒙說)
심경강록후설(心經講錄後說)
하계옥자설(河繼沃字說)
회우설(晦宇說)

## 교은집(郊隱集)

[작가] 정이오(鄭以吾, 1354~1434)
[작품] 조풍설(阻風說)

## 교재유고(嘐齋遺稿)

[작가] 이원교(李元敎, 1890~1936)
[작품] 재거권면제우설(齋居勸勉諸友說)
치란설(治亂說)

## 교재집(僑齋集)

[작가] 이만상(李萬相, 1857~1899)
[작품] 박비경자설(朴斐卿字說)

## 구당집(久堂集)

[작가] 박장원(朴長遠, 1612~1671)
[작품] 관분매설(灌盆梅說)
구당설(久堂說)
구설(求說)
구옹설(久翁說)
독중용설 – 증이생(讀中庸說 – 贈李生)
박혁설(博奕說)
설유송이생민채(說遊送李生敏采)
시설(詩說)
이생(세구)자설〔李生(世龜)字說〕
치망설(治忘說)
치정설(治井說)

## 구봉유고(龜峰遺稿)

[작가] 이상모(李尙模, 1853~1932)
[작품] 둔암설(遯庵說)
증송기중설(贈宋基重說)

## 구봉집(龜峯集)

[작가] 송익필(宋翼弼, 1534~1599)
[작품] 김은자직백설(金檃字直伯說)
답인설(答人說)
잡설(雜說)

## 구봉집(九峯集)

[작가] 조원기(趙遠期, 1630~1680)
[작품] 규춘소설(規春沼說)

## 구사당집(九思堂集)

[작가] 김낙행(金樂行, 1708~1766)
[작품] 개자간부설(改字艮夫說)
남초설(南草說)
독역설(讀易說)
독퇴계선생집득기정정기심분체용설(讀退溪先生集得其正正其心分體用說)
살오공설(殺蜈蚣說)
쇠부판벽령설(衰負版辟領說)
심체용설(心體用說)
직석설(織席說)
폭건도설(幅巾圖說)
효구설(孝狗說)

## 구암유고(久菴遺稿)

[작가] 한백겸(韓百謙, 1552~1615)
[작품] 기전유제설(箕田遺制說)
빈풍금등설(豳風今滕說)
사단칠정설(四端七情說)
심의설(深衣說)
접목설(接木說)

## 구암집(久庵集)

[작가] 김취문(金就文, 1509~1570)
[작품] 증금강승성원설(贈金剛僧性源說)
증석자설(2)〔贈釋子說(二)〕

## 구암집(懼庵集)

[작가] 이수인(李樹仁, 1739~1822)

[작품] 명아자효영설(名兒子孝永說)
명족질관영설(名族姪觀永說)
명종질길영설(名從姪吉永說)
명종질노영설(名從姪老永說)
살귀방귀설(殺龜放龜說)
이거설(移居說)
자경설(自警說)
후설(後說)
후자경설(後自警說)

## 구암집(龜巖集)

[작가] 이원배(李元培, 1745~1802)

[작품] 감포설(병시)〔感匏說(幷詩)〕
독서설 – 시제질(讀書說 – 示弟姪)
순척설(舜跖說)
양자설(養子說)
지평공기의시설 – 시종인백춘(持平公起義時說 – 示宗人伯春)

## 구재선생문집(懼齋先生文集)

[작가] 최학길(崔鶴吉, 1862~1936)

[작품] 심구문대설(心口問對說)
심일도설(心一圖說)
조수초목설(鳥獸草木說)
지도설(地道說)
천도설(天道說)
태허도설(太虛圖說)

## 구전문집(苟全文集)

[작가] 김중청(金中淸, 1567~1629)

[작품] 서묘설(鼠猫說)
설직설(舌織說)
역괘초상구륙설(易卦初上九六說)
의은고종사부설 – 용여작림우고(擬殷高宗賜傅說 – 用汝作霖雨誥)

## 구정집(龜亭集)

[작가] 유사온(柳思溫, 1573~1639)

[작품] 경설(敬說)
덕설(德說)
도설(道說)
성명설(性命說)
성설(誠說)
성설(性說)
신설(信說)
심설(心說)
예설(禮說)
의설(義說)
이기설(理氣說)
인설(仁說)
자경설(自警說)
정설(情說)
지설(智說)

## 구천유고(龜川遺稿)

[작가] 이세필(李世弼, 1642~1718)

[작품] 예설(禮說)

## 구천유집(龜川遺集)

[작가] 김창직(金昌稷, 1872~1939)
[작품] 색목설 – 계자손(色目說 – 戒子孫)
석춘설(石春說)
하도화괘설(河圖畵卦說)
화산여설 – 기이제(火山旅說 – 寄二弟)

## 구촌집(龜村集)

[작가] 유경심(柳景深, 1516~1571)
[작품] 장횡거양초설(張橫渠養蕉說)
헌경설(獻鏡說)

## 국간집(菊磵集)

[작가] 윤현(尹鉉, 1514~1578)
[작품] 목안설(木雁說)

## 국반집(菊伴集)

[작가] 여응규(呂應奎, 1800~1876)
[작품] 기몽면인취사설(記夢勉人就師說)
척사설(斥邪說)
희답운행옹국반설(戲答雲杏翁菊伴說)

## 국암선생문집(菊菴先生文集)

[작가] 나익남(羅翼南, 1558~1646)
[작품] 몽자사설(夢子思說)
형제강학설(兄弟講學說)

## 국포문집(菊圃文集)

[작가] 이교엽(李敎曄, 1863~1943)
[작품] 국포설(菊圃說)
포곡설(布穀說)

## 국포집(菊圃集)

[작가] 강박(姜樸, 1690~1742)
[작품] 아자필시명설(兒子必詩名說)
이내초이자자설(李來初二子字說)
장설(牆說)

## 국헌선생문집(菊軒先生文集)

[작가] 소시만(蘇始萬, 1735~1761)
[작품] 수리저설(數理著說)

## 궁오집(窮悟集)

[작가] 임천상(任天常, 1754~?)
[작품] 십일족부자이분설(十一族父字而憤說)
이계성자설(李季省字說)

## 귀락와집(歸樂窩集)

[작가] 유광천(柳匡天, 1732~1799)
[작품] 개양아명자설(改兩兒名字說)
관인손서시명자설(冠麟孫書示名字說)

## 귀암선생문집(歸巖先生文集)

[작가] 이원정(李元禎, 1622~1680)
[작품] 귀신자이기지양능설(鬼神者二氣之良能說)

## 귀와집(龜窩集)

[작가] 김굉(金㙆, 1739~1816)

[작품] 변용학혹설(辨庸學或說)
연설(筵說)

## 귀은유집(歸隱遺集)

[작가] 오계종(吳繼宗, 1407~1459)
[작품] 독황극경세설(讀皇極經世說)
불시고예설(不試故藝說)
지지선설(止至善說)
호연장설(浩然章說)

## 규와문집(圭窩文集)

[작가] 전병항(田炳恒, 1879~1950)
[작품] 농재설(農齋說)

## 규재유고(圭齋遺藁)

[작가] 남병철(南秉哲, 1817~1863)
[작품] 간평의설(簡平儀說)
구진천추합의설(句陳天樞合儀說)
도사설(賭射說)
양경규일의설(兩景揆日儀說)
양도의설(量度儀說)
지구의설(地球儀說)
험시의설(驗時儀說)
혁설(弈說)
혼개통헌의설(渾蓋通憲儀說)
혼천의설(渾天儀說)
혼평의설(渾平儀說)

## 규정집(葵亭集)

[작가] 신후재(申厚載, 1636~1699)
[작품] 방골설(放鶻說)
호패설(號牌說)

## 귤옥졸고(橘屋拙稿)

[작가] 윤광계(尹光啓, 1559~1619)
[작품] 역려설(逆旅說)
이수설(移樹說)
잡설(3)〔雜說(三)〕

## 극난재집(克難齋集)

[작가] 권제경(權濟敬, 1737~1814)
[작품] 교학설(敎學說)
붕우설(朋友說)

## 극복재사고(克復齋私稿)

[작가] 김면택(金冕澤, 1862~1934)
[작품] 관물설(觀物說)
방생설(放生說)
석곡설(石谷說)
송석당설(松石堂說)
오행생극설(五行生克說)
월지종성즉이풍우설(月之從星則以風雨說)
천지운기도설(天地運氣圖說)
후운당설(後雲堂說)

## 극암유고(克庵遺稿)

[작가] 이전후(李典厚, 1890~1963)
[작품] 영대설(靈臺說)
죽파설(竹坡說)
징분설(懲忿說)

**극원유고**(屐園遺稿)

[작가] 이만수(李晩秀, 1752~1820)
[작품] 박승규유송자설(朴承圭幼松字說)
승우자유자설(乘愚子庾字說)
안우자설(安愚字說)

**극재집**(克齋集)

[작가] 노필연(魯佖淵, 1827~1885)
[작품] 극기설(克己說)
태극도설(太極圖說)

**극재집**(克齋集)

[작가] 신익황(申益愰, 1672~1722)
[작품] 귀신설(鬼神說)
이로유도설(以路喩道說)

**근당유고**(槿堂遺稿)

[작가] 이한기(李漢騏, 1894~1954)
[작품] 애근설(愛槿說)

**근사재유고**(近思齋遺稿)

[작가] 이최환(李㝡煥, 1775~1815)
[작품] 극기복례설(克己復禮說)
인심도심설(人心道心說)

**근시재집**(近始齋集)

[작가] 김해(金垓, 1555~1593)
[작품] 이기설(理氣說)

**근암집**(謹菴集)

[작가] 강엄(姜儼, 1766~1831)
[작품] 설원독서설(雪菀讀書說)

**근암집**(近庵集)

[작가] 유치덕(柳致德, 1823~1881)
[작품] 근암소설(近庵小說)
조존설(操存說)

**근와집**(近窩集)

[작가] 유식(柳栻, 1755~1822)
[작품] 참매설(斬梅說)
치곡설(致曲說)

**근재집**(近齋集)

[작가] 박윤원(朴胤源, 1734~1799)
[작품] 인도심위미설(人道心危微說)
자기설(自欺說)
체설(髢說)
홍백림개명설(洪伯臨改名說)
흥학교설(興學校說)

**금계집**(錦溪集)

[작가] 황준량(黃俊良, 1517~1563)
[작품] 오월오일헌경설(五月五日獻鏡說)

**금고유집**(琴皐遺集)

[작가] 성석근(成石根, 1878~1930)
[작품] 자우설(自愚說)

해은설(海隱說)

## 금곡선생문집(金谷先生文集)

[작가] 박상연(朴尙淵, 1631~1696)
[작품] 구쟁설(狗爭說)
남영초설(南靈草說)
몽설(夢說)
묘불손설(猫不遜說)
사친연자설(思親戀子說)
수씨자설(誰氏子說)
역우설(易牛說)
인불인설(人不人說)
증안평중삼이설(贈安平仲三異說)
채합망하자설(採蛤網鰕者說)
환역우설(還易牛說)
힐복공조설(詰腹空鳥說)

## 금곡집(錦谷集)

[작가] 송래희(宋來熙, 1791~1867)
[작품] 오씨삼은설(기유)〔吳氏三隱說(己酉)〕

## 금남선생문집(錦南先生文集)

[작가] 최부(崔溥, 1454~1504)
[작품] 무염설(貿鹽說)

## 금릉집(金陵集)

[작가] 남공철(南公轍, 1760~1840)
[작품] 위인잡설－증남동자한영(爲人雜說－贈南童子漢寧)
잡설(1)〔雜說(一)〕
잡설(2)〔雜說(二)〕

## 금리문집(錦理文集)

[작가] 권직희(일직)〔權直熙(一直), 1856~1913〕
[작품] 권후중자설(權後仲字說)
무이구곡도설(武夷九曲圖說)
이명선자설(李明善字說)
이자인자설(李子仁字說)
지방설(止訪說)

## 금석집(錦石集)

[작가] 박준원(朴準源, 1739~1807)
[작품] 사설(射說)
토로설(土爐說)

## 금애집(錦厓集)

[작가] 권숙(權琡, 1806~1877)
[작품] 개지위귀설(改之爲貴說)
물아상형설(物我相形說)
성정설(誠正說)
시중설(時中說)
이기설(理氣說)

## 금역당집(琴易堂集)

[작가] 배용길(裵龍吉, 1556~1609)
[작품] 의자설(義牸說)

## 금옹집(錦翁集)

[작가] 김학배(金學培, 1628~1673)
[작품] 독계석탄대유이기상발심유체용도설(讀季石灘大柔理氣相發心有體用圖說)
조변이대유이기도설(條辨李大柔理氣圖說)

## 금와유집(琴窩遺集)

[작가] 채필훈(蔡必勳, 1759~1838)
[작품] 낙락옹설(樂樂翁說)

## 금천집(琴川集)

[작가] 정시수(鄭時修, 1601~1647)
[작품] 누항설－송용주선생귀해서(陋巷說－送龍洲先生歸海西)

## 금호일고(琴號逸稿)

[작가] 박정최(朴挺最, 1646~1722)
[작품] 망고서계설(網罟書契說)
삼불천설(三不天說)
종도설－증삼자(種桃說－贈三子)

## 급우재집(及愚齋集)

[작가] 김영한(金寧漢, 1878~1950)
[작품] 괴장설(壞墻說)
구당설－증김생응원(求堂說－贈金生應元)
규산설(奎山說)
근옹설(槿翁說)
서군홍석자설(徐君洪錫字說)
소설－증김군(梳說－贈金君)
소설－증김군민식(梳說－贈金君敏植)
앵도설(櫻桃說)
이화굉자설(李火宏字說)
죽설(粥說)
지산설－증이군(芝山說－贈李君)
채균설(采菌說)
최생기석개명자설(崔生淇碩改名字說)

## 긍당집(肯堂集)

[작가] 이규헌(李圭憲, 1896~1976)
[작품] 조유인반장설(趙孺人返葬說)
종행설(種杏說)
초운설(樵雲說)

## 긍암문집(兢庵文集)

[작가] 안종두(安鍾斗, 1881~1954)
[작품] 지령초설(指佞草說)
탁마설－송조화경도규(琢磨說－送曹和敬道奎)

## 긍암문집(肯庵文集)

[작가] 이돈우(李敦禹, 1807~1884)
[작품] 강자설(腔子說)
경이직내설(敬以直內說)
독신암집사문독서록제조왕복설(讀信庵集師門讀書錄諸條往復說)
독신암집천근월굴설(讀信庵集天根月窟說)
미발시역성찰설(未發時亦省察說)
성정선후설(性情先後說)
성해동정성정분동정설(性該動靜性情分動靜說)
이기무한량설(理氣無限量說)
이기체용설(理氣體用說)
퇴계선생심통성정상중하삼도설(退溪先生心統性情上中下三圖說)

## 긍재문집(兢齋文集)

[작가] 이병운(李炳運, 1858~1937)
[작품] 장아창희명자설(長兒昌熙名字說)

## 긍재집(兢齋集)

[작가] 정지선(鄭趾善, 1839~1897)
[작품] 김덕중자설(金德中字說)
심설－문답(心說－問答)
지비설(知非說)

## 기기재문집(棄棄齋文集)

[작가] 김상연(金尙埏, 1689~1774)
[작품] 견전도설(遣奠圖說)
방상도설(方相圖說)
벽령도설(辟領圖說)
상례비요도설(喪禮備要圖說)
상례비요주설(喪禮備要註說)
소도설(筲圖說)
소렴도설(小斂圖說)
시제매위설찬도설(時祭每位設饌圖說)
신주도설(神主圖說)
심의도설(深衣圖說)
악수도설(握手圖說)
앵도설(甖圖說)
저장동장도설(苴杖桐杖圖說)
처위부당복도설(妻爲夫黨服圖說)
첩복도설(妾服圖說)
출가녀본종강복도설(出嫁女本宗降服圖說)
칠성판도설(七星板圖說)
포도설(苞圖說)

## 기봉집(騏峯集)

[작가] 이시성(李時省, 1598~1668)
[작품] 귀신자이기지양능설(鬼神者二氣之良能說)

## 기수유고(沂叟遺藁)

[작가] 이춘수(李春壽, 1861~1939)
[작품] 기수설(沂叟說)

## 기암집(畸庵集)

[작가] 정홍명(鄭弘溟, 1592~1650)
[작품] 대각지대몽설(大覺知大夢說)
이기무선후설(理氣無先後說)

## 기옹집(寄翁集)

[작가] 남한기(南漢紀, 1675~1748)
[작품] 유생자장엄해설(兪生子章掩骸說)

## 기우집(騎牛集)

[작가] 이행(李行, 1352~1432)
[작품] 기우설(騎牛說)

## 기원문집(綺園文集)

[작가] 황찬주(黃贊周, 1848~1924)
[작품] 휴수동귀설(携手同歸說)

## 기원집(杞園集)

[작가] 어유봉(魚有鳳, 1672~1744)
[작품] 양저설(養樗說)
잡설(1)〔雜說(一)〕
잡설(2)〔雜說(二)〕
증심자위설(贈沈子威說)
질자석정석영자설(姪子錫定錫寧字說)
천하무불시저부모설(天下無不是底父母說)

## 기재유고(跂齋遺稿)

[작가] 이재항(李在恒, 1776~1830)

[작품] 도설(道說)

영귀정설(詠歸亭說)

## 기재집(企齋集)

[작가] 신광한(申光漢, 1484~1555)

[작품] 과영화명령설(蜾蠃化螟蛉說)

포전합환과설(圃田合歡瓜說)

## 기촌선생문집(岐村先生文集)

[작가] 장용한(張龍翰, 1564~1599)

[작품] 대연집설(大衍集說)

삼십육궁도설(三十六宮圖說)

# ㄴ

나산집(蘿山集)

~

능허관만고(凌虛關漫稿)

## 나산집(蘿山集)

[작가] 조유선(趙有善, 1731~1809)

[작품] 예설(禮說)

## 나암문집(蘿庵文集)

[작가] 권성구(權星耉, 1771~1814)

[작품] 산수설(山水說)

속김공덕명와분종국설(續金公德明瓦盆種菊說)

중용귀신장설(中庸鬼神章說)

## 나옹집(懶翁集)

[작가] 혜근(나옹화상)〔惠勤(懶翁和尙), 1320~1376〕

[작품] 국행수륙재기시육도보설(國行水陸齋起始六道普說)

보설(普說)

왕사봉숭일보설(王師封崇日普說)

육도보설(六道普說)

입내보설(入內普說)

자자일조상서청보설(自恣日趙尙書請普說)

장흥사원당주청육도보설(長興寺願堂主請六道普說)

## 나재집(懶齋集)

[작가] 신열도(申悅道, 1589~1659)

[작품] 나재설(懶齋說)

## 나재집(懶齋集)

[작가] 채수(蔡壽, 1449~1515)

[작품] 나재설(懶齋說)

## 낙전당집(樂全堂集)

[작가] 신익성(申翊聖, 1588~1644)

[작품] 나헌설(懦軒說)

창연정설(蒼然亭說)

## 낙좌초고(洛左草稿)

[작가] 김성년(金聖年, 고종)

[작품] 계당설(桂堂說)

동오설－증권중여태원(東吾說－贈權重汝泰元)

명명덕설(明明德說)

## 낙하생전집(洛下生全集)

[작가] 이학규(李學逵, 1770~1835)

[작품] 계마조설(戒馬弔說)

백각설(百刻說)

성운설(聲韻說)

월식설(月蝕說)

조석설(潮夕說)

## 난고유고(蘭皐遺稿)

[작가] 남경훈(南慶薰, 1572~1612)

[작품] 기설(碁說)

대명매설(大明梅說)

묵죽설(墨竹說)

사계화설(四季花說)

자오설(慈烏說)

## 난곡유고(蘭谷遺稿)

[작가] 송희일(宋熙馹, 1837~1901)

[작품] 심성설(心性說)

## 난곡유고(蘭谷遺稿)

[작가] 정길(鄭佶, 1566~1619)

[작품] 난곡설(蘭谷說)

부정반곡설(附丁盤谷說)

## 난곡집(蘭谷集)

[작가] 송병화(宋炳華, 1852~1915)

[작품] 광영지설(光影池說)

농암설(聾巖說)

송학순자설(宋學淳字說)

양의전설(兩宜煎說)

월곡설(月谷說)

의복설(衣服說)

태극설(太極說)

함촌재명설(咸村齋名說)

## 난석집(蘭石集)

[작가] 강재기(姜在琦, 1857~1938)

[작품] 원희설－증독서제자(猿戲說－贈讀書諸子)

조감역기남용소회혼연설(趙監役箕南鏞韶回婚宴說)

증이주여만오설(贈李周汝晩悟說)

## 난파유고(蘭坡遺稿)

[작가] 정석진(鄭錫珍, 1851~1894)

[작품] 애란설(愛蘭說)

## 난포문집(蘭圃文集)

[작가] 이대형(李大馨, 1850~1921)

[작품] 사생설(死生說)

수재설(修齋說)

치평설(治平說)

## 남각유고(南角遺稿)

[작가] 김봉열(金鳳烈, 1887~1960)

[작품] 덕도설(德道說)

재설(財說)

## 남간집(南磵集)

[작가] 유동연(柳東淵, 1613~1681)

[작품] 계자손설(戒子孫說)

교자손설(敎子孫說)

국학향교설(國學鄕校說)

두곡권도설(斗斛權度說)

붕당설(朋黨說)

여우인논심성도설(與友人論心性圖說)

위문장이표귀천설(爲文章以表貴賤說)

증간호논노화설(贈艮湖論爐火說)

하학상달설(下學上達說)

## 남강유고(南岡遺稿)

[작가] 현찬봉(玄燦鳳, 1861~1918)

[작품] 경설－시아조(敬說－示兒曹)

한설(旱說)

## 남계문집(南溪文集)

[작가] 여효주(呂孝周, 1608~1654)

[작품] 몽도설(夢陶說)

## 남계집(南溪集)

[작가] 박세채(朴世采, 1631~1695)

[작품] 격물훈의설(格物訓義說)
교병설(矯病說)
교사설(敎士說)
국휼졸곡전장제설(國恤卒哭前葬祭說)
독서천설(讀書淺說)
만강자측은지심설(滿腔子惻隱之心說)
명도선사설(明道選士說)
문묘배종설(文廟配從說)
사단이발칠정기발설(四端理發七情氣發說)
상제치역두설(喪祭値疫痘說)
양지천리설(良知天理說)
위학지방도설(爲學之方圖說)
유도경자설(柳道卿字說)
작정제찬도설(酌定祭饌圖說)
장법소목설(葬法昭穆說)
주독설(主櫝說)
주일설(主一說)
중용비은설(中庸費隱說)
학법총설(學法總說)
후설(後說)

## 남고문집(南皐文集)

[작가] 박응형(朴應衡, 1605~1658)

[작품] 이초막설(移草幕說)

## 남곡유고(南谷遺稿)

[작가] 염석진(廉錫珍, 1855~1932)

[작품] 세강설－정위형치균(世講說－呈魏兄致均)

## 남당집(南塘集)

[작가] 한원진(韓元震, 1682~1751)

[작품] 가례종선진(家禮從先進)
가례종속(家禮從俗)
경연설(상)〔經筵說(上)〕
경연설(하)〔經筵說(下)〕
대대재료(大帶再繚)
대학성명설(大學性命說)
명덕설－시안사정경신(明德說－示安士定 庚申)
미발기질변도설(견상)〔未發氣質辨圖說(見上)〕
본연지성기질지성설(本然之性氣質之性說)
부록진심성정설[소]〔附錄進心性情說[疏]〕
부미발기질변도설[서]〔附未發氣質辨圖說[書]〕
부인계(婦人髻)
서연설(상)〔書筵說(上)〕
서연설(하)〔書筵說(下)〕
심의(深衣)
용구용육설(用九用六說)
원형이정설(元亨利貞說)
윤심위자설(尹心緯字說)
이일분수설(理一分殊說)
이체용설(理體用說)
인심도심설(人心道心說)
제주칭현자(題主稱顯字)
종제백진자설(從弟伯震字說)
중용성신설(中庸誠神說)
증정천장설(贈鄭天章說)
지각설(知覺說)
천자제후정통방기복제설(무신)〔天子諸侯正統旁期服制說(戊申)〕

청좌와명설(견하)〔請坐窩銘說(見下)〕
태극도해이동설(太極圖解異同說)
해조설(海潮說)
허령지각설(虛靈知覺說)

## 남악집(南嶽集)

[작가] 성진교(成鎭敎, ?~1863)
[작품] 명이자설(名二子說)

## 남은선생문집(南隱先生文集)

[작가] 서섭(徐涉, 1452~1455)
[작품] 계자손설(戒子孫說)

## 남죽유고(南竹遺稿)

[작가] 박경진(朴璟鎭, 1884~1956)
[작품] 괴목설(槐木說)
자경설－시아손(自警說－示兒孫)

## 남창집(南窓集)

[작가] 권완(權院, 1723~1792)
[작품] 남창설(南窓說)

## 남파유고(南坡遺稿)

[작가] 이안태(李顔泰, 1834~1892)
[작품] 민중혁자설(閔中爀字說)
천교설－시절우재독서제생(遷喬說－示節友齋讀書諸生)

## 남파집(南坡集)

[작가] 이희석(李僖錫, 1804~1889)
[작품] 거긍설(去矜說)
거려설(蘧廬說)
정설－증영석재제생(貞說－贈永錫齋諸生)
회갑설(回甲說)

## 남파집(南坡集)

[작가] 홍우원(洪宇遠, 1605~1687)
[작품] 각설(角說)
노마설(老馬說)
목근침설(木根枕說)

## 남포선생집(南圃先生集)

[작가] 김만영(金萬英, 1684~1731)
[작품] 원리기설(原理氣說)
중설(中說)

## 낭산선생문집(朗山先生文集)

[작가] 이후(李垕, 1870~1934)
[작품] 검암설(儉菴說)
곽사운자설(郭四運字說)
국산설(菊山說)
규석설(圭石說)
기암설(棄庵說)
김가청자설(金可淸字說)
김사국자설(金士國字說)
늑수설(扐叟說)
박성옥구양자설(朴性玉玖陽字說)
백사설(白史說)
악수설(握手說)

양관도설(兩關圖說)
위당설(韋堂說)
유여명진형자설(柳汝明鎭炯字說)
의암설(宜庵說)
이동기이도설(理同氣異圖說)
이임가자설(李臨可字說)
이함수자설(李涵叟字說)
이형보자설(李亨輔字說)
좌천설(左川說)
추청여자설(秋淸汝字說)
후암설(後菴說)

## 낭해서생문집(朗海先生文集)

[작가] 이휴(李烋, 조선 순조)
[작품] 소자도관후자설(小子壔冠後字說)
임군함자설(任君涵字說)

## 내헌문집(耐軒文集)

[작가] 이재영(李在永, 1804~1892)
[작품] 고사설(古査說)
내헌설(耐軒說)

## 냉와집(冷窩集)

[작가] 안경점(安景漸, 1722~1789)
[작품] 영손부설(迎孫婦說)
최장방설(最長房說)

## 냉재집(冷齋集)

[작가] 유득공(柳得恭, 1748~1807)
[작품] 의계설(義雞說)

## 노구문집(魯邱文集)

[작가] 김정봉(金廷鳳, 1808~1851)
[작품] 지리유무설(地理有無說)

## 노노재집(魯魯齋集)

[작가] 김만휴(金萬烋, 1625~1694)
[작품] 심통성정도설(心統性情圖說)
심학도논변설(心學圖論辨說)
육갑도논변설(六甲圖論辨說)
일월구행도논변설(日月九行圖論辨說)
태극도논변설(太極圖論辨說)

## 노백헌집(老柏軒集)

[작가] 정재규(鄭載圭, 1843~1911)
[작품] 가설－증정자원(상덕)〔稼說－贈鄭子元(尙悳)〕
감자즙(제현)자설〔甘子楫(濟鉉)字說〕
권추경자설(權樞卿字說)
극종설－증박언가(克終說－贈朴言可)
김자상자설(金子尙字說)
도신설－증홍문영(度身說－贈洪文寧)
묘합설(妙合說)
무학설－증조중직(務學說－贈曺仲直)
성문경자설(成文卿字說)
성성여자설(成聖與字說)
신도설－송강낙중(영지)〔信道說－送姜洛中(永址)〕
양강설－증정낙언(養剛說－贈鄭樂彦)
여사설－증정공직(餘師說－贈鄭公直)
오화익자설(吳和益字說)
용력설－증오양로(用力說－贈吳陽路)
유공무자설(柳公懋字說)

이이길자설(李履吉字說)
전열경자설(田說卿字說)
정고경(진열)자설〔鄭顧卿(軫烈)字說〕
치사설 - 증이이회(致思說 - 贈李而悔)
허경부자설(許敬夫字說)
혼변설(昏變說)

## 노사집(蘆沙集)

[작가] 기정진(奇正鎭, 1798~1876)
[작품] 근복설 - 증한신지(勤復說 - 贈韓信之)
김공실자설(金公實字說)
노사설(蘆沙說)
명자신설(名子辛說)
복제설 - 증재종제우용(服制說 - 贈再從弟羽用)
삼괴설(三愧說)
소가설 - 증차용여(嘯歌說 - 贈車庸汝)
송재종질양연입경설(送再從姪陽衍入京說)
아계설(啞溪說)
오사설 - 증최경오(吾師說 - 贈崔卿五)
우맹설(愚氓說)
이래이상백자설(李徠而相柏字說)
이자화자설(李子和字說)
이통설(理通說)
자나순공설(字羅舜功說)
정자설(定字說)
탈쇄설 - 증김경범(脫灑說 - 贈金景範)
형질기질설 - 증정계방(形質氣質說 - 贈鄭季方)

## 노산문집(老山文集)

[작가] 남병인(南秉仁, 1817~1874)
[작품] 독서유정한설(讀書有程限說)
독서차제설(讀書次第說)
사제설(師弟說)
성의설(誠意說)
심성정의명덕이기분합설(心性情意明德理氣分合說)
충서설(忠恕說)

## 노서유고(魯西遺稿)

[작가] 윤선거(尹宣擧, 1610~1669)
[작품] 우계선생연보후설(牛溪先生年譜後說)
유명필자직지설(兪命弼字直之說)
윤식자미중설(尹拭字美中說)
중씨구도담기후설(仲氏龜島潭記後說)
후천도설(後天圖說)

## 노애집(蘆厓集)

[작가] 유도원(柳道源, 1721~1791)
[작품] 골돌옹설(榾柮翁說)
교아설(敎兒說)
병와설(病窩說)
염회설(斂灰說)
포갈설(捕蝎說)

## 노우집(魯宇集)

[작가] 정충필(鄭忠弼, 1725~1789)
[작품] 학설(學說)
후천괘도설(後天卦圖說)

## 노원집(魯圓集)

[작가] 김철수(박수)〔金喆銖(璞銖), 1822~1887〕
[작품] 효암설(皛菴說)

## 노은집(老隱集)

[작가] 임적(任適, 1685~1728)
[작품] 과거설-증홍제중경(제유)〔科擧說-贈洪弟仲經(濟猷)〕
선설(扇說)

## 노재문집(魯齋文集)

[작가] 전봉석(全鳳錫, 1871~1953)
[작품] 관수설(灌水說)
시설(市說)

## 노주집(蘆洲集)

[작가] 김태일(金兌一, 1637~1702)
[작품] 견폐계성설(犬吠雞聲說)

## 노주집(老洲集)

[작가] 오희상(吳熙常, 1763~1833)
[작품] 잡설(雜說)
첨논심천노심기질설(籤論沈天老心氣質說)

## 노촌집(老村集)

[작가] 임상덕(林象德, 1683~1719)
[작품] 개자설(改字說)
유석설(瘤石說)
잡설(1)-자노계〔雜說(一)-子老雞〕
잡설(2)-함정호〔雜說(二)-陷穽虎〕
종정도설(從政圖說)

## 노호유집(蘆湖遺集)

[작가] 신성수(辛性洙, 1895~?)
[작품] 노호설(蘆湖說)
자경설(自警說)

## 녹동문집(鹿東文集)

[작가] 윤병기(병린)〔尹炳基(炳麟), 1856~1931〕
[작품] 유관유의설(儒冠儒衣說)

## 녹문집(鹿門集)

[작가] 임성주(任聖周, 1711~1788)
[작품] 동지여일여천회불상관설-시병공(갑오)〔冬至與日與天會不相關說-示掘共(甲午)〕
맹자부동심장설(孟子不動心章說)
상복설(경진11월)〔祥服說(庚辰十一月)〕
선설(갑진)〔蟬說(甲辰)〕
성성존존도의지문설(成性存存道義之門說)
인물성도병설(신미)〔人物性圖並說(辛未)〕
입자이적이장설(立子以嫡以長說)
증눌재주인설(경술)〔贈訥齋主人說(庚戌)〕
처복설(임진)〔妻服說(壬辰)〕
학유문정설(정미)〔學有門庭說(丁未)〕
한문공체협의설(임자)〔韓文公禘祫議說(壬子)〕
험천예설(병인)〔險川禮說(丙寅)〕

## 녹어산관집(漉魚山館集)

[작가] 정병조(鄭丙朝, 1863~1945)
[작품] 위당별자설(韋堂別字說)
화암별자설(和菴別字說)

## 농려집(農廬集)

[작가] 강헌규(姜獻奎, 1797~1860)

[작품] 명삼자설(名三字說)

외손권상기자설(外孫權相琦字說)

장아진자설(長兒鐕字說)

종증손봉원자설(從曾孫鳳元字說)

중아류자설(仲兒鎏字說)

## 농산문집(農山文集)

[작가] 장승택(張升澤, 1838~1916)

[작품] 김순형자설(金舜衡字說)

남명중자설(南明重字說)

맹자설 – 정성능박(盲者說 – 呈成能博)

이자강자설(李子强字說)

하래경자설(河來卿字說)

## 농산집(農山集)

[작가] 신득구(申得求, 1850~1900)

[작품] 경예사문형기신리후설(임신)〔經禮史文形氣神理後說(壬申)〕

물구오상설(物具五常說)

부인명정신주설(婦人銘旌神主說)

## 농서유고(農西遺稿)

[작가] 안하진(安廈鎭, 1876~1935)

[작품] 곡죽설(曲竹說)

잡설(雜說)

제초설(除草說)

치정설(治井說)

## 농석집(聾石集)

[작가] 권병기(權丙基, 1876~1969)

[작품] 묘견착애설(猫犬錯愛說)

문범설(文範說)

정설(井說)

타조설(打鳥說)

하응설(下鷹說)

## 농수집(農叟集)

[작가] 최천익(崔天翼, 1712~1779)

[작품] 예토자설(瘞兎子說)

## 농암집(農巖集)

[작가] 김창협(金昌協, 1651~1708)

[작품] 계신공구통관동정설(戒愼恐懼通貫動靜說)

사단칠정설(四端七情說)

## 농와유집(農窩遺集)

[작가] 권득추(權得錘, 1788~1860)

[작품] 사농불가편폐설(士農不可偏廢說)

증김수재수완독서설(贈金秀才壽完讀書說)

## 농은집(聾隱集)

[작가] 강시형(姜時馨, 1850~1928)

[작품] 애국설(愛菊說)

친등설(親燈說)

## 농은집(農隱集)

[작가] 이엽(李爗, 1729~1788)

[작품] 관기설(觀棋說)
인역도후설(人易圖後說)
천역인역죽역설(天易人易竹易說)
축보설(築洑說)

## 뇌산유고(雷山遺稿)

[작가] 허신(許信, 1876~1946)
[작품] 독태극도설(讀太極圖說)
십죽병설(十竹屛說)
우공공목설(禹貢貢木說)
추회설(追悔說)
출처설(出處說)
홍초설(紅蕉說)

## 뇌연집(雷淵集)

[작가] 남유용(南有容, 1698~1773)
[작품] 난설(蘭說)
묘설(猫說)
이다재설(二多齋說)

## 눌암선생문집(訥庵先生文集)

[작가] 김한영(金漢英, 1637~1712)
[작품] 사단설(四端說)
사시설(四時說)
사자설(思字說)
삼재설(三才說)
예설(禮說)
인자설(忍字說)

## 눌와유고(訥窩遺稿)

[작가] 윤자현(尹滋鉉, 1845~1909)
[작품] 고광인자공보설(高光仁字公甫說)
논심설(論心說)
답동해설(踏東海說)
문계수자성여설(文啓洙字誠汝說)
문석돈자경오설(文錫惇字敬五說)
백이간무왕설(伯夷諫武王說)
심성정설(心性情說)
양효묵자내원설(梁孝默字乃源說)
여신내헌설(與愼乃憲說)
여조형선설(與曺亨善說)
여최순필설(與崔舜弼說)
이병덕자명숙설(李秉德字明淑說)
인물성설(人物性說)
종손인혁자성유설(從孫麟赫字聖有說)
증기연연설(贈奇淵淵說)
증문사흠제훈설(贈文士欽濟勛說)
증유약습설(贈柳若習說)
증이백순백중계설(贈李伯舜伯仲季說)
증정사흥설(贈鄭士興說)
증최자옥설(贈崔子玉說)
증황경함설(贈黃景涵說)
증황신여설(贈黃新汝說)

## 눌은집(訥隱集)

[작가] 이광정(李光庭, 1674~1756)
[작품] 구옥암거설(九玉巖居說)
권가원자설(權可遠字說)
복수설(復讎說)

## 눌헌집(訥軒集)

[작가] 서성구(徐聖耈, 1663~1735)
[작품] 학리도설(상)〔學理圖說(上)〕
학리도설(하)〔學理圖說(下)〕

## 능허관만고(凌虛關漫稿)

[작가] 이훤(장헌세자)〔李愃(莊獻世子), 1735~1762〕

[작품] 결의설(決疑說)

예보육기연성십팔반설(藝譜六技演成十八般說)

# ㄷ

다암문집(茶嵒文集)

~

둔촌유고(遯村遺稿)

## 다암문집(茶嵒文集)

[작가] 위영복(魏榮馥, 1832~1884)
[작품] 변인물오상부동설(辨人物五常不同說)

## 다천집(茶泉集)

[작가] 사공억(司公檍, 1805~1841)
[작품] 앵도장설(櫻桃杖說)
오도설(烏島說)
칠약설(七藥說)

## 단계선생문집(端溪先生文集)

[작가] 김인섭(金麟燮, 1827~1903)
[작품] 각성경이자설(刻誠敬二字說)
강회이자설(姜晦彝字說)
구방심재명도설(求放心齋銘圖說)
권재옥명자설(權載玉名字說)
남경설(南耕說)
명덕설(明德說)
심담설(心潭說)
심설(心說)
심연지설(尋蓮池說)
예연설(瘞硯說)
인의체용설(仁義體用說)
인재설(忍齋說)
입지설(立志說)
존덕성재명도설(尊德性齋銘圖說)
태극동정설(太極動靜說)

## 단곡집(丹谷集)

[작가] 곽진(郭瑨, 1568~1633)
[작품] 간암설(幹巖說)
고죽설(枯竹說)
단곡칩와설(丹谷蟄窩說)
면김생졸업소학설(勉金生卒業小學說)

## 단사유고(丹砂遺稿)

[작가] 하복호(河復浩, 1726~1805)
[작품] 구옹설(九翁說)

## 단파유고(檀坡遺稿)

[작가] 황재필(黃在弼, 1847~1893)
[작품] 단설(檀說)
유건설(儒巾說)

## 담암일집(淡庵逸集)

[작가] 백문보(白文寶, 1303~1374)
[작품] 율정설(栗亭說)
척약재설(惕若齋說)

## 담원문집(薝園文集)

[작가] 정인보(鄭寅普, 1892~?)
[작품] 태대형대형소형설(太大兄大兄小兄說)

## 담재유고(澹齋遺稿)

[작가] 김이수(金頤壽, 1843~1915)
[작품] 증최생덕언필수설(贈崔生德彦必壽說)

## 담헌서(湛軒書)

[작가] 홍대용(洪大容, 1731~1783)
[작품] 명기집략변설(明記輯略辨說)

자경설(自警說)
증홍백능설(贈洪伯能說)

## 당천집(唐川集)

[작가] 이한룡(李漢龍, 1862~1926)
[작품] 경침설(警枕說)
고자성인연정이작락설(古者聖人沿情以作樂說)
관역설(觀易說)
군문원어만리설(君門遠於萬里說)
김군명자설(金君名字說)
나종언이동종사공묘설(羅從彦李侗從祀孔廟說)
문설(文說)
복두설(幞頭說)
사은충파독서설(史隱琉頗讀書說)
삼세유학설(三世儒學說)
서군명자설(徐君名字說)
섭백거상서설(葉伯巨尙書說)
시설(詩說)
심기불로설(沈機不露說)
악곡설(惡曲說)
예비창설(豫備倉說)
오숙경명자설(吳叔敬名字說)
원기중불부공의설(袁幾仲不負公議說)
의란조사대신설(猗蘭操賜大臣說)
이정항위급사중설(以丁缸爲給事中說)
입법설(立法說)
조정청명설(朝廷淸明說)
천관서설(天官書說)
최성칙자설(崔聖則字說)
파채금설(罷採金說)
형법설(刑法說)

## 대계선생문집(大溪先生文集)

[작가] 이승희(李承熙, 1847~1916)
[작품] 김성필자설(金聖必字說)
김양직자설(金養直字說)
김종진성재자설(金鍾震省哉字說)
도홍모의여자설(都弘模毅汝字說)
성사관복설(聖祀冠服說)
심건칠자설(沈建七字說)
운산설(갑술)〔雲山說(甲戌)〕
이특부현규자설(李特夫鉉珪字說)
장용원대경자설(張龍遠大卿字說)
장지경자설(張智卿字說)
조중온자설(趙仲溫字說)
주례천부직해후설(周禮泉府職解後說)
청심환설(淸心丸說)
태서격물설(변)〔泰西格物說(辨)〕
황복성내초자설(黃復性乃初字說)

## 대계유고(大溪遺稿)

[작가] 황재영(黃在英, 1835~1885)
[작품] 화란설(畵蘭說)

## 대곡집(大谷集)

[작가] 성운(成運, 1497~1579)
[작품] 사설(蛇說)

## 대산집(臺山集)

[작가] 김매순(金邁淳, 1776~1840)
[작품] 독삼자설－증유생(讀三子說－贈兪生)
운석설(雲石說)
이생기화국평명자설(李生箕和國平名字說)

작치설(鵲鴟說)
중용미발설(中庸未發說)

## 대산집(大山集)

[작가] 이상정(李象靖, 1710~1781)
[작품] 분개설(사단칠정설)〔分開說(四端七情說)〕
솔성지위도설(경신)〔率性之謂道說(庚申)〕
심무출입설(정축)〔心無出入說(丁丑)〕
이기동정설(理氣動靜說)
이기선후설(理氣先後說)
일성구사덕설(갑자)〔一性具四德說(甲子)〕
혼륜설(사단칠정설)〔渾淪說(四端七情說)〕

## 대야집(大埜集)

[작가] 유건휴(柳健休, 1768~1834)
[작품] 고시천지명명설(顧諟天之明命說)
관선재설(觀善齋說)
도불리물설(道不離物說)
명자설(신해)〔名字說(辛亥)〕
박정중자설(朴貞中字說)
부석소설(浮石小說)
사단칠정각유소종래설(四端七情各有所從來說)
선난후획설(先難後獲說)
성건재설(省愆齋說)
수기이경총명예유시출설(修己以敬聰明睿由是出說)
주정설(主靜說)
혈구설(絜矩說)

## 대연유고(岱淵遺藁)

[작가] 이면백(李勉伯, 1767~1830)
[작품] 비지설(碑誌說)

## 덕암유고(德庵遺稿)

[작가] 위석규(魏錫奎, 1883~1913)
[작품] 경자설－서시학성재제생(敬字說－書示學聖齋諸生)
명자문답설(名字問答說)
별자설－증백수재영준(別字說－贈白秀才永俊)
봉명설－정봉명재첨군자(鳳鳴齋－呈鳳鳴齋僉君子)
사자설－증오석홍(思字說－贈吳錫洪)
신언설(愼言說)
위학설－증김태식(爲學說－贈金台植)
호인설－송윤권오(好人說－送尹權五)

## 덕양유고(德陽遺稿)

[작가] 기준(奇遵, 1492~1521)
[작품] 양어설(養魚說)
축장설(畜獐說)

## 덕천집(悳泉集)

[작가] 성기운(成璣運, 1867~1946)
[작품] 독서설－시제군(讀書說－示諸君)
예채수달경자설(芮埰洙達卿字說)
입지설(立志說)
정심설(正心說)

## 덕촌집(德村集)

[작가] 양득중(梁得中, 1665~1742)
[작품] 명대의변후설(明大義辨後說)

비효설(譬曉說)
상향이곡설(相向而哭說)
알묘설(揠苗說)
조여중자설(曹汝中字說)
조포혜소사왕복후설(趙苞嵇紹事往復後說)

## 덕포유고(德浦遺稿)

[작가] 윤진(尹搢, 1631~1698)
[작품] 입설(立說)

## 도계유고(陶溪遺稿)

[작가] 윤홍규(尹弘圭, 1760~1826)
[작품] 가인괘도설(家人卦圖說)
논심설(論心說)
도촌신거설(陶村新居說)
영덕향교입의설(盈德鄕校立議說)
이생민도자설(李生敏道字說)
증김효숙설(贈金孝叔說)

## 도곡집(陶谷集)

[작가] 이의현(李宜顯, 1669~1745)
[작품] 도협총설 – 일백사칙(陶峽叢說 – 一百四則)

## 도암문집(陶庵文集)

[작가] 정돈섭(丁敦燮, 1870~1941)
[작품] 몽설(夢說)
문설(蚊說)
산천설(山泉說)
인설(釼說)
자득설(自得說)

## 도암집(陶菴集)

[작가] 이재(李縡, 1680~1746)
[작품] 오관자설(吳瓘字說)
이신중개자설(李晨中改字說)
인불가이불학설(人不可以不學說)
정재자설(鄭梓字說)

## 도은집(陶隱集)

[작가] 이숭인(李崇仁, 1349~1392)
[작품] 충원판관이군급자설(忠原判官李君及字說)

## 도촌유고(道村遺稿)

[작가] 김인항(金仁恒, 1749~1828)
[작품] 농상설(農桑說)
치포설(治圃說)

## 도촌유집(陶村遺集)

[작가] 허혁(許赫, 1884~1950)
[작품] 이성모자설(李聖謨字說)

## 독락재유고(獨樂齋遺稿)

[작가] 구시경(具時經, 1637~1699)
[작품] 야계설(野鷄說)
예설(禮說)

## 독수재유고(篤守齋遺稿)

[작가] 김인식(金仁植, 1864~1939)
[작품] 만송설(晩松說)
위기설 – 증홍인수인표(爲己說 – 贈洪仁

洙寅杓)

## 돈재문집(敦齋文集)

[작가] 유상대(柳相大, 1864~1935)
[작품] 김병원성약명자설(金炳遠聲若名字說)
독정자거일유사덕설(讀程子居一有四德說)
병계명덕설 – 기의(屛溪明德說 – 記疑)
유유길자설(柳儒吉字說)

## 동강선생유고(桐岡先生遺稿)

[작가] 이의경(李毅敬, 1704~1778)
[작품] 원본재설(源本齋說)
표제김천행건이개명천근자복자설(表弟金天行健以改名天根字復字說)

## 동강유집(東江遺集)

[작가] 신익전(申翊全, 1605~1660)
[작품] 지일폐관설(至日閉關說)
편일헌설(扁一軒說)

## 동계유고(東溪遺稿)

[작가] 이영보(李英輔, 1687~1747)
[작품] 진손설(晉損說)

## 동계집(桐溪說)

[작가] 정온(鄭蘊, 1569~1641)
[작품] 기황전설(起荒田說)

## 동계집(東谿集)

[작가] 조구명(趙龜命, 1693~1737)
[작품] 대학설(大學說)
불구설(계사)〔不苟說(癸巳)〕
역설(정사)〔易說(丁巳)〕
연륜설(병진)〔蓮輪說(丙辰)〕
왜려설(경자)〔倭驢說(庚子)〕
이채자성박설(계축)〔李採字聖博說(癸丑)〕
일죽옹설(을사)〔一竹翁說(乙巳)〕
장공예백인설(대시회형작, 신축)〔張公藝百忍說(代時晦兄作, 辛丑)〕
중용설(中庸說)
회지자설(신해)〔會之字說(辛亥)〕

## 동곽유고(東郭遺稿)

[작가] 김기찬(金驥燦, 1748~1812)
[작품] 무호설(無號說)

## 동국이상국집(東國李相國集)

[작가] 이규보(李奎報, 1168~1241)
[작품] 경설(鏡說)
괴토실설(壞土室說)
기명설(忌名說)
논시설(論詩說)
뇌설(雷說)
몽설(夢說)
슬견설(虱犬說)
완격탐신설(垸擊貪臣說)
이옥설(理屋說)
주뢰설(舟賂說)
천인상승설(天人相勝說)
칠현설(七賢說)

## 동림집(東林集)

[작가] 유치호(柳致皜, 1800~1862)
[작품] 독이외암주정설(讀李畏庵主靜說)
명명덕설(明明德說)
사단칠정설(四端七情說)
심무출입설(心無出入說)
옥루설(屋漏說)

## 동명집(東溟集)

[작가] 김세렴(金世濂, 1593~1646)
[작품] 일본담로수자설(日本淡路守字說)

## 동문선(東文選)

[작가] 석식영암(釋息影菴, ?~?)
[작품] 검설(劒說)
국파설(菊坡說)
독암선옹목고목장설(禿菴禪翁木苽木杖說)

## 동문선(東文選)

[작가] 설손(偰遜, 1300년대)
[작품] 김원길명자설(金元吉名字說)

## 동문선(東文選)

[작가] 윤자(尹慈, ?~?)
[작품] 호암설(虎巖說)

## 동미집(東湄集)

[작가] 감기현(甘麒鉉, 1880~1964)
[작품] 정상현겸재호설(鄭尙鉉謙齋號說)
직재설(直齋說)

## 동산유고(東山遺稿)

[작가] 최훈교(崔薰敎, 1882~1956)
[작품] 신경언자설(愼敬彦字說)
이인가자설(李仁可字說)
정복여자설(鄭復汝字說)
지와설(止窩說)
추자인자설(秋子仁字說)

## 동암집(東巖集)

[작가] 유장원(柳長源, 1724~1796)
[작품] 금강장소설(金剛杖小說)
서게퇴도선생시설(書揭退陶先生詩說)
진맥설(診脈說)

## 동암집(東菴集)

[작가] 이현욱(李鉉郁, 1879~1948)
[작품] 심설(心說)
정수설(靜叟說)
정영선자설(鄭永善字說)
한홍섭자설(韓鴻燮字說)

## 동야집(東埜集)

[작가] 김양근(金良根, 1734~1799)
[작품] 소진설(掃塵說)
현훈봉치후억설(玄燻奉置後臆說)

## 동오유고(東塢遺稿)

[작가] 조의곤(曺毅坤, 1832~1893)

[작품] 과눌설－정기상사우만(寡訥說－呈奇上舍宇萬)
기몽설(記夢說)
송족제병삼풍곤서행설(送族弟昞三豊坤西行說)

## 동와집(東窩集)

[작가] 권득중(權得重, 1687~1754)
[작품] 선조문탄공여사변무설(先祖文坦公麗史卞誣說)

## 동주집(東州集)

[작가] 이민구(李敏求, 1589~1670)
[작품] 굴원설(屈原說)
동주산인설(東州山人說)
문불가이지속분공졸설(文不可以遲速分工拙說)
문유설(文喩說)
병설(病說)
이윤설(伊尹說)
잡설(雜說)
주공설(周公說)

## 동춘당집(同春堂集)

[작가] 송준길(宋浚吉, 1606~1672)
[작품] 증이생설(贈李生說)

## 동토집(童土集)

[작가] 윤순거(尹舜擧, 1596~1668)
[작품] 공최근인설(公最近仁說)
붕자미정설(朋字未正說)
아식자설(阿拭字說)
아증자설(阿拯字說)

## 동허재집(洞虛齋集)

[작가] 성헌징(成獻徵, 1654~1676)
[작품] 태허설(太虛說)

## 두곡선생집(杜谷先生集)

[작가] 홍우정(洪宇定, 1595~1656)
[작품] 정자수실장설(鄭子修失杖說)

## 두남사고(斗南私稿)

[작가] 오해겸(吳海謙, 1890~1925)
[작품] 교우설(交友說)
독서설(讀書說)
사군설(事君說)
사친설(事親說)

## 두암문집(竇巖文集)

[작가] 이기옥(李璣玉, 1566~1604)
[작품] 이재설(頤齋說)

## 두암집(斗庵集)

[작가] 김약련(金若鍊, 1730~1802)
[작품] 관수설(灌水說)
교자이신설(教子以身說)
매초설(買草說)
삼자명자설(三子名字說)
인계설(人雞說)
잡설(雜說)

택일설－시계문내후생(擇日說－示戒門內後生)
형자영관명자설(兄子永觀名字說)

## 두타초(頭陀草)

[작가] 이하곤(李夏坤, 1667~1724)
[작품] 미호설(媚狐說)
벌목설(伐木說)
석표자설(錫杓字說)

## 둔암유고(遁庵遺稿)

[작가] 김만기(金萬基, 1633~1687)
[작품] 무우자설(無憂子說)
백수설(白水說)

## 둔암유고(鈍菴遺稿)

[작가] 송병규(宋炳奎, 1863~1898)
[작품] 손생명훈성지자설(孫生明勳誠之字說)

## 둔암전서(遯菴全書)

[작가] 선우협(鮮于浹, 1558~1653)
[작품] 가상설(假象說)
낙서설(洛書說)
법상설(法象說)
복희선천방원도정위설(伏羲先天方圓圖定位說)
사시설(四時說)
산천설(山川說)
삼명설(三明說)
삼십육궁설(三十六宮說)
삼역설(三易說)
상수설(象數說)
성신설(星辰說)
역여천지준설(易與天地準說)
역유삼양설(易有三樣說)
오행설(五行說)
음양설(상)〔陰陽說(下)〕
음양설(하)〔陰陽說(下)〕
이노부동설(二老不動說)
일월설(日月說)
전뢰설(電雷說)
태극설(상)〔太極說(上)〕
태극설(하)〔太極說(下)〕
하도설(河圖說)
희우측도서작역범설(羲禹則圖書作易範說)

## 둔암집(屯菴集)

[작가] 신방(申昉, 1685~1736)
[작품] 백집설－증백연신숙경소부연(白集說－贈白淵愼叔敬所赴燕)

## 둔암집(遯庵集)

[작가] 조덕신(趙德臣, 1722~1791)
[작품] 논비조관가옥찬설(論裨竈瓘斝玉瓚說)
논황종설(論黃鍾說)
사물설(四勿說)
사칠문답설(四七問答說)
삭설(朔說)
선후천설(先後天說)
지자설(智字說)
춘추설(春秋說)

## 둔오집(屯塢集)

[작가] 임종칠(林宗七, 1781~1859)

[작품] 계설－여족자희증(을묘)〔戒說－與族子熙曾(乙卯)〕

송아자계설(정미)〔送兒子戒說(丁未)〕

## 둔옹집(遁翁集)

[작가] 한여유(韓汝愈, 1642~1709)

[작품] 성인즉하도화팔괘설(聖人則河圖畫八卦說)

제둔옹유고후설(題遁翁遺稿後說)

## 둔재선생문집(遯齋先生文集)

[작가] 정여해(鄭汝諧, 1450~1530)

[작품] 상시설(傷時說)

## 둔촌유고(遯村遺稿)

[작가] 김만증(金萬增, 1635~1720)

[작품] 답인설(答人說)

시낙하제인설(示洛下諸人說)

시지호설(示芝湖說)

## 만각재집(晩覺齋集)

~

## 밀암집(密菴集)

## 만각재집(晩覺齋集)

[작가] 이동급(李東汲, 1738~1811)
[작품] 무극태극설(無極太極說)
하락설(河洛說)

## 만곡집(晩谷集)

[작가] 조술도(趙述道, 1729~1803)
[작품] 강안후설(講案後說)
명자설－시종손명복(名字說－示宗孫明復)
염자설－시족질성신(恬字說－示族姪星臣)

## 만관재문집(晩觀齋文集)

[작가] 권소(權炤, 1774~1841)
[작품] 기형설(璣衡說)
대연수설(大衍數說)
동극설(洞極說)
병진설(兵陣說)
선후천설(先後天說)
역설(曆說)
예기설(禮記說)
예악설(禮樂說)
오행설(五行說)
원포설(元包說)
월령설(月令說)
율려설(律呂說)
의례설(儀禮說)
잠허설(潛虛說)
주례설(周禮說)
지지설(地誌說)
직일법설(直日法說)
천문설(天文說)
태현설(太玄說)
형법설(刑法說)
혼천의설(渾天儀說)
황극경세설(皇極經世說)
황극내편설(皇極內篇說)

## 만구집(晩求集)

[작가] 이종기(李種杞, 1837~1902)
[작품] 노천민자설(盧天民字說)
만우자설(萬愚子說)
소목설－여곽명원(昭穆說－與郭鳴遠)
송족군공백설(送族君孔伯說)
이기선후주종편전설(理氣先後主從偏全說)
입지설－송이미홍(立志說－送李美弘)
증김생이자설(贈金生二子說)
지암설(遲庵說)

## 만랑집(漫浪集)

[작가] 황호(黃㦿, 1604~1656)
[작품] 공최근인설(公最近仁說)
애국설(愛菊說)
이손명자설(二孫名字說)

## 만모유고(晩慕遺稿)

[작가] 정기안(鄭基安, 1695~1775)
[작품] 복재설(復齋說)

## 만산유고(晩山遺稿)

[작가] 박승구(朴昇九, 1860~1940)
[작품] 만고설(晩顧說)

## 만성고(晩省稿)

[작가] 정영진(丁永鎭, 1871~1938)
[작품] 농아설(聾啞說)
백하설(白荷說)
인와자설(忍窩自說)
천산와설(天山窩說)
퇴천설(退川說)
호은설(湖隱說)

## 만성선생문집(晩醒先生文集)

[작가] 박치복(朴致馥, 1824~1894)
[작품] 납매설(臘梅說)
백련재유제생설(百鍊齋諭諸生說)
위학설(爲學說)
일신설(日新說)
입지설(立志說)
자유설(自濡說)
하한서협운미성설(河翰瑞夾運未惺說)
허경증자설(許景曾字說)

## 만송당문집(晩松堂文集)

[작가] 이종화(李鍾和, 1813~1886)
[작품] 우락설(憂樂說)

## 만송유고(晩松遺稿)

[작가] 유병헌(劉秉憲, 1842~1919)
[작품] 경당세학자설(警當世學者說)
규일설(葵日說)
맹농아축설(盲聾啞蹙說)
변하사비군설(辨何事非君說)
섬왜편사설(殲倭片史說)
진학설(進學說)
축연설(逐燕說)

## 만송집(晩松集)

[작가] 한남교(교학)〔韓南敎(敎鶴), 1800~1862〕
[작품] 경암설(競庵說)
군자불기설(君子不器說)
학계설(學溪說)

## 만오유고(晩悟遺稿)

[작가] 권찬덕(權纘德, 1859~1927)
[작품] 문무옥자설(文武玉字說)
인심도심설(人心道心說)
자삼손인백의중예숙설(字三孫仁伯義仲禮叔說)

## 만오유고(晩悟遺稿)

[작가] 진정범(陳正範, 1813~1864)
[작품] 율곡선생변무설(栗谷先生卞誣說)

## 만옹집(晩翁集)

[작가] 서명서(徐命瑞, 1711~1795)
[작품] 도설(圖說)

## 만와선생문집(晩窩先生文集)

[작가] 권상현〔權象(尙)鉉, 1851~1929〕
[작품] 곡친수설(哭親鬚說)
기형설(璣衡說)
김응규자설(金應規字說)
낙서설(洛書說)

매의구설(埋義狗說)
면와설(俛窩說)
상심설 – 증손아영대(桑椹說 – 贈孫兒寧玳)
선천팔괘설(先天八卦說)
영회재설(永悔齋說)
인신기소천지설(人身其小天地說)
인지수요설(人之壽夭說)
장아지락자설(長兒止洛字說)
조용하자설(趙鏞夏字說)
족제수현효행설(族弟守鉉孝行說)
차아규락자설(次兒規洛字說)
천심정운도설(天心正運圖說)
폐렴설(弊簾說)
하도설(河圖說)
해조설(海潮說)
후천팔괘설(後天八卦說)

## 만전집(晩全集)

[작가] 홍가신(洪可臣, 1541~1615)
[작품] 김명시무송소설(金命時撫松小說)
난혜설(蘭蕙說)

## 만정당집(晩靜堂集)

[작가] 서종태(徐宗泰, 1652~1719)
[작품] 수졸설(守拙說)
치포설(治圃說)

## 만주집(晩洲集)

[작가] 정창주(鄭昌胄, 1606~1664)
[작품] 연고천홍삼자지의위소설(衍高天鴻三字之義爲小說)
유선설(遊仙說)

장무설(瘴霧說)

## 만취문집(晩翠文集)

[작가] 오억령(吳億齡, 1552~1618)
[작품] 증단질권학설(贈端姪勸學說)
효왕양명객좌사축편체증사제설(效王陽明客坐私祝篇體贈舍弟說)

## 만취일고(晩就逸稿)

[작가] 박상돈(朴尙暾, 1790~1860)
[작품] 입지설 – 면학자(立志說 – 勉學者)

## 만취정유고(晩翠亭遺稿)

[작가] 박영석(朴永錫, 1735~1801)
[작품] 국화설(菊花說)
남초설(南草說)
논산용이기설(論山龍理氣說)
송인향거설(送人鄕居說)
언금설(諺琴說)
이생자설(李生字說)
잡설(雜說)

## 만취집(晩翠集)

[작가] 위계도(魏啓道, 1926~1990)
[작품] 계포란설(鷄抱卵說)
붕우참오륜설(朋友參五倫說)
일금일불환이명설(一今日不換二明說)
자효설(慈孝說)
조삭비설(鳥數飛說)
천만인중상지유기설(千萬人中常知有己說)
타산지석가이공옥설(他山之石可以攻玉說)

## 만포집(晩圃集)

[작가] 오학건(吳學鍵, 1844~1928)
[작품] 국포설(菊圃說)

## 만학당집(晩學堂集)

[작가] 배상유(裵尙瑜, 1622~1666)
[작품] 집설(集說)

## 만헌유고(晩軒遺稿)

[작가] 노국빈(盧國賓, 1747~1821)
[작품] 양심설(養心說)
척사학설(斥邪學說)

## 만헌집(晩軒集)

[작가] 정염(丁焰, 1524~1609)
[작품] 고수재전즙자설(高秀才前楫字說)

## 만회당문집(晩悔堂文集)

[작가] 장경우(張慶遇, 1581~1656)
[작품] 법천설(法天說)

## 만회집(晩悔集)

[작가] 권득기(權得己, 1570~1622)
[작품] 여박잠치논참의중설(與朴潛治論僭疑中說)
염상유백상루설(鹽商遊百祥樓說)

## 만회집(晩悔集)

[작가] 안경시(安景時, 1712~1794)
[작품] 선정봉수전수설(先亭奉守傳授說)
의고전수설(義庫傳授說)

## 만희집(晩羲集)

[작가] 양진영(梁進永, 1788~1860)
[작품] 감여설(堪輿說)
계자설(戒子說)
사설(思說)
사우설(四友說)
애오설(愛惡說)
어채설(魚菜說)
역설(曆說)
이우설(二友說)
채약설(採藥說)
청심설(淸心說)
최자현자설(崔子峴字說)

## 망현재집(望賢齋集)

[작가] 박민한(朴民翰, 1778~1839)
[작품] 괴대설(槐碓說)

## 매계집(梅溪集)

[작가] 김종희(金宗禧, 1878~1932)
[작품] 지행설〔知行說(己亥)〕

## 매당집(梅堂集)

[작가] 이은(李隱, 조선 고종)
[작품] 경설－논어설(經說－論語說)
경설－대학설(經說－大學說)
경설－맹자설(經說－孟子說)
경설－서설(經說－書說)

경설－시설(經說－詩說)
경설－역설(經說－易說)
경설－재기설(經說－載記說)
경설－중용설(經說－中庸說)
경설－춘추설(經說－春秋說)
괘기설(卦氣說)
윤교설(倫敎說)
조석설(潮汐說)
호생설(好生說)

[작품] 계인설(契仁說)
명분설(名分說)
상변설(常變說)
생사설(生死說)
생재설(生財說)
신귀설(神鬼說)
역설(易說)
인재설(人才說)
태극설(太極說)

## 매산집(梅山集)

[작가] 정중기(鄭重器, 1685~1757)
[작품] 상후시음주식육설(祥後始飮酒食肉說)
서얼복제설(병자)〔庶孼服制說(丙子)〕
위종부형제처복시설(정묘)〔爲從父兄弟妻服緦說(丁卯)〕
정침설(신미)〔正寢說(辛未)〕
중월이담설(임인)〔中月而禫說(壬寅)〕

## 매산집(梅山集)

[작가] 홍직필(洪直弼, 1776~1852)
[작품] 악대연설(幄對筵說)
이사온개자설(李士蘊改字說)

## 매암(일창)집〔梅巖(一倉)集〕

[작가] 이숙량(李叔樑, 1519~1592)
[작품] 성인설(成人說)
이내순병자설(李乃純鈵字說)

## 매월당집(梅月堂集)

[작가] 김시습(金時習, 1435~1493)

## 매천집(梅泉集)

[작가] 황현(黃玹, 1855~1910)
[작품] 권왈서개자경소설(權曰瑞改字景韶說)
연와설(然窩說)
자암현설(字巖顯說)
해사설(海史說)

## 매헌선생문집(梅軒先生文集)

[작가] 곽수강(郭壽岡, 1619~1660)
[작품] 천인상감설(天人相感說)

## 매헌선생문집(梅軒先生文集)

[작가] 송명기(宋命基, 1680~1755)
[작품] 비은설(費隱說)
이진후자설(李鎭垕字說)

## 면암집(勉菴集)

[작가] 안영노(安英老, 1797~1846)
[작품] 조군한광개명설(趙君漢廣改名說)

## 면암집(俛庵集)

[작가] 이우(李堣, 1739~1810)

[작품] 독심무출입설(讀心無出入說)

독우담집의의(설)〔讀愚潭集疑義(說)〕

독일원소장도(설)〔讀一元消長圖(說)〕

오행치성설(五行穉盛說)

## 면암집(勉菴集)

[작가] 최익현(崔益鉉, 1833~1906)

[작품] 몽천설－여정덕윤(蒙泉說－與鄭德潤)

문일지십문일지이설(聞一知十聞一知二說)

문재희자설(文載熙字說)

서신최중설(書贐崔仲說)

윤상렴자설(尹相濂字說)

이능문어불능설(以能問於不能說)

조영선자설(趙永善字說)

조우식자설(趙愚植字說)

## 면앙집(俛仰集)

[작가] 송순(宋純, 1493~1583)

[작품] 명이자설(名二子說)

## 면와일고(俛窩逸稿)

[작가] 정내원(鄭來源, 1845~1916)

[작품] 치포관제도증손설(緇布冠制度贈損說)

## 면우집(俛宇集)

[작가] 곽종석(郭鍾錫, 1846~1919)

[작품] 강국경자설(姜國卿字說)

곽극선자설(郭克善字說)

곽봉일자설(郭鳳一字說)

곽성서자설(郭聖緖字說)

곽자종자설(郭子從字說)

권견백자설(權見伯字說)

권자산자설(權子山字說)

권회경자설(權會卿字說)

김경재자설(金敬材字說)

김계원자설(金啓源字說)

김문거자설(金文擧字說)

김원숙자설(金元淑字說)

김음여자설(金霪汝字說)

김이회자설(金而晦字說)

남사형자설(南士珩字說)

독서설(讀書說)

문덕소자설(文德素字說)

박여조자설(朴汝朝字說)

박응발자설(朴膺發字說)

배여란자설(裵汝鸞字說)

변가원자설(卞可元字說)

분석설(汾石說)

사단칠정설(四端七情說)

석성건자설(石聖建字說)

성산편설(城山扁說)

신공호자설(辛公昊字說)

심동정도설(心動靜圖說)

심출입집설(心出入集說)

안왕설(眼王說)

여백승자설(余伯昇字說)

오륜소설(五倫小說)

오주용자설(吳周用字說)

우재소설(憂齋小說)

우천설(愚泉說)

월계설(月溪說)

위물설(爲勿說)

의암설(宜菴說)

이경춘자설(李敬春字說)
이성순자설(李性純字說)
이여재자설(李汝材字說)
인간장설(仁幹杖說)
인심도심설(人心道心說)
장윤거자설(張允車字說)
정덕재자설(丁德哉字說)
정서구자설(鄭瑞久字說)
정순가자설(鄭純可字說)
정좌설(靜坐說)
주재설(主宰說)
죽하설(竹下說)
증송성보설(贈宋聖甫說)
증송조가헌설(贈送趙可憲說)
증장운오실자설(贈張雲五實字說)
채중삼자설(蔡仲三字說)
최성우자설(崔聖雨字說)
최시중자설(崔時仲字說)
최인경자설(崔仁卿字說)
추헌소설(追軒小說)
하경증자설(河景曾字說)
하성권자설(河聖權字說)
하자도자설(河子圖字說)
한희관자설(韓希寬字說)
회당소설(悔堂小說)

**면운재문집**(眠雲齋文集)

[작가] 이주원(李周遠, 1714~1796)
[작품] 조화유감설(厝火有感說)

**명계유고**(明溪遺稿)

[작가] 김수윤(金秀潤, 1875~1951)
[작품] 견돈설(犬豚說)
경노설(耕魯說)
만포설(晚圃說)
백암설(白巖說)
영진자설(榮振字說)
희재설(希齋說)

**명고선생문집**(鳴皐先生文集)

[작가] 정권(간)〔鄭權(榦), 1692~1757〕
[작품] 죽대설(竹帶說)
칠사설－제송사구후소병(七事說－題松沙舊侯小屛)

**명고집**(鳴皐集)

[작가] 정간(鄭榦, 1692~1757)
[작품] 죽대설(竹帶說)
칠사설－제송사구후소병(七事說－題松沙舊侯小屛)

**명곡집**(明谷集)

[작가] 최석정(崔錫鼎, 1646~1715)
[작품] 김생희로자설(金生希魯字說)
우주도설(宇宙圖說)
윤생제명자설(尹生濟明字說)
지인설(志仁說)
추암제자명자설(秋巖諸子名字說)

**명미당고**(明美堂稿)

[작가] 이건창(李建昌, 1852~1898)
[작품] 겸설(謙說)
과설(過說)
논계운궁례설(論啓運宮禮說)

논기해예설(論己亥禮說)
뇌설(雷說)
역권설(易圈說)
응설(鷹說)
전설(傳說)
제초설(除草說)
차죽헌설(借竹軒說)

## 명암문집(明庵文集)

[작가] 도우경(都禹璟, 1755~1813)
[작품] 삭승설(索繩說)
의구설(義狗說)
제정초설(除庭草說)
종국설(種菊說)
청간옹설(淸澗翁說)

## 명재유고(明齋遺稿)

[작가] 윤증(尹拯, 1629~1714)
[작품] 박태한자교백설(朴泰漢字喬伯說)
이세덕백소자설(李世德伯卲字說)
현석소정국휼졸곡전장제설(玄石所定國恤卒哭前葬祭說)

## 명호유고(明湖遺稿)

[작가] 한후수(韓後遂, 영조/정조)
[작품] 기질설(氣質說)
아자성세자설(兒子聖世字說)
정덕검삼종형제자설(鄭德儉三從兄弟字說)
혈구설(絜矩說)
훈자설(訓子說)

## 모계문집(茅溪文集)

[작가] 이명배(李命培, 1672~1736)
[작품] 관산설(鸛山說)
노아설(盧兒說)

## 모당집(某堂集)

[작가] 이호근(李鎬根, 1859~1902)
[작품] 가국설(假菊說)

## 모산집(慕山集)

[작가] 권혜(權惠, 1693~1747)
[작품] 척촉장설 - 증군장(대기옹)〔躑躅杖說 - 贈君章(代棄翁)〕

## 모은유고(慕隱遺稿)

[작가] 정동식(鄭東植, 1850~1910)
[작품] 삼호설(三號說)

## 모재집(慕齋集)

[작가] 김안국(金安國, 1478~1543)
[작품] 박난이오김기자설(朴蘭李塢金器字說)
박한로함경충자설(朴漢老咸敬忠字說)
정천령박수춘박감권은자설(鄭千齡朴壽椿朴敢權殷字說)

## 모정선생문집(慕亭先生文集)

[작가] 이시수(李蓍秀, 1790~1849)
[작품] 신독설(愼獨說)
심무출입설(心無出入說)

음강양승설(陰降陽升說)
중론과욕무욕설(重論寡欲無欲說)
화생금설(火生金說)

## 모헌집(慕軒集)

[작가] 강필신(姜必愼, 1687~1756)
[작품] 소연설(巢燕說)
자계설(自計說)

## 목간문집(木澗文集)

[작가] 조연복(趙淵復, 1790~1868)
[작품] 증이기지태구추회설(贈李器之泰九追悔說)

## 목산문집(木山文集)

[작가] 남상노(南相魯, 1871~1906)
[작품] 상구설(相龜說)

## 목은문고(牧隱文藁)

[작가] 이색(李穡, 1328~1396)
[작품] 가명설(可明說)
경춘설(景春說)
맹양설(孟陽說)
맹의설(孟儀說)
맹주설孟周說
무진김씨삼자명자설(茂珍金氏三子名字說)
백공설(伯共說)
백중설 – 증이장원별(伯中說 – 贈李狀元別)
설우설(雪牛說)
순중설(純仲說)
이씨삼자명자설(李氏三子名字說)
자복설(子復說)
자인설(子因說)
중영설(仲英說)
중지설(仲至說)
지현설(之顯說)
직설(1)〔直說(一)〕
직설(2)〔直說(二)〕
직설(3)〔直說(三)〕
천봉설(千峰說)
평원설(平源說)
한씨사자명자설(韓氏四子名字說)
호연설 – 증정보별(浩然說 – 贈鄭甫別)

## 목제집(木濟集)

[작가] 홍여하(洪汝河, 1621~1678)
[작품] 간설(상)〔諫說(上)〕
간설(하)〔諫說(下)〕
법제설(法制說)
빈부설(貧婦說)
성지설(城池說)
정시교자설(鄭是僑字說)
지원설(志願說)

## 몽암집(蒙庵集)

[작가] 이채(李埰, 1616~1684)
[작품] 봉설(蜂說)
예양설(豫讓說)
장량설(張良說)
전횡설(田橫說)

## 몽회집(夢晦集)

[작가] 허업(許業, 1883~1922)
[작품] 김군앙자설(金君仰字說)

김수중형준자설(金秀中炯俊字說)
논당금지선무자막불왈자강자치지소이위무자원문기설(論當琴之先務者莫不曰自强自治之所以爲務者願聞其說)
벽사설(闢邪說)
삼종제문경건자설(三從弟門敬楗字說)
시율소설(詩律小說)
식연설(植蓮說)
우설(偶說)
자경설(1)〔自警說(一)〕
자경설(2)〔自警說(二)〕
정명설(正名說)
흡연설 – 증김응오(吸煙說 – 贈金應五)

## 무금당유고(無禁堂遺稿)

[작가] 양도남(楊道南, 1624~1700)
[작품] 정국설(庭菊說)
지조불군설(鷙鳥不羣說)

## 무릉잡고(武陵雜稿)

[작가] 주세붕(周世鵬, 1495~1554)
[작품] 필흑가설(筆黑家說)

## 무명자집(無名子集)

[작가] 윤기(尹愭, 1741~1826)
[작품] 강설(講說)
강유설(剛柔說)
과설(科說)
과설(1) – 난장지상〔科說(一) – 亂場之狀〕
과설(2) – 근래시관개시강관자류〔科說(二) – 近來試官皆是絳灌者流〕
과설(3) – 고금시관〔科說(三) – 古今試官〕
과설(4) – 향유지장내통정〔科說(四) – 鄕儒之場內通情〕
과설(5) – 겸종급노예배지출입과장〔科說(五) – 傔從及奴隷輩之出入科場〕
과설(6) – 근래과거가위극란대괴〔科說(六) – 近來科擧可謂極亂大壞〕
관시설(觀市說)
관인설(觀人說)
관주설(觀舟說)
매도설(買刀說)
몽설(夢說)
배행상계석명설(輩行相繼錫名說)
벽이단설(闢異端說)
병설(病說)
삼설(蔘說)
서측자설(抒厠者說)
소일설(消日說)
음설(飮說)
이설(利說)
잡설(1)〔雜說(一)〕
잡설(2)〔雜說(二)〕
잡설(3)〔雜說(三)〕
종호설(種瓠說)
천원지방설(天圓地方說)
첨설(諂說)

## 무문헌문집(無聞軒文集)

[작가] 이철후(李澈厚, 1874~1934)
[작품] 동리설(東籬說)

## 무민당집(无悶堂集)

[작가] 박인(朴絪, 1583~1640)
[작품] 대맥설(貸麥說)

종국설(種菊說)
책묘설(責猫說)
한설(閒說)

**무산유집**(武山遺集)

[작가] 강용하(姜龍夏, 1840~1908)
[작품] 구남정사벽상열서설(龜南精舍壁上列敍說)
독소학자경설(讀小學自警說)
신부옹설(信夫翁說)
정장광교자연와설(鄭丈匡喬自然窩說)

**무산재유고**(武山齋遺稿)

[작가] 이봉흥(李鳳興, 1735~1810)
[작품] 관수설(觀水說)

**무송정사고**(撫松亭私稿)

[작가] 서태환(徐台煥, 조선 고종)
[작품] 수담설(手談說)
채약자설(採藥子說)

**무수옹문집**(無愁翁文集)

[작가] 권기(權愭, 1623~1695)
[작품] 양구설(養鳩說)

**무은문집**(霧隱文集)

[작가] 정지호(鄭之虎, 1605~1678)
[작품] 강명설(剛明說)
동지설(冬至說)
묘지반설(猫之反說)
자신설(自信說)

주수설(舟水說)

**무주일고**(無住逸稿)

[작가] 홍호(洪鎬, 1586~1646)
[작품] 남헌설(南軒說)
임천설(臨川說)
잠실설(蠶室說)

**묵산문집**(默山文集)

[작가] 문해구(文海龜, 1776~1849)
[작품] 강사장자설(姜士章字說)
김형호상태자설(金亨乎尙兌字說)
서선설(書扇說)
유자신진영자설(柳子新震英字說)
유자화진엽자설(柳子和震燁字說)
일과설(日課說)
자경설(自警說)
천군토사적설(天君討私賊說)
필설(筆說)
한여탁상규자설(韓汝琢相圭字說)

**묵산집**(默山集)

[작가] 남기만(南基萬, 1730~1796)
[작품] 인심도심설(人心道心說)

**묵수당집**(嘿守堂集)

[작가] 최유해(崔有海, 1588~1641)
[작품] 계몽설(啓蒙說)
숙흥야매잠추연설(夙興夜寐箴推演說)
황극경세설(皇極經世說)

## 묵암문집(默庵文集)

[작가] 도한열(都漢烈, 1891~1959)
[작품] 자경설(自警說)

## 묵암문집(默庵文集)

[작가] 배극소(裵克紹, 1819~1871)
[작품] 독서설 – 증정충언치한(讀書說 – 贈鄭忠彦致翰)
묵암소설(默庵小說)
장설(杖說)

## 묵암집(默巖集)

[작가] 문갑순(文甲淳, 1888~1933)
[작품] 허자형철자설(許子亨哲字說)

## 묵암집(默庵集)

[작가] 신구(申球, 1666~1734)
[작품] 제경수와설(題縈叟窩說)

## 묵암집(默庵集)

[작가] 허강(許儞, 1766~1822)
[작품] 묵암설(默庵說)
옥천설(玉泉說)

## 묵와유집(默窩遺集)

[작가] 여태회(呂泰會, 1854~1928)
[작품] 여상윤효행설(呂相胤孝行說)

## 묵재문집(默齋文集)

[작가] 이병철(李柄喆, 1874~1914)
[작품] 종국설(種菊說)

## 묵재문집(默齋文集)

[작가] 하정근(河貞根, 1889~1973)
[작품] 간송호설(澗松號說)
만산호설(晩山號說)
세장설 – 시종자만관(世庄說 – 示宗子萬觀)
소계설(小溪說)
수헌설(守軒說)

## 묵재집(默齋集)

[작가] 양처제(梁處濟, 1643~1716)
[작품] 도설(道說)
묵설(默說)
박승기자설(朴承基字說)
이인제자설(李仁濟字說)
인설(人說)
정언필자설(鄭彦弼字說)
편당설(偏黨說)

## 묵헌문집(默軒文集)

[작가] 허숙(許埱, 1861~1923)
[작품] 어천설(漁川說)

## 묵헌집(默軒集)

[작가] 오도형(吳道炯, 1826~1900)
[작품] 석란설(惜蘭說)

## 묵헌집(默軒集)

[작가] 이만운(李萬運, 1736~1820)
[작품] 변태극도설(辨太極圖說)
제잠설(鯷岑說)
존양함양동정설(存養涵養動靜說)
칙낙서위후천괘설(則洛書爲後天卦說)
칙하도화괘설(則河圖畫卦說)

## 문강선생문집(汶岡先生文集)

[작가] 이승기(李承基, 1879~1959)
[작품] 심경주일설(心敬主一說)
향목설(香木說)

## 문곡유집(文谷遺集)

[작가] 홍흔(洪昕, 1602~1653)
[작품] 성상근설(性相近說)
수면앙배설(晬面盎背說)
우락설(憂樂說)

## 문곡집(文谷集)

[작가] 김수항(金壽恒, 1629~1689)
[작품] 김순징호삼형제자설(金洵澂灝三兄弟字說)
청와설(聽蛙說)

## 문산집(文山集)

[작가] 이재의(李載毅, 1772~1839)
[작품] 의작설(義鵲說)
착묘설(捉猫說)

## 문정공유고(文貞公遺稿)

[작가] 민유중(閔維重, 1630~1687)
[작품] 귀신자이기지양능설(鬼神者二氣之良能說)

## 물천집(勿川集)

[작가] 김진우(金鎭祐, 조선 고종)
[작품] 경신설(敬身說)
물시소재설－증종제진문(勿恃小才說－贈從弟鎭文)
서주부자답진염부서증제생소설(書朱夫子答陳廉夫書贈諸生小說)
안생인거유자설(安生仁居由字說)
이생공직자설(李甥孔直字說)
제국사설(除國祠說)
증이경부소설(贈李敬夫小說)
증제생소설(1)〔贈諸生小說(一)〕
증제생소설(2)〔贈諸生小說(二)〕
학무실득설(學務實得說)
황하려선생입지설－서증장달중재붕(黃下廬先生立志說－書贈張達中載鵬)

## 미당문집(彌堂文集)

[작가] 최무열(崔武烈, 1883~1946)
[작품] 김치경병탁자설(金致敬柄鐸字說)
종죽설(種竹說)

## 미산집(嵋山集(?))

[작가] 김진한(金鎭漢, 1629~?)
[작품] 오도일이관지설(吾道一以貫之說)

### 미산집(眉山集)

[작가] 한장석(韓章錫, 1832~1894)

[작품] 오촌설(聱村說)

### 미수기언(眉叟記言)

[작가] 허목(許穆, 1595~1682)

[작품] 경설－귀신설(經說－鬼神說)
경설－서설(經說－書說)
경설－시령설(經說－時令說)
경설－시설(經說－詩說)
경설－악설(經說－樂說)
경설－정설(經說－政說)
경설－춘추설(經說－春秋說)
경설－형설(經說－刑說)
경설－홍범설(經說－洪範說)
고매루자대년설(古梅樓子大年說)
권군성중자설(權君聖中字說)
대명홍설(大明紅說)
득석도설(得石刀說)
만목춘도소설(萬木春隖小說)
백졸장설(百拙藏說)
이군자설(李君字說)
정군형제자설(鄭君兄弟字說)
좌우음양설(左右陰陽說)
지함설(地陷說)

### 미암집(眉巖集)

[작가] 유희춘(柳希春, 1513~1577)

[작품] 관수설(觀水說)

### 미호집(渼湖集)

[작가] 김원행(金元行, 1702~1772)

[작품] 심성기질설－시이민철(心性氣質說－示李敏哲)
인손명자설(麟孫名字說)
중용귀신설(中庸鬼神說)

### 민암문집(敏菴文集)

[작가] 조병하(曺秉夏, 일제강점기)

[작품] 심성정분개설(心性情分開說)

### 민와문집(敏窩文集)

[작가] 이기상(李驥相, 1826~1913)

[작품] 궁리진성설(窮理盡性說)
극기복례위인설(克己復禮爲仁說)
기질지성설(氣質之性說)
변화기질설(變化氣質說)
복성도후설(復性圖後說)
삼양설(三養說)
성설(誠說)
성즉리설(性卽理說)
심선설(心善說)
오행지생각일기성설(五行之生各一其性說)
이기동정설(理氣動靜說)
이혜청화설(夷惠淸和說)
인물지생성동기이설(人物之生性同氣異說)
정허동직설(靜虛動直說)
제사신지설(祭祀神祇說)
주호인설(做好人說)
지두설(地頭說)
태극본무극설(太極本無極說)
학설(學說)

학예설(學禮說)

## 밀암집(密菴集)

[작가] 김지행(金砥行, 1716~1774)

[작품] 송고종세실설(宋高宗世室說)

이수석명설(履修錫名說)

## 밀암집(密菴集)

[작가] 이재(李栽, 1657~1730)

[작품] 조신경자설(趙信卿字說)

# ㅂ

박정자유고(朴正字遺稿)
~
비와집(卑窩集)

**박정자유고**(朴正字遺稿)

[작가] 박태한(朴泰漢, 1664~1697)
[작품] 격물설(格物說)
경의도설(敬義圖說)
색설(色說)
설문(說文)
설문(계해)〔說文(癸亥)〕
인심도심도설(人心道心圖說)
타증불고설(갑자)〔墮甑不顧說(甲子)〕

**박천집**(博泉集)

[작가] 이옥(李沃, 1641~1698)
[작품] 독한문공두습유이선생서설(讀韓文公杜拾遺二先生書說)
부자대가설－어제거괴(夫子待價說－御題居魁)

**반간집**(槃澗集)

[작가] 황유(黃紐, 1578~1626)
[작품] 능리노온설(陵里老媼說)

**반계유고**(磻溪遺稿)

[작가] 위정명(魏廷鳴, 1589~1639)
[작품] 경세설(警世說)

**방산집**(方山集)

[작가] 이운정(李運禎, 1819~1893)
[작품] 대아설(大啞說)
도불원인설(道不遠人說)
백년화설(百年花說)
분정설(分定說)
삼종손문흠명자설(三從孫文欽名字說)
연비어약설(鳶飛魚躍說)
일일복잠도설(一日復箴圖說)
주자서이조설(朱子書二條說)
치포설(治圃說)
학이시습설(學而時習說)

**방산집**(舫山集)

[작가] 허훈(許薰, 1836~1907)
[작품] 변이한주심의설(辨李寒洲深衣說)
빈풍편례설(豳風編例說)
삼년내묘제설(三年內墓祭說)
서배옹설(書裵翁說)
심설(心說)
염설(鹽說)
차설(車說)
포설(砲說)
하도낙서설(河圖洛書說)
해조설(海潮說)
혈구설(絜矩說)

**방주집**(芳洲集)

[작가] 문국현(文國鉉, 1838~1911)
[작품] 배송성재선생귀김해설(拜送性齋先生歸金海說)
사단칠정설(四端七情說)

**백곡집**(栢谷集)

[작가] 김득신(金得臣, 1604~1684)
[작품] 군심출치지본설(君心出治之本說)
맥병설(麥餠說)

본연지성기질지성변설(本然之性氣質之性卞說)
사배설(沙盃說)
와설(猧說)
웅압위구소서설(雄鴨爲狗所噬說)
의설(醫說)
죽통설(竹筒說)
평호소지석시설(評湖蘇芝石詩說)

## 백곡집(栢谷集)

[작가] 정곤수(鄭崑壽, 1538~1602)
[작품] 공설(恭說)
복구물설(復舊物說)
서천설(西川說)

## 백남집(白南集)

[작가] 김시빈(金始鑌, 1684~1729)
[작품] 경구설(景區說)
백호설(白毫說)

## 백담집(栢潭集)

[작가] 구봉령(具鳳齡, 1526~1586)
[작품] 촉견폐일설(蜀犬吠日說)

## 백록가고(白麓家稿)

[작가] 강시환(姜始煥, 영조)
[작품] 상기설(象棋說)
홍계회백패설(洪季晦白牌說)

## 백불암집(百佛菴集)

[작가] 최흥원(崔興遠, 1705~1786)
[작품] 원습설(願習說)
전사설(傳事說)

## 백사집(白沙集)

[작가] 이항복(李恒福, 1556~1618)
[작품] 산가지설(山家之說)

## 백석유고(白石遺稿)

[작가] 유즙(柳楫, 1585~1651)
[작품] 귀천쟁우설(貴賤爭優說)
매두옹설(賣斗翁說)
송죽국쟁장설(松竹菊爭長說)
증제동자설(贈諸童子說)

## 백수집(白水集)

[작가] 양응수(楊應秀, 1700~1767)
[작품] 강수어심설(講粹語心說)
기설(氣說)
논정전설(論井田說)
불인고부지설(不仁故不智說)
비은설(費隱說)
선악개천리설(善惡皆天理說)
숭례설(崇禮說)
신설(神說)
심설(心說)
일기이기설(一氣二氣說)
지각설(知覺說)
형기설(形氣說)
혼천도설(渾天圖說)

## 백운록(白雲錄)

[작가] 경한(백운화상)〔景閑(白雲和尙), 1298~1374〕
[작품] 흥성사입원소설(興聖寺入院小說)

## 백운정문집(白雲亭文集)

[작가] 이화상(李華祥, 1842~1915)
[작품] 모년유감설(暮年有感說)
자설－증서흠경(字說－贈徐欽卿)

## 백천당유고(百千堂遺稿)

[작가] 오핵(吳翮, 1615~1653)
[작품] 폭건도설(幅巾圖說)

## 백초유고(白樵遺稿)

[작가] 강진(姜鎭, 1799~1865)
[작품] 심성응자설(沈聖應字說)
조여회자설(趙汝晦字說)

## 백치유고(百癡遺稿)

[작가] 정사화(鄭思和, 1831~1883)
[작품] 서설경헌정전설(후)〔書薛敬軒井田說(後)〕
성음설(聲音說)

## 백헌집(白軒集)

[작가] 이경석(李景奭, 1595~1671)
[작품] 의묘설(疑墓說)

## 백호집(白湖集)

[작가] 윤휴(尹鑴, 1617~1680)
[작품] 공고직장도설(상)－제설〔公孤職掌圖說(上)－製說〕
공고직장도설(중)－제진〔公孤職掌圖說(中)－製進〕
공고직장도설(하)－제진〔公孤職掌圖說(下)－製進〕
선계설(禪繼說)
손위조후설(孫爲祖後說)
언설(言說)
인심안불안설(人心安不安說)
첩자위기모복설(妾子爲其母服說)
칠십노이전설(七十老而傳說)
회암사관설(晦菴辭官說)

## 백후유집(栢後遺集)

[작가] 은성일(殷成馹, 1857~1935)
[작품] 경암설(敬巖說)
반구재설(反求齋說)
봉서설(鳳西說)
오우당설(五友堂說)

## 백후집(栢後集)

[작가] 김기수(金基洙, 1818~1873)
[작품] 해주설(海舟說)

## 번암집(樊巖集)

[작가] 채제공(蔡濟恭, 1720~1799)
[작품] 식성설(食性說)
안화설(案花說)

옥로설(玉鷺說)
용호도설(龍虎圖說)

## 범허정집(泛虛亭集)

[작가] 송광연(宋光淵, 1638~1695)
[작품] 조묘설(祧廟說)

## 법천집(法川集)

[작가] 강윤(姜潤, 1701~1782)
[작품] 괘변설(卦變說)
김생익현자설(金甥益顯字說)
휘설(諱說)

## 벽산유고(碧山遺稿)

[작가] 강주복(姜周福, 1782~1848)
[작품] 천지설(天地說)

## 벽서유고(碧棲遺稿)

[작가] 정운오(鄭雲五, 1846~1920)
[작품] 운강설－증박생여삼(雲岡說－贈朴甥汝三)

## 벽오유고(碧梧遺稿)

[작가] 이시발(李時發, 1569~1660)
[작품] 훼예설－증장생(毁譽說－贈張生)

## 벽재문집(甓齋文集)

[작가] 이규운(李奎運, 1739~1806)
[작품] 만설(漫說)
애국설(愛菊說)
의벽옹설(醫甓翁說)
이건별묘설(移建別廟說)
중자사목자설(仲子思睦字說)

## 병계집(屛溪集)

[작가] 윤봉구(尹鳳九, 1683~1767)
[작품] 강필간강설(갑신)〔姜必簡講說(甲申)〕
금수초목지성불가이인의예지명설(신축하)〔禽獸草木之性不可以仁義禮智名說(辛丑夏)〕
김경휴근사록강설(을해)〔金景休近思錄講說(乙亥)〕
김경휴미발강설(기묘)〔金景休未發講說(己卯)〕
김경휴심설강설(기묘)〔金景休心說講說(己卯)〕
김경휴심설강설(을해)〔金景休心說講說(乙亥)〕
김경휴예의강설(金景休禮疑講說)
김경휴중용강설(기묘)〔金景休中庸講說(己卯)〕
김여사강설(신미)〔金汝四講說(辛未)〕
김유도심성강설(金幼道心性講說)
나처대인심도심강설(신사)〔羅妻大人心道心講說(辛巳)〕
답숭화서재제생강설(答崇化書齋諸生講說)
대학도설(大學圖說)
부산서원강설(浮山書院講說)
부위처장기혹부장기연담유무고증설(계축)〔夫爲妻杖朞或不杖朞練禫有無考證說(癸丑)〕
성선보수명태극강설(成善甫守明太極講說)
성여후미발강설(병술)〔成汝厚未發講說(丙戌)〕

송경여율곡인심도심도설강설(宋絅汝栗谷人心道心圖說講說)
송경여중용혹문강설(宋絅汝中庸或問講說)
송경회논어강설(기묘)〔宋景晦論語講說(己卯)〕
송경회심경강설(신사)〔宋景晦心經講說(辛巳)〕
송경회심성강설(갑신)〔宋景晦心性講說(甲申)〕
송경회심성강설(임오)〔宋景晦心性講說(壬午)〕
숙중미발강설(기묘)〔塾中未發說(己卯)〕
숙중심설강설(병술)〔塾中心說講說(丙戌)〕
심성정합인심도심도설(心性情合人心道心圖說)
야기장설(夜氣章說)
오상설(갑진동)〔五常說(甲辰冬)〕
이중일인심도심강설(갑신)〔李仲一人心道心講說(甲申)〕
이태이대학강설(갑술)〔李泰以大學講說(甲戌)〕
이태이중용강설(李泰以中庸講說)
죽림서원태극도강설(竹林書院太極圖講說)
중용서차설(中庸序箚說)
중용수장도설(中庸首章圖說)
한여사(종세)논어강설(신미)〔韓汝師(宗世)論語講說(辛未)〕
한여사심성강설(韓汝師心性講說)
한여사태극도설(신미)〔韓汝師太極圖說(辛未)〕
효경강설(갑신)〔孝經講說(甲申)〕
효암서원대학강설(孝巖書院大學講說)

## 병곡집(屛谷集)

[작가] 권구(權榘, 1672~1749)
[작품] 귀신혼백설(鬼神魂魄說)
사단칠정설(四端七情說)
심설(4)〔心說(四)〕
쌍환설(雙環說)
의설(醫說)
종람설(種藍說)
지곡폐지설(枝谷廢池說)

## 병산선생문집(甁山先生文集)

[작가] 김영학(金永學, 1869~1933)
[작품] 경독설(耕讀說)
낙초설(樂樵說)
동리설(東里說)
배극성자설(裵克省字說)
백하설(白荷說)
인심편시도심설(人心便是道心說)
자설(字說)
퇴천설(退川說)

## 병산집(屛山集)

[작가] 이관명(李觀命, 1661~1733)
[작품] 매서화설(買書畵說)

## 병세집(幷世集)

[작가] 신완(申琓, ?~?)
[작품] 문설(文說)

## 병소유고(屛巢遺稿)

[작가] 박기룡(朴淇龍, 1873~1944)

[작품] 사친설(事親說)
애백일홍설(愛百日紅說)
홍국설(紅菊說)

## 병와집(甁窩集)

[작가] 이형상(李衡祥, 1653~1733)

[작품] 가례시종설(家禮始終說)
기형설(璣衡說)
선니관설(宣尼冠說)
성명설(性命說)
순옹설(順翁說)
역위복서서설(易爲卜筮書說)
음양호생설(陰陽互生說)
정생자설(鄭生字說)
존경설(尊經說)

## 병재집(甁齋集)

[작가] 박하징(朴河澄, 1484~1566)

[작품] 문답설(問答說)

## 보만재집(保晩齋集)

[작가] 서명응(徐命膺, 1716~1787)

[작품] 신법혼천도설(新法渾天圖說)
잡설(1)〔雜說(一)〕
잡설(2)〔雜說(二)〕
잡설(3)〔雜說(三)〕
잡설(4)〔雜說(四)〕
정전설(井田說)

## 보산집(甫山集)

[작가] 유영하(柳榮河, 1787~1868)

[작품] 척주퇴조비설(陟州退潮碑說)
효정설(孝井說)

## 보한재집(保閑齋集)

[작가] 신숙주(申叔舟, 1417~1475)

[작품] 가직설－서송윤생원(자영)시권〔稼織說－書送尹生員(子榮)詩卷〕

## 복암선생문집(復菴先生文集)

[작가] 장화식(蔣華植, 1871~1947)

[작품] 서생학균자정부설(徐生學均字正夫說)
심해설(心解說)

## 복재집(復齋集)

[작가] 강건(姜楗, 1817~1881)

[작품] 독심의설(讀深衣說)
심의후설(深衣後說)

## 본암집(本庵集)

[작가] 김종후(金鍾厚, 1721~1780)

[작품] 경련설(정해)〔敬蓮說(丁亥)〕
기자서실벽설(幾字書室壁說)
명자설(기묘)〔名字說(己卯)〕
위소후전모지당여모설(爲所後前母之黨如母說)
지행설(기해)〔知行說(己亥)〕

## 봉강유고(鳳岡遺稿)

[작가] 강찬희(姜粲熙, 1863~1937)
[작품] 도설(圖說)
성리도설(性理圖說)

## 봉계선생일고(鳳溪先生逸稿)

[작가] 홍세공(洪世恭, 1541~1598)
[작품] 태극설(太極說)

## 봉곡유집(鳳谷遺集)

[작가] 계덕해(桂德海, 1708~1775)
[작품] 시설(詩說)

## 봉서집(鳳棲集)

[작가] 유신환(兪莘煥, 1801~1859)
[작품] 대학도설(大學圖說)
대학호오의리설(大學好惡義利說)
문학난후설(文學難後說)
미발설(未發說)
위학지방도설(爲學之方圖說)
이기신화설(理氣神化說)

## 봉암집(鳳巖集)

[작가] 채지홍(蔡之洪, 1683~1741)
[작품] 국설(菊說)
노사설(鷺絲說)
송두신설(送痘神說)
송재은성징자설(경신)〔宋載殷聖徵字說(庚申)〕
애련설(愛蓮說)
유구명명설(有龜命名說)
죽설(竹說)
화양동이적설(華陽洞異蹟說)

## 봉암집(鳳巖集)

[작가] 한몽인(韓夢麟, 1684~1762)
[작품] 성명이기설(性命理氣說)
잡설(雜說)
천군거안택설(天君居安宅說)
천군설－유치심공부(天君說－諭治心工夫)

## 봉양유서(鳳陽遺書)

[작가] 서재신(徐載信, 1821~1852)
[작품] 부전명자설(附前名字說)
삼재오행이기총도설(三才五行理氣總圖說)
성통사덕도설(誠統四德圖說)
신자훈설(信字訓說)
신포사성도설(信包四性圖說)
인오상체용총도설(人五常體用圖說)
재행설(載行說)
중일설(中一說)
토우사행도설(土寓四行圖說)

## 봉촌집(鳳村集)

[작가] 최상용(崔象龍, 1786~1849)
[작품] 이기선후설(理氣先後說)

## 부지옹유고(不知翁遺稿)

[작가] 박윤동(朴潤東, 1833~1909)
[작품] 무본설(務本說)
효설(孝說)

## 부훤당문집(負暄堂文集)

[작가] 최익중(崔益重, 1717~1788)

[작품] 기설－경후학(機說－警後學)

나설(儺說)

남초설－증곽수사지한곤계(南草說－贈郭秀士之翰昆季)

명자설 (名字說)

문효자검설(文孝子劍說)

박군경로안자설(朴君景魯顔字說)

박군중광자설(朴君仲匡字說)

사농설－증김수사의지(士農說－贈金秀士宜之)

사우문설(四友問說)

사제설－계문중자질(師弟說－戒門中子姪)

이기설(理氣說)

족질주담자설(族姪柱聃字說)

족질중관자설(族姪仲觀字說)

족질중양자설(族姪仲養字說)

족질중탁자설(族姪仲濯字說)

족질지립자설(族姪砥立字說)

척양묘설(斥養猫說)

환락설(換駱說)

## 북헌집(北軒集)

[작가] 김춘택(金春澤, 1670~1717)

[작품] 간서잡설(看書雜說)

명아명술손설(命兒名述孫說)

몽설－증송경휘(夢說－贈宋景徽)

잠녀설(潛女說)

주자시설－증송정상(朱子是說－贈宋正相)

## 분서집(汾西集)

[작가] 박미(朴瀰, 1592~1645)

[작품] 고자설(餻字說)

대각지대몽설(大覺知大夢說)

## 분수재집(賁需齋集)

[작가] 강규환(姜奎煥, 1679~1731)

[작품] 경의기문록부설(임인)〔經義記聞錄附說(壬寅)〕

계사상전도설(繫辭上傳圖說)

계사하전도설(繫辭下傳圖說)

김신부(근행)술부(선행)자설〔金愼夫(謹行)述夫(善行)字說〕

선천변위후천도설(先天變爲後天圖說)

신자명(정주)자설〔申子明(鼎周)字說〕

오성삼취설(갑진)〔五星三聚說(甲辰)〕

우곡부군훈자격언도설(愚谷府君訓子格言圖說)

원자정(득중)자설〔元子精(得中)字說〕

중용장구역자설(경자)〔中庸章句亦字說(庚子)〕

지포사덕설(병오삼월)〔智包四德說(丙午三月)〕

## 분암문집(憤庵文集)

[작가] 안훈(安燻, 현대)

[작품] 김씨이자자설(金氏李子字說)

난파소설(蘭坡小說)

남궁초우설(南宮草偶說)

남초설(南草說)

몽소설(夢巢說)

송문설(松問說)

운전설(耘田說)

자유자행설(字柳子行說)
정관설(正冠說)
주곤설(酒困說)

## 분애유고(汾厓遺稿)

[작가] 신정(申晸, 1628~1687)
[작품] 문맹설(蚊蝱說)
증민석보설(贈閔碩輔說)
추풍회심맹설(秋風悔心萌說)

## 비와집(卑窩集)

[작가] 정중대(鄭重岱, 1691~1762)
[작품] 연설(演說)

# ㅅ

사가집(四可集)

~

쌍주유고(雙洲遺稿)

**사가집**(四可集)

[작가] 유호근(柳浩根, 1861~?)

[작품] 김노동성구자설(金魯東聖九字說)
김명동성만자설(金明東聖萬字說)
김은동성팔자설(金殷東聖八字說)
김종원성백자설(金宗元城伯字說)
엄주훈경흠자설(嚴柱勳景欽字說)
임원호수능자설(林元鎬秀能字說)
최익중겸자설(崔益仲謙字說)

**사계유고**(沙溪遺稿)

[작가] 김장생(金長生, 1548~1631)

[작품] 여양진익논계구신독분동정설(與梁振翊論戒懼愼獨分動靜說)

**사기집**(沙磯集)

[작가] 이시원(李是遠, 1790~1866)

[작품] 구암설(苟庵說)
예구설(瘞狗說)

**사류재집**(四留齋集)

[작가] 이정암(李廷馣, 1541~1600)

[작품] 이자명재설(二子名齋說)
인재설(忍齋說)
제가례후설(題家禮後說)

**사미정유집**(四美亭遺集)

[작가] 문경충(文敬忠, 1494~1555)

[작품] 서장사숙좌우명자경설(書張思淑座右銘自警說)
송총혜산인설(送聰慧山人說)
자외십이조설(自畏十二條說)

**사미헌집**(四未軒集)

[작가] 장복추(張福樞, 1815~1900)

[작품] 긍재설(兢齋說)
불개명설(不改名說)
성재설(惺齋說)

**사복재집**(思福齋集)

[작가] 송진봉(宋鎭鳳, 1840~1898)

[작품] 변태서설(辨泰西說)
사친설 – 서증박희준(事親說 – 書贈朴熙俊)
석운자설(錫雲字說)
위학설 – 증이문여(爲學說 – 贈李文汝)
지경설 – 시질아방호(持敬說 – 示姪兒邦浩)
향약본의후설(鄕約本義後說)
향음례본의후설(鄕飮禮本義後說)

**사성재문집**(思省齋文集)

[작가] 송헌재(宋獻在, 1863~1884)

[작품] 두견화설(杜鵑花說)
부부설(夫婦說)
의관설(衣冠說)

**사성재문집**(四誠齋文集)

[작가] 윤우학(尹禹學, 1852~1930)

[작품] 계례지자위장자삼년당부설(繼禰之子爲長子三年當否說)
교대변설(絞帶辨說)
기해복의설(己亥服議說)

논맹강설(論孟講說)
논입후설(論立後說)
복의설(服疑說)
삼가석설(三可惜說)
소학강설(小學講說)
오대조승중복상가부설(五代祖承重服喪可否說)
유원빈교년자설(柳元彬教年字說)
은초설(隱樵說)
읍궁설(泣弓說)
인기설－서시재종질병형(忍飢說－書示再從姪炳馨)
조주천장방설(祧洲遷長房說)
학용강설(學庸講說)
행등설(行滕說)

## 사소유고(士笑遺藁)

[작가] 신병조(愼炳朝, 1846~1924)
[작품] 만취설(晩醉說)
사소설(士笑說)
숙정설(淑亭說)
우천설(愚川說)
죽포설(竹圃說)

## 사숙재집(私淑齋集)

[작가] 강희맹(姜希孟, 1424~1483)
[작품] 강세창백겸자설(姜世昌伯謙字說)
공렴자혜설(公廉慈惠說)
기조설(忌蚤說)
성선설－송계호상인귀관(性善說－送戒浩上人歸覲)
승목설(升木說)
우민보자설(禹敏甫字說)
처궁설－송구상사지관동(處窮說－送丘上舍之關東)
훈자오설－담사설(訓子五說－啗蛇說)
훈자오설－도자설(訓子五說－盜子說)
훈자오설－등산설(訓子五說－登山說)
훈자오설－삼치설(訓子五說－三雉說)
훈자오설－요통설(訓子五說－溺桶說)

## 사암집(思菴集)

[작가] 박순(朴淳, 1523~1589)
[작품] 우계연보후설(牛溪年譜後說)

## 사애선생문집(沙厓先生文集)

[작가] 민주현(閔胄顯, 1808~1882)
[작품] 단사설(丹史說)
대학도설(大學圖說)
심전설(心田說)

## 사양유고(沙陽遺稿)

[작가] 권병재(權秉載, 1867~1965)
[작품] 종압각수설(種鴨脚樹說)

## 사오당일집(四吾堂逸集)

[작가] 배양옥(裵良玉, 1622~1693)
[작품] 사오당설(四吾堂說)

## 사우당집(四友堂集)

[작가] 송국택(宋國澤, 1597~1659)
[작품] 사자명자설(四子名字說)

## 사위유고(史謂遺稿)

[작가] 송규헌(宋奎憲, 1870~1938)
[작품] 위학설 – 증정래동(爲學說 – 贈丁來東)

## 사은문집(泗隱文集)

[작가] 신종호(申鍾浩, 1827~1906)
[작품] 피발염발설(被髮斂髮說)

## 사재집(思齋集)

[작가] 김정국(金正國, 1485~1541)
[작품] 정지운자설(鄭之雲字說)

## 사정집(思亭集)

[작가] 최기대(崔基大, 1750~1813)
[작품] 역상계도설(易上繫圖說)

## 사촌선생문집(沙村先生文集)

[작가] 박규호(朴圭浩, 1805~1930)
[작품] 강자약자설(姜子約字說)
김계조자설(金繼祖字說)
이기호자설(李其虎字說)
홍매설(紅梅說)

## 사촌집(沙村集)

[작가] 장경세(張經世, 1547~1615)
[작품] 방원익자설(房元益字說)

## 사헌집(思軒集)

[작가] 정내성(鄭來成, 1744~1835)
[작품] 구추설(鳩雛說)

## 사호집(思湖集)

[작가] 오장(吳長, 1565~1617)
[작품] 무제산설(無題散說)

## 산당집(山堂集)

[작가] 최충성(崔忠成, 1458~1491)
[작품] 잡설(雜說)
잡설(1)〔雜說(一)〕
잡설(2)〔雜說(二)〕

## 산목헌집(山木軒集)

[작가] 김희순(金羲淳, 1757~1821)
[작품] 강설(1)〔講說(一)〕
강설(2)〔講說(二)〕
악역불가불위지성설(惡亦不可不謂之性說)
연설(筵說)
우산지목설(牛山之木說)

## 산석집(山石集)

[작가] 김현옥(金顯玉, 1844~1910)
[작품] 경와설(警窩說)
권유칠자설(權儒七字說)
애매설 – 증권양민삼자(愛梅說 – 贈權梁閔三子)
오우배우향자설(吳禹拜禹向字說)
유견부자설(劉見夫字說)

유순석자설(劉舜石字說)
이천령명설(李千齡名說)

## 산암유고(山菴遺稿)

[작가] 문용기(文龍起, ?~?)
[작품] 시설(詩說)

## 산천유집(山泉遺集)

[작가] 박태원(朴太源, 1816~1891)
[작품] 수신설(修身說)
오정설(悟情說)
자수설(自守說)
정심설(正心說)
치가설(治家說)
학문설(學問說)

## 삼봉집(三峰集)

[작가] 정도전(鄭道傳, 1337~1398)
[작품] 가난(家難)
경렴정명후설(景濂亭銘後說)
금남야인(錦南野人)
답전부(答田父)
무설산인극복루기후설(無說山人克復樓記後說)
이호연(원령)명자후설〔李浩然(原齡)名字後說〕

## 삼산재집(三山齋集)

[작가] 김이안(金履安, 1722~1791)
[작품] 낙치설(落齒說)
미발기질설(未發氣質說)
유악주자설(兪嶽柱字說)
이해관자설(李海觀字說)
홍생문영자설(洪甥文榮字說)

## 삼산집(三山集)

[작가] 유정원(柳正源, 1703~1761)
[작품] 아구설(兒駒說)
역전팔칙양생설(易傳八則陽生說)
정전설(井田說)

## 삼성유고(三省遺稿)

[작가] 손순익(孫舜翼, 1909~1983)
[작품] 교폐설(矯蔽說)
기학설(嗜學說)
용학설(庸學說)
장매설(葬埋說)

## 삼연집(三淵集)

[작가] 김창흡(金昌翕, 1653~1722)
[작품] 구설(韭說)
낙치설(落齒說)
논지자설(論智字說)
양설(羊說)
에경설(殪獍說)
오재설(寤齋說)
잡설(雜說)
조설(鳥說)
지뉵설(止衄說)
학설(鶴說)
후천도설(后天圖說)

## 삼오당집(三吾堂集)

[작가] 김세락(金世洛, 1804~1873)
[작품] 치시율설(治詩律說)

## 삼외재집(三畏齋集)

[작가] 권명희(權命熙, 1865~1923)
[작품] 강설 – 증송경선호영권사앙(剛說 – 贈宋敬善鎬英權賜仰)
견송자십육대자첩서소감증박상보정주설(見宋子十六大字帖書所感贈朴尙甫鼎周說)
권경학자설(權敬學字說)
권관일자설(權寬一字說)
권사앙자설(權賜仰字說)
권주옥문현자설(權周玉文鉉字說)
김백경창진자설(金伯敬昌鎭字說)
명덕설(明德說)
봉증정공직설(奉贈鄭公直說)
사칠설(四七說)
삼종제자집자설(三從弟子緝字說)
삼종질성원재학자설(三從姪聲遠載鶴字說)
성설(性說)
심통성정설(心統性情說)
이통기국설(理通氣局說)
입지설 – 증조자중(立志說 – 贈曹子中)
정내옥현상자설(鄭乃玉鉉尙字說)
증정국찬정평언설(贈鄭國燦鄭平彦說)
지각설(知覺說)
차자재도명설(次子載道名說)
회산설(晦山說)

## 삼주문집(三洲文集)

[작가] 신호인(申顥仁, 1762~1832)
[작품] 인물성설(人物性說)

## 삼주선생문집(三洲先生文集)

[작가] 이기원(李基元, 1885~1982)
[작품] 관복설(冠服說)
난석설(蘭石說)
유운설(柳隱說)
화담설(花潭說)

## 삽교집(霅橋集)

[작가] 안석경(安錫儆, 1718~1782)
[작품] 명덕설(明德說)
산중잡설(山中雜說)

## 상강문집(常岡文集)

[작가] 송민용(시용)〔宋民用(時用), 1839~1904〕
[작품] 기수설(氣數說)
우설(偶說)
이일분수설(理一分殊說)
인물구품설(人物俱稟說)
태극본체설(太極本體說)
허령지각설(虛靈知覺說)
혼연찬연설(渾然粲然說)

## 상산선생문집(商山先生文集)

[작가] 지덕붕(상일)〔池德鵬(祥馹), 1804~1872〕
[작품] 대학설(大學說)
독사물잠자경설(讀四勿箴自警說)
독역설(讀易說)
무극이태극설(無極而太極說)
서자여사설(逝者如斯說)

소학설(小學說)
신저박설(新底樸說)

## 상촌집(象村集)

[작가] 신흠(申欽, 1523~1597)
[작품] 경세연역도설(經世衍易圖說)
귀래재설(歸來齋說)
도가경의설(道家經義說)
독역설(讀易說)
무망지재설(无妄之災說)
문왕팔괘방위설(文王八卦方位說)
부경역관설(赴京譯官說)
불가경의설(佛家經義說)
비로설(備虜說)
비왜설(備倭說)
선천도설(先天圖說)
역대천문지설(歷代天文志說)
왕례설(王禮說)
유도위괘설(由圖爲卦說)
이생미생설(已生未生說)
이시설(二始說)
정회설(貞悔說)
초연재설(超然齋說)
칠팔구륙설(七八九六說)
풍수가설(風水家說)
현옹설(玄翁說)

## 서강문집(西岡文集)

[작가] 이중후(이후)〔李中厚(以厚), 1865~1934〕
[작품] 홍성호자설(洪性浩字說)

## 서강집(西岡集)

[작가] 박한식(朴漢植, 1860~1930)
[작품] 경권설(經權說)

## 서강집(西岡集)

[작가] 유원중(柳遠重, 1861~?)
[작품] 공자설(公字說)
국복설(國服說)
권휘원자설(權輝遠字說)
송이정자설(宋而貞字說)
유성흠자설(柳聖欽字說)
유양래태수자설(柳陽來泰秀字說)
유의유리설(喩義喩利說)
윤랑성습자설(尹郞聖習字說)
정승경자설(鄭升卿字說)
지자설－증이여정(智字說－贈李汝貞)
학이시습설(學而時習說)

## 서계선생문집(西溪先生文集)

[작가] 정언굉(鄭彦宏, 1569~1640)
[작품] 하락이수변화출입설(河洛理數變化出入說)

## 서계집(西溪集)

[작가] 박세당(朴世堂, 1629~1703)
[작품] 서통설(序通說)

## 서계집(西溪集)

[작가] 박태무(朴泰茂, 1677~1756)
[작품] 검설(劒說)
반송설(盤松說)

이자자설(二子字說)

## 서계집(西溪集)

[작가] 이득윤(李得胤, 1553~1630)
[작품] 예설(禮說)

## 서귀유고(西歸遺稿)

[작가] 이기발(李起浡, 1602~1662)
[작품] 오학설(誤學說)

## 서당집(西堂集)

[작가] 이덕수(李德壽, 1673~1744)
[작품] 고경설(古鏡說)

## 서비문집(西扉文集)

[작가] 최우순(崔宇淳, 1832~1911)
[작품] 시은설(是隱說)
치포설(治圃說)

## 서산유고(曙山遺稿)

[작가] 허식(許湜, 1879~1959)
[작품] 서산자설(曙山自說)
성암설(惺庵說)
이씨인우춘포설(李氏仁雨春圃說)
천군평욕구설(天君平慾寇說)
청계설(聽溪說)

## 서산집(西山集)

[작가] 김흥락(金興洛, 1827~1899)
[작품] 세심설-증이재언(洗心說-贈李在言)
주일설(主一說)

## 서암집(恕菴集)

[작가] 신정하(申靖夏, 1681~1716)
[작품] 면정생래교설(勉鄭生來僑說)

## 서애집(西厓集)

[작가] 유성룡(柳成龍, 1542~1607)
[작품] 건원형이정설(乾元亨利貞說)
견군룡무수설(見羣龍无首說)
산성설(山城說)
시교설(詩敎說)
인재설(人才說)
조명설(釣名說)
주재설(主宰說)
지행설(知行說)
지행합일설(知行合一說)

## 서유자문집(徐孺子文集)

[작가] 서응윤(徐應潤, 1837~1897)
[작품] 세제자경설(歲除自警說)
절욕설(節慾說)
제여지역대이도설(題輿地歷代二圖說)
제화죽봉설(題畵竹鳳說)
화죽설(畵竹說)

## 서주선생문집(西州先生文集)

[작가] 방두재(房斗載, 1645~1706)
[작품] 가부설(可否說)
병계설(病戒說)

수청설(水淸說)
연포조추설(鳶哺鳥雛說)
조수설(潮水說)

## 서파선생문집(西坡先生文集)

[작가] 유필영(柳必永, 1841~1924)
[작품] 기생설(奇生說)
남초설(南草說)
이국설(移菊說)
전거장미설(剪去薔薇說)

## 서파집(西坡集)

[작가] 오도일(吳道一, 1645~1703)
[작품] 원이기불상리설(原理氣不相離說)

## 서헌문집(恕軒文集)

[작가] 이세형(李世珩, 1685~1761)
[작품] 가례고애자효증설(家禮孤哀子孝證說)
고대학설(古大學說)
노량의총설(露梁疑塚說)
대학정심장설(大學正心章說)
대학지지정정안려득설(大學知止定靜安慮得說)
심의설(深衣說)
의례사종설(儀禮四種說)

## 석간집(石澗集)

[작가] 서효원(徐孝源, 1839~1897)
[작품] 구방심설(정사)〔求放心說(丁巳)〕

## 석계집(石溪集)

[작가] 성종극(成鍾極, 1816~1869)
[작품] 선악설(善惡說)
성경설(誠敬說)
오상설(五常說)
이기사칠설(理氣四七說)

## 석능집(石菱集)

[작가] 김창희(金昌熙, 1844~1890)
[작품] 둔재설(鈍齋集)

## 석당유고(石堂遺稿)

[작가] 김상정(金相定, 1722~1788)
[작품] 노청당설(老聽堂說)
북해설(北海說)
양진당설(養眞堂說)
잠려설(潛廬說)
중구직암선생칠십수서후설(仲舅直菴先生七十壽序後說)
치재설(恥齋說)

## 석루유고(石樓遺稿)

[작가] 이경전(李慶全, 1567~1644)
[작품] 소설－시동자(梳說－示童子)

## 석문집(石門集)

[작가] 오이익(吳以翼, 1618~1666)
[작품] 귀설－증김생(貴說－贈金生)
대소설(大小說)
만설(謾說)

## 석병집(石屛集)

[작가] 이회보(李回寶, 1594~1669)
[작품] 붕자미정설(朋字未正說)

## 석오문집(石塢文集)

[작가] 권병섭(權秉燮, 1854~1949)
[작품] 간황설(墾荒說)
목복설(目卜說)
벌복설(伐服說)
사승설(絲繩說)
석와설(石蛙說)
종치동설(種穉桐說)
지수평적설(志帥平賊說)
천군복위설(天君復位說)

## 석우유고(石愚遺稿)

[작가] 이철모(세모)〔李澈模(世模), 1817~1886〕
[작품] 권학설(勸學說)
태극설(太極說)

## 석재유고(石齋遺稿)

[작가] 정헌철(낙시)〔鄭憲喆(樂時), 1889~1970〕
[작품] 내설(耐說)
자성설(自省說)
잠룡설(潛龍說)
정심설(1)〔定心說(一)〕
정심설(2)〔定心說(二)〕
정심설(3)〔定心說(三)〕

## 석정집(石亭集)

[작가] 이정직(李定稷, 1841~1910)
[작품] 석자설(釋字說)

## 석주문집(石洲文集)

[작가] 신홍원(申弘遠, 1787~1865)
[작품] 격사설(擊蛇說)
상계아자설(相鷄兒者說)
숙흥야침설(夙興夜寢說)
학귀어봉설(鶴貴於鳳說)
화호설(畵虎說)

## 석주집(石洲集)

[작가] 권필(權韠, 1569~1612)
[작품] 종정도설(從政圖說)
창맹설(倉氓說)

## 선양정집(善養亭集)

[작가] 정희맹(丁希孟, 1536~1596)
[작품] 선양정설(善養亭說)

## 선원유고(仙源遺稿)

[작가] 김상용(金尙容, 1561~1637)
[작품] 기몽설(記夢說)

## 설봉집(雪峰集)

[작가] 강백년(姜栢年, 1603~1681)
[작품] 고자설(餻子說)
공자유태극설(孔子猶太極說)

구우설(鷗友說)
불물자능물물설(不物者能物物說)
소요유설(逍遙遊說)
유한벽루설(遊寒碧樓說)
종자설(鐘字說)

## 설악집(雪嶽集)

[작가] 강수환(姜璲桓, 1876~1926)
[작품] 근설 – 시학자(近說 – 示學者)
심여회자설(沈汝晦字說)
심인부자설(沈仁夫字說)
윤리설(倫理說)

## 설재집(說齋集)

[작가] 소학규(蘇學奎, 1859~1950)
[작품] 근학설(勤學說)
성설(性說)
심설(心說)
양몽설(養夢說)
양성타설(養性惰說)
유동사제생설(諭同社諸生說)
유자질제아설(諭子姪諸兒說)
이기설(理氣說)
이용술자효선설(李容述字孝先說)
자경설(自警說)
조병순자학현설(趙炳淳字學賢說)

## 설천집(雪川集)

[작가] 이의활(李宜活, 1573~1527)
[작품] 육효지동삼극지도설(六爻之動三極之道說)

## 설해유고(雪海遺稿)

[작가] 이만영(李晩榮, 1604~1672)
[작품] 지일폐관설(至日閉關說)

## 성근보집(成謹甫集)

[작가] 성삼문(成三問, 1418~1456)
[작품] 이군(예)개자가성설(李君(芮)改字可成說)

## 성담집(性潭集)

[작가] 송환기(宋煥箕, 1728~1807)
[작품] 김성수자설(金聖授字說)
농포소은설(農圃小隱說)
학생방공행적설(學生房公行蹟說)

## 성당사고(誠堂私稿)

[작가] 박인규(朴仁圭, 1909~1976)
[작품] 성위심주설(性爲心主說)

## 성당집(性堂集)

[작가] 정혁신(鄭赫臣, 1719~1793)
[작품] 하락이수변화출입설(河洛理數變化出入說)

## 성소부부고(惺所覆瓿藁)

[작가] 허균(許筠, 1569~1618)
[작품] 관동불가피난설(關東不可避亂說)
문설(文說)
임노인양생설(任老人養生說)

## 성암문고(醒巖文稿)

[작가] 유동익(柳東翼, 1884~1960)
[작품] 신기흠경도자설(申基欽景陶字說)

## 성암유고(誠菴遺稿)

[작가] 이유흥(李裕興, 1859~1923)
[작품] 가색간난설(稼穡艱難說)
개명설(開明說)
격물치지설(格物致知說)
과영설(蜾蠃說)
교경경타설(矯輕警惰說)
구기설(拘忌說)
김인영자설(金仁永字說)
김하구자설(金夏求字說)
당랑포선설(螳螂捕蟬說)
대장전육장단거성의설(大章傳六章單擧誠意說)
명선설(鳴蟬說)
변화기질설(變化氣質說)
복선화음설(福善禍淫說)
상제종선조변설(喪祭從先祖辨說)
수오설(羞惡說)
의전설(蟻戰說)
이수필자설(李秀必字說)
이재근성일자설(李在勤成逸字說)
인개가이위요순설(人皆可以爲堯舜說)
인자설(仁字說)
재불여근설(才不如勤說)
재종손규봉자설(再從孫圭鳳字說)
종국설(種菊說)
지리설(地理說)
지주설(蜘蛛說)
최명집자설(崔明執字說)
타농자안설(惰農自安說)

## 성암집(誠庵集)

[작가] 박문오(朴文五, 1835~1899)
[작품] 이기설(理氣說)
존심양성설(存心養性說)
혈구설(絜矩說)

## 성옹유고(醒翁遺稿)

[작가] 김덕성(金德誠, 1562~1636)
[작품] 송시유학귀설(誦詩愈瘧鬼說)

## 성와문집(省窩文集)

[작가] 이인재(李寅梓, 1870~1929)
[작품] 귀신지위덕설(鬼神之爲德說)
명덕설-고증(明德說-考證)
심본체설(心本體說)
주재설(主宰說)
태극동정설-고증(太極動靜說-考證)
허령지각설(虛靈知覺說)

## 성와유고(成窩遺稿)

[작가] 곽병호(郭柄昊, 1892~1938)
[작품] 족제자정자설(族弟子正字說)
태고자설-증서대관(太古子說-贈徐大觀)

## 성재문집(誠齋文集)

[작가] 임태주(任泰柱, 1881~1944)
[작품] 계몽괘화추산설(啓蒙卦畫推筭說)
답인례설(答人禮說)

서시동지설(書示同志說)
시중설(時中說)
심경현토전말설(心經懸吐顚末說)
위학설 – 증족생형빈(爲學說 – 贈族生亨彬)

## 성재문집(誠齋文集)

[작가] 정규석(鄭珪錫, 1876~1954)
[작품] 박순명자설(朴舜明字說)
하우규자설(河禹圭字說)

## 성재문집(惺齋文集)

[작가] 황복성(黃復性, 1880~1933)
[작품] 자책설(自責說)
주회근자설(周晦根字說)

## 성재유고(誠齋遺稿)

[작가] 김상덕(金商德, 1873~1930)
[작품] 만오설(晩悟說)

## 성재유고(惺齋遺稿)

[작가] 이서화(李紓華, ?~?)
[작품] 물암설(勿菴說)
수당설(修堂說)
정상의자설(鄭尙毅字說)
청은편설(淸隱扁說)

## 성재집(省齋集)

[작가] 권상익(權相翊, 1863~1935)
[작품] 강주여자설(姜周汝字說)
악비설(樂卑說)
이희경인서자설(李羲卿人瑞字說)
입지설 – 서증이군학순정교겸시이성용(立志說 – 書贈李君學純正敎兼示李聖用)
종질양섭양극자설(從姪良燮良克字說)

## 성재집(誠齋集)

[작가] 남한호(南漢皜, 1760~1821)
[작품] 대학채집보궐약설(大學采輯補闕略說)
도설제이절주분합설(圖說第二節註分合說)
이십오장시조설(二十五章時措說)
정심장장구일유지설(正心章章句一有之說)
중용불편불의설(中庸不偏不倚說)
처세설(處世說)
통서통체각구설(通書統體各具說)

## 성재집(醒齋集)

[작가] 신익상(申翼相, 1634~1697)
[작품] 연설(硯說)

## 성재집(省齋集)

[작가] 유중교(柳重敎, 1821~1893)
[작품] 구중식자설(具中植字說)
김기붕자설(金基朋字說)
김병규자설(金秉珪字說)
김춘선자설(金春善字說)
논어설(論語說)
대학설(大學說)
맹자설(孟子說)
문행충신설(文行忠信說)
박제노명자설(朴齊老名字說)
삼강오상설(三綱五常說)
소대학총설(小大學總說)

소학설(小學說)
신종한자설(愼宗漢字說)
심여명덕형이상하설(心與明德形而上下說)
역설(1)〔易說(一)〕
역설(2)〔易說(二)〕
역설(3)〔易說(三)〕
역설(4)〔易說(四)〕
역설(5)〔易說(五)〕
역설(6)〔易說(六)〕
육경총설(六經總說)
이여길삼자명자설(李汝吉三子名字說)
전중설(傳重說)
중용설(1)〔中庸說(一)〕
중용설(2)〔中庸說(二)〕
하도낙서설(河圖洛書說)
향삼물설(鄕三物說)

## 성재집(性齋集)

[작가] 허전(許傳, 1797~1886)
[작품] 권태영명자설(權泰榮名字說)
극기설(克己說)
명배생서실설(名裵生書室說)
성경설(誠敬說)
여와씨설(女媧氏說)
역설(力說)
잡설(雜說)
재이설(災異說)
존심설(存心說)
항설(恒說)

## 성헌집(惺軒集)

[작가] 임한주(林翰周, 1871~1954)
[작품] 간이무오설(簡而無傲說)
강석설(江石說)
동초설(東樵說)
만오설(晩悟說)
묵와설(默窩說)
소봉설(韶鳳說)
시이군중현설(示李君重鉉說)
안군황화설(安君黃花說)
역취순수설(逆取順守說)
유몽설(牖蒙說)
윤세건자설(尹世健字說)
의계설(義鷄說)
이명복자설(李鳴馥字說)
정송설(靜松說)
조은설(早隱說)
축묘설(畜猫說)
축묘설(逐猫說)
평지신선설(平地神仙說)

## 성호문집(星湖文集)

[작가] 이익(李瀷, 1681~1763)
[작품] 갈대삼중설(葛帶三重說)
괘기직일설(병도)〔卦氣直日說(並圖)〕
교대변포설(絞帶變布說)
국풍총설(國風總說)
국휼사가행제설(國恤私家行祭說)
군부인복설(君夫人服說)
기복분상성복설(朞服奔喪成服說)
길제복일급고축설(吉祭卜日及告祝說)
녹명설(鹿鳴說)
담불계윤설(禫不計閏說)
도구우선설(導樞右旋說)
독자위인후설(獨子爲人後說)
동자수경설(童子首經說)
밀과유병설(蜜果油餠說)

반함설(飯含說)
부상중모복설(父喪中母服說)
부재위모연제설(父在爲母練除說)
북극고하설(北極高下說)
빈시설(豳詩說)
상내천장설(喪內遷葬說)
상복설(殤服說)
상식설(上食說)
상여복설(殤女服說)
상후축사개정설(祥後祝辭改正說)
소공이하분상성복설(小功以下奔喪成服說)
수도설(隧道說)
숙흥야매잠도설(병도)〔夙興夜寐箴圖說(並圖)〕
승중자지처고재복조설(承重者之妻姑在服祖說)
신성자성경설(愼成字成卿說)
심설(心說)
심통성정도설(병도)〔心統性情圖說(並圖)〕
연설(筵說)
염교설(斂絞說)
염금설(斂衾說)
염주설(斂主說)
위처불련설(爲妻不練說)
유식설(侑食說)
윤동기자원명설(尹東箕字源明說)
윤행경자희정설(尹行敬字希靖說)
이아설(二雅說)
이유자약수설(李瀏字若水說)
일용정사설(日用丁巳說)
입렴설(入斂說)
장방불개제설(長房不改題說)
전우구서설(奠于柩西說)
조석기전설(朝夕器奠說)
종자복설(宗子服說)
종자입후설(宗子立後說)
칙도화괘설(則圖畫卦說)
피란매주설(避亂埋主說)
홍범설(洪範說)
후천도설(後天圖說)

## 세심정문집(洗心亭文集)

[작가] 장희적(蔣熙績, 1627~1705)
[작품] 세심정복축설(洗心亭卜築說)

## 세심헌유집(洗心軒遺集)

[작가] 이규명(규홍)〔李奎命(圭洪), 1851~1918〕
[작품] 대학강령조목도설(大學綱領條目圖說)
심성정도설(心性情圖說)
중용인심도심도설(中庸人心道心圖說)

## 소계유고(小溪遺稿)

[작가] 정태하(丁泰夏, 1850~1915)
[작품] 분매소설(盆梅小說)
죽오설(竹吾說)

## 소고집(嘯皐集)

[작가] 박승임(朴承任, 1517~1586)
[작품] 송음금복고필설(松陰琴復古筆說)

## 소곡유고(素谷遺稿)

[작가] 윤광소(尹光紹, 1708~1786)
[작품] 군신시종설(병신)〔君臣始終說(丙申)〕
성명지설(星命之說)
심경후론후설(임자)〔心經後論後說(壬子)〕

은원설(정유)〔恩怨說(丁酉)〕
자경도부설(서여도견원편)〔自警圖附說(序與圖見原編)〕
정통설(정미)〔正統說(丁未)〕

## 소근재집(小近齋集)

[작가] 박익동(朴翼東, 1827~1895)
[작품] 계자손충효설(戒子孫忠孝說)

## 소눌선생문집(小訥先生文集)

[작가] 노상직(盧相稷, 1855~1931)
[작품] 강설－송임서훈(强說－送林瑞勳)
견백설(堅白說)
김규옥자설(金奎玉字說)
만최설(晩最說)
문지설(文志說)
박즙자설(朴楫字說)
삼헌설(三軒說)
성기원자설(成耆遠字說)
손병현자설(孫柄鉉字說)
손태석자설(孫兌錫字說)
신성규자설(申晟圭字說)
안인환동환춘환자설(安仁煥東煥春煥字說)
애죽설(哀竹說)
유선곤자설(柳善坤字說)
이병기자설(李炳祺字說)
이상백자설(李相白字說)
이석해자설(李錫海字說)
이진락자설(李晉洛字說)
이찬호자설(李瓚鎬字說)
입지설(立志說)
청계설(聽溪說)
형제계립동소목설(兄弟繼立同昭穆說)
황진모자설(黃震模字說)

## 소당유고(嘯堂遺稿)

[작가] 김형수(金逈洙, 철종)
[작품] 두부설(豆腐說)

## 소무헌집(素無軒集)

[작가] 금서술(琴書述, 1791~1872)
[작품] 붕우설(朋友說)
옥루설(屋漏說)
유폐설(流弊說)

## 소미산방장(少眉山房藏)

[작가] 이삼환(李森煥, 1729~1813)
[작품] 인기설(忍飢說)

## 소산문집(素山文集)

[작가] 이호우(李浩祐, 1826~1892)
[작품] 농산설(農山說)
목가산설(木假山說)
목필통설(木筆筒說)
분국설(盆菊說)
산거설(山居說)
소산설(素山說)
속비설(俗朏說)
양화초설(養花草說)
이충여자설(李忠汝字說)
이포설(理圃說)
청련배설(靑蓮盃說)
청사설(晴簑說)
한서설(寒棲說)

## 소산유고(蘇山遺稿)

[작가] 안성환(동환)〔安成煥(楝煥), 1858~1911〕
[작품] 귀설(龜說)
불식설(不息說)
임탁여홍주자설(任卓如洪柱字說)
족증손경전사순자설(族曾孫景傳思淳字說)
족질수경규직자설(族姪樹卿圭稷字說)

## 소산집(小山集)

[작가] 이광정(李光靖, 1714~1789)
[작품] 개자설(改字說)
계신부도공구불문설(戒愼不覩恐懼不聞說)
과거설(科擧說)

## 소송유고(小松遺稿)

[작가] 이지용(李志容, 1825~1891)
[작품] 이포종백설(移葡種柏說)
천교설(遷喬說)

## 소심재집(小心齋集)

[작가] 노용규(盧龍圭, 1808~1872)
[작품] 계자설(戒子說)
구족설(九族說)
면김동자기인설(勉金童子基仁說)
잠포설(潛圃說)

## 소심정유고(小心亭遺稿)

[작가] 전규환(全奎煥, 1832~1893)
[작품] 이수설(伊叟說)

## 소암문집(小庵文集)

[작가] 박시무(朴時戊, 1828~1879)
[작품] 감하설(感賀說)
소암설(小庵說)

## 소암선생문집(小庵先生文集)

[작가] 이석균(李錫均, 1855~1927)
[작품] 정급여자설(鄭及汝字說)
족자선부자설(族子善夫字說)

## 소암집(所菴集)

[작가] 이병원(李秉遠, 1774~1840)
[작품] 강한규자설(姜漢奎字說)
명이손설(名二孫說)
문직자설(文稷字說)
삼지자설(三止子說)
용구용육설(用九用六說)
일개산인설(一介山人說)
조석설(潮夕說)
체용설(體用說)

## 소암집(疎庵集)

[작가] 임숙영(任叔英, 1576~1623)
[작품] 동해풍파설(東海風波說)

## 소와문집(素窩文集)

[작가] 남정섭(南廷燮, 1863~1913)
[작품] 성심정일관설(性心情一貫說)

## 소은유고(素隱遺稿)

[작가] 신천익(愼天翊, 1592~1661)
[작품] 서한비설－난편후(書韓非說－難篇後)
청백안설(靑白眼說)

## 소은집(素隱集)

[작가] 강식준(姜式儁, 1734~1800)
[작품] 악지설(樂志說)
자경설－시장손(自警說－示長孫)

## 소재집(穌齋集)

[작가] 노수신(盧守愼, 1515~1590)
[작품] 집중설(執中說)

## 소재집(歗齋集)

[작가] 변종운(卞鍾運, 1790~1866)
[작품] 담명설(談命說)
장성설(長城說)
재생설(再生說)
지기설(知己說)
질광설(質狂說)
풍수설－증주진사원(風水說－贈朱進士源)
호타하설(滹沱河說)

## 소재집(小齋集)

[작가] 오재영(吳在永, 1865~1919)
[작품] 교북설－증김군성기(喬北說－贈金君聲基)
송재설－증정군인경(松齋說－贈鄭君寅景)

## 소재집(疎齋集)

[작가] 이이명(李頤命, 1658~1722)
[작품] 강역관방도설(疆域關防圖說)
김문택자덕조설(金文澤字德祖說)
응천지설(應天之說)
풍수설(책문)〔風水說(策文)〕

## 소정집(邵亭集)

[작가] 김영작(金永爵, 1802~1868)
[작품] 명손설(名孫說)
청묘의례안설(淸廟儀禮按說)

## 소총유고(篠叢遺稿)

[작가] 홍유손(洪裕孫, 1452~1529)
[작품] 정중자설(正中字說)

## 소호당집(韶護堂集)

[작가] 김택영(金澤榮, 1850~1927)
[작품] 기본선설(氣本善說)
왕원초삼자자설(王原初三子字說)
의설(疑說)
일암설(一菴說)
절부설(節婦說)
증민의백채석설(贈閔毅伯采石說)
천왕수하양설(天王狩河陽說)

## 손거사집(蓀居私集)

[작가] 조언식(趙彦植, 조선)
[작품] 우췌공록형제자설(友贅恭祿兄弟字說)
족제돈식이백자설(族弟敦植頤伯字說)

## 손암문집(遜庵文集)

[작가] 신성규(申晟圭, 1905~1971)
[작품] 견포호설(犬捕虎說)
내질안정수자설(內姪安政洙字說)
수족당설(睡足堂說)
이서호형자설(李婿箎衡字說)
이종한자설(李鍾漢字說)
이희규자설(李熙奎字說)

## 손재문집(損齋文集)

[작가] 남한조(南漢朝, 1744~1809)
[작품] 김재원이신자설(金在遠爾愼字說)
이병진퇴가자설(李秉進退可字說)

## 손재집(遯齋集)

[작가] 박광일(朴光一, 1655~1723)
[작품] 고괘선갑삼일후갑삼일도병설(蠱卦先甲三日後甲三日圖並說)
극기복례위인설(克己復禮爲仁說)
명성도도설(命性道圖說)
몽설(夢說)
몽설-증이생(夢說-贈李生)
삼재일태극도설(三才一太極圖說)
생음생양설(生陰生陽說)
예설(禮說)
윤법기절법추해설(閏法氣節法推解說)
적손부졸조재위조모심상설(嫡孫父卒祖在爲祖母心喪說)
중용건순해집설(中庸健順解集說)
중정인의주정설(中正仁義主靜說)
증별정선보설(贈別鄭善甫說)
증현훈설(贈玄纁說)
하도생성수병해삼천지설(河圖生成數並解參天地說)

## 송강집(松江集)

[작가] 정철(鄭澈, 1536~1593)
[작품] 청강쇄설(淸江瑣說)

## 송만집(松灣集)

[작가] 국침(鞠沈, 1576~1654)
[작품] 변형색천성설(辨形色天性說)
불배사주설(不拜賜珠說)
심참삼재설(心參三才說)
용와낙파설(龍臥洛波說)
인개가이위요순설(人皆可以爲堯舜說)
인중기기설(人中騏驥說)
일좌안연설(一坐顔淵說)
지락무성설(至樂無聲說)
찬옥설(湌玉說)
천지설(天地說)
태양곡설(胎養穀說)

## 송봉유고(松峯遺稿)

[작가] 오익승(吳益升, 1620~1679)
[작품] 담농설-여오평중(談農說-與吳平仲)
위오여빈(관복)상자설〔慰吳汝彬(觀復)喪子說〕
장섭설-여권시보(將攝說-與權時甫)

## 송사선생문집(松沙先生文集)

[작가] 기우만(奇宇萬, 1846~1916)
[작품] 강성집자설(康性緝字說)

계남설(桂南說)
고성설 – 증공남열(顧姓說 – 贈孔南烈)
광수설(狂叟說)
구백설(舊柏說)
구유설(狗乳說)
금강설(金剛說)
기윤구자설(奇允九字說)
김경유자설(金景儒字說)
김낙삼자설(金樂三字說)
김백겸자설(金百兼字說)
김백응자설(金伯應字說)
김신숙자설(金愼叔字說)
김여당자설(金汝堂字說)
김인회자설(金仁會字說)
김중립자설(金中立字說)
김충여자설(金忠汝字說)
김치만자설(金致萬字說)
김평부자설(金平夫字說)
농수설(聾叟說)
농아설(聾啞說)
만취설(晚翠說)
문중백자설(文仲百字說)
박경립자설(朴敬立字說)
박백순자설(朴伯順字說)
박비경자설(朴斐卿字說)
박중옥자설(朴仲玉字說)
박중호자설(朴仲豪字說)
병약설 – 증박성존(病藥說 – 贈朴聖存)
부해설(浮海說)
송복래자설(宋福來字說)
신자화자설(辛自和字說)
안경심자설(安警心字說)
안공선자설(安公善字說)
안자용자설(安子用字說)
안자정자설(安子精字說)
안중술자설(安仲述字說)
양전설 – 증안공삼(養田說 – 贈安公三)
양형범자설(梁亨範字說)
여력설 – 증오자춘(餘力說 – 贈吳子春)
여력설 – 증이첨여(餘力說 – 贈李瞻汝)
오일지자설(吳一止字說)
위은필자설(魏殷弼字說)
위치검자설(魏致儉字說)
유관부자설(柳觀夫字說)
유앙여자설(柳仰汝字說)
유자강자설(柳子強字說)
윤국빈자설(尹國斌字說)
의사문설 – 증유충여(疑思問說 – 贈柳忠汝)
이경항자설(李敬恒字說)
이공집자설(李公執字說)
이백술자설(李伯述字說)
이사극자설(李士極字說)
이사현자설(李士賢字說)
이숙경자설(李肅卿字說)
이중식자설(李仲植字說)
이중식자설(李仲植字說)
인옹설(忍翁說)
임사직자설(任士直字說)
자단설 – 증박순여(煮丹說 – 贈朴純汝)
전견경자설(田見卿字說)
정낙언자설(鄭樂彦字說)
정붕거자설(鄭鵬擧字說)
정운약자설(鄭雲躍字說)
조경유자설(曺景類字說)
조백거자설(曺伯據字說)
조운경자설(趙雲卿字說)
조주설 – 증문여주(操舟說 – 贈文汝舟)
지서설(芝西說)
지주설 – 기이항산순희(止酒說 – 寄李亢山舜熙)

청고설(靑皐說)
최성언자설(崔性彦字說)
최영호자설(崔永好字說)
취몽설(醉夢說)
한내경자설(韓乃警字說)
해사설(海史說)
허이경자설(許理卿字說)
허치홍자설(許致弘字說)
홍재윤자설(洪栽允字說)
후잠설(後潛說)

## 송서집(松西集)

[작가] 강운(姜橒, 1773~1834)
[작품] 정자생지위성설(程子生之謂性說)
제자자성설(諸子自成說)
지아죄아설(知我罪我說)

## 송석유고(松石遺稿)

[작가] 이타수(李垞洙, 1887~1963)
[작품] 입지설 (立志說)

## 송소집(松巢集)

[작가] 권우(權宇, 1552~1590)
[작품] 자경설(自警說)

## 송암집(松巖集)

[작가] 권호문(權好文, 1532~1587)
[작품] 금궁조대조자설(琴宮操大調字說)
수마설(瘦馬說)
유자행가자설(猶子行可字說)
축묘설(畜猫說)

## 송암집(松巖集)

[작가] 이재형(李載亨, 1665~1731)
[작품] 성명도설(性命圖說)

## 송애집(松崖集)

[작가] 박여룡(朴汝龍, 1541~1611)
[작품] 박윤생채갈설(駁尹甥採葛說)

## 송애집(松厓集)

[작가] 최호문(崔虎文, 1800~1850)
[작품] 인자설(忍字說)

## 송오유고(松塢遺稿)

[작가] 박종영(朴宗永, 조선 철종)
[작품] 자옥장설(紫玉杖說)
죽설(竹說)

## 송와집(松窩集)

[작가] 안명하(安命夏, 1682~1752)
[작품] 가장서병설(家藏書屛說)
납매설(臘梅說)
소암설(素菴說)
송균설(松菌說)
수인질자설(壽仁姪字說)

## 송자대전(宋子大全)

[작가] 송시열(宋時烈, 1607~1689)
[작품] 강상의명설(姜尙義名說)
곽제백사설(郭濟伯字說)

곽중수자설(郭仲受字說)
곽지숙자설(郭智叔字說)
관가정설(觀稼亭說)
구씨삼대장설(具氏三大將說)
기몽설－증송병원(記夢說－贈宋炳遠)
김득수사곤계자설(金得洙四昆季字說)
논어말즉시본설(論語末卽是本說)
독락정기후설(獨樂亭記後說)
몽재설(蒙齋說)
무공랑이군회혼설(務功郞李君回婚說)
박세주자설(朴世周字說)
변유원지예설(辨柳元之禮說)
사휴려기후설(思休廬記後說)
서여고여근설(書與高汝根說)
서여김군평설(書與金君平說)
서퇴계선생시증이자형설(書退溪先生詩贈李子馨說)
서회옹시증별제생설(書晦翁詩贈別諸生說)
석음와설(惜陰窩說)
성지선자설(成至善字說)
손와설(遜窩說)
송선장자설(宋善長字說)
시민여상설(視民如傷說)
쌍청당안산고송설(雙淸堂案山古松說)
야복도설(野服圖說)
양진당설(養眞堂說)
예설(禮說)
유광기인백자설(兪廣基仁伯字說)
윤순경자설(尹舜卿字說)
윤종자설(尹琮字說)
이계만자설(李啓晩字說)
이문서개명자설(李文瑞改名字說)
이범석자설(李範錫字說)
이여구개자설(李汝九改字說)
이정자설(李禎字說)
일가정설(一架亭說)
자치정화설(資治精華說)
조의망명자설(趙嶷望名字說)
주해천우속마생각설(註解天雨粟馬生角說)
증이경화설(贈李景和說)
증이생시현설(贈李生蓍顯說)
증이택지설(贈李擇之說)
증정생천설(贈鄭生洊說)
해상송권윤이손북귀설(海上送權尹二孫北歸說)
호음천설－증외손윤주교(好音川說－贈外孫尹周敎)
홍구이고심정설(洪九以古心亭說)

## 송정집(松亭集)

[작가] 하수일(河受一, 1553~1612)
[작품] 가설－증자순(稼說－贈子循)
검설－증최군(劍說－贈崔君)
노행설(老杏說)
대소설(大小說)
밀봉설(蜜蜂說)
병죽설(病竹說)
사설(射說)
유목설(柳木說)
이동설(異同說)
초당삼경설(草堂三逕說)
효유불급설(孝有不及說)

## 송천집(松川集)

[작가] 고예진(高禮鎭, 1875~1952)
[작품] 김응칠자설(金應七字說)
봉양일설(奉陽一說)

## 송천집(松川集)

[작가] 김천일(金千鎰, 1537~1593)
[작품] 군심출치지본설(君心出治之本說)

## 송파유고(松坡遺稿)

[작가] 이희풍(李喜豊, 1813~1886)
[작품] 호남산기설(湖南山氣說)

## 송파일고(松坡逸稿)

[작가] 박전(朴全, 1514~1558)
[작품] 절비자설(折臂者說)

## 송파집(松坡集)

[작가] 이서우(李瑞雨, 1633~1709)
[작품] 산앵설(山櫻說)
입해몽룡설(立奚夢龍說)
토상설(土像說)
투전설(投錢說)
환호설(幻胡說)

## 송파집(松坡集)

[작가] 이선풍(李善風, 1813~?)
[작품] 만설(漫說)
호남산기설(湖南山氣說)

## 송하선생문집(松下先生文集)

[작가] 권심규(성규)〔權心揆(聖揆), 1706~1779〕
[작품] 갈백설(葛白說)
건포설(繭包說)
관국설(灌菊說)
굴신설(屈伸說)

## 수계집(修溪集)

[작가] 이승배(李升培, 1768~1834)
[작품] 경사이신설(敬事而信說)
긍양언삼설-시아자(병발)〔矜讓言三說-示兒子(幷跋)〕
명리설(名理說)
사덕설(四德說)
오행설(3조)〔五行說(三條)〕
일리설(一理說)
태극설(6조)〔太極說(六條)〕

## 수곡문집(樹谷文集)

[작가] 권보(權補, 1709~1778)
[작품] 산척설(山尺說)

## 수곡집(壽谷集)

[작가] 김주신(金柱臣, 1661~1721)
[작품] 윤자강자설(尹子强字說)
이용설(二傭說)
잡설(6수)〔雜說(六首)〕
장설(葬說)
천설(天說)

## 수곡집(睡谷集)

[작가] 이여(李畬, 1645~1718)
[작품] 서수종질도진설(書授從姪道鎭說)
종손명자심자설(從孫溟子深字說)

### 수긍재유집(守肯齋遺集)

[작가] 하천일(河天一, 1558~1597)
[작품] 칠팔구륙설(七八九六說)

### 수당유고(修堂遺稿)

[작가] 정종엽(진용, 진희)〔鄭鍾燁(晉鏞, 鎭喜), 1885~1940〕
[작품] 김병문자설(金炳文字說)
이계진자설(李啓眞字說)
임별제군(설)〔臨別諸君(說)〕
장효경자설(張傚敬字說)
최성안자설(崔成安字說)

### 수당유집(修堂遺集)

[작가] 이남규(李南珪, 1855~1907)
[작품] 내제심영만영억자설(內弟沈永萬永億字說)
도설(盜說)
독성호예설(讀星湖禮說)
박왕석천혜사기절기설(駁王錫闡惠士奇絶朞說)
부상미장모복설(父喪未葬母服說)
이덕구자준경설(李德九字俊卿說)
정구명설(定求名說)
좌임불뉴설(左衽不紐說)
평재설(平齋說)

### 수림문집(修林文集)

[작가] 유경조(柳景祚, 1676~1734)
[작품] 성리설(性理說)
심설(心說)
예설(禮說)
의설(義說)
인의예지대소계한설(仁義禮智大小界限說)
인포사덕설(仁包四德說)

### 수몽집(守夢集)

[작가] 정엽(鄭曄, 1563~1625)
[작품] 창포설(菖蒲說)
후목설(朽木說)

### 수산문집(秀山文集)

[작가] 김병종(金秉宗, 1871~1931)
[작품] 계제생설(戒諸生說)

### 수산문집(輸山文集)

[작가] 박효영(朴孝英, 1827~1905)
[작품] 계구설(戒懼說)
송규복손리정동숙설(送奎福孫理正洞塾說)
심성설(心性說)
이기설(理氣說)
자방설(自放說)

### 수산집(修山集)

[작가] 이종휘(李種徽, 1731~1797)
[작품] 곡궤설(曲几說)
문설(文說)
하도설(河道說)

### 수서문집(水西文集)

[작가] 유연근(柳淵根, 1857~1933)
[작품] 농은호설(農隱號說)

## 수암선생문집(守庵先生文集)

[작가] 정사진(鄭四震, 1567~1616)

[작품] 명윤연번설(名尹延蕃說)

## 수암집(修巖集)

[작가] 유진(柳袗, 1582~1635)

[작품] 격치설(格致說)

두견설(杜鵑說)

## 수암집(守庵集)

[작가] 이근수(李根洙, 고종)

[작품] 예설(禮說)

주산설(住汕說)

## 수오재문집(遂吾齋文集)

[작가] 김재홍(金在洪, 1867~1939)

[작품] 벽사설(闢邪說 )

운전설(芸田說)

증황군윤관치환설(贈黃君允寬致煥說)

## 수와집(守窩集)

[작가] 박세경(朴世經, 1902~1965)

[작품] 만설(謾說)

## 수와집(守窩集)

[작가] 백경해(白慶楷, 1765~1842)

[작품] 명이자설(名二子說)

습설(무인)〔習說(戊寅)〕

아동방언정변설(신사)〔我東方言正變說(辛巳)〕

종항명자설(宗恒名字說)

## 수은집(睡隱集)

[작가] 강항(姜沆, 1567~1618)

[작품] 존심양성설(存心養性說)

## 수재문집(修齋文集)

[작가] 이희진(李希進, 1851~1882)

[작품] 이성능산재독서서후설(李性能山齋讀書序後說)

이의여자설(李毅汝字說)

주역상하경반대각위십팔괘도설(周易上下經反對各爲十八卦圖說)

## 수종재집(守宗齋集)

[작가] 송달수(宋達洙, 1808~1858)

[작품] 전례변설(典禮辨說)

훼예설(毁譽說)

## 수촌선생문집(水村先生文集)

[작가] 고정봉(高廷鳳, 1743~1822)

[작품] 계자설(誡子說)

권강소학－서증증손계증설(勸講小學－書贈曾孫繼曾說)

백결선생삼변설(百結先生三變說)

## 수촌집(水村集)

[작가] 오시수(吳始壽, 1632~1681)

[작품] 분매설(盆梅說)

## 수촌집(水村集)

[작가] 임방(任埅, 1640~1724)
[작품] 변왕우군서도덕경진안설(辨王右軍書道德經眞贋說)

## 수학집(睡鶴集)

[작가] 허섭(許鍱, 1834~1902)
[작품] 운성우소증이우설(雲城寓所贈二友說)
파초설(芭蕉說)
포양두사설(捕兩頭蛇說)

## 수헌문집(脩軒文集)

[작가] 최현필(崔鉉弼, 1860~1937)
[작품] 금해설(錦海說)
난파설(蘭坡說)
당속설(黨俗說)
방생설(放生說)
백초설(栢樵說)
시산설(柴山說)
일초설(日樵說)
토와설(土窩說)

## 숙재일고(肅齋逸稿)

[작가] 유문규(柳文奎, 1759~1828)
[작품] 벌목설(伐木說)
복약설(服藥說)
신뢰설(迅雷說)
치민설(治民說)
치승설(治繩說)
화설－증홍휘백(花說－贈洪輝伯)

## 숙재집(肅齋集)

[작가] 조병덕(趙秉悳, 1800~1870)
[작품] 눌자설－증오경은귀눌곡(訥字說－贈吳景殷歸訥谷)
변임명노생지위성설(辨任明老生之謂性說)
변종노석범정순체천설(辨宗老石帆鼎淳遞遷說)
소진형자설(蘇鎭衡字說)
이래경개명자설(李來卿改名字說)

## 순암유고(淳菴遺稿)

[작가] 이탁모(李鐸謨, 1857~1911)
[작품] 자연자설(自然子說)

## 순암집(順菴集)

[작가] 안정복(安鼎福, 1712~1791)
[작품] 동국지계설(무인)〔東國地界說(戊寅)〕
변방종수설(계유)〔邊防種樹說(癸酉)〕
성제설(계유)〔城制說(癸酉)〕
아기설(정사)〔啞器說(丁巳)〕
안분설(신미)〔安分說(辛未)〕
왜국지세설(무인)〔倭國地勢說(戊寅)〕
잡괘설(경오)〔雜卦說(庚午)〕
잡괘후설(신미)〔雜卦後說(辛未)〕
정전설(경신)〔井田說(庚申)〕
파아기설(정사)〔破啞器說(丁巳)〕

## 순암집(醇庵集)

[작가] 오재순(吳載純, 1727~1792)
[작품] 복희즉도화괘도설(伏羲則圖畫卦圖說)
잡설(雜說)

정문설(靜文說)
중설(中說)
팔괘설(八卦說)
하도해후설(河圖解後說)
희노애락미발설(喜怒哀樂未發說)

## 순와문집(順窩文集)

[작가] 김주식(金胄植, 1859~1916)
[작품] 숭자명와설(崇字名窩說)
자경설(自警說)

## 순재고(純齋稿)

[작가] 순조(純祖, 1790~1834)
[작품] 군자소인설(君子小人說)
독서편애야장시설(계해)〔讀書偏愛夜長時說(癸亥)〕
만파식적설(萬波息笛說)
문침시선지가독시설(問寢視膳之暇讀詩說)
사친약증자자가야설(을축)〔事親若曾子者可也說(乙丑)〕
시민여상설(視民如傷說)
절검설(임술)〔節儉說(壬戌)〕
천지현황우주홍황설(天地玄黃宇宙洪荒說)
효맹지호연장설(效孟子浩然章說)

## 순재문집(醇齋文集)

[작가] 김재화(金在華, ?~1965)
[작품] 김경임갱명자설(金景臨更名字說)
외당설(畏堂說)
이입부자설(李立夫字說)
잡설(1)〔雜說(一)〕
잡설(2)〔雜說(二)〕

진계설(進溪說)
청전설(聽田說)
포복사설(捕蝮蛇說)

## 술암유집(述菴遺集)

[작가] 김학수(金學洙, 1891~1975)
[작품] 우당설(愚堂說)
정거사농은설(鄭居士農隱說)

## 숭악집(崧岳集)

[작가] 임창택(林昌澤, 1682~1723)
[작품] 고노설(古老說)
백락설(伯樂說)
신상설(神像說)
유설(柳說)
종수설(種樹說)

## 습정집(習靜集)

[작가] 송방조(宋邦祚, 1567~1618)
[작품] 곽생인자설(郭生仁字說)

## 시남집(市南集)

[작가] 유계(兪棨, 1607~1664)
[작품] 독서쇄설(1)〔讀書瑣說(一)〕
독서쇄설(2)〔讀書瑣說(二)〕
독서쇄설(3)〔讀書瑣說(三)〕
윤륜자설(尹掄字說)
치각종설(治脚腫說)

## 시려선생문집(是廬先生文集)

[작가] 황난선(黃蘭善, 1825~1908)

[작품] 묵동연배설(墨洞蓮杯說)

장평김씨우계우구설(掌坪金氏友鷄友狗說)

## 시암문집(是菴文集)

[작가] 이직현(李直鉉, 조선 고종)

[작품] 김무약동식자설(金武約東植字說)

심설－문답(心說－問答)

## 시암집(時庵集)

[작가] 남고(南皐, 1807~1879)

[작품] 고죽설(枯竹說)

대우설(기미)〔大迂說(己未)〕

양죽설(養竹說)

축묘설(畜猫說)

## 시암집(時庵集)

[작가] 조상우(趙相禹, 1582~1657)

[작품] 명육남설(名六男說)

## 식산집(息山集)

[작가] 이만부(李萬敷, 1664~1732)

[작품] 간약설(簡約說)

격물설(格物說)

경서논사지설(經書論思之說)

경재잠도설(敬齋箴圖說)

공자불견천왕설(孔子不見天王說)

논어지설(論語之說)

맹자지설(孟子之說)

명설(名說)

부귀설(富貴說)

서규훈후증신부설(書閨訓後贈新婦說)

서지설(書之說)

심경도설(心鏡圖說)

심경속설(心鏡續說)

역지설(易之說)

원류설(源流說)

종통적통설(宗統嫡統說)

중용지설(中庸之說)

천운설(天運說)

## 식암집(息庵集)

[작가] 김석주(金錫胄, 1634~1684)

[작품] 가곡설(稼谷說)

어제항우불도오강설(御題項羽不渡烏江說)

정생효선자설(鄭生孝先字說)

한헌설(閑軒說)

## 식재집(植齋集)

[작가] 기재(奇宰, 1854~1921)

[작품] 성원자설(聖源字說)

송윤구종인소설(送允九宗人小說)

자천설(柘泉說)

## 식헌집(息軒集)

[작가] 최헌식(崔憲植, 1846~1915)

[작품] 독서설－시학자(讀書說－示學者)

삼천양지설(參天兩地說)

## 신암문집(信菴文集)

[작가] 이준구(영구)〔李準九(齡九), 1851~1924〕
[작품] 문자설(文字說)
조공립(용극)자설〔趙公立(鏞極)字說〕

## 신암문집(愼庵文集)

[작가] 최긍민(崔兢敏, 1883~1970)
[작품] 용호편설(龍湖扁說)

## 신암유고(愼菴遺稿)

[작가] 구혁모(具赫謨, 1859~1895)
[작품] 경인설(警人說)
계색설(戒色說)
과설(瓜說)
독서설－증족제양모(讀書說－贈族弟良謨)
인물변설(人物辨說)
인설(仁說)
자계설(自戒說)
채석설(采石說)

## 신암유고(愼菴遺稿)

[작가] 김직원(金直源, 1868~1937)
[작품] 천설(泉說)

## 신암집(愼庵集)

[작가] 이만각(李晩慤, 1815~1874)
[작품] 권순해자설(權舜諧字說)
이건덕표자설(李建德杓字說)

## 신와집(愼窩集)

[작가] 정재경(鄭在褧, 1781~1858)
[작품] 괴석설(恠石說)
백탄설－적유인궤백탄작차설(白炭說－適有人饋白炭作此說)
애국설(愛菊說)

## 신재집(信齋集)

[작가] 이영익(李令翊, 1740~1780)
[작품] 관례설(冠禮說)
논장설(論葬說)
도원설(桃源說)
무구포설(無口匏說)
신재설(信齋說)
이재순관설(李在淳冠說)

## 신천재문집(信天齋文集)

[작가] 권사윤(權思潤, 1732~1803)
[작품] 노설(猱說)
상식설(橡食說)
안빈설(安貧說)
예설(禮說)
함연강설(函筵講說)

## 심석재집(心石齋集)

[작가] 송병순(宋秉珣, 1839~1912)
[작품] 각자설－증별김맹응(恪字說－贈別金孟應)
근근이자설－증별김공선(勤謹二字說－贈別金公善)
기암설－증안문엽시량(箕菴說－贈安文燁時良)

논회남풍설(論會南豊說)
답허생리임풍조설(答許生林風潮說)
덕은재설(德隱齋說)
변사영자설(卞士永字說)
변외필설(辨猥筆說)
변요씨설(辨繞氏說)
변혹인설(辨或人說)
복암설(復菴說)
삼수재설(三修齋說)
서회옹설 – 증한화여동규(書悔翁說 – 贈韓華汝東圭)
송백연자설(宋伯淵字說)
송심신이군남귀설(送沈辛二君南歸說)
송안문제군남귀설(送安文諸君南歸說)
송윤형삼남귀설(送尹亨三南歸說)
송재빈개자설(宋載斌改字說)
송정숙명남귀설(送鄭淑明南歸說)
송최순서북귀설(送崔舜瑞北歸說)
이군경일개명설(李君敬一改名說)
이중능개명설(李中能改名說)
이중명자설(李仲明字說)
일암설(一菴說)
전영여명자설(田靈汝名字說)
정맹삼자설(鄭孟三字說)
정윤문자설(丁允文字說)
조생방현개명설(趙生方鉉改名說)
증김공유설(贈金公猷說)
증김성우설(贈金聖遇說)
증노군화설(贈魯君和說)
증독고서경설(贈獨孤敍卿說)
증성도이설(贈成道以說)
증조국홍설(贈曺國洪說)
증조성여설(贈趙成汝說)
채성약자설(蔡聲若字說)

## 심암집(心庵集)

[작가] 조두순(趙斗淳, 1796~1870)
[작품] 기설 – 증남원명(碁說 – 贈南原明)
분시설 – 증이재행인(分詩說 – 贈彛齋行人)
상림도우설(桑林禱雨說)
수진보작설(을축)〔壽進寶酌說(乙丑)〕
인심도심설(人心道心說)

## 심와문집(深窩文集)

[작가] 이정제(李鼎濟, 1755~1817)
[작품] 과거설(科擧說)
백련정산수설 – 증최경지(白蓮亭山水說 – 贈崔景至)
자경설(自警說)
천양설(闡揚說)
풍신설(風神說)
혼취설(婚娶說)

## 심재문집(心齋文集)

[작가] 권창현(權昌鉉, 1900~1976)
[작품] 귀천설 – 증김군정국(貴賤說 – 贈金君正國)
하경부자설(河敬夫字說)

## 심재유고(尋齋遺稿)

[작가] 윤병형(尹柄馨, 1891~1967)
[작품] 각결상대여빈설(卻缺相對如賓說)
방창해역사설 – 복수대의(訪滄海力士說 – 復讐大義)
이복제설 – 근고동지(以服制說 – 謹告同志)
장량용고조설(張良用高祖說)

## 십성당집(十省堂集)

[작가] 엄흔(嚴昕, 1508~1553)

[작품] 십성당설(十省堂說)

## 십청선생집(十淸先生集)

[작가] 김세필(金世弼, 1473~1533)

[작품] 양군자설(楊君字說)

## 쌍계유고(雙溪遺稿)

[작가] 이복원(李福源, 1719~1792)

[작품] 강설(講說)

## 쌍매당집(雙梅堂集)

[작가] 이첨(李詹, 1345~1405)

[작품] 밀봉설(蜜蜂說)
신재설(信齋說)
응계설(鷹鷄說)
청심설(淸心說)
황정설(黃庭說)

## 쌍백당유고(雙柏堂遺稿)

[작가] 임광택(林光澤, 1714~1799)

[작품] 강설(剛說)
관시비갈설(官侍碑碣說)
김공천여보부고수장설(金公天與甫父藁收藏說)
신선설(神仙說)
포선설(捕蟬說)

## 쌍봉집(雙峯集)

[작가] 정극후(鄭克後, 1577~1658)

[작품] 석가산설(石假山說)
유설(儒說)

## 쌍주유고(雙洲遺稿)

[작가] 정태원(鄭泰元, 1824~1879)

[작품] 족질도수자설(族姪道修字說)
직자설(直字說)

# ㅇ

아계집(鵝溪集)

~

입헌집(立軒集)

## 아계집(鵝溪集)

[작가] 이산해(李山海, 1538~1609)
[작품] 울릉도설(蔚陵島說)

## 아천집(啞川集)

[작가] 우석문(禹錫文, 1793~1860)
[작품] 적거설(謫居說)

## 아헌선생문집(啞軒先生文集)

[작가] 송원기(宋遠器, 1548~1617)
[작품] 위선최락설(爲善最樂說)

## 악견시집(嶽堅詩集)

[작가] 박서구(朴瑞龜, 1546~1623)
[작품] 논어설(論語說)

## 악양집(岳陽集)

[작가] 권재춘(權在春, 1882~1952)
[작품] 답객설(答客說)
족제재율개명설(族弟載慄改名說)

## 안분당유집(安分堂遺集)

[작가] 정사하(鄭師夏, 1713~1779)
[작품] 손아명자설(孫兒名字說)

## 안우유고(安愚遺稿)

[작가] 김영두(연두)〔金泳斗(淵斗), 1857~1944〕
[작품] 근독설(謹獨說)
근언설(謹言說)
근학설(勤學說)
성설(性說)
심설(心說)
안우설(安愚說)
정설(情說)
죽서설(竹西說)

## 안항공유고(顔巷公遺稿)

[작가] 위덕후(魏德厚, 1556~1605)
[작품] 경세설(警世說)

## 암거문집(巖居文集)

[작가] 박영로(朴永魯, 1814~1903)
[작품] 개정지암김문서건수서명고정도설(改正止庵金文瑞健壽西銘考訂圖說)
이욕교전설(理欲交戰說)

## 암서선생문집(巖西先生文集)

[작가] 조긍섭(曺兢燮, 1873~1933)
[작품] 격물설(格物說 )
구와설(久窩說)
근암설(根庵說)
기질성설(氣質性說)
독한주이씨심즉리설(讀寒洲李氏心卽理說)
마희천자설(馬希遷字說)
만수설(晩樹說)
묵암설(默庵說)
성씨삼자명자설(成氏三子名字說)

## 애산문집(愛山文集)

[작가] 금해규(琴海圭, 1861~1914)
[작품] 무극이태극설(無極而太極說)
서시경무설(書示景武說)
유제생교학설(諭諸生教學說)
이기분합설(理氣分合說)
충고설(忠告說)
학교설립방략설(學校設立方略說)

## 야곡집(冶谷集)

[작가] 조극선(趙克善, 1595~1658)
[작품] 경신수야설(庚申守夜說)
불식과설(不食瓜說)
의예론설(疑藝論說)
주설(酒說)

## 야옹유고(野翁遺稿)

[작가] 조학승(曺學承, 1825~1894)
[작품] 괴허예설(愧虛譽說)
치병설－유학자문(治病說－諭學者文)
형제연락설(兄弟燕樂說)
회몽설(誨蒙說)

## 약산만고(藥山漫稿)

[작가] 오광운(吳光運, 1689~1745)
[작품] 경설(經說)

## 약재문집(約齋文集)

[작가] 안종화(安鍾和, 1885~1937)
[작품] 반경설(反經說)
성구여자설(成龜汝字說)

## 약재집(約齋集)

[작가] 권병(權炳, 1723~1772)
[작품] 강자외시하물설(신미월과)〔腔子外是何物說(辛未月課)〕
독사서설(讀四書說)
명덕후설(明德後說)
무자기설(毋自欺說)
시습설(時習說)
심불가훈명덕설(心不可訓明德說)
오행생행설(五行生行說)
자강불식설(自强不息說)
재목설(齋沐說)
중니안자소락하사설(仲尼顔子所樂何事說)
천인성정설(天人性情說)

## 약천집(藥泉集)

[작가] 남구만(南九萬, 1629~1711)
[작품] 조설(釣說)

## 약헌문집(約軒文集)

[작가] 하용제(河龍濟, 1854~1919)
[작품] 강설(剛說)
독서설(讀書說)
반포오설(反哺烏說)
안택설(安宅說)
초산설(蕉山說)

## 약헌유고(約軒遺稿)

[작가] 조종근(형구)〔趙從根(亨九), 1855~1930〕

[작품] 애류설(愛柳說)

## 약헌유집(藥軒遺集)

[작가] 서종화(徐宗華, 1700~1748)

[작품] 군수자설(君受字說)
기이성형리역부언설(氣以成形理亦賦焉說)
당설(堂說)
사온자설(士蘊字說)
원직명신자설(元直命臣字說)

## 약헌집(約軒集)

[작가] 송징은(宋徵殷, 1652~1720)

[작품] 약헌설(約軒說)
요주곤공공설(堯誅鯀共工說)

## 양곡유고(良谷遺稿)

[작가] 이승복(李承福, 1886~1961)

[작품] 명덕설(상)〔明德說(上)〕
명덕설(중)〔明德說(中)〕
명덕설(하)〔明德說(下)〕
학설(學說)

## 양근당문집(養槿堂文集)

[작가] 이종희(李鍾熙, 1883~1929)

[작품] 경권설(經權說)
물화설(物化說)
수경설(守耕說)

## 양동유고(陽洞遺稿)

[작가] 박찬영(朴燦瑛, 1736~1771)

[작품] 석실강설(石室講說)
자경설(1)〔自警說(一)〕
자경설(2)〔自警說(二)〕

## 양몽재집(養蒙齋集)

[작가] 김재락(金在洛, 1858~1920)

[작품] 과업설(科業說)
관해설(觀海說)
낙육재의식설(樂育齋儀式說)
도식설(圖式說)
목면종자동도설(木綿種子東渡說)
문승설(文勝說)
민농설(憫農說)

## 양와유고(養窩遺稿)

[작가] 김혁수(金赫洙, 1867~1928)

[작품] 김여직자설(金汝直字說)
정자극자설(丁子克字說)

## 양와집(養窩集)

[작가] 이세구(李世龜, 1646~1700)

[작품] 동국삼한사군고금강역설(東國三韓四郡古今疆域說)
물격설(계해하)〔物格說(癸亥夏)〕
우답최여화논격물설(기사)〔又答崔汝和論格物說(己巳)〕
우답최여화논격물설(기사10월)〔又答崔汝和論格物說(己巳十月)〕
우설(신해)〔友說(辛亥)〕
후격물설(경오납월)〔後格物說(庚午臘月)〕

## 양원유집(陽園遺集)

[작가] 신기선(申箕善, 1851~1909)

[작품] 간암설(艮巖說)
구사설(求仕說)
남운설(南雲說)
내산설(來山說)
북귀설(北歸說)
성은설(城隱說)
심와설(心窩說)
양원설(陽園說)
연호설(蓮湖說)
해사설(海史說)

## 양촌집(陽村集)

[작가] 권근(權近, 1352~1409)

[작품] 기우(이행)설〔騎友(李行)說〕
김공경험설(金公經驗說)
김씨명자설(金氏名字說)
동두(김진양)설〔童頭(金震陽)說〕
삼우설(三友說)
성자옥용설(후)〔成自玉瑢說(後)〕
안석설(安石說)
의민자설(義民字說)
이씨형제명자설(李氏兄弟名字說)
자허설(子虛說)
주옹설(舟翁說)
증이배지사화설(贈李培之四畫說)
최자고설(후)〔崔子固說(後)〕

## 양포유고(楊浦遺藁)

[작가] 최전(崔澱, 1567~1588)

[작품] 독역잡설(讀易雜說)

## 양호재유고(養浩齋遺稿)

[작가] 김사현(金社鉉, 1864~1938)

[작품] 방치서자설(方致瑞字說)

## 어우집(於于集)

[작가] 유몽인(柳夢寅, 1559~1623)

[작품] 우인설(優人說)
호광나창설(湖廣癩瘡說)

## 여력재집(餘力齋集)

[작가] 장헌주(張憲周, 1777~1867)

[작품] 과거설 – 답이공진필성(科擧說 – 答李拱辰弼星)
산설 – 증신명오(山說 – 贈愼明吾)
성극설 – 송정여홍(省克說 – 送鄭汝弘)
천풍자설 – 증임군현초일상(天風子說 – 贈林君玄初一相)
취성설 – 증이중규(醉醒說 – 贈李仲圭)

## 여암집(旅菴集)

[작가] 신경준(申景濬, 1712~1781)

[작품] 순원화훼잡설 – 국(淳園花卉雜說 – 菊)
순원화훼잡설 – 규(淳園花卉雜說 – 葵)
순원화훼잡설 – 근(淳園花卉雜說 – 槿)
순원화훼잡설 – 금정(淳園花卉雜說 – 錦庭)
순원화훼잡설 – 난혜(淳園花卉雜說 – 蘭蕙)
순원화훼잡설 – 도(淳園花卉雜說 – 桃)
순원화훼잡설 – 동백(淳園花卉雜說 – 冬栢)
순원화훼잡설 – 망우합환(淳園花卉雜說 – 忘憂合歡)
순원화훼잡설 – 매(淳園花卉雜說 – 梅)

순원화훼잡설 – 면래(淳園花卉雜說 – 眠來)
순원화훼잡설 – 명사(淳園花卉雜說 – 榠樝)
순원화훼잡설 – 목가(淳園花卉雜說 – 木茄)
순원화훼잡설 – 목단(淳園花卉雜說 – 牧丹)
순원화훼잡설 – 무(淳園花卉雜說 – 楙)
순원화훼잡설 – 백합(淳園花卉雜說 – 百合)
순원화훼잡설 – 사계(淳園花卉雜說 – 四季)
순원화훼잡설 – 산수유(淳園花卉雜說 – 山茱萸)
순원화훼잡설 – 상산(淳園花卉雜說 – 常山)
순원화훼잡설 – 석류(淳園花卉雜說 – 石榴)
순원화훼잡설 – 아명(淳園花卉雜說 – 牙名)
순원화훼잡설 – 앵도(淳園花卉雜說 – 櫻桃)
순원화훼잡설 – 어상(淳園花卉雜說 – 禦霜)
순원화훼잡설 – 연(淳園花卉雜說 – 蓮)
순원화훼잡설 – 영산홍(淳園花卉雜說 – 映山紅)
순원화훼잡설 – 옥잠(淳園花卉雜說 – 玉簪)
순원화훼잡설 – 자미(淳園花卉雜說 – 紫薇)
순원화훼잡설 – 작약(淳園花卉雜說 – 芍藥)
순원화훼잡설 – 죽(淳園花卉雜說 – 竹)
순원화훼잡설 – 지(淳園花卉雜說 – 枳)
순원화훼잡설 – 창포(淳園花卉雜說 – 菖蒲)
순원화훼잡설 – 척촉(淳園花卉雜說 – 躑躅)
순원화훼잡설 – 충천(淳園花卉雜說 – 衝天)
순원화훼잡설 – 풍목단(淳園花卉雜說 – 風牧丹)
예미와설(曳尾窩說)
와관설(瓦棺說)
후재설(後齋說)

## 여유당전서(與猶堂全書)

[작가] 정약용(丁若鏞, 1762~1836)
[작품] 거관사설(居官四說)
관계추설(觀鷄雛說)
구염설(舊染說)
기중도설(起重圖說)
누조도설(漏槽圖說)
본연지설(本然之說)
삼본설(三本說)
삼정설(三正說)
삼품설(三品說)
성기호설(性嗜好說)
성설(城說)
성자설(誠字說)
애체출화도설(靉靆出火圖說)
오행설(五行說)
옹성도설(甕城圖說)
완부청설(碗浮靑說)
외단활차설(桅端滑車說)
용인이재설(用人理財說)
음양설(陰陽說)
의설(醫說)
이발기발설(理發氣發說)
이자설(理字說)
자설(字說)
존심설(存心說)
종두설(種痘說)
지구도설(地毬圖說)
지원설(地圓說)
총설(總說)
칠실관화설(漆室觀畵說)
포루도설(砲樓圖說)
현안도설(懸眼圖說)
호체설(互體說)
효변설(爻變說)

## 여택재유고(麗澤齋遺稿)

[작가] 권재운(權載運, 1701~1778)

[작품] 관해설(觀海說)

반시아설(搬柴兒說)

서재야유설(書齋夜遊說)

의학설 – 경학자(醫學說 – 警學者)

## 여헌선생문집(旅軒先生文集)

[작가] 장현광(張顯光, 1554~1637)

[작품] 계상설(溪牀說)

관해설(觀海說)

괘명손익설(卦名損益說)

구설(究說)

궤위관설(饋位官說)

김상사자설(金上舍字說)

도통설(道統說)

문설(文說)

방명설(坊名說)

병인상례설(丙寅喪禮說)

본교이건시시제생설(本校移建時示諸生說)

본교중수설(本校重修說)

봉대설(鳳臺說)

서원설(書院說)

손영관설(孫錄冠說)

심설(心說)

여헌설(旅軒說)

와유당설(臥遊堂說)

용졸당설(用拙堂說)

인신설(人身說)

인심도심설(人心道心說)

인의방설(仁義坊說)

입암설(立巖說)

제시조잉유성중노소설(祭始祖仍喩姓中老少說)

청구도설(青丘圖說)

평설(平說)

피대설(皮帒說)

해설(海說)

## 여호집(黎湖集)

[작가] 박필주(朴弼周, 1665~1748)

[작품] 개정왕노재인심도심도설(改正王魯齋人心道心圖說)

경설(敬說)

공부설(工夫說)

김생상열자설(金生相說字說)

대학호오설(大學好惡說)

동정설(動靜說)

성선설(性善說)

심성설(心性說)

언행설(言行說)

의리설(義利說)

이기설(理氣說)

인심도심설(人心道心說)

인심도심후설(人心道心後說)

전체각구설(全體各具說)

증질손상면자설(曾姪孫相冕字說)

천수설(天水說)

## 역암집(櫟菴集)

[작가] 강진규(姜晉奎, 1817~1891)

[작품] 눌설 – 증이윤문김계록(訥說 – 贈李允文金溪錄)

연설(筵說)

칙희설 – 증박만풍김계록(則喜說 – 贈朴萬豊金溪錄)

## 역정일고(櫟亭逸稿)

[작가] 권시중(權時中, 1572~1644)

[작품] 야주자설(野舟子說)

양노낭설(養老囊說)

## 연경재전집(研經齋全集)

[작가] 성해응(成海應, 1760~1839)

[작품] 가작설 – 예론(加爵說 – 禮論)

가존복설 – 예론(4)〔加尊服說 – 禮論(四)〕

감생제설 – 예론(7)〔感生帝說 – 禮論(七)〕

강복설 – 예론(4)〔降服說 – 禮論(四)〕

결패설패설 – 예론(7)〔結珮設珮說 – 禮論(七)〕

결항설 – 예론(1)〔結項說 – 禮論(一)〕

겸복설 – 예론(4)〔兼服說 – 禮論(四)〕

경획린설 – 경해(3)〔經獲麟說 – 經解(三)〕

계례설 – 예론(1)〔笄禮說 – 禮論(一)〕

계사설 – 예론(5)〔笄纚說 – 禮論(五)〕

계윤불계윤설 – 예론(5)〔計閏不計閏說 – 禮論(五)〕

고문편목설(古文篇目說)

고인설 – 예론(7)〔賈人說 – 禮論(七)〕

고자매복설 – 예론(2)〔姑姉妹服說 – 禮論(二)〕

곡풍설 – 경해(3)〔谷風說 – 經解(三)〕

공자묘시설(孔子墓蓍說)

공주위모복설 – 예론(2)〔公主爲母服說 – 禮論(二)〕

괄발설 – 예론(5)〔髺髮說 – 禮論(五)〕

교성제설 – 예론(1)〔敎成祭說 – 禮論(一)〕

구군복설 – 예론(2)〔舊君服說 – 禮論(二)〕

구부전설 – 예론〔糗不煎說 – 禮論〕

구빈세부녀어설 – 예론(1)〔九嬪世婦女御說 – 禮論(一)〕

구설 – 예론(8)〔屨說 – 禮論(八)〕

구족설(九族說)

구족설 – 경해(3)〔九族說 – 經解(三)〕

국설(菊說)

군모부모복설 – 예론(1)〔君母父母服說 – 禮論(二)〕

군행일신행이설 – 예론〔君行一臣行二說 – 禮論〕

굴복설 – 예론(4)〔屈服說 – 禮論(四)〕

궤식설 – 예론(6)〔饋食說 – 禮論(六)〕

근설 – 예론(覲說 – 禮論)

기이제상설 – 예론(5)〔期而除喪說 – 禮論(一)〕

기전설(箕田說)

기전설 – 예론(箕田說 – 禮論)

길제미배설 – 예론(8)〔吉祭未配說 – 禮論(八)〕

남용설 – 예론(7)〔南牖說 – 禮論(七)〕

노예부설 – 예론(1)〔老禮婦說 – 禮論(一)〕

뇌제설 – 예론(8)〔挼祭說 – 禮論(八)〕

단면설 – 예론(5)〔袒免說 – 禮論(五)〕

단심국설(丹心菊說)

단의설 – 예론(褖衣說 – 禮論)

단제설 – 예론(9)〔壇祭說 – 禮論(九)〕

대곡설 – 예론(代哭說 – 禮論)

대례편목설(戴禮篇目說)

대명홍설 – 예론(9)〔大明紅說 – 禮論(九)〕

대부자강복설 – 예론(2)〔大夫子降服說 – 禮論(二)〕

대우모설 – 경해(3)〔大禹謨說 – 經解(三)〕

대종소종설(상) – 예론(1)〔大宗小宗說(上) – 禮論(一)〕

대종소종설(하) – 예론(1)〔大宗小宗說(下) – 禮論(一)〕

대하척설-예론(4)〔帶下尺說- 禮論(四)〕
도가설(道家說)
동관설－경해(3)〔彤管說－經解(三)〕
동녕부설(東寧府說)
동방지찬설－예론(東方之饌說－禮論)
동유사서집주례설(東儒四書輯注例說)
매문매곡읍설－예론(每門每曲揖說－禮論)
면복설－예론(4)〔緬服說－禮論(四)〕
면복즉위설－예론(2)〔冕服卽位說－禮論(二)〕
명당설－경해(2)〔明堂說－經解(二)〕
명의상설－예론(明衣裳說－禮論)
모배자설－예론(1)〔母拜子說－禮論(一)〕
모전용맹자설－경해(3)〔毛傳用孟子說－經解(三)〕
모허이훈설－경해(3)〔毛許異訓說－經解(三)〕
묘제설－예론(6)〔廟祭說－禮論(六)〕
묘주설－예론(廟主說－禮論)
미가녀역강복설－예론(2)〔未嫁女逆降服說－禮論(二)〕
반부설－예론(5)〔班祔說－禮論(五)〕
발해남해도설(渤海南海道說)
방명설－예론(方明說－禮論)
배읍설－예론(7)〔拜揖說－禮論(七)〕
백모설－예론(白牡說－禮論)
백주설－경해(3)〔柏舟說－經解(三)〕
벽옹설－예론(7)〔辟雍說－禮論(七)〕
병유상우부설－예론(5)〔並有喪虞祔說－禮論(五)〕
보복설－예론(4)〔報服說－禮論(四)〕
복생제어설－경해(3)〔伏生齊語說－經解(三)〕
봉전부증설－예론(賵奠賻贈說－禮論)
부묘설－예론(5)〔祔廟說－禮論(五)〕
부설－예론(5)〔祔說－禮論(五)〕
부설－예론(8)〔赴說－禮論(八)〕
부소위형제복처강일등설－예론(2)〔夫所爲兄弟服妻降一等說－禮論(二)〕
부위구고복설－예론(2)〔婦爲舅姑服說－禮論(二)〕
부위장자삼년설－예론(2)〔父爲長子三年說－禮論(二)〕
부인강설－예론(婦人降說－禮論)
부인배설－예론(7)〔婦人拜說－禮論(七)〕
부인변제설－예론(4)〔婦人變除說－禮論(四)〕
부인빙향설－예론(7)〔夫人聘享說－禮論(七)〕
부인쇠상설－예론(5)〔婦人衰裳說－禮論(五)〕
부인위부종복설－예론(2)〔婦人爲夫從服說－禮論(二)〕
부폐질손수중설－예론(2)〔父廢疾孫受重說－禮論(二)〕
분협설－경해(3)〔分狹說－經解(三)〕
불수춘추설－경해(3)〔不修春秋說－經解(三)〕
붕우마설－예론(5)〔朋友麻說－禮論(五)〕
빈수조설－예론(賓受棗說－禮論)
빈시설－예론(8)〔賓尸說－禮論(八)〕
빈장삼헌설－예론(9)〔賓長三獻說－禮論(九)〕
빈취제이강설－예론(賓取祭以降說－禮論)
사가설－경해(3)〔四家說－經解(三)〕
사거전설－예론(2)〔嗣擧奠說－禮論(二)〕
사악천곤설－경해(3)〔四嶽薦鯀說－經解(三)〕
사왕조묘설－예론(2)〔嗣王朝廟說－禮論(二)〕

사이묘설－예론(8)〔士二廟說－禮論(八)〕
살생설－예론(8)〔殺牲說－禮論(八)〕
삼년련관이대공지마역지설－예론(5)〔三年練冠以大功之麻易之說－禮論(五)〕
삼복설－예론(三服說－禮論)
삼부팔모설(三父八母說)
삼쇠설－예론(5)〔三衰說－禮論(五)〕
삼읍설－예론(7)〔三揖說－禮論(七)〕
삼일성복장설－예론(三日成服杖說－禮論)
상기설－예론(2)〔喪期說－禮論(二)〕
상무설－예론(8)〔象舞說－禮論(八)〕
상박전설－예론(喪剝奠說－禮論)
상복설－예론(4)〔殤服說－禮論(四)〕
상복설(상)－예론(2)〔喪服說(上)－禮論(二)〕
상복설(하)－예론(2)〔喪服說(下)－禮論(二)〕
상서서목설(尙書書目說)
상식설－예론(8)〔上食說－禮論(八)〕
상종사자제용생자설－예론(6)〔喪從死者祭用生者說－禮論(六)〕
상필길제설－예론(6)〔喪畢吉祭說－禮論(六)〕
생시설－경해(3)〔笙詩說－經解(三)〕
생여내일사여왕일설－예론(5)〔生與來日死與往日說－禮論(五)〕
서서설(書序說)
서자불계조설－예론(2)〔庶子不繼祖說－禮論(二)〕
서자위처부담설－예론(庶子爲妻不禫說－禮論)
석경설(石經說)
석습설－예론(7)〔裼襲說－禮論(七)〕
석씨설(釋氏說)
석폐우예설－예론(釋幣于禰說－禮論 )
선불설(仙佛說)
선설－예론(7)〔跣說－禮論(七)〕
설원고려본설(說苑高麗本說)
섬시조설－예론(9)〔燅尸俎說－禮論(九)〕
세복설－예론(4)〔稅服說－禮論(四)〕
세설－예론(4)〔繐說－禮論(四)〕
세자불강처부모복설－예론(2)〔世子不降妻父母服說－禮論(二)〕
소렴벽전설－예론(小斂辟奠說－禮論)
소목설－예론(1)〔昭穆說－禮論(一)〕
소후자복참설－예론(2)〔所後子服斬說－禮論(二)〕
송일장설－경해(3)〔頌一章說－經解(三)〕
송지설(松芝說)
수관설－예론(授館說－禮論)
수복설(상)－예론(4)〔受服說(上)－禮論(四)〕
수복설(하)-예론(4)〔受服說(下)-禮論(四)〕
숭정황제묘호설－예론(9)〔崇禎皇帝廟號說－禮論(九)〕
승정설－예론(8)〔升鼎說－禮論(八)〕
시삼위설－경해(3)〔詩三緯說－經解(三)〕
시작주부출우방설－예론(尸酌主婦出于房說－禮論)
시주소분성현설－경해(3)〔詩周召分聖賢說－經解(三)〕
신제설－예론(8)〔神祭說－禮論(八)〕
심상설－예론(5)〔心喪說－禮論(五)〕
안정복기전설－기전설(安鼎福箕田說－箕田說)
안흥정설(安興亭說)
양정조설－예론(9)〔羊正俎說－禮論(九)〕
어좌수설－예론(魚左首說－禮論)
여위인후설-예론(2)〔與爲人後說-禮論

제후흔묘설－예론(2)〔諸侯釁廟說－禮論(二)〕
조갈대설－예론(9)〔澡葛帶說－禮論(九)〕
조량고설-예론(7)〔操量鼓說-禮論(七)〕
조례설－예론(5)〔弔禮說－禮論(五)〕
조배설－예론(5)〔弔拜說－禮論(五)〕
조설(棗說)
조설－예론(弔說－禮論)
조제복설－예론(8)〔助祭服說－禮論(八)〕
조종군설－예론(1)〔祖宗君說－禮論(一)〕
졸곡설－예론(5)〔卒哭說－禮論(五)〕
종모복설－예론(2)〔從母服說－禮論(二)〕
종연설(種蓮說)
좌우잉설－경해(3)〔左右媵說－經解(三)〕
주부아헌설－예론(8)〔主婦亞獻說－禮論(八)〕
주부천두변설－예론(9)〔主婦薦豆籩說－禮論(九)〕
주부치작부작설－예론(主婦致爵不酢說－禮論)
주척전제설－예론(7)〔周尺田制說－禮論(七)〕
준설(繜說)
준설－예론(8)〔餕說－禮論(八)〕
중상설－예론(5)〔中殤說－禮論(五)〕
증조부모복설－예론(2)〔曾祖父母服說－禮論(二)〕
지설－예론(7)〔贄說－禮論(七)〕
진용설－예론(進容說－禮論)
진용하정설－경해(3)〔晉用夏正說－經解(三)〕
진제설－예론(9)〔振祭說－禮論(九)〕
질대설－예론(4)〔絰帶說－禮論(四)〕
질설－예론(4)〔絰說－禮論(四)〕
찬설－예론(9)〔饌說－禮論(九)〕
찬예부설－예론(1)〔贊禮婦說－禮論(一)〕
처복설－예론(2)〔妻服說－禮論(二)〕
천거설－예론(薦車說－禮論)
천자복서조모설－예론(2)〔天子服庶祖母說－禮論(二)〕
첩모복설－예론(2)〔妾母服說－禮論(二)〕
청사설－예론(聽事說－禮論)
체발설(薙髮說)
체설－예론(6)〔禘說－禮論(六)〕
초무풍설－경해(3)〔楚無風說－經解(三)〕
출모가모복설－예론(2)〔出母嫁母服說－禮論(二)〕
친영설－예론(1)〔親迎說－禮論(一)〕
태왕전상설－경해(3)〔太王剪商說－經解(三)〕
폐철설－경해(3)〔廢徹說－經解(三)〕
포유고엽설－경해(3)〔匏有苦葉說－經解(三)〕
하설－예론(8)〔嘏說－禮論(八)〕
하원설－예론(河源說－禮論)
한백겸기전도설－기전설(韓百謙箕田圖說－箕田說)
합모포주설－경해(3)〔盍毛包周說－經解(三)〕
향부설－예론(9)〔饗婦說－禮論(九)〕
향설－예론(8)〔饗說－禮論(八)〕
허성서기전도설(후)－기전설〔許筬書箕田圖說(後)－箕田說〕
헌내형제설－예론(9)〔獻內兄弟說－禮論(九)〕
현상설－예론(8)〔顯相說－禮論(八)〕
협배설－예론(夾拜說－禮論)
협설－예론(6)〔祫說－禮論(六)〕
형남지치설－예론(9)〔鉶南之觶說－禮論(九)〕

형제지복설 – 예론(2)〔兄弟之服說 – 禮論(二)〕
홀자온설(忽刺媼說)
후부인설 – 예론(1)〔后夫人說 – 禮論(一)〕

## 연곡문집(延谷文集)

[작가] 권성익(權聖翊, 1735~1821)
[작품] 우매설(友梅說)

## 연곡집(蓮谷集)

[작가] 노정섭(盧正燮, 1849~1902)
[작품] 기삼백포등법부어류세차급력설(朞三百布等法附語類歲差及曆說)
내외족상칭호설(內外族相稱呼說)
미발설(未發說)
박경구자설(朴敬九字說)
변효설(變爻說)
삼강설(三綱說)
수구여병설(守口如甁說)
심설(心說)
심자설(心字說)
어승여자설(魚升汝字說)
유맹양자설(兪孟養字說)
주정설(主靜說)
참동계납갑도설(參同契納甲圖說)
홍성규자설(洪聖規字說)

## 연암집(燕巖集)

[작가] 박지원(朴趾源, 1737~1805)
[작품] 필세설(筆洗說)

## 연재선생문집(淵齋先生文集)

[작가] 송병선(宋秉璿, 1836~1905)
[작품] 경세설(警世說)
근근설 – 증송희보(勤謹說 – 贈宋希甫)
김공립개명설(金公立改名說)
김사흥개명설(金士興改名說)
독서설 – 증구첨여(讀書說 – 贈具瞻汝)
벽사설(闢邪說 )
복제변설(服制辨說)
불기불구설 – 증여윤중(不忮不求說 – 贈呂允中)
사물설 – 증이윤경(四勿說 – 贈李允卿)
송래헌자설(宋來憲字說)
장희설(長噫說)
전경현개명설(全景賢改名說)
정공직자설(鄭公直字說)
조자중개명설(趙子中改名說)
창애설 – 증허명국(蒼崖說 – 贈許鳴國)
호계압각수설(虎溪鴨脚樹說)
홍의설 – 증조성여(弘毅說 – 贈趙性汝)

## 연조귀감(掾曹龜鑑)

[작가] 이진흥(李震興, 영조)
[작품] 분관설(分館說)

## 연죽유고(然竹遺稿)

[작가] 이연죽(李然竹, 조선 고종)
[작품] 개경포득명설(開經浦得名說)
배옹호설(配翁號說)
삼죽설(三竹說)
오조설(烏鳥說)
해조설(海潮說)

## 연천유고(蓮泉遺稿)

[작가] 최일휴(崔日休, 1638~1699)
[작품] 애석설(愛石說)

## 연천집(淵泉集)

[작가] 홍석주(洪奭周, 1774~1842)
[작품] 실사구시설(實事求是說)

## 연파집(蓮坡集)

[작가] 김병휘(金炳輝, 1842~1903)
[작품] 계자설(戒子說)
계험설 – 시조명찬(戒險說 – 示趙明贊)
동설 – 증한승여(動說 – 贈韓承汝)
시설 – 증백규언(視說 – 贈白奎彦)
심설(心說)
언설 – 증이신중(言說 – 贈李信中)
자경설(自警說)
지경설 – 증구성일(持敬說 – 贈具誠日)
청금설(聽琴說)
청설 – 시남평서(聽說 – 示南平瑞)

## 연호유고(蓮湖遺稿)

[작가] 김진성(金璡聲, 1822~1892)
[작품] 연호설(蓮湖說)

## 열암집(悅菴集)

[작가] 하시찬(夏時贊, 1750~1828)
[작품] 성설(性說)

## 염와집(廉窩集)

[작가] 곽휘승(郭徽承, 1872~1903)
[작품] 분어설(盆魚說)
최원직자설(崔源直字說)

## 염재문집(念齋文集)

[작가] 김순(환각)〔金䥧(煥珏), 1888~1978〕
[작품] 강설 – 증송사언(剛說 – 贈宋士彦)
개명설(改名說)
괄백설(栝柏說)
김윤무자설(金允務字說)
농은설 – 증김대경(農隱說 – 贈金大庚)
목주설 – 유증양승순(木注說 – 留贈梁勝淳)
분송설(盆松說)
양삼설 – 증장양도(養杉說 – 贈張良度)
자김대경추설(字金大庚追說)
종남과설(種南瓜說)
지헌설(砥軒說)
화분설 – 제암송당벽(花盆說 – 題嵒松堂壁)
화송설(畵松說)
화암설 – 증신선화(化菴說 – 贈申善化)
후남과설(後南瓜說)
후석설 – 증권군(後石說 – 贈權君)
훈도설(薰陶說)

## 영사재유고(永思齋遺稿)

[작가] 최성(崔晟, 1639~1710)
[작품] 애봉설(愛蜂說)
훈자설(訓子說)

## 영수전집(潁水全集)

[작가] 서수석(徐壽錫, 1841~1925)
[작품] 족숙정재설(族叔貞齋說)

## 영은집(瀛隱集)

[작가] 남공수(南公壽, 1793~1875)
[작품] 구상유설(狗相乳說)

## 영재유고(寧齋遺稿)

[작가] 오윤상(원상)〔吳允常(元常), 조선 정조〕
[작품] 각비설(覺非說)
맹자생지위성장설(孟子生之謂性章說)
태극도오행위치설(太極圖五行位置說)

## 오강문집(梧岡文集)

[작가] 권봉현(權鳳鉉, 1872~1936)
[작품] 이자의자설(李子毅字說)
허윤서자설(許允敍字說)

## 오강문집(吾岡文集)

[작가] 문존호(정호)〔文存浩(正浩), 1884~1957〕
[작품] 이기호발설(理氣互發說)
청강설(聽江說)

## 오강유고(梧岡遺稿)

[작가] 김정호(金正昊, 조선 고종)
[작품] 감보재루퇴패설(感普齋樓頹敗說)

## 오남선생문집(吾南先生文集)

[작가] 김한섭(金漢燮, 헌종/철종)
[작품] 기도해설(碁圖解說)
논천태강설(論天台講說)
대학전도후설(大學全圖後說)
명덕도변설(明德圖辨說)
벽사설(闢邪說)
비은도변설(費隱圖辨說)
삼극도설(三極圖說)
성현벽사도설(聖賢闢邪圖說)
성현전경도설(聖賢傳敬圖說)
심자신지소주설(心者身之所主說)
심통성정도변설(心通性情圖辨說)
의제변설(衣制辨說)
인물성동이도변설(人物性同異圖辨說)
인자설(寅字說)
일월회삭도변설(日月會朔圖辨說)
토규지중도변설(土圭地中圖辨說)
형이상하도설(形而上下圖說)

## 오당집(峿堂集)

[작가] 이상수(李象秀, 1820~1882)
[작품] 거마설(임오)〔袪魔說(壬午)〕
곤지설(상)〔困知說(上)〕
곤지설(중)〔困知說(中)〕
곤지설(하)〔困知說(下)〕
광계명설(廣鷄鳴說)
구사설(九思說)
구용설(九容說)
궁통설(窮通說)
농은설(정축)〔農隱說(丁丑)〕
독세설(기미)〔讀世說(己未)〕
묵설(신축)〔墨說(辛丑)〕

박염재(기동)자설(임술)〔朴念齋(基東)字說(壬戌)〕
박영석관후증설(朴永錫冠後贈說)
부암설(孚菴說)
서여희아설(계해)〔書與喜兒說(癸亥)〕
소당설(疎堂說)
시학중제자설(병자)〔示學中諸子說(丙子)〕
여오김이동자설(을축)〔與吳金二童子說(乙丑)〕
여와설(餘窩說)
역길흉상인도설(신사)〔易吉凶相因圖說(辛巳)〕
연안설(宴安說)
우환설(경신)〔憂患說(庚申)〕
유청장설(갑인)〔惟靑莊說(甲寅)〕
이명오자설(李明悟字說)
자애설－증오보일필영(무진)〔自愛說－贈吳輔一弼泳(戊辰)〕
조백양(한희)자설(신유)〔趙伯陽(漢熹)字說(辛酉)〕
주설(신미)〔蛛說(辛未)〕
증한양이동자설(을묘)〔贈韓梁二童子說(乙卯)〕
축응설(계묘)〔畜鷹說(癸卯)〕
회린설(경진)〔悔吝說(庚辰)〕
후도설(정사)〔後陶說(丁巳)〕

**오룡재유고**(五龍齋遺稿)

[작가] 남명학(南溟學, 1731~1798)
[작품] 북설(北說)

**오봉집**(五峯集)

[작가] 이호민(李好閔, 1553~1634)
[작품] 경륙자설(景陸字說)

**오산문집**(吾山文集)

[작가] 전봉수(병옥)〔全鳳遂(炳玉), 1882~1961〕
[작품] 가산설(可山說)
겸재설(謙齋說)
금려설(琴旅說)
김춘익자설(金春翼字說)
노은설(壚隱說)
반괴설(盤槐說)
신암설(愼菴說)
인와설(訒窩說)
일호설(一毫說)
청사설(晴簑說)
회석설(晦石說)
후포설(後圃說)

**오산집**(五山集)

[작가] 차천로(車天輅, 1556~1615)
[작품] 백이사명설(伯夷死名說)

**오서집**(梧墅集)

[작가] 박영원(朴永元, 1791~1854)
[작품] 구암설(계사)〔苟菴說(癸巳)〕

**오수당유고**(吾守堂遺稿)

[작가] 박윤(朴潤, 1711~1780)
[작품] 기질성설(氣質性說)
도통설(道統說)
사단칠정설(四端七情說)
성경설(誠敬說)

성명설(性命說)
오수설(吾守說)

## 오아재집(聱齖齋集)

[작가] 강석규(姜錫圭, 1628~1695)
[작품] 도정절귀거래사후설－증조자직상우(陶靖節歸去來辭後說－贈趙子直相愚)
조군오곤계자설(趙君五昆季字說)

## 오옹선생일집(塢翁先生逸集)

[작가] 이응화(李應和, 1735~1813)
[작품] 인자설(人字說)

## 오음유고(梧陰遺稿)

[작가] 윤두수(尹斗壽, 1533~1601)
[작품] 잡설(雜說)

## 오천유고(鰲川遺稿)

[작가] 한백유(韓伯愈, 1675~1742)
[작품] 병인섬어설(病人譫語說)

## 오한집(聱漢集)

[작가] 손기양(孫起陽, 1559~1617)
[작품] 소제설(掃除說)
조운설(嘲雲說)
풍신설(風神說)

## 옥간집(玉澗集)

[작가] 최병식(崔秉軾, 1867~1928)

[작품] 수병설(守甁說)
수사선도설(守死善道說)

## 옥계선생문집(玉溪先生文集)

[작가] 반우형(潘佑亨, 1458~1522)
[작품] 천인설(天人說)

## 옥계집(玉溪集)

[작가] 노정(盧禎, 1518~1578)
[작품] 장횡거양초설(張橫渠養蕉說)

## 옥봉문집(玉峰文集)

[작가] 주기일(周基鎰, 1862~1930)
[작품] 심설－문답(心說－問答)
철죽장설－증재종제경택(鐵竹杖說－贈再從弟京宅)

## 옥산집(玉山集)

[작가] 이광수(李光秀, 1873~1953)
[작품] 내와설(耐窩說)
문여자설(聞汝字說)
반신농산저의설(反申農山沮義說)
사천설(沙川說)
삼호설(三乎說)
운사설(雲沙說)
회봉설(晦峯說)
회산설(晦山說)

## 옥성헌일고(玉成軒逸稿)

[작가] 변상수(卞尙綏, 1696~1757)

[작품] 종자재진명자설 – 후개신(從子在縝名字說 – 後改慎)

## 옥수집(玉垂集)

[작가] 조면호(趙冕鎬, 1803~1887)

[작품] 교봉설(咬葑說)

기자설(飢字說)

매설(梅說)

미산산방설(갑신)〔未山山房說(甲申)〕

사민설(四民說)

선사후설(정해)〔扇史後說(丁亥)〕

심일재설(心一齋說)

오포설(계해)〔烏哺說(癸亥)〕

욕자설(정해윤사월사일)〔欲字說(丁亥閏四月四日)〕

윤종설(輪鍾說)

이위당인보설(병자)〔李偉堂印譜說(丙子)〕

절성편설(병술)〔節性匾說(丙戌)〕

취설(醉說)

하박처사설(賀朴處士說)

화암설(경진)〔華庵說(庚辰)〕

## 옥연집(玉硏集)

[작가] 변용래(卞龍來, 1860~1917)

[작품] 경자설(敬字說)

궁리설(窮理說)

태극설(太極說)

## 옥천집(玉川集)

[작가] 조덕인(趙德隣, 1658~1737)

[작품] 양조교비연설(兩朝敎批筵說)

정원분연설(政院盆蓮說)

## 완구유집(宛丘遺集)

[작가] 신대우(申大羽, 1735~1809)

[작품] 삼자자설(三子字說)

자설 – 시제자(字說 – 示諸弟)

정술인자설(鄭述仁字說)

철재설(徹齋說)

## 완당전집(阮堂全集)

[작가] 김정희(金正喜, 1786~1856)

[작품] 실사구시설(實事求是說)

예당설(禮堂說)

인재설(人才說)

일헌예설(壹獻禮說)

적천리설(適千里說)

한유가법설(漢儒家法說)

혁괘설(革卦說)

## 완암집(浣巖集)

[작가] 정내교(鄭來僑, 1681~1757)

[작품] 김이실(종수)자설〔金而實(種秀)字說〕

잡설(雜說)

## 완이재집(玩易齋集)

[작가] 강석덕(姜碩德, 1395~1459)

[작품] 자홍연산경점설(字洪燕山景漸說)

## 완정집(浣亭集)

[작가] 이언영(李彦英, 1568~1639)

[작품] 자경설(自警說)

종서과설(種西瓜說)

## 외암문집(畏庵文集)

[작가] 권석장(權錫璋, 1813~1885)
[작품] 성자도지형체설(性者道之形體說)
양심과욕설(養心寡欲說)
우매설(友梅說)
이기호발설(理氣互發說)
제범란계심설(題范蘭溪心說)
태극동정설(太極動靜說)

## 외암유고(巍巖遺稿)

[작가] 이간(李柬, 1677~1727)
[작품] 미발변후설(未發辨後說)
사설(상)〔師說(上)〕
사설(하)〔師說(下)〕
천지변후설(天地辨後說)

## 외와집(畏窩集)

[작가] 최림(崔琳, 1779~1841)
[작품] 경의집설(經義集說)

## 용강유고(龍岡遺稿)

[작가] 정원하(鄭源河, 1866~1937)
[작품] 경서일통도설(經書一統圖說)
군성일통도설(群聖一統圖說)
심동정도설(心動靜圖說)
위학설(爲學說)
이기선후설(理氣先後說)

## 용문집(龍門集)

[작가] 조욱(趙昱, 1498~1557)
[작품] 사액시연설(賜額時筵說)
증직시연설(贈職時筵說)

## 용산집(龍山集)

[작가] 이기(李夔, 1699~1779)
[작품] 취선위성민설(醉仙爲醒民說)

## 용암선생문집(龍巖先生文集)

[작가] 박운(朴雲, 1493~1562)
[작품] 둔옹설(遯翁說)
연평설(延平說)
이천설(伊川說)
정춘(유청지)설〔靜春(劉淸之)說〕
지암설(止庵說)
횡거설(橫渠說)

## 용와집(庸窩集)

[작가] 김우림(金愚林(?), 1888~1978)
[작품] 만성설(晩醒說)
박진천자설(朴鎭天字說)
수암설(須庵說)
정성호자경지설(鄭誠鎬字敬之說)

## 용와집(慵窩集)

[작가] 유승현(柳升鉉, 1680~1746)
[작품] 연설(기유)〔筵說(己酉)〕

## 용이와집(龍耳窩集)

[작가] 권뢰(權𪿔, 1800~1873)
[작품] 예계설(禮稧說)

적선여경설(積善餘慶說)
지비설(知非說)

## 용인재유고(容忍齋遺稿)

[작가] 노희원(盧希遠, 1759~1819)
[작품] 용인재몽중강설(容忍齋夢中講說)

## 용재집(庸齋集)

[작가] 김근행(金謹行, 1713~1784)
[작품] 기질계분설(氣質界分說)
독병계선생허령설(讀屛溪先生虛靈說)
연설(1)〔筵說(一)〕
연설(2)〔筵說(二)〕
인심도심설(人心道心說)

## 용주유고(龍洲遺稿)

[작가] 조경(趙絅, 1586~1669)
[작품] 병설(病說)
병자난온양유교생구모설(丙子難溫陽有校生救母說)
예학설(瘞鶴說)
통천해척표풍설(通川海尺飄風說)

## 용포집(龍浦集)

[작가] 이유(李濰, 1669~1742)
[작품] 신효표자설(申孝標字說)
자여자설(子稶字說)

## 우곡선생문집(愚谷先生文集)

[작가] 송양(宋亮, 1534~1618)
[작품] 경설(經說)

## 우곡집(愚谷集)

[작가] 박신윤(朴身潤, 1661~1698)
[작품] 독서설(讀書說)
독소학설(讀小學說)
역행설(力行說)

## 우당문집(愚堂文集)

[작가] 채병달(蔡炳達, 1879~1957)
[작품] 심성정설(心性情說)
이기설(理氣說)

## 우득록(愚得錄)

[작가] 정개청(鄭介淸, 1529~1590)
[작품] 감통설(感通說)
강신설(降神說)
격치성정설(格致誠正說)
겸허설(謙虛說)
경용오사설(敬用五事說)
공이이인체지위인설(公而以人體之爲仁說)
괘화설(卦畫說)
군자소인상반설(君子小人相反說)
근동다풍설(近東多風說)
기질설(신사오)〔氣質說(辛巳五)〕
기질설(신사칠)〔氣質說(辛巳七)〕
내외공부설(內外工夫說)
논장자후사정순운여인동체척륙자수왈차주장제목설(論張子厚事正淳云與人同體戚陸子壽曰此主張題目說)
동한진송소상부동설(東漢晉宋所尙不同說)
막론관휴설(莫論官休說)

물래순응설(物來順應說)
범응곡당용각부동설(泛應曲當用各不同說)
비례물시설(非禮勿視說)
선소악다설(善小惡多說)
선악개천리설(善惡皆天理說)
쇄소응대지리존언설(洒掃應對至理存焉說)
수도이인설(修道以仁說)
신심상수설(身心相須說)
심불가유일물설(心不可有一物說)
악기산수합동설(樂記散殊合同說)
안로증석문묘좌차설(顔路曾晳文廟坐次說)
업광설(業廣說)
여사암상공논해속설(與思菴相公論駭俗說)
예자설(禮字說)
유벽봉천설(惟辟奉天說)
이기설(理氣說)
인포사덕설(仁包四德說)
일고신설(一故神說)
재의위리설(在義爲理說)
제주좌방설(題主左傍說)
조박외신설(糟粕煨燼說)
종륙자자개개학득불손패만무례설(從陸子者箇箇學得不遜悖慢無禮說)
좌우위설(左右位說)
중니조술요순장전겸내외해본말설(仲尼祖述堯舜章傳兼內外該本末說)
지속기행속질설(知屬氣行屬質說)
천리인욕교전설(天理人欲交戰說)
치지속건양역행속곤음설(致知屬乾陽力行屬坤陰說)
포로설(蒲蘆說)
학용심성설(學庸心性說)
훼예설(毁譽說)

## 우복집(愚伏集)

[작가] 정경세(鄭經世, 1563~1633)
[작품] 남헌설(南軒說)
단지자설(斷指者說)
우암설(愚巖說)
임천설(臨川說)
잠실설(潛室說)

## 우산문집(尤山文集)

[작가] 안택호(安宅鎬, 1848~1918)
[작품] 심성정도설(心性情圖說)
자정설(柘町說)

## 우산유고(愚山遺稿)

[작가] 이상호(李尙鎬, 1864~1919)
[작품] 학자치주설(學者治主說)

## 우석문집(友石文集)

[작가] 이탁(李鐸, 1890~1972)
[작품] 대산사단칠정설(大山四端七情後說)
독서설(讀書說)
분개설(分開說)
석은설(石隱說)
성호사칠신편후설(星湖四七新編後說)
쇄설(瑣說)
오도설(吾道說)
우설(友說)
이대산선생속기고봉사단칠정총론후설(李大山先生續奇高峯四端七情總論後說)
천명도설(天命圖說)
취설(醉說)

취우설(驟雨說)
치포설(治圃說)
혼륜설(渾淪說)

## 우아당고(尤雅堂稿)

[작가] 왕원(성순)〔王原(性淳), 1868~1922〕
[작품] 진동은명자설(秦東隱名字說)

## 우암집(寓庵集)

[작가] 남구명(南九明, 1661~1719)
[작품] 마설(馬說)
묘설(猫說)
사설(蛇說)
산세설(山勢說)
신산설(神山說)
의아설(義鴉說)
지리설(地理說)
지세설(地勢說)
천기설(天氣說)

## 우엄유고(愚广遺稿)

[작가] 김규병(金奎炳, 1840~1905)
[작품] 죽장설(竹杖說)

## 우원집(尤園集)

[작가] 이정국(李楨國, 1743~1807)
[작품] 계몽설(啓蒙說)
공거설(貢擧說)
구용설(九容說)
극기복례설(克己復禮說)
명덕설(明德說)
음양상하설(陰陽上下說)
화복설(禍福說)

## 우재문집(憂齋文集)

[작가] 박시원(朴時瑗, 1861~1926)
[작품] 기질지성설(氣質之性說)
여성성여재석논성정이기설(與成聖汝載晳論性情理氣說)

## 우재문집(偶齋文集)

[작가] 이관후(李觀厚, 1869~1949)
[작품] 만오설(晩悟說)
모암설(慕巖說)
생양가세계도설(生養家世系圖說)

## 우재집(愚齋集)

[작가] 안광벽(安光璧, 1808~1889)
[작품] 도덕설(道德說)
성정설(性情說)

## 우천문집(愚川文集)

[작가] 김회석(金會錫, 1856~1934)
[작품] 동지설(冬至說)
척사설(斥邪說)
표재숙자설(表在琡字說)

## 우천집(愚川集)

[작가] 정칙(鄭侙, 1601~1663)
[작품] 경자제설(警子弟說)
논감여설(論堪輿說)

서진백인자설(書進百忍字說)
애국설(愛菊說)
음장설(飮漿說)
작치설(作菑說)
잡설(雜說)
종남영초설(種南靈草說)
종자기학자설(從子基學字說)

## 우파선생문집(愚坡先生文集)

[작가] 이종기(李宗基, 1900~1970)
[작품] 출처설(出處說)
격치설(格致說)
이기설(理氣說)
종교설(宗敎說)

## 우포문집(愚圃文集)

[작가] 성태영(成台榮, 1879~1951)
[작품] 군교지연설(郡校池蓮說)
귀소설(鬼笑說)
기질지성설(氣質之性說)
둔암설(遯巖說)
분고설(焚藁說)
사단칠정설(四端七情說)
사서잡설(四書雜說)
사칠잡설(四七雜說)
심설(1)〔心說(一)〕
심설(2)〔心說(二)〕
악유설(惡莠說)
오산설(吾山說)
지자귀설(知自貴說)
학포설(鶴圃說)

## 우헌문집(愚軒文集)

[작가] 채헌징(蔡獻徵, 1648~1726)
[작품] 만오헌집(晩悟軒集)
양헌설(讓軒說)

## 우헌집(寓軒集)

[작가] 박상현(朴尙玄, 1629~1693)
[작품] 성설(性說)
이설(理說)
잡설(雜說)

## 우헌집(寓軒集)

[작가] 유세명(柳世鳴, 1636~1688)
[작품] 기반씨양씨설(記潘氏楊氏說)
벽력금인발후설(霹靂琴引跋後說)

## 운계만고(雲溪漫稿)

[작가] 김종정(金鍾正, 1722~1787)
[작품] 교양설－증김치오(상정)〔橋梁說－贈金稚五(相定)〕
기질설(氣質說)
사단칠정설(四端七情說)
성설(상)〔性說(上)〕
성설(하)〔性說(下)〕
정의설(情意說)
중용부도불문여정여미발설(中庸不覩不聞與未發說)

## 운계선생문집(雲溪先生文集)

[작가] 황신구(黃信龜, 1633~1685)

[작품] 광지방설(廣止謗說)
뇌진고목설(雷震古木說)
발류소주제뇌자설(拔類小註諸餒字說)
붕박설(鵬蹼說)
사해포서설(使獬捕鼠說)
여인갱론정좌설(與人更論靜坐說)
재태인증별한공보설(在泰仁贈別韓公輔說)

## 운곡유집(雲谷遺集)

[작가] 박문부(朴文富, 1563~1605)
[작품] 대학설(大學說)
역설(易說)
입지설(立志說)
중용설(中庸說)

## 운곡집(雲谷集)

[작가] 이희발(李羲發, 1768~1850)
[작품] 생지위성설 – 봉교제진(生之謂性說 – 奉敎製進)
성기신설 – 봉교제진(誠幾神說 – 奉敎製進)
재설성시편이불시성설 – 봉교제진(纔說性時便已不是性說 – 奉敎製進)

## 운남집(雲藍集)

[작가] 정봉현(鄭鳳鉉, 1852~1918)
[작품] 과설 – 증홍군사중(過說 – 贈洪君士中)
권학설 – 증정민팔(勸學說 – 贈鄭民八 )
노포설(老圃說)
농세재중증주인김경노교준설(聾世齋中贈主人金敬魯敎俊說)
독서설 – 송대견종(讀書說 – 送大見從)
동경설 – 송양백우(同庚說 – 送楊伯佑)
본입재설(本立齋說)
송대방박황이김사군설(送帶方朴黃二金四君說)
송문군상철장군환봉설(送文君相喆張君煥琫說)
송박노흥성권설(送朴魯興聖權說)
숙흥야매설 – 증신한남(夙興夜寐說 – 贈申漢南)
오진묵자설(吳晉默字說)
위백거자설(魏伯擧字說)
유군흥수흥제자설(柳君興修興齊字說)
이강수개명설(李康秀改名說)
정의설(正誼說)
책설 – 증안성지(策說 – 贈安誠之)

## 운산집(雲山集)

[작가] 이휘재(李彙載, 1795~1875)
[작품] 계신호기소부도공구호기소불문설(戒愼乎其所不睹恐懼乎其小不聞說)
극기복례위인설(克己復禮爲仁說)
무자기설(毋自欺說)
유불선미상부지지지미상복행설(有不善未嘗不知知之未嘗復行說)
인심도심설(人心道心說)
정원재설(貞元齋說)
징분질욕설(懲忿窒慾說)
천명지위성설(天命之謂性說)
천선개과설(遷善改過說)
한사존기성설(閑邪存其誠說)
희노애락미발지위중설(喜怒哀樂未發之謂中說)

## 운석유고(雲石遺稿)

[작가] 하용환(河龍煥, 1892~1961)

[작품] 인의미상불리설(仁義未嘗不利說)

## 운악선생문집(雲嶽先生文集)

[작가] 이함(李涵, 1554~1632)

[작품] 논학설(論學說)

## 운암집(雲菴集)

[작가] 박문일(朴文一, 1822~1894)

[작품] 격치설(格致說)
관중기소설(管仲器小說)
동정설(動靜說)
불식부지설(不識不知說)
불천노불이과설(不遷怒不貳過說)
성설(이조)〔性說(二條)〕
심설(心說)
심설(오조)〔心說(五條)〕
심지덕수지리변설(心之德受之理辨說)
심통성정설(心通性情說)
예설(禮說)
음양오행설(陰陽五行說)
중용수장설(中庸首章說)
중용영설(中庸零說)
충신변설(忠信辨說)
화서이선생심설(부)〔華西李先生心說(附)〕

## 운양집(雲養集)

[작가] 김윤식(金允植, 1835~1922)

[작품] 고문설(苦蚊說)
궁혜설(신사동)〔弓鞋說(辛巳冬)〕
명덕설(明德說)
승해주설(乘海舟說)
시무설－송육생종륜유천진(時務說－送陸生鍾倫遊天津)
신학육예설(新學六藝說)
이순도자설(李舜徒字說)
재이설(災異說)
전채자설(剪綵者說)
천당지옥설(天堂地獄說)
풍수설(상－임진맹춘)〔風水說(上－壬辰孟春)〕
풍수설(중)〔風水說(中)〕
풍수설(하)〔風水說(下)〕
호표설(임진정월)〔虎豹說(壬辰正月)〕

## 운와집(芸窩集)

[작가] 홍중성(洪重聖, 1668~1735)

[작품] 연소설(鷰巢說)

## 운정유집(雲庭遺集)

[작가] 장승원(張承遠, 1853~1917)

[작품] 반차설(反車說)
차설(車說)

## 운정집(篔亭集)

[작가] 최보열(崔輔烈, 1847~1922)

[작품] 가색설(稼穡說)
가정설(家庭說)
거족설(擧足說)
검약설(儉約說)
겸공설(謙恭說)
경장설(敬長說)

교우설(交友說)
근만설(勤慢說)
김상기자사근설(金庠基字士謹說)
김준기자사명설(金濬基字士明說)
노복설(奴僕說)
도설(盜說)
독서설(讀書說)
명차자자백심설(命次子字伯心說)
무격설(巫覡說)
무괴방심설(無愧放心說)
박혁설(博奕說)
방적설(紡績說)
복린설(卜隣說)
부부설(夫婦說)
부이무교설(富而無驕說)
부자설(父子說)
분사난설(忿思難說)
빈객설(賓客說)
상장설(喪葬說)
수구설(守口說)
시무설(時務說)
시보설(施報說)
식색설(食色說)
신도설(臣道說)
신질설(愼疾說)
언해설(言解說)
여인충설(與人忠說)
여자설(女子說)
외법설(畏法說)
음주설(飮酒說)
일유설(逸遊說)
조세설(租稅說)
탐욕설(貪慾說)
택사설(擇師說)
향당설(鄕黨說)
혼인설(婚姻說)
훼예설(毁譽說)

## 운창집(芸窓集)

[작가] 박성양(朴性陽, 1809~1890)
[작품] 남영초설(南靈草說)
목연설(木硯說)
분매설(盆梅說)
송생철헌자설(宋生哲憲字說)
증선익흠설(贈宣翼欽說)

## 운파선생문집(雲坡先生文集)

[작가] 송기하(宋基夏, 1828~1877)
[작품] 상산설(商山說)
서아농자설(書啞聾子說)
애죽설(愛竹說)
양어설(養魚說)
우복동설(牛腹洞說)
지독설(舐犢說)
토저설(土苴說)
현허자감몽설(玄虛子感夢說)

## 운학집(雲鶴集)

[작가] 황윤중(黃允中, 1782~1855)
[작품] 고목설(古木說)

## 운호집(雲湖集)

[작가] 임정주(任靖周, 1727~1796)
[작품] 미발설(未發說)

## 원곡집(元谷集)

[작가] 한우석(기석)〔韓禹錫(夔錫), 1872~1947〕
[작품] 김의원자설(金毅遠字說)
일신설(日新說)

## 원교집(圓嶠集)

[작가] 이광사(李匡師, 1705~1777)
[작품] 태설야설(兌說也說)

## 월고집(月皐集)

[작가] 조성가(趙性家, 1824~1904)
[작품] 김현경자설(金贒卿字說)
만학설－증족손용태(晩學說－贈族孫鏞台)
미성설(未惺說)
쌍강설(雙岡說)
이생자설(李生字說)
취련설(醉蓮說)

## 월곡문집(月谷文集)

[작가] 제세희(세호)〔諸世禧(世鎬), 1861~1923〕
[작품] 근근설－증이삼현(勤謹說－贈李三見)
명설(名說)
이삼현자설(李三見字說)
이성대자설(李聖大字說)
제경집자설(諸敬集字說)
제희현자설(諸希賢字說)
조대설(釣臺說)
해조설(解嘲說)
황윤성자설(黃閏成字說)

## 월곡집(月谷集)

[작가] 송기양(宋基襄, 1887~1956)
[작품] 권학설－시제생(勸學說－示諸生)
독서설(讀書說)
사희현설(士希賢說)
산천설－증유군동항(山泉說－贈柳君東恒)
존신공맹설(尊信孔孟說)

## 월당집(月塘集)

[작가] 박호양(朴鎬陽, 1851~1899)
[작품] 관제설(觀堤說)
서생다욕소강설(書生多慾小剛說)

## 월사집(月沙集)

[작가] 이정구(李廷龜, 1564~1635)
[작품] 기성고경설(箕城古鏡說)

## 월운문집(月雲文集)

[작가] 고경(익)〔高濕(瀷), 1862~1947〕
[작품] 논이기심성정설(論理氣心性情說)
매설(梅說)
사문방사우설(謝文房四友說)
애련설(愛蓮說)
양분매설(養盆梅說)
이기심성정설(논)〔理氣心性情說(論)〕
재공자설(在孔字說)
팔십설(八十說)
하락설(河洛說)
해기삼백설(解朞三百說)

## 월주존고(月洲存稿)

[작가] 박종완(朴鍾完, 1857~1916)
[작품] 병자대기설(丙子大饑說)
서농설(書農說)
차금설(借琴說)

## 월촌선생문집(月村先生文集)

[작가] 하달홍(河達弘, 1809~1877)
[작품] 강설(剛說)
균부설(均賦說)
노행설(老杏說)
맹호설(猛虎說)
모한재삼물설(慕寒齋三物說)
목영설(木癭說)
속천설(續天說)
애국설(愛菊說)
약설(藥說)
어조설(魚鳥說)
자미화설(紫薇花說)
작수설(斫樹說)
잡설(雜說)
적용부적용설－면학자(適用不適用說－勉學者)
진학설－시하희윤(進學說－示河羲允)
축계설(畜鷄說)

## 월파집(月波集)

[작가] 정시림(鄭時林, ?~1912)
[작품] 사수취여설－여정순호(辭受取與說－與鄭淳瑚)
손재명학중자설(孫在明學仲字說)
여강영섭설(與姜永燮說)
여김의유설 (與金義裕說)
여정언채설(與鄭彦采說)
오독설－증신각휴(梧櫝說－贈申恪休)
외필상질설(猥筆相質說)
차윤덕자설(次允德字說)

## 월포집(月浦集)

[작가] 이우빈(李佑贇, 1792~1855)
[작품] 마식란설(馬植蘭說)

## 월헌집(月軒集)

[작가] 이보림(李普林, 일제강점기)
[작품] 설천지인(說天地仁)
성설(性說)
존심설(存心說)

## 월호집(月湖集)

[작가] 손기락(광인)〔孫基洛(光仁), 1858~1922〕
[작품] 계주설(戒酒說)
돈종족설(敦宗族說)
오례설(五禮說)
오륜설(五倫說)
오상설(五常說)
주경설(主敬說)
주실선설(做實善說)
천형설(踐形說)
호기설(浩氣說)

## 위당유고(韋堂遺稿)

[작가] 조용섭(曺龍燮, 1870~1925)
[작품] 독서애유선생격치설(讀西厓柳先生格致說)

## 위당집(韋堂集)

[작가] 조장섭(趙章燮, 조선 고종)

[작품] 거작인간이설(去作人間爾說)
경자지설 - 시후생(敬字紙說 - 示後生)
구방심설 - 증족손병화(求放心說 - 贈族孫炳華)
답혹인설(答或人說)
명리설(明理說)
본령설 - 시제군(本領說 - 示諸君)
성근심설(性根心說)
송국설 - 증유중열(松菊說 - 贈柳仲烈)
안중실자설(安仲實字說)
애련설 - 주해(愛蓮說 - 註解)
양무가진설(陽無可盡說)
양재설(養材說)
연심구주설(鷰尋舊主說)
용한납제선조설(用漢臘祭先祖說)
장천작우설(將泉作雨說)
종손상오자설(從孫祥吾字說)
증별정조이군설(贈別丁曺二君說)
증유덕용설(贈柳德容說)
증족손동욱설(贈族孫東昱說)
지설 - 송이교훈(止說 - 送李敎勳)
천세력설(千歲曆說)
포화설(匏花說)
홍관호자설(洪觀浩字說)
화공문성설(火攻蚊城說)
황화처사설(黃花處士說)

## 위재문집(危齋文集)

[작가] 조상덕(趙相悳, 1808~1870)

[작품] 사판봉적개조설(祠版逢賊改造說)

## 유계집(柳溪集)

[작가] 강명규(姜命奎, 1801~1867)

[작품] 웅피욕설(熊皮褥說)

## 유심재집(有心齋集)

[작가] 이화보(李和甫, 1714~1781)

[작품] 면인위학설(勉人爲學說)
유성사측설(惟聖斯惻說)
천형유초설(踐形惟肖說)

## 유연당집(悠然堂集)

[작가] 김대현(金大賢, 1553~1602)

[작품] 양명후세변후설(揚名後世辨後說)

## 유재유고(有齋遺稿)

[작가] 권재기(權載祺, 1885~1955)

[작품] 계자손설(戒子孫說)
유재설(有齋說)
자경설(自警說)

## 유재유고(裕齋遺稿)

[작가] 양종락(楊鍾樂, 1870~1941)

[작품] 심수설(心守說)
유재설(裕齋說)
희작평설 - 정김물와(戱作萍說 - 呈金勿窩)

## 유재집(游齋集)

[작가] 이현석(李玄錫, 1647~1703)

[작품] 강도문답설(江都問答說)

고금이의설(古今異宜說)
관잠설(官箴說)
구기감설(懼幾感說)
기몽설(記夢說)
논봉수제일로설(論烽燧第一路說)
논오거봉수설(論誤擧烽燧說)
봉산건사설(烽山建寺說)
시세기수설(時勢氣數說)
유재문대설(游齋問對說)
은원설(恩怨說)
지기노인대설(知己老人對說)
청풍병태수해조설(淸風病太守解嘲說)
평극자설(平屐子說)

## 유정일집(柳亭逸集)

[작가] 최응사(崔應泗, 1520~1612)
[작품] 대전향약회설(大田鄕約悔說)

## 유천선생유고(柳川先生遺稿)

[작가] 유초(柳初, 1584~1658)
[작품] 안명설(安命說)

## 유헌집(遊軒集)

[작가] 장석룡(張錫龍, 1823~1906)
[작품] 잡설(雜說)

## 육유재유고(六有齋遺稿)

[작가] 백영직(규병)〔白永直(圭柄), 1841~1912〕
[작품] 심병설(心病說)

## 윤지당유고(允摯堂遺稿)

[작가] 윤지당임씨(允摯堂任氏, 1721~1793)
[작품] 극기복례위인설(克己復禮爲仁說)
예악설(禮樂說)
오도일관설(吾道一貫說)
이기심성설(理氣心性說)
인심도심사단칠정설(人心道心四端七情說)
치란재득인설(治亂在得人說)

## 율곡전서(栗谷全書)

[작가] 이이(李珥, 1536~1584)
[작품] 극기복례설(克己復禮說)
논사칠설(論四七說)
송조여식설(送趙汝式說)
인심도심설(人心道心說)
증유응서치군설(贈柳應瑞治郡說)
증홍생설(贈洪甥說)
호송설(護松說)

## 율산집(栗山集)

[작가] 전상무(田相武, 1851~1924)
[작품] 감물설(感物說)
전사흥자설(田士興字說)

## 율재집(栗齋集)

[작가] 박종필(朴鍾弼, 1849~1898)
[작품] 권위사입시연설(權慰使入侍筵說)
금강산봉래풍악개골사명설(金剛山蓬萊楓岳皆骨四名說)
원임조영부사입시연설(原任趙領府事入侍筵說)

이비승입시연설(李秘丞入侍筵說)
최찬정입시연설(崔贊政入侍筵說)
회환일본시찰이학대( )특진엄( )( )이판사등입시연설(回還日本視察李學大( )特進嚴( )( )李判事等入侍筵說)

## 율헌집(栗軒集)

[작가] 정일우(丁日宇, 조선 고종)
[작품] 율헌설(栗軒說)

## 응와선생문집(凝窩先生文集)

[작가] 이원조(李源祚, 1792~1872)
[작품] 귀신장설(鬼神章說)
복성도설(復性圖說)
비진질소저제설(批震姪所著諸說)
수정재설(壽靜齋說)
양사설(陽舍說)
해설(海說)

## 응재집(凝齋集)

[작가] 이희지(李喜之, 1681~1722)
[작품] 시불능궁인설(詩不能窮人說)

## 응초유집(鷹樵遺集)

[작가] 노정훈(盧正勳, 1853~1929)
[작품] 권학설-증재거제생(勸學說-贈齋居諸生)

## 의당유고(毅堂遺稿)

[작가] 김영달(金永達, 1903~1964)
[작품] 백질여진수연해설(伯姪汝進壽宴解說)

## 의산문고(宜山文稿)

[작가] 육용정(陸用鼎, 1843~1888)
[작품] 난곡설(蘭谷說)
백설조설(百舌鳥說)
자경설(自警說)
창석설(蒼石說)

## 의암문집(宜庵文集)

[작가] 배병한(裵炳翰, 1882~1948)
[작품] 자막집중설(子莫執中說)
회우설(悔宇說)

## 의암집(毅菴集)

[작가] 유인석(柳麟錫, 1841~1915)
[작품] 국병설(國病說)
김기홍이자자설(金箕洪二子字說)
김민초자설(金民初字說)
김영삼자설(金永三字說)
김옥근자설(金玉根字說)
김정자설(金鋥字說)
김택제자설(金宅濟字說)
박도훈자설(朴道壎字說)
변승도자설(邊承道字說)
신금남삼손명자설(申錦南三孫名字說)
유제중자설(柳濟中字說)
윤덕형자설(尹德衡字說)
이민응자설(李敏應字說)
이용인명자설(李容仁名字說)
이원수자설(李遠洙字說)
이학희자설(李鶴熺字說)
장성식자설(張性植字說)
장일복자설(張日復字說)

제춘자설(濟春字說)
조대현자설(趙大賢字說)
조헌제자설(趙憲濟字說)
직목설(直木說)
최학현자설(崔學賢字說)
출처설(出處說)

## 의재문집(毅齋文集)

[작가] 송호완(宋鎬完, 1863~1919)
[작품] 곽가호호자설(郭可豪濠字說)
금계설(琴溪說)
김장중종화자설(金莊仲鍾和字說)
김직재자설(金直哉字說)
만취설(晩翠說)
문선양자설(文善養字說)
박성진운종자설(朴聲振云鍾字說)
삼구도설(三九圖說)
송신부자설(宋愼夫字說)
송여빈자설(宋汝斌字說)
송효선호증자설(宋孝宣鎬增字說)
신자용복규자설(申子容復圭字說)
영계설(潁溪說)
위기설(爲己說)
이자회재목자설(李子晦在木字說)
최산경순종자설(崔山卿淳宗字說)
허덕조자설(許德祚字說)

## 의재유고(毅齋遺稿)

[작가] 곽태종(郭泰鍾, 1872~1940)
[작품] 계우설(雞友說)
근자설(勤字說)
삼근설－증동사제자(三近說－贈同社諸子)
위인위기설－증이자응(爲人爲己說－贈李子膺)
치설(恥說)
파초설－증이성화이회원이군(芭蕉說－贈李聖化李晦元二君)

## 의재집(毅齋集)

[작가] 예대주(芮大周, 1865~?)
[작품] 경천설(敬天說)
궁리설(窮理說)
도불가이설(道不可離說)
독태극도설(讀太極圖說)
송석설(松石說)
안명설(安命說)
입지설(立志說)
조우언자설(趙禹言字說)
주경설(主敬說)
천인설(天人說)
치심묘제설(治心妙齊說)

## 이계집(耳溪集)

[작가] 홍양호(洪良浩, 1724~1802)
[작품] 경연강설(계묘)〔經筵講說(癸卯)〕
경연강설(무인)〔經筵講說(戊寅)〕
경연강설(병자)〔經筵講說(丙子)〕
경연강설(임인)〔經筵講說(壬寅)〕
경연강설(정축)〔經筵講說(丁丑)〕
도설－낙서(圖說－洛書)
도설－하도(圖說－河圖)
이수자자설(李樹滋字說)
주연강설(갑술)〔胄筵講說(甲戌)〕
주연강설(경신)〔胄筵講說(庚申)〕
주연강설(병자)〔胄筵講說(丙子)〕
혼의설(渾儀說)

## 이곡문집(梨谷文集)

[작가] 하인수〔河仁壽(麟壽), 1830~1904〕
[작품] 강남명선생학기도설(講南冥先生學記圖說)
금하당설(今下堂說)
맹위자설(孟韋字說)
반천설(反川說)
청학백운정설(靑鶴白雲亭說)

## 이곡집(尼谷集)

[작가] 하응노(河應魯, 1848~1916)
[작품] 가사산설(佳士山說)
자미화설(紫薇花說)

## 이당유고(梨堂遺稿)

[작가] 강성중(姜聖中, 1898~1939)
[작품] 논외무이통설(論外無二統說)
논해상자불가행전상담제어후상중설(論偕喪者不可行前喪禫祭於後喪中說)
쇠의설(衰衣說)

## 이당집(易堂稿)

[작가] 박응종(련)〔朴膺鍾(鍊), 1893~1919〕
[작품] 무아설(無我說)
지약우지행수설(智若禹之行水說)

## 이당집(頤堂集)

[작가] 이병화(병립)〔李炳和(炳立), 1889~1955〕
[작품] 가소사종설 – 의의(賈疎四種說 – 疑義)
소산호설(笑山號說)
우관설(藕觀說)
춘곡설(春谷說)

## 이류재문집(二柳齋文集)

[작가] 이중수(李中洙, 1863~1946)
[작품] 당질규호자여문설(堂姪奎鎬字汝文說 )
변형일자종만설(邊衡一字宗萬說)
안분설 – 증당질정호(安分說 – 贈堂姪政鎬)
작인설 – 증손서이동일(作人說 – 贈孫壻李東一)

## 이산문집(伊山文集)

[작가] 심상길(沈相吉, 1858~1916)
[작품] 고종몽설여현경조물설(高宗夢說如懸鏡照物說)

## 이산집(二山集)

[작가] 강순원(姜舜元, 1850~1943)
[작품] 소중화설(小中華說)
장설(杖說)
회설(檜說)

## 이안당집(易安堂集)

[작가] 조천경(趙天經, 1695~1776)
[작품] 시가잡설 – 논엄주시(詩家雜說 – 論弇州詩)
시가잡설 – 독문산시(詩家雜說 – 讀文山詩)
시가잡설 – 두시영공명(詩家雜說 – 杜詩詠孔明)

## 이암집(頤庵集)

[작가] 송인(宋寅, 1516~1584)

[작품] 예설(禮說)

## 이와집(螭窩集)

[작가] 이일협(李逸協, 1750~1808)
[작품] 마경자설(磨鏡者說)
심설(心說)
자경설(自警說)
종죽설(種竹說)
최죽설(摧竹說)
황구작설(黃口雀說)

## 이이엄집(而已广集)

[작가] 장혼(張混, 1759~1828)
[작품] 사초낭설(私草囊說)

## 이재와집(耳齋窩集)

[작가] 최승우(-홍우)〔崔昇羽(鴻羽), 1770~1841〕
[작품] 이기선후설(理氣先後說)

## 이재집(頤齋集)

[작가] 권연하(權璉夏, 1813~1896)
[작품] 양봉설(養蜂說)
입적설(立籍說)

## 이재집(頤齋集)

[작가] 이의숙(李義肅, 1733~1805)
[작품] 기사설(棄蛇說)
범밀설(范蜜說)
잡설(3수)〔雜說(三首)〕
종제자설(從弟字說)
준치자기부설(蹲鴟子起富說)
휘설(諱說)

## 이재집(頤齋集)

[작가] 조우인(曺友仁, 1561~1625)
[작품] 반송설(蟠松說)

## 이천집(夷川集)

[작가] 남창희(南昌熙, 1870~1945)
[작품] 강유선악중설(剛柔善惡中說)
도불가리설(道不可離說)
독한수재답채군범지각설(讀寒水齋答蔡君範知覺說)
무장영무내외설(無將迎無內外說)
변한주발출부동저시성주재상정저시심지설(辨寒洲發出不同底是性主宰常定底是心之說)
이한주음양동정유점차설변(李寒洲陰陽動靜有漸次說辨)
인물성동이설(人物性同異說)
인심도심설(人心道心說)
치중화장구계구설(致中和章句戒懼說)

## 이충무공전서(李忠武公全書)

[작가] 이순신(李舜臣, 1545~1598)
[작품] 도설(圖說)
새설(傷說)

## 이치재문집(二恥齋文集)

[작가] 신정모(申正模, 1690~1742)
[작품] 경설(敬說)

반씨논한문한무설(潘氏論漢文漢武說)
서증유수재설(書贈柳秀才說)
일치일란설(一治一亂說)
정지설(定志說)
홍의설(弘毅說)
화이상승설(華夷相勝說)

## 이해학유서(李海鶴遺書)

[작가] 이기(李沂, 1848~1909)
[작품] 동의설(東醫說)
법학설(法學說)
자강회월보논설(自强會月報論說)
조어자설(釣魚者說)
호남학보논설(湖南學報論說)

## 이호유고(梨湖遺稿)

[작가] 김시탁(金時鐸, 1713~1751)
[작품] 기왕심래설(記往諗來說)

## 인산문집(仁山文集)

[작가] 오세로(吳世魯, 1852~1900)
[작품] 학설(學說)

## 인산집(仁山集)

[작가] 소휘면(蘇輝冕, 1814~1889)
[작품] 권명수자성중설(權明洙字誠仲說)
김정자여옥설(金晶字汝玉說)
증족제휘관경자설(贈族弟輝觀敬字說)

## 인일정유고(引逸亭遺稿)

[작가] 김성은(金性溵, 1765~1830)
[작품] 동국도통연원설(東國道統淵源說)
열옥설(閱獄說)

## 인재집(訒齋集)

[작가] 최현(崔晛, 1563~1640)
[작품] 용졸당설(用拙堂說)

## 일계집(日溪集)

[작가] 최동태(정빈)〔崔東泰(鼎彬), 1844~1877〕
[작품] 잡설(雜說)

## 일두유집(一蠹遺集)

[작가] 정여창(鄭汝昌, 1450~1504)
[작품] 이기설(理氣說)

## 일몽고(一夢稿)

[작가] 이규상(李奎象, 1727~1799)
[작품] 세계설(世界說)
소사무인설－기조경서(素沙武人說－寄趙景瑞)
시어상설－기함광헌이중호(鰣魚商說－寄含光軒李仲浩)
장설(杖說)
홍상사달영자설(洪上舍達榮字說)

## 일산집(一山集)

[작가] 이탁수(李鐸韶, 1836~1885)

[작품] 소철설(蘇鐵說)
옥상맥설(屋上麥說)

## 일신재집(日新齋集)

[작가] 정의림(鄭義林, 1845~1910)
[작품] 김덕윤자설(金德潤字說)
김우언자설(金禹言字說)
김의백자설(金毅伯子說)
김주경자설(金周卿字說)
문경오자설(文敬五字說)
문기서자설(文岐瑞字說)
문자일자설(文子一字說)
박경립자설(朴景立字說)
박관보자설(朴寬甫字說)
박덕장자설(朴德璋字說)
박백순자설(朴伯順字說)
박선장자설(朴善長字說)
박원보자설(朴元寶字說)
박인수자설(朴仁叟字說)
박자신자설(朴子愼字說)
배순문자설(裵純文字說)
사옥자설(士沃字說)
사칠설 – 시황경함(四七說 – 示黃景涵)
손화문자설(孫和聞字說)
송사덕자설(宋士德字說)
송자인자설(宋子仁字說)
안경백자설(安慶伯字說)
안사앙자설(安士仰字說)
안자용자설(安子容字說)
오경배자설(吳景拜字說)
오영지자설(吳永之字說)
오윤명자설(吳允明字說)
위과경자설(魏果卿字說)
위심숙자설(魏心叔字說)
위운여자설(魏雲汝字說)
이사온자설(李士溫字說)
이생원경자설(李生元敬字說)
이인보자설(李仁父字說)
입각설 – 시배사원(立脚說 – 示裵士遠)
정사준자설(鄭士遵字說)
정원경자설(鄭元卿字說)
조구규자설(曺九圭字說)
조중직자설(曺仲直字說)
홍사증자설(洪士拯字說)

## 일암문집(一菴文集)

[작가] 권수승(權秀升, 1862~1925)
[작품] 일위요설(一爲要說)

## 일암문집(一菴文集)

[작가] 김용호(金容鎬, 1853~1923)
[작품] 변사설(辨邪說)
인와공설(忍窩公說)

## 일암집(一庵集)

[작가] 신몽삼(辛夢參, 1648~1711)
[작품] 검약설(儉約說)
명삼자설(名三子說)
모헌설(慕軒說)
약허재설(若虛齋說)
의리설(義利說)
화학당설(華鶴堂說)

## 일엄유고(一广遺稿)

[작가] 김상일(金相日, 1756~1822)

[작품] 대도원설(병인)〔大桃源說(丙寅)〕
일설(정묘)〔一說(丁卯)〕

## 일와유고(逸窩遺稿)

[작가] 전귀해(全貴海, 1674~1731)
[작품] 소포설(小圃說)
아자명명설(兒子命名說)

## 일재문집(一齋文集)

[작가] 채종식(蔡鍾植, 1832~1890)
[작품] 곤륜천지지중설(崑崙天地之中說)
기설(幾說)
묵설(默說)
천군극복설(天君克復說)
형성도설(形性圖說)

## 일재유고(逸齋遺稿)

[작가] 정홍채(鄭泓采, 1901~1981)
[작품] 광관봉이숙항설(光館逢李叔恒說)
난곡설(蘭谷說)
도설(道說)
동서양풍습미악설(東西洋風習美惡說)
무호설(無號說)
성위심재설(性爲心宰說)
송윤교수남철설(送尹教授南哲說)
심뇌합위신명설(心腦合爲神明說)
이기설－의상공부자서(理氣說－擬上孔夫子書)
일하자설(逸下自說)
자부이씨설(子婦李氏說)
재지조종구병흑설(載之曹從求病黑說)
하후설(鶴後說)

희모생설(戲毛生說)

## 일재집(一齋集)

[작가] 이항(李恒, 1499~1576)
[작품] 이기설(理氣說)

## 일포집(逸圃集)

[작가] 박시원(朴時源, 1764~1842)
[작품] 거향여처자설(居鄕如處子說)
덕암석총설(德巖石葱說)
묘파희설(眇跛戲說－贈月隱金義秉)
봉성남당설(鳳城南塘說)
사군물기설(事君勿欺說)
성봉설(星峯說)
월오설(月梧說)
저암문답설(低庵問答說)

## 일헌선생문집(逸軒先生文集)

[작가] 정오석(鄭五錫, 1826~1869)
[작품] 동정설(動靜說)
서운암중건설(棲雲庵重建說)
일헌설(逸軒說)
증고청자설(贈孤淸子說)
증차강산설(贈車江山說)

## 일화선생문집(一和先生文集)

[작가] 최현달(崔鉉達, 1867~1942)
[작품] 교소학실천설(教小學實踐說)
김덕연자설(金德淵字說)
답소년설(答少年說)
역수설(易數說)

이자화설(理字畫說)
중양설(重陽說)

## 일회헌집(一悔軒集)

[작가] 도우룡(都右龍, 1838~1906)
[작품] 논문설(論文說)
서농설(書農說)
척불설(斥佛說)
향약계중창설(鄕約契重創說)
환득실설(歡得失說)

## 임거일고(林渠逸稿)

[작가] 조백승(曺栢承, 1835~1893)
[작품] 만취설(晩翠說)

## 임곡집(林谷集)

[작가] 임진부(林眞怤, 1586~1657)
[작품] 유연설(乳鷰說)
향천우거설(香川寓居說)

## 임당집(恁堂集)

[작가] 고기승(高基升, 1845~1903)
[작품] 일우설(一愚說)
초은설(樵隱說)

## 임여재집(臨汝齋集)

[작가] 유규(柳湀, 1730~1806)
[작품] 연설(筵說)

## 임와일고(臨窩逸稿)

[작가] 정일신(丁一愼, 1682~1737)
[작품] 계자설(誡子說)
설와설(雪窩說)
자모송설(子母松說)
저굴지설(猪掘地說)
종국설(種菊說)
지부장설(地膚杖說)

## 임은유편(林隱遺編)

[작가] 이민곤(李敏坤, 1695~1756)
[작품] 강재관이율자설(姜在寬而栗字說)
민석주중엄자설(閔碩周仲儼字說)
부부설(夫婦說)
사복설(師服說)
신생아소자설(1)〔新生兒小字說(一)〕
신생아소자설(2)〔新生兒小字說(二)〕
신생아소자설(3)〔新生兒小字說(三)〕
안치일체일수일명자설(安致一體一守一名字說)

## 임재문집(臨齋文集)

[작가] 서찬규(徐贊奎, 1825~1905)
[작품] 김군영현효행설(金君榮鉉孝行說)
배우설(排憂說)

## 임재유고(臨齋遺稿)

[작가] 이기일(李基一, 1861~1908)
[작품] 기곡설(棄谷說)
사상견례설(士相見禮說)
해조설(海潮說)

향음주례설(鄕飮酒禮說)

## 입암집(立巖集)

[작가] 남정우(南廷瑀, 1869~1947)

[작품] 겸겸설 – 증족질자도철희(謙謙說 – 贈族姪子道轍熙)

권사인자설(權士仁字說)

김원좌자설(金元佐字說)

노대여자설(盧大汝字說)

이여직자설(李汝直字說)

## 입암집(立菴集)

[작가] 박준흠(朴俊欽, 1719~1796)

[작품] 목도서설(木圖書說)

사불립복설(師不立服說)

성가학지설(聖可學至說)

## 입암집(立庵集)

[작가] 박헌수(朴憲脩, 1873~1959)

[작품] 만송설(晩松說)

만오설(晩悟說)

매담설(梅潭說)

운강설(雲岡說)

의립설(毅立說)

## 입재집(立齋集)

[작가] 강재항(姜再恒, 1689~1756)

[작품] 공사설(工師說)

규설(葵說)

논어설(論語說)

복수설(復讎說)

사공설(事功說)

산수설(상)〔山水說(上)〕

산수설(하)〔山水說(下)〕

성인불망천불설(聖人不忘天不說)

양응자설(養鷹者說)

역설(易說)

원수설(元首說)

의설(醫說)

재설(梓說)

팔조설(八條說)

회설(檜說)

## 입재집(立齋集)

[작가] 송근수(宋近洙, 1818~1902)

[작품] 삼정설(三政說)

여택재설(麗澤齋說)

옥천군향약설(沃川郡鄕約說)

증안학노치수설(贈安學魯致洙說)

## 입재집(立齋集)

[작가] 정종노(鄭宗魯, 1738~1816)

[작품] 남군한탁자설(南君漢濯字說)

남택정자설(南宅正字說)

사령설(四靈說)

솔성설(率性說)

시분설(時分說)

심출입설(心出入說)

오상설(五常說)

오행설(상)〔五行說(上)〕

오행설(하)〔五行說(下)〕

요산수설(樂山水說)

월광설(月光說)

율관후기설(律管候氣說)

이강기약설(理强氣弱說)
이기심성설(理氣心性說)
일원설(一原說)
자재옹설(自在翁說)
지두설(地頭說)
태극권자설(太極圈子說)
태극동정설(太極動靜說)
풍기설(風氣說)

## 입헌문집(立軒文集)

[작가] 김종가(金種嘉, 일제강점기)
[작품] 김자범자설(金子範字說)
신구설(新舊說)
옥석설 – 증양종식(玉石說 – 贈梁宗植)
입지설 – 증양우경(立志說 – 贈梁佑卿)

## 입헌집(立軒集)

[작가] 한운성(韓運聖, 1802~1863)
[작품] 임응만자설(任應萬字說)

# ㅈ

자계유집(慈溪遺集)

~

질암집(質菴集)

## 자계유집(慈溪遺集)

[작가] 조용한(曺龍翰, 1694~1742)
[작품] 문설(文說)
시설(詩說)

## 자고유고(紫皐遺稿)

[작가] 이재강(李在康, 1814~1884)
[작품] 운초설(耘草說)

## 자동집(紫東集)

[작가] 이정모(李正模, 1846~1875)
[작품] 김제경모자설(金弟景模字說)
삼재설(三才說)
재종제건모자설(再從弟建模字說)

## 자봉집(紫峯集)

[작가] 정석호(鄭錫祜, 1840~1906)
[작품] 신교사우설(新交四友說)

## 자산유고(紫山遺稿)

[작가] 금우열(琴佑烈, 1824~1904)
[작품] 명사자설(名四子說)
사자설(寫字說)
서책애호설(書冊愛護說)

## 자산유고(紫山遺稿)

[작가] 이병규(李炳奎, 1864~1936)
[작품] 가제학구자설(家弟學九字說)
김덕소진용자설(金德昭晋容字說)
이성고자설(李聖固字說)

## 자산일고(慈山逸稿)

[작가] 권익구(權益九, 1662~1722)
[작품] 삼궤청교설(三跪請敎說)

## 자저(自著)

[작가] 유한준(兪漢雋, 1732~1811)
[작품] 별호설(別號說)
잡설 – 논용(雜說 – 論勇)
잡설 – 읍어(雜說 – 泣漁)
잡설 – 호사(雜說 – 好士)

## 자족재유집(自足齋遺集)

[작가] 신봉석(申鳳錫, 1631~1704)
[작품] 자족설(自足說)

## 잠계집(涔溪集)

[작가] 윤정현(尹定鉉, 1793~1874)
[작품] 안명와설(安命窩說)

## 잠곡유고(潛谷遺稿)

[작가] 김육(金堉, 1580~1658)
[작품] 옥귀설(玉龜說)

## 잠야집(潛冶集)

[작가] 박지계(朴知誡, 1573~1635)
[작품] 당차변설(堂箚辨說)
치포설(治圃說)

## 잠와산고(潛窩散稿)

[작가] 이반(변)〔李槃(柈), 1686~1718〕
[작품] 경의협지설(敬義夾持說)
인물지성설(人物之性說)
인설(仁說)

## 잠와유고(潛窩遺稿)

[작가] 이명준(李命俊, 1572~1630)
[작품] 예설(禮說)

## 잠은실기(潛隱實記)

[작가] 강한(姜瀚, 1602~1671)
[작품] 옥석설 – 증한사유김일묵(玉石說 – 贈韓思愈金一默)
태촌설 – 증이생(台村說 – 贈李生)

## 잠재집(潛齋集)

[작가] 성종호(成鍾護, 1850~1927)
[작품] 격양설(擊壤說)
민농설(憫農說)
이생설(理生說)

## 장암집(莊庵集)

[작가] 김시락(金時洛, 1857~1896)
[작품] 심경찬도설(心經贊圖說)

## 장암집(丈巖集)

[작가] 정호(鄭澔, 1648~1736)
[작품] 논공안소락설(論孔顏所樂說)
사생설(문설)〔師生說(問說)〕

## 장와문집(藏窩文集)

[작가] 최성규(崔性奎, 1847~1924)
[작품] 동천설(東泉說)
장와설(藏窩說)

## 장원선생문집(藏園先生文集)

[작가] 황원선(黃源善, 1798~1873)
[작품] 불수설(不數說)
상옹호설(商翁號說)
족제윤여석원만치설(族弟胤汝錫元晩耻說)
창연자호설(蒼然子號說)
환성설(喚醒說)

## 저촌유고(樗村遺稿)

[작가] 심육(沈錥, 1685~1753)
[작품] 경설(1)〔經說(一)〕
경설(2)〔經說(二)〕
한운동설(閒雲洞說)

## 저헌집(樗軒集)

[작가] 이석형(李石亨, 1415~1477)
[작품] 잉명설(仍名說)

## 전암문집(典庵文集)

[작가] 강정환(姜鼎煥, 1741~1816)
[작품] 성리후설(性理後說)

## 전호집(箭湖集)

[작가] 박명직(朴命稷, 1781~1852)
[작품] 호오설(好惡說)

## 절곡집(節谷集)

[작가] 김시관(金時觀, 1677~1740)
[작품] 오륜설(五倫說)
윤득상자설(尹得相字說)

## 점필재집(佔畢齋集)

[작가] 김종직(金宗直, 1431~1492)
[작품] 일본국거사중준자설(日本國居士重俊字說)
죽락설(鬻駱說)

## 정곡유집(正谷遺集)

[작가] 성환부(환보)〔成煥孚(煥寶), 1870~1947〕
[작품] 간정설(艱貞說)
연안짐독설(宴安鴆毒說)
위생소설(衛生小說)

## 정관재집(靜觀齋集)

[작가] 이단상(李端相, 1628~1669)
[작품] 물격설(物格說)
복수설(상)〔復讐說(上)〕
복수설(중)〔復讐說(中)〕
복수설(하)〔復讐說(下)〕
복제설(服制說)
영녕설(永寧說)
오경전수설(五經傳授說)
의례설(儀禮說)

## 정산문집(靖山文集)

[작가] 송호곤(덕병)〔宋鎬坤(德炳), 1865~1930〕
[작품] 구미설－증곽경실동수(求味說－贈郭敬實東洙)
기암설(幾菴說)
김분좌자설(金盆佐字說)
답유태희심성설(答柳泰希心性說)
독정자체설(讀程子禘說)
면재도통설도설(勉齋道統說圖說)
박선명자설(朴善明字說)
부조설－증이중경영인김용화병섭(不措說－贈李仲敬英寅金用和秉燮)
분설－증송원현(憤說－贈宋元賢)
심재여재선자설(沈在汝載璿字說)
위인유기설－증송내형(爲仁由己說－贈宋乃衡)
유내극자설(柳乃克字說)
유태명자설(柳泰明字說)
인심도심도설(人心道心圖說)
임내위내강자설(林乃偉乃綱字說)
자중설－증김경도(自重說－贈金警道)
전형설(剪荊說)
정노석자설(鄭魯碩字說)
중고설－증김우삼(重固說－贈金宇三)
천산설(天山說)
한사설(旱蓑說)

## 정수재유고(靜修齋遺稿)

[작가] 김응하(金應夏, 1783~1830)
[작품] 광거설(廣居說)
사계자설(舍季字說)
이곡이거설(泥谷移居說)

## 정암선생문집(定庵先生文集)

[작가] 김양정(金養楨, 1785~1847)
[작품] 구방심설(求放心說)
부동심설(不動心說)
성선설(性善說)
시경가종관설(示敬可從冠說)

## 정암집(正菴集)

[작가] 이현익(李顯益, 1678~1717)
[작품] 논대학명덕정심이장변설(論大學明德正心二章辨說)
논어설(論語說)
논율곡선생사칠설(論栗谷先生四七說)
논중용변설(論中庸辨說)
논퇴계선생사칠설(論退溪先生四七說)
맹자설(孟子說)
미발시형이하설(未發是形而下說)
변김숙함사칠설(辨金叔涵四七說)
변졸수재사칠설(辨拙修齋四七說)
서전설(書傳說)
서화담사설변 – 사생귀신설(徐花潭四說辨 – 死生鬼神說)
서화담사칠설 – 원이기태허설(徐花潭四七說 – 原理氣太虛說)
신자설(神字說)
예기설(禮記說)
인심도심사단칠정설(人心道心四端七情說)
자경설(自警說)
주역설(周易說)
주정설(主靜說)
중용설(中庸說)

## 정애선생문집(鼎厓先生文集)

[작가] 홍승(洪昇, 1852~1928)
[작품] 거가잡설(居家雜說)
송현묘설(松峴墓說)
안상만설(案上漫說)

## 정와문집(訂窩文集)

[작가] 김대진(金岱鎭, 1800~1871)
[작품] 상불괴우옥루설(尙不愧于屋漏說)
성자성도자도설(誠自成道自道說)
혈구설(絜矩說)

## 정유각집(貞蕤閣集)

[작가] 박제가(朴齊家, 1750~1805)
[작품] 색설 – 증조군(嗇說 – 贈趙君)
외종제개명설(外從弟改名說)

## 정일당유고(靜一堂遺稿)

[작가] 정일당강씨(靜一堂姜氏, 1772~1832)
[작품] 연설 – 시이동자불억(硯說 – 示李童子佛億)

## 정재집(正齋集)

[작가] 양회갑(회을)〔梁會甲(會乙), 1884~1961〕
[작품] 동해일민설 – 송안후봉(東海逸民說 – 送安後峯)
새옹설(塞翁說)
오교설 – 증박봉래(五敎說 – 贈朴奉來)
이자명자설(二子名字說)
채규태희도자설(蔡奎泰希道字說)
효학설 – 기양두승(孝學說 – 寄梁斗承)

## 정재집(定齋集)

[작가] 유치명(柳致明, 1777~1861)
[작품] 격물치지설(格物致知說)
귀신장설(鬼神章說)
독서설(讀書說)
독심의제설(讀深衣諸說)
독주장양선생인설(讀朱張兩先生仁說)
명당실소설(名堂室小說)
부도불문설(不睹不聞說)
옥권자설(玉圈子說)
이동정설(理動靜說)
제사귀신설(祭祀鬼神說)
제찬설(祭饌說)
조존설(操存說)
팔조목선후차제설(八條目先後次第說)
포특설(抱特說)
혈구설(絜矩說)

## 정재집(靜齋集)

[작가] 이담명(李聃命, 1646~1701)
[작품] 경복궁유지설(계유)〔景福宮遺址說(癸酉)〕

## 정존헌문집(靜存軒文集)

[작가] 이능구(李能九, 1846~1896)
[작품] 교졸설(巧拙說)
천인설(天人說)

## 정좌와집(靜坐窩集)

[작가] 심조(沈潮, 1694~1756)
[작품] 연변포대설(임자)〔練變布帶說(壬子)〕
이기호발원위설(갑인)〔理氣互發源委說(甲寅)〕
지각설(갑인)〔知覺說(甲寅)〕
허령설(갑인)〔虛靈說(甲寅)〕
허령지각설(정사)〔虛靈知覺說(丁巳)〕

## 정허당집(靜虛堂集)

[작가] 홍주세(洪柱世, 1612~1661)
[작품] 분국설(盆菊說)

## 정헌유집(定軒遺集)

[작가] 성재기(成在祺, 1912~1979)
[작품] 식송설(植松說)
자모설(字母說)
지구설(地球說)

## 정헌집(靜軒集)

[작가] 곽종천(郭鐘千, 1895~1970)
[작품] 곽회경자설(郭晦卿字說)
양죽설(養竹說)
이회숙자설(李晦叔字說)
최순초자설(崔順初字說)

## 정헌집(定軒集)

[작가] 이종상(李鍾祥, 1799~1870)
[작품] 기삭분제설(氣朔分齊說)
역상전용자범례설(易象傳用字凡例說)
정헌설(定軒說)
좌전강노년수설(左傳絳老年數說)

## 제봉집(霽峰集)

[작가] 고경명(高敬命, 1533~1592)
[작품] 정허명설(靜虛名說)

## 제산집(霽山集)

[작가] 김성탁(金聖鐸, 1684~1747)
[작품] 면재설(勉齋說)
명시책편호씨경위설(明蓍策篇胡氏徑圍說)
석좌전사조설(釋左傳史趙說)
제출호진장호옥재설(帝出乎震章胡玉齋說)
체용설(體用說)
혈구설(絜矩說)

## 제암집(濟庵集)

[작가] 김종섭(金宗燮, 1743~1791)
[작품] 강심경설(講心經說)
관설－시종자경진(병술)〔冠說－示從子慶進(丙戌)〕
유주왕산록후설(경진)〔游周王山錄後說(庚辰)〕

## 제암집(制庵集)

[작가] 정상이(鄭象履, 1774~1848)
[작품] 심설(心說)
심통성정중하도설(心統性情中下圖說)
여서유환보자설(女婿柳懽甫字說)

## 제월당집(霽月堂集)

[작가] 송규렴(宋奎濂, 1630~1709)
[작품] 조석설(潮汐說)
지수설(地水說)

## 제정집(霽亭集)

[작가] 이달충(李達衷, ?~1385)
[작품] 동제설(動齊說)

## 제헌집(霽軒集)

[작가] 심정진(沈定鎭, 1725~1786)
[작품] 가협설(1)〔嘉峽說(一)〕
가협설(2)〔嘉峽說(二)〕
가협설(3)〔嘉峽說(三)〕
가협설(4)〔嘉峽說(四)〕
갑경선후설(甲庚先後說)
괘효설(卦爻說)
면종질건영설(勉從姪健永說)
서증이우선장(정인)유금강설〔書贈李友善長(廷仁)遊金剛說〕
성본연대동설(性本然大同說)
성설(性說)
솔성지위도설(경자)〔率性之謂道說〕
송설(松說)
역설－납갑설(병도)〔易說－納甲說(幷圖)〕
역설－대명종시설(易說－大明終始說)
역설－득붕상붕설(1)〔易說－得朋喪朋說(一)〕
역설－득붕상붕설(2)〔易說－得朋喪朋說(二)〕
역설－서괘설(병도)〔易說－序卦說(幷圖)〕
잡설(雜說)
증종질건영설(贈從姪健永說)
차거이정익공(완)고택설〔借居李貞翼公(浣)故宅說〕
천명지위성설(天命之謂性說)

출처설 – 증조경서(出處說 – 贈趙景瑞)
하락삼동이이설(河洛三同二異說)
해조설(상)〔海潮說(上)〕
해조설(하)〔海潮說(下)〕
혼백설(魂魄說)

## 조선여속고(朝鮮女俗考)

[작가] 이능화(李能和, 1869~1943)
[작품] 금강산초부취우의천녀설(金剛山樵夫娶羽衣天女說)
법우화상취성모천왕설(法祐和尙娶聖母天王說)
천제자해모수취하백녀설(天帝子解慕漱娶河伯女說)
천제자환웅취웅녀급단군취하백녀설(天帝子桓雄娶熊女及檀君娶河伯女說)
탐라국삼신인취일본삼왕녀설(耽羅國三神人娶日本三王女說)

## 조암선생문집(釣巖先生文集)

[작가] 한석필(韓碩弼, 1672~1732)
[작품] 경전설(耕田說)
논유석설(論儒釋說)
매강옹문답설(賣薑翁問答說)
매포설(賣布說)
석저설(析箸說)
양계설(養鷄說)
양죽기(설)〔養竹記(說)〕
조어설(釣魚說)
척사자설(擲柶者說)

## 조암집(照菴集)

[작가] 정해필(鄭海弼, 1831~1887)
[작품] 성선설(性善說)
양기설(養氣說)
지성설(至誠說)

## 존재선생문집(存齋先生文集)

[작가] 유진하(兪鎭河, 일제강점기)
[작품] 정학이단설(正學異端說)

## 존재집(存齋集)

[작가] 박윤묵(朴允默, 1771~1849)
[작품] 기복명명설(基福命名說)
기성명명설(基誠命名說)
기직명명설(基直命名說)
독태극도설(讀太極圖說)
명덕설(明德說)
비탕설(沸湯說)
역설(易說)
정초설(庭草說)
지명설(知命說)
호정설(好靜說)

## 존재집(存齋集)

[작가] 위백규(魏伯珪, 1727~1798)
[작품] 격물설 – 가의(格物說 – 賈誼)
격물설 – 가후(格物說 – 賈后)
격물설 – 감무(格物說 – 甘茂)
격물설 – 강유(格物說 – 姜維)
격물설 – 건안칠자(格物說 – 建安七子)
격물설 – 곤충(格物說 – 昆蟲)

격물설 – 공손홍(格物說 – 公孫弘)
격물설 – 공승등(格物說 – 龔勝等)
격물설 – 곽광(格物說 – 霍光)
격물설 – 곽외(格物說 – 郭隗)
격물설 – 곽자의(格物說 – 郭子儀)
격물설 – 곽태서치(格物說 – 郭泰徐穉)
격물설 – 광무입공사(格物說 – 光武入空舍)
격물설 – 광무형제(格物說 – 光武兄弟)
격물설 – 광형적방진장우등(格物說 – 匡衡翟方進張禹等)
격물설 – 구풍(格物說 – 颶風)
격물설 – 금수(格物說 – 禽獸)
격물설 – 기재(格物說 – 奇才)
격물설 – 낙의(格物說 – 樂毅)
격물설 – 당고제인(格物說 – 黨錮諸人)
격물설 – 당덕종(格物說 – 唐德宗)
격물설 – 당말종실궁권(格物說 – 唐末宗室宮眷)
격물설 – 당태종(格物說 – 唐太宗)
격물설 – 대명군신유사론(格物說 – 大明君臣有史論)
격물설 – 동중서(格物說 – 董仲舒)
격물설 – 두예(格物說 – 杜預)
격물설 – 두우(格物說 – 杜祐)
격물설 – 등예종회(格物說 – 鄧乂鍾會)
격물설 – 마원(格物說 – 馬援)
격물설 – 반고(格物說 – 班固)
격물설 – 방언겸현령두여회(格物說 – 房彦謙玄齡杜如晦)
격물설 – 백거이(格物說 – 白居易)
격물설 – 병길(格物說 – 丙吉)
격물설 – 부귀존영(格物說 – 富貴尊榮)
격물설 – 부필(格物說 – 富弼)
격물설 – 붕당(格物說 – 朋黨)
격물설 – 사마군실(格物說 – 司馬君實)
격물설 – 사물(1)〔格物說 – 事物(一)〕
격물설 – 사물(2)〔格物說 – 事物(二)〕
격물설 – 사호(格物說 – 四皓)
격물설 – 소자첨(格物說 – 蘇子瞻)
격물설 – 소진진섭한신(格物說 – 蘇秦陳涉韓信)
격물설 – 소평중(格物說 – 蕭平仲)
격물설 – 송고종(格物說 – 宋高宗)
격물설 – 송영종(格物說 – 宋寧宗)
격물설 – 송이종(格物說 – 宋理宗)
격물설 – 송인종(格物說 – 宋仁宗)
격물설 – 송효종(格物說 – 宋孝宗)
격물설 – 순경(格物說 – 荀卿)
격물설 – 시인(格物說 – 詩人)
격물설 – 신시평림(格物說 – 新市平林)
격물설 – 심부정(格物說 – 心不正)
격물설 – 아(格物說 – 我)
격물설 – 안자(格物說 – 晏子)
격물설 – 안자어자(格物說 – 晏子御者)
격물설 – 양웅(格物說 – 楊雄)
격물설 – 엄자릉(格物說 – 嚴子陵)
격물설 – 염파(格物說 – 廉頗)
격물설 – 오륜(格物說 – 五倫)
격물설 – 오예(格物說 – 吳芮)
격물설 – 오징(格物說 – 吳澄)
격물설 – 오행(格物說 – 五行)
격물설 – 온교(格物說 – 溫嶠)
격물설 – 왕안석(格物說 – 王安石)
격물설 – 왕도(格物說 – 王導)
격물설 – 왕문정(格物說 – 王文正)
격물설 – 왕통(格物說 – 王通)
격물설 – 왕희지헌지(格物說 – 王羲之獻之)
격물설 – 외효(格物說 – 隗囂)
격물설 – 이광필(格物說 – 李光弼)
격물설 – 이덕유(格物說 – 李德裕)

격물설 – 이밀(格物說 – 李密)
격물설 – 이응범방(格物說 – 李膺范滂)
격물설 – 이항(格物說 – 李沆)
격물설 – 이형(格物說 – 禰衡)
격물설 – 인(格物說 – 人)
격물설 – 자복(格物說 – 自服)
격물설 – 장간지등오왕(格物說 – 張柬之等五王)
격물설 – 장량(格物說 – 張良)
격물설 – 장형(格物說 – 張衡)
격물설 – 전수화약(格物說 – 剪鬚和藥)
격물설 – 정책(格物說 – 定策)
격물설 – 정헐후(格物說 – 鄭歇後)
격물설 – 제갈근량탄(格物說 – 諸葛瑾亮誕)
격물설 – 제갈량방통서서(格物說 – 諸葛亮龐統徐庶)
격물설 – 조개한양(格物說 – 趙蓋韓楊)
격물설 – 조맹부(格物說 – 趙孟頫)
격물설 – 조사익〔格物說 – 趙師(익)〕
격물설 – 조적(格物說 – 祖逖)
격물설 – 주발(格物說 – 周勃)
격물설 – 주실김포도(格物說 – 珠實金葡萄)
격물설 – 주아부(格物說 – 周亞夫)
격물설 – 주의(格物說 – 周顗)
격물설 – 진원제(格物說 – 晉元帝)
격물설 – 진의중(格物說 – 陳宜中)
격물설 – 창읍왕(格物說 – 昌邑王)
격물설 – 채옹(格物說 – 蔡邕)
격물설 – 천하비(格物說 – 天下肥)
격물설 – 청담(格物說 – 淸談)
격물설 – 촉선생(格物說 – 蜀先生)
격물설 – 풍이(格物說 – 馮異)
격물설 – 한고(格物說 – 漢高)
격물설 – 한기(格物說 – 韓琦)
격물설 – 한당지치(格物說 – 漢唐之治)
격물설 – 한무제(格物說 – 漢武帝)
격물설 – 한신(格物說 – 韓信)
격물설 – 허형(格物說 – 許衡)
격물설 – 후왕(格物說 – 後王)
논하락도설(論河洛圖說)
백이전설(伯夷傳說)
사략설(史略說)
예설(禮說)
요전설(堯典說)
우공설(禹貢說)
인설(人說)
일원종시설(一元終始說)

## 존재집(存齋集)

[작가] 이휘일(李徽逸, 1619~1672)
[작품] 계몽도설(啓蒙圖說)

## 졸수재집(拙修齋集)

[작가] 조성기(趙聖期, 1638~1689)
[작품] 이기설(理氣說)

## 졸옹집(拙翁集)

[작가] 홍성민(洪聖民, 1536~1594)
[작품] 마환우설(馬換牛說)
망설(忘說)
무염판속설(貿鹽販粟說)
석전설(石戰說)
이학위시설(以學爲詩說)
촉견폐일설(蜀犬吠日說)

## 졸은유고(拙隱遺稿)

[작가] 이한보(李漢輔, 1675~1748)
[작품] 만록잉설(漫錄剩說)

## 졸재집(拙齋集)

[작가] 유원지(柳元之, 1598~1674)
[작품] 명설(名說)
사단칠정변후설(四端七情辨後說)
사설(思說)
상수소설(象數小說)
애죽설(愛竹說)
이기설(理氣說)

## 졸헌유고(拙軒遺稿)

[작가] 이종봉(李鍾鳳, 1836~1918)
[작품] 경심설(警心說)
도원설(桃原說)
묵죽설(墨竹說)
사보설(四寶說)
효조설(孝鳥說)

## 종산집(鍾山集)

[작가] 조존영(趙存榮, 조선 철종)
[작품] 혁자설(奕者說)

## 종양유고(宗陽遺稿)

[작가] 최민열(崔敏烈, 1896~1980)
[작품] 종양재설(宗陽齋說)
죽와설(竹窩說)

## 좌소산인집(左蘇山人集)

[작가] 서유본(徐有本, 1762~1822)
[작품] 교대변포설(絞帶變布說)
기삭영허설(氣朔盈虛說)
대부사제급사세설(大夫士祭及四世說)
선기옥형측험설(璿璣玉衡測驗說)
소렴변복설(小斂變服說)
역수설(曆數說)
우제축위설(虞祭祝位說)
이염설(二厭說)
정제시일설(正祭時日說)
제례설(祭禮說)
조석곡전설(朝夕哭奠說)
중설(重說)
진찬우반좌갱설(進饌右飯左羹說)

## 주천유고(舟川遺稿)

[작가] 강유선(康惟善, 1520~1549)
[작품] 주봉설(酒蜂說)

## 죽농선생문집(竹農先生文集)

[작가] 한형리(韓炯履, 1847~1926)
[작품] 죽농설(竹農說)

## 죽림선생문집(竹林先生文集)

[작가] 전근사(全近思, 1675~1732)
[작품] 중용장도설(中庸章圖說)

## 죽사집(竹史集)

[작가] 허재찬(許在瓚, 1847~1918)

[작품] 의제설(衣制說)

## 죽석관유집(竹石館遺集)

[작가] 서영보(徐榮輔, 1759~1816)

[작품] 고전통차도설(高轉筒車圖說)
수차삼선설(水車三選說)
용미차도설(龍尾車圖說)
항승차도설(恒升車圖說)

## 죽암선생집(竹庵先生集)

[작가] 허경윤(許景胤, 1573~1646)

[작품] 명당재총설(名堂齋總說)

## 죽암유고(竹菴遺稿)

[작가] 조성립(趙成立, 1622~1691)

[작품] 이적설(異蹟說)

## 죽암집(竹菴集)

[작가] 김정섭(金廷燮, 1842~1916)

[작품] 선후천변역통설(先后天變易統說)

## 죽오유고(竹塢遺稿)

[작가] 위도한(魏道僩, 1763~1830)

[작품] 고복설(皐復說)
역묘설(易墓說)

## 죽오집(竹塢集)

[작가] 이상백(李常白, 1857~1944)

[작품] 양직설(養直說)
한윤지자설(韓潤之字說)

## 죽창집(竹窓集)

[작가] 강주(姜籒, 1567~1650)

[작품] 고문초서설(古文鈔書說)
김씨자포과설(金氏子抱瓜說)
논문장설(論文章說)
슬설(蝨說)

## 죽천집(竹泉集)

[작가] 김진규(金鎭圭, 1658~1716)

[작품] 몰인설(沒人說)
문와설(聞鼃說)

## 죽하집(竹下集)

[작가] 김익(金熤, 1723~1790)

[작품] 논맥설(論脈說)

## 죽헌집(竹軒集)

[작가] 도신징(都愼徵, 1611~1678)

[작품] 세범변설(歲犯辨說)

## 죽헌집(竹軒集)

[작가] 최항경(崔恒慶, 1560~1638)

[작품] 명이자설(名二子說)
예설(禮說)

## 죽호유집(竹湖遺集)

[작가] 이을호(李乙鎬, 1871~1945)

[작품] 덕산설－손윤선호(德山說－孫潤善號)
만송설－이사습호(晩松說－李士濕號)
매계설－고정주호 (梅溪說－高玎柱號)
백암설－이성거호(白岩說－李聖擧號)
성암설－족제처중호(醒庵說－族弟處中號)
청암설－족제성화호(靑巖說－族弟成和號)

## 중계유고(中溪遺稿)

[작가] 허녕(許寗, 1867~1939)
[작품] 문헌무징설(文獻無徵說)

## 중암집(重菴集)

[작가] 강이천(姜彝天, 1769~1801)
[작품] 반원설(半圓說)
성오재설(省吾齋說)

## 중암집(重菴集)

[작가] 김평묵(金平默, 1819~1888)
[작품] 가계김씨이랑명자설(嘉溪金氏二郎名字說)
거적설(居謫說)
과학설(상)〔科學說(上)〕
과학설(중)〔科學說(中)〕
과학설(하)〔科學說(下)〕
김세진개명자설(金世鎭改名字說)
나유영자설(羅有英字說)
능소능설(能所能說)
대덕소덕설(大德小德說)
독삼강오상설－지감(讀三綱五常說－志感)
명덕설(明德說)
명륜설(明倫說)
박의석자설(朴毅錫字說)
변어이설(變於夷說)
변어이설(2)〔變於夷說(二)〕
사민설－시박관(四民說－示朴丱)
사민설－시박관홍석(四民說－示朴丱弘錫)
생도설(生道說)
생도설(2)〔生道說(二)〕
소장설(消長說)
시설(상)〔詩說(上)〕
시설(하)〔詩說(下)〕
심설－곤득시말(心說－困得始末)
원형이정설(元亨利貞說)
유인은자설(柳寅殷字說)
유제학자설(柳濟鶴字說)
음양설(陰陽說)
이기설－증김무경(理氣說－贈金武卿)
이기설－증양순집(理氣說－贈梁順集)
이수건자설(李秀健字說)
이원기개명자설(李元基改名字說)
이종설자설(李鍾卨字說)
입후설(立後說)
절의설(節義說)
절의설(2)〔節義說(二)〕
종자법설(宗子法說)
증손이랑명자설(曾孫二郎名字說)

## 중와유고(重窩遺稿)

[작가] 위홍량(魏洪良, 1881~1961)
[작품] 신언설(愼言說)

## 지곡선생문집(芝谷先生文集)

[작가] 김정한(金正漢, 1711~1766)
[작품] 아호시설(鵝湖詩說)
연실설(蓮實說)

### 지락와유고(至樂窩遺稿)

[작가] 이주면(李周冕, 1796~1875)
[작품] 박영하자설(朴永夏字說)

### 지명당문집(知命堂文集)

[작가] 하세응(河世應, 1671~1727)
[작품] 낙천지명설(樂天知命說)

### 지봉집(芝峰集)

[작가] 이수광(李睟光, 1563~1628)
[작품] 도우설(禱雨說)
물화설(物化說)
시설(詩說)
이묘설(二猫說)
이부설(里婦說)
증학열상인설(贈學悅上人說)
축묘구설(畜猫狗說)

### 지분헌문집(知分軒文集)

[작가] 장이유(張以兪, 1598~1660)
[작품] 잡설(雜說)
정헌설(靜軒說)

### 지산문집(止山文集)

[작가] 이순용(李淳鎔, 1869~1933)
[작품] 정경구자설(鄭敬久字說)
지암설(芝庵說)

### 지산집(志山集)

[작가] 김복한(金福漢, 1860~1924)
[작품] 서연설(書筵說)

### 지산집(芝山集)

[작가] 김팔원(金八元, 1524~1569)
[작품] 산뢰설(山磊說)

### 지산집(芝山集)

[작가] 조호익(曺好益, 1545~1609)
[작품] 사설(射說)
제성학십도설(題聖學十圖說)

### 지소선생문집(芝所先生文集)

[작가] 황일호(黃一皓, 1588~1641)
[작품] 난이설(難易說)

### 지암유고(止庵遺稿)

[작가] 이철보(李喆輔, 1691~1770)
[작품] 휴류설(鵂鶹說)

### 지암유고(志巖遺稿)

[작가] 정인채(鄭仁采, 1855~1934)
[작품] 오현설 – 봉증신항지사(五賢說 – 奉贈莘巷志士)

### 지와집(止窩集)

[작가] 금란수(琴蘭秀, 1530~1604)

[작품] 애송죽설(愛松竹說)

## 지인재유고(志仁齋遺稿)

[작가] 유상길(柳相吉, 1890~1952)

[작품] 노강강설(鷺江講說)

## 지재유고(止齋遺稿)

[작가] 이교문(교관)〔李敎文(敎爟), 1878~1958〕

[작품] 종연설(種蓮說)

## 지족당문집(知足堂文集)

[작가] 박명부(朴明榑, 1571~1639)

[작품] 설직설(舌織說)
애례존양설(愛禮存羊說)
이우설(羸牛說)
지벽설(1)〔地癖說(一)〕
지벽설(2)〔地癖說(二)〕

## 지족헌집(知足軒集)

[작가] 우석간(禹錫簡, 1782~1833)

[작품] 월령설(越嶺說)
풍경설(風磬說)

## 지천집(遲川集)

[작가] 최명길(崔鳴吉, 1586~1647)

[작품] 복잠후설(復箴後說)

## 지촌집(芝村集)

[작가] 이희조(李喜朝, 1655~1724)

[작품] 중용설(中庸說)

## 지헌집(止軒集)

[작가] 최효술(崔孝述, 1786~1870)

[작품] 동정설(動靜說)
무극태극설(無極太極說)
사덕차제설(四德次第說)
수장설(手掌說)
신심설(身心說)
심속화설(心屬火說)
약헌설(若軒說)
자회설(自悔說)
주재설(主宰說)
지자설(止字說)
태극권중소권설(太極圈中小圈說)

## 직봉유고(直峯遺稿)

[작가] 이재두(李載斗, 1920~1946)

[작품] 경설(敬說)
계상북진구이신대설(稽顙北辰求以身代說)
교득채근백사가주설(咬得菜根百事可做說)
군사부무경중설(君師父無輕重說)
명덕설(明德說)
목욕설(沐浴說)
무자기설(毋自欺說)
변화기질설(變化氣質說)
사무사설(思無邪說)
시불견청불문설(視不見聽不聞說)
이화계설(理花堦說)
인발수명설(因發遂明說)
인자이재발신설(仁者以財發身說)
정심설(正心說)
충서설(忠恕說)

## 직암선생문집(直菴先生文集)

[작가] 이철승(李喆承, ?~1951)
[작품] 경설(絅說)
서시종병두합명설(徐侍從丙斗合名說)
정로설(正路說)
지경설(持敬說)
화위귀설(和爲貴說)

## 직암유고(直庵遺稿)

[작가] 박원종(朴遠鍾, 1887~1944)
[작품] 시은호설(市隱號說)
아석설(我石說)
제남설(濟南說)

## 직암집(直菴集)

[작가] 권재규(權在奎, 1853~1893)
[작품] 구근설 – 증황군성원(求近說 – 贈黃君聲遠)
이여경자설(李如卿字說)
이치조자설(李致雕字說)
자중설 – 증유자원(自重說 – 贈柳子遠)
정원직자설(鄭元直字說)
정자화자설(鄭子和字說)

## 직암집(直菴集)

[작가] 신경(申暻, 1696~1766)
[작품] 가묘봉안설(家廟奉安說)
계자설(戒子說)
계종자대손설(戒從子大孫說)
김종직자설(金鍾直字說)
시구상훈설(示具常勳說)

## 직와집(直窩集)

[작가] 지두환(池斗煥, 1867~1938)
[작품] 김이재병철자설(金以載柄轍字說)
주재설(主宰說)
초산설(蕉山說)
추청여자설(秋清汝字說)

## 직재문집(直齋文集)

[작가] 김수응(金粹應, 1887~1954)
[작품] 알욕설(遏慾說)
자경설(自警說)
죽옹설(竹癰說)

## 직재집(直齋集)

[작가] 이기홍(李箕洪, 1641~1708)
[작품] 제선생사칠이기변설(諸先生四七理氣辨說)

## 진계문집(進溪文集)

[작가] 박재형(朴在馨, 1838~1900)
[작품] 성리유설(性理類說)

## 진명집(震溟集)

[작가] 권헌(權攇, 1713~1770)
[작품] 견묘유설(犬猫乳說)
반세기설(潘世紀說)
어마설(御馬說)

## 진산유고(震山遺稿)

[작가] 유봉영(현영)〔柳鳳榮(顯榮), 1858~1896〕

[작품] 두설(蠹說)

## 진암선생문집(進菴先生文集)

[작가] 정교(鄭墧, 1739~1819)

[작품] 문석설(文石說)

수간설(漱澗說)

## 진일재집(眞逸齋集)

[작가] 성간(成侃, 1427~1456)

[작품] 병중잡설(病中雜說)

## 진일재집(眞一齋集)

[작가] 유숭조(柳崇祖, 1452~1512)

[작품] 이기설(理氣說)

## 질암집(質菴集)

[작가] 최벽(崔璧, 1762~1813)

[작품] 악불가불위지성(惡不可不謂之性)

# ㅊ

창계문집(滄溪文集)

~

침우당집(枕雨堂集)

## 창계문집(滄溪文集)

[작가] 김수(金銖, 일제강점기)
[작품] 만우설(晩宇說)
소암호설(小菴號說)
신인규자설(愼仁奎字說)
호은설(湖隱說)

## 창사집(昌舍集)

[작가] 손명래(孫命來, 1664~1722)
[작품] 논신주백문장설(論申周伯文章說)
섬설(蟾說)

## 창석문집(蒼石文集)

[작가] 이준(李埈, 1560~1635)
[작품] 강기지자설(康起之字說)
답혹설(答或說)
아배명자설(兒輩名字說)
정문중자설(鄭文中字說)
정종직자설(鄭從直字說)

## 창수집(蒼樹集)

[작가] 정형규(鄭衡圭, 조선 고종)
[작품] 전봉유자설(田鳳孺字說)
족질기원자설(族姪基元字說)

## 창주문집(蒼洲文集)

[작가] 장시택(張時澤, 1833~1900)
[작품] 창주설(蒼洲說)

## 창주선생문집(滄洲先生文集)

[작가] 이창진(李昌鎭, 1619~1684)
[작품] 방탁목조설(放啄木鳥說)
사전설 – 여정참봉극가창기(謝篆說 – 與鄭參奉克家昌基)
송구영신자경설(送舊迎新自警說)
오도종설(吾道宗說)

## 창주선생문집(滄洲先生遺稿)

[작가] 정상(鄭詳, 1533~1609)
[작품] 분매설(盆梅說)

## 창주선생문집(滄洲先生文集)

[작가] 허돈(許燉, 1586~1632)
[작품] 계남영초설(戒南靈草說)

## 창주유고(滄洲遺稿)

[작가] 김익희(金益熙, 1610~1656)
[작품] 관자만증설(冠子萬增說)

## 창주집(滄洲集)

[작가] 심지한(沈之漢, 1596~1657)
[작품] 월괘도설(月卦圖說)

## 창하집(蒼霞集)

[작가] 원경하(元景夏, 1698~1761)
[작품] 속동파강설(續東坡剛說)
인손명자설(仁孫名字說)

## 척와유고(惕窩遺稿)

[작가] 권택용(權宅容, 1903~1987)
[작품] 심미발설(心未發說)
양병설(兩病說)

## 천묵재유고(天默齋遺稿)

[작가] 이상형(李尙馨, 1585~1645)
[작품] 명제손설(名諸孫說)
제한비설－후(題韓非說－後)
지천설(知天說)

## 천사선생문집(川沙先生文集)

[작가] 김종덕(金宗德, 1724~1797)
[작품] 대산선생갈문중사칠설－왕복개수변(大山先生碣文中四七說－往復改修辨)
매류설(梅榴說)
서이학보등시장경당성도설(書李學甫謄示張敬堂性道說)
선악개천리설(善惡皆天理說)
성선설(性善說)
솔성설(率性說)
솔성지위도설(率性之謂道說)
자겸설(自慊說)
조사존망설(操舍存亡說)
존즉정설(存則靜說)
태극도설(太極圖說)
함양설(涵養說)

## 천재집(泉齋集)

[작가] 신필흠(申弼欽, 1806~1866)
[작품] 독정제격치설(讀定齋格致說)
의계설(義雞說)

## 천파집(天坡集)

[작가] 오숙(吳䎘, 1592~1634)
[작품] 명최일설(名崔逸說)
아설(鵝說)

## 천후유집(川后遺集)

[작가] 권상빈(필)〔權相彬(弼), 1853~1889〕
[작품] 배원현자설(裵元鉉字說)
유재기면학설(柳在冀勉學說)

## 청강집(淸江集)

[작가] 이제신(李濟臣, 1536~1584)
[작품] 납목단설(蠟牧丹說)
왜척촉설(倭躑躅說)
후곡설(后谷說)

## 청계집(晴溪集)

[작가] 최동익(崔東翼, 1868~1912)
[작품] 박경욱개자설(朴景郁改字說)
이맹규자설(李孟圭字說)

## 청금유고(聽禽遺稿)

[작가] 위정훈(魏廷勳, 1578~1662)
[작품] 승약설(蠅藥說)
주인공화식설(主人公貨殖說)

### 청련재유집(靑蓮齋遺集)

[작가] 권진규(權晉奎, 1860~1910)
[작품] 노송자설(老松子說)
노화설(爐火說)
반도이폐설(半塗而廢說)

### 청륙집(靑陸集)

[작가] 김덕겸(金德謙, 1552~1633)
[작품] 삼출설(參朮說)

### 청봉집(晴峯集)

[작가] 심동구(沈東龜, 1594~1660)
[작품] 유여매쟁춘설(柳與梅爭春說)

### 청사집(晴沙集)

[작가] 고용후(高用厚, 1577~?)
[작품] 몽선대부설(夢先大夫說)

### 청성집(靑城集)

[작가] 성대중(成大中, 1732~1812)
[작품] 동음금증경산설(洞陰琴贈京山說)
사설(思說)
인설－증백영숙지관비인(韌說－贈白永叔之官庇仁)

### 청장관전서(靑莊官全書)

[작가] 이덕무(李德懋, 1741~1793)
[작품] 궤호설(饋虎說)
유무설(有無說)
이심설(怡心說)
학설(學說)

### 청천집(靑泉集)

[작가] 신유한(申維翰, 1681~1752)
[작품] 이자야자설(李子野字說)
잡설(雜說)

### 청파집(靑坡集)

[작가] 이륙(李陸, 1438~1498)
[작품] 묘상지설(猫相舐說)
삼이설(三異說)
오행설(五行說)
의견설(義犬說)
일본국뢰충사송사천수좌청승경철자원행자설(日本國賴忠使送師川首座請僧景轍字圓行字說)

### 체소집(體素集)

[작가] 이춘영(李春英, 1563~1606)
[작품] 김생기봉자설(金生起鳳字說)

### 초당집(草堂集)

[작가] 허엽(許曄, 1517~1580)
[작품] 송이준설(送李浚說)

### 초려문집(草廬文集)

[작가] 김상수(金相壽, 1815~1895)
[작품] 종삼괴설(種三槐說)
후천괘위변역설(后天卦位變易說)

## 초려집(草廬集)

[작가] 이유태(李惟泰, 1607~1684)

[작품] 갑인설(甲寅說)
건역곤간설(乾易坤簡說)
경자설(庚子說)
논어주해설(論語註解說)
병진설(丙辰說)
복희강절하도팔괘상좌설(伏羲康節河圖八卦相左說)
삼이원장설(三二圓章說)
서자승위적적자서자지명병행불패설(庶子升爲適適子庶子之名並行不悖說)
서자입위적자이미개중계지명설(庶子立爲適子而未改仲季之名說)
승위적자불가위지장자이가위지태자세자설(升謂適者不可謂之長子而可謂之太子世子說)
승위적자위지적자이겸유서자지의설(升爲適者謂之適子而兼有庶子之義說)
승위적자위지적자이불가위지장자설(升爲適者謂之適子而不可謂之長子說)
역설(易說)
유명병자설(兪命丙字說)
이택지공지초서연평설(李擇之空紙抄書延平說)
적여장가분설(適與長可分說)
정주입적이장지적비적첩소생지적설(鄭註立適以長之適非嫡妾所生之嫡說)
종여적불가분설(宗與適不可分說)
증윤순경설(贈尹舜卿說)
증의주사인김구명설(무오시월)〔贈義州士人金九鳴說(戊午十月)〕
증의주사인백세혁설(贈義州士人白世赫說)
증이제열설(贈李齊說說)

## 초암집(初菴集)

[작가] 신혼(申混, 1624~1656)

[작품] 학설(鶴說)

## 초원유고(椒園遺稿)

[작가] 이충익(李忠翊, 1744~1816)

[작품] 가설(상)〔假說(上)〕
가설(하)〔假說(下)〕
군자지과설(君子之過說)
귀사설(龜槎說)

## 초은문집(樵隱文集)

[작가] 금기일(琴基一, 1836~1895)

[작품] 괘설(卦說)

## 초정선생유고(草亭先生遺稿)

[작가] 박수현(朴守玄, 1605~1674)

[작품] 양묘설(養猫說)
종시계헌설(終始禊憲說)

## 초정집(草亭集)

[작가] 김성규(金星圭, 1863~?)

[작품] 연설(演說)
예죽설 – 증민시랑영익(禮竹說 – 贈閔侍郎泳翊)
오통설(五統說)
의제설(衣制說)

## 총쇄(叢瑣)

[작가] 오횡묵(吳宖默, 1834~?)
[작품] 견첩루삼승설(見輒樓三勝說)
견첩루설(見輒樓說)
경설(經說)
괴목정설(槐木亭說)
녹순석설(鹿循石說)
답향유논문폐설(答鄕儒論文弊說)
대향장논읍사설(對鄕長論邑事說)
만회당설(晩悔堂說)
무안군자방포추록설(務安郡自防浦追錄說)
벽계청장관설(碧溪靑嶂館說)
사중위생설(使衆衛生說)
수석침류설(漱石枕流說)
욕지도개척설(浴智島開拓說)
유소감어심자작오충설(有所感於心者作五蟲說)
자문와설(自問窩說)
조출경모귀독고인설(朝出耕暮歸讀古人說)
택방설(澤舫說)
평안수산동지시설(評安睡山冬至詩說)
평인당한수작설(平易堂閒酬酌說)
한산시설(寒山詩說)

## 최와집(最窩集)

[작가] 김규오(金奎五, 1729~1791)
[작품] 수화설(水火說)
우설(友說)
좌단설(左袒說)

## 추담선생문집(秋潭先生文集)

[작가] 김우급(金友伋, 1574~1643)
[작품] 기몽설(記夢說)
잡설(雜說)

## 추담집(秋潭集)

[작가] 고유(高裕, 1722~1779)
[작품] 백아설(伯牙說)

## 추담집(秋潭集)

[작가] 김여만(金如萬, 1625~1711)
[작품] 인인설－증이성이(人人說－贈李盛而)

## 추담집(秋潭集)

[작가] 성만징(成晩徵, 1659~1711)
[작품] 계후설(임신)〔繼後說(戊寅)〕
남차산자설(무인)〔南次山字說(戊寅)〕
진휼설(경인)〔賑恤說(庚寅)〕

## 추담집(秋潭集)

[작가] 유창(兪瑒, 1614~1690)
[작품] 감적설(甘糴說)
사이불수녹설(仕而不受祿說)
자이생우성설(字李生羽成說)

## 추산문집(錘山文集)

[작가] 권한모(權翰模, 1856~1923)
[작품] 사이국경소증불변설(謝李國卿所贈不變說)
재종질중호자설(再從姪仲虎字說)

## 추산문집(秋山文集)

[작가] 박홍중(홍립)〔朴弘中(弘立), 1582~1646〕
[작품] 하상옹설(河上翁說)

## 추암집(楸菴集)

[작가] 김하구(金夏九, 1676~1762)
[작품] 개화설(改火說)
관화설(觀畵說)
목과장설(木瓜杖說)

## 추연선생문집(秋淵先生文集)

[작가] 권용현(權龍鉉, 1899~1988)
[작품] 고우설(苦雨說)
관조씨사단칠정설(觀曹氏四端七情說)
구방심설(求放心說)
기질설(氣質說)
김영주자집자설(金永柱子執字說)
본연기질성설(本然氣質性說)
사단칠정설(四端七情說)
석우설(石愚說)
시주자원형이정설(詩朱子元亨利貞說)
심설-혹문(心說-或問)
심성정도설(心性情圖說)
우계편설(于溪扁說)
우당설(牛堂說)
우설(寓說)
이봉영양서자설(李鳳永陽瑞字說)
인도심설(人道心說)
입지설(立志說)
정창석회부자설(鄭昌碩晦夫字說)
정태수윤실자설(鄭泰秀允實字說)
태극음양동정설(太極陰陽動靜說)

## 추월당문집(秋月堂文集)

[작가] 한산두(韓山斗, 1556~1627)
[작품] 세한설(歲旱說)

## 추재집(秋齋集)

[작가] 조수삼(趙秀三, 1762~1844)
[작품] 매분송자설(賣盆松者說)
불가설설(不可說說)

## 춘담집(春潭集)

[작가] 신붕(申鵬, 1889~1922)
[작품] 시사제설(우)〔示舍弟說(雨)〕

## 춘소자집(春沼子集)

[작가] 신최(申最, 1619~1658)
[작품] 귀은설(歸隱說)
위인신자위소신계모지가출자부당복설(爲人辥者爲所辥繼母之嫁出者不當服說)
춘소설(春沼說)
황극경세도설(皇極經世圖說)

## 춘정문집(春亭文集)

[작가] 변계량(卞季良, 1369~1430)
[작품] 효령대군자설(孝寧大君字說)

## 춘주유고(春洲遺稿)

[작가] 김도수(金道洙, 1699~1742)
[작품] 기설(驥說)
산정제가문수설(刪定諸家文粹說)

죽설(竹說)

## 춘탄문집(春灘文集)

[작가] 이태현(李泰鉉, 1838~1904)
[작품] 태극설(太極說)

## 춘헌집(春軒集)

[작가] 위계반(魏啓泮, 1848~1895)
[작품] 가은설(稼隱說)
농와설(聾窩說)
농은설(農隱說)
백헌설(柏軒說)
월포설(月圃說)
지봉설(芝峯說)
직직당설(直直堂說)
청계당설(淸溪堂說)

## 충암집(冲菴集)

[작가] 김정(金淨, 1486~1521)
[작품] 석수간자보화설(釋守侃字葆和說)

## 충열공유고(忠烈公遺稿)

[작가] 오달제(吳達濟, 1609~1637)
[작품] 명계자설(名季子說)
화은소설(華隱小說)

## 치서집(菑墅集)

[작가] 한경의(韓敬儀, 1739~1821)
[작품] 무급제주현도복수설(武及第朱顯道復讎說)
서민한천득반장설(庶民韓天得反葬說)

## 치암집(癡庵集)

[작가] 남경희(南景羲, 1748~1812)
[작품] 손암설(遜庵說)
전창위상마설(全昌尉相馬說)
치암설(癡庵說)

## 치암집(恥菴集)

[작가] 이지렴(李之濂, 1628~1691)
[작품] 논금계군박공동량묘표설(論錦溪君朴公東亮墓表說)
붕우설(朋友說)

## 치재집(恥齋集)

[작가] 조선적(曺善迪, 1697~1756)
[작품] 시백아설(示伯兒說)
훈백아설(訓伯兒說)

## 치치재문집(恥恥齋文集)

[작가] 김수삼(金秀三, 1679~1767)
[작품] 맹독설(盲讀說)
이기설(理氣說)
자경설(自警說)

## 치헌유고(恥軒遺稿)

[작가] 유세훈(柳世勛, 1564~1631)
[작품] 악유설(惡莠說)

## 침산문집(砧山文集)

[작가] 이동간(李東幹, 1757~1822)

[작품] 동거찬설(同居爨說)
성현심학사원설(聖賢心學四圓說)

## 침우당집(枕雨堂集)

[작가] 장지완(張之琬, 1806~1858)
[작품] 강리설－송대행인(疆理說－送大行人)
응거설－여유생(應擧說－與柳生)

# ㅌ ~ ㅍ

타우유고(打遇遺稿)

~

풍애집(楓厓集)

## 타우유고(打遇遺稿)

[작가] 이상(李翔, 1620~1690)
[작품] 연설(경자)〔筵說(庚子)〕
연설(기해)〔筵說(己亥)〕
연설(정유)〔筵說(丁酉)〕

## 탁계집(濯溪集)

[작가] 김상진(金相進, 1736~1811)
[작품] 규고설(정사)〔刲股說(丁巳)〕
사역구난설(事易求難說)
여도위체설(기해추)〔與道爲體說(己亥秋)〕
한소독서설(병자)〔寒宵讀書說(丙子)〕

## 탁암선생문집(拓菴先生文集)

[작가] 김도화(金道和, 1825~1912)
[작품] 경자설－증이원서(병삼)〔敬字說－贈李元瑞(炳三)〕
근설－증채승원(勤說－贈蔡昇源)
만회설(晩悔說)
면학재설－증이순부(관도)〔勉學齋說－贈李舜敷(寬燾)〕
방의여성설(防意如城說)
사칠이발기발설(四七理發氣發說)
유성래(인식)자설〔柳聖來(寅植)字說〕
족조공좌(필우)지옹설〔族祖公佐(弼禹)之翁說〕
존덕성도문학설(尊德性道問學說)
죽사설(竹史說)
증유군봉희설(贈柳君鳳熙說)
천군설(天君說)
치심설－증족질공섭(용낙)〔治心說－贈族姪恭燮(庸洛)〕

태극도설(太極圖說)

## 탁와선생문집(琢窩先生文集)

[작가] 정기연(鄭璣淵, 1877~1952)
[작품] 습례국도설(習禮局圖說)

## 탄만집(歎歔集)

[작가] 이용휴(李用休, 1708~1782)
[작품] 외손허숙자수옥설(外孫許璹字壽玉說)
외손허질자순옥설(外孫許瓆字純玉說)
조씨형제명자설(趙氏兄弟名字說)
종손재중자유여설(從孫載重字幼輿說)
포경설(抱經說)
호문설(好問說)

## 탄촌집(灘村集)

[작가] 권구(權絿, 1658~1730)
[작품] 강정소설(江亭小說)

## 태고집(太古集)

[작가] 보우(태고화상)〔普愚(太古和尙), 1301~1382〕
[작품] 무설(게송)〔無說(偈頌)〕

## 태려선생문집(泰廬先生文集)

[작가] 고윤식(高允植, 1831~1891)
[작품] 보종계설(保宗契說)

## 태암수화(苔巖隨話)

[작가] 김형기(金瀅基, 현대)
[작품] 태암설(苔巖說)

## 태을암집(太乙菴集)

[작가] 신국빈(申國賓, 1724~1799)
[작품] 관수설(觀水說)
기우설 – 기시황산독우유운우(騎牛說 – 寄示黃山督郵柳雲羽)
수설(睡說)
수헌소설(守軒小說)
장밀암설(藏密菴說)
태을암설(太乙菴說)
향약설(鄕約說)

## 태재집(泰齋集)

[작가] 유방선(柳方善, 1388~1443)
[작품] 서파삼우설(西坡三友說)

## 태촌집(泰村集)

[작가] 고상안(高尙顔, 1553~1623)
[작품] 태촌자설(泰村自說)

## 택당집(澤堂集)

[작가] 이식(李植, 1584~1647)
[작품] 왜송설(矮松說)
삼자개명설(三子改名說)
선천기설(先天器說)

## 토정유고(土亭遺稿)

[작가] 이지함(李之菡, 1517~1578)
[작품] 과욕설(寡欲說)
대인설(大人說)
피지음설(避知音說)

## 퇴계집(退溪集)

[작가] 이황(李滉, 1501~1570)
[작품] 격물물격속설(변의) – 답정자중설〔格物物格俗說(辯疑) – 答鄭子中說〕
김이정잠재설(金而精潛齋說)
심통성정도설(心通性情圖說)
심학도설(心學圖說)
인설(仁說)
천명도설(天命圖說)
태극도설(太極圖說)

## 퇴산문집(退山文集)

[작가] 강신철(姜信喆, 1879~1949)
[작품] 김백겸태공명자설(金伯謙台恭名字說)

## 퇴산유고(退山遺稿)

[작가] 박창진(朴昌瑨, 1867~1936)
[작품] 책서설(責鼠說)

## 퇴헌집(退軒集)

[작가] 조영순(趙榮順, 1725~1775)
[작품] 복수설(갑오)〔復讐說(甲午)〕

## 파호선생문집(罷湖先生文集)

[작가] 최경윤(崔慶胤, 1534~1602)
[작품] 이기설(理氣說)

## 팔송집(八松集)

[작가] 정필달(鄭必達, 1611~1693)
[작품] 계상소설(溪上小說)

## 팔우헌집(八友軒集)

[작가] 조보양(趙普陽, 1709~1788)
[작품] 작소설(鵲巢說)
훈몽잡설 – 논인도(訓蒙雜說 – 論人道)
훈몽잡설 – 논진도(訓蒙雜說 – 論盡道)
훈몽잡설 – 논천도(訓蒙雜說 – 論天道)

## 평암선생문집(平巖先生文集)

[작가] 정영진(鄭榮振, 1673~1708)
[작품] 권학설 – 증이질광현(勸學說 – 贈李姪光顯)
기삼백설(朞三百說)
운암설(雲庵說)

## 평암집(平庵集)

[작가] 권정침(權正忱, 1710~1767)
[작품] 강자외시하물설(腔子外是何物說)
명자설(名字說)
무자기설(毋自欺說)
물격지지설(物格知至說)
소락하사설(所樂何事說)
소학통독설(小學通讀說)
연설(筵說)
자강불식설(自彊不息說)
중용총설(中庸總說)
형상하설(形上下說)

## 포암집(逋庵集)

[작가] 권주욱(權周郁, 1825~1901)
[작품] 관창설(觀漲說)
명홍군하찬설(名洪君夏鑽說)
사생설(師生說)
산석설(山石說)
안명설(安命說)
이기설(理氣說)
이직형중직설(李直馨中直說)
증이응천민구설(贈李應天玟久說)
치안설(治眼說)

## 포암집(圃巖集)

[작가] 윤봉조(尹鳳朝, 1680~1761)
[작품] 미발설(未發說)

## 포운유집(圃雲遺集)

[작가] 양상엽(梁相曄, 1852~1903)
[작품] 소초설(小樵說)

## 포저집(浦渚集)

[작가] 조익(趙翼, 1579~1655)
[작품] 개신공보중화도설(改申功甫中和後說)
고설(苦說)
공재설(恭齋說)
답신영흥공보춘추쇄설(答申永興功甫春秋瑣說)

대학곤득후설(상)〔大學困得後說(上)〕
대학곤득후설(중)〔大學困得後說(中)〕
대학곤득후설(하)〔大學困得後說(下)〕
불위주곤설(不爲酒困說)
성의설(誠意說)
심학종방후설(心學宗方後說)
애매설(愛梅說)
의금당설(衣錦堂說)
의금당후설(衣錦堂後說)
잡설(雜說)
중용곤득후설(상)〔中庸困得後說(上)〕
중용곤득후설(하)〔中庸困得後說(下)〕
중용설(中庸說)
지경도설(持敬圖說)
지경도후설(持敬圖後說)

## 풍고집(楓皐集)

[작가] 김조순(金祖淳, 1765~1831)
[작품] 독춘추설(讀春秋說)
시문시객설(詩文示客說)
어사면감수반설(御賜面鑑手槃說)
임자내사설(壬子內賜說)
죽설(竹說)
풍우설(風雨說)
호모필설(虎毛筆說)

## 풍서집(豊西集)

[작가] 유응두(柳應斗, ?~?)
[작품] 위문귀유법상설(爲文貴有法象說)

## 풍서집(豊墅集)

[작가] 이민보(李敏輔, 1717~1799)
[작품] 회심헌게액설(會心軒揭額說)

## 풍석집(楓石集)

[작가] 서유구(徐有榘, 1764~1845)
[작품] 악역불가불위지성설(惡亦不可不謂之性說)

## 풍애집(楓厓集)

[작가] 안민학(安敏學, 1542~1601)
[작품] 하도낙서설(河圖洛書說)

# ㅎ

하거집(荷居集)

~

희암집(希菴集)

## 하거집(荷居集)

[작가] 양헌수(梁憲洙, 1816~1888)
[작품] 측기아설(惻棄兒說)

## 하계집(河溪集)

[작가] 박세도(朴世衜, 1651~1727)
[작품] 계칠자설(戒七子說)
이항원명자설(李恒遠名字說)

## 하곡집(霞谷集)

[작가] 정제두(鄭齊斗, 1649~1736)
[작품] 건룡사효설(乾龍四爻說)
기삼백설(朞三百說)
도심천리설(道心天理說)
명아설(名兒說)
사단칠정설(四端七情說)
생리성체설(生理性體說)
생리허세설(生理虛勢說)
성학설(聖學說)
심체천리설(心體天理說)
양지성체설(良知性體說)
예조명예설(睿照明睿說)
이기불가분언설(理氣不可分言說)
이목구비설(상)〔耳目口鼻說(上)〕
이목구비설(하)〔耳目口鼻說(下)〕
이일설(理一說)
인심도심설(人心道心說)
일점생리설(一點生理說)
정설(正說)
조석설(潮汐說)
천지방위리도설(天地方位里度說)
체용일원설(體用一原說)
치지설(致知說)
칠요우행설(七曜右行說)
태극주정중용미발설(太極主靜中庸未發說)
퇴계심경발후설(退溪心經跋後說)

## 하곡집(荷谷集)

[작가] 허봉(許篈, 1551~1588)
[작품] 가승자설(可昇字說)

## 하당집(荷塘集)

[작가] 권두인(權斗寅, 1643~1719)
[작품] 석용설(石茸說)
의구설(義狗說)

## 하려집(下廬集)

[작가] 황덕길(黃德吉, 1750~1827)
[작품] 강설－증허문심(剛說－贈許文心)
모검재설(慕儉齋說)
사단칠정설(四端七情說)
삼불행설(三不幸說)
이단설(異端說)
일소설(一疏說)
자헌설(自軒說)
흠사이충숙공서대설(欽賜李忠肅公犀帶說)

## 하서집(河西集)

[작가] 김인후(金麟厚, 1510~1560)
[작품] 이지남자설(李至男字說)

## 하서집(荷棲集)

[작가] 조경(趙璥, 1727~1787)

[작품] 강원기설(講院記說)

개계설(介雞說)

경연강설(經筵講說)

사목도설(四木圖說)

서연강설(書筵講說)

옥서진설(玉書鎭說)

## 하정집(荷亭集)

[작가] 김영수(金永壽, 1829~1899)

[작품] 마설(馬說)

비설(碑說)

오촌설(聱村說)

## 하정집(苄亭集)

[작가] 이덕주(李德冑, 1696~1751)

[작품] 후제례설(後祭禮說)

## 학가재문집(學稼齋文集)

[작가] 이주(李紬, 1599~1669)

[작품] 분국설(盆菊說)

## 학강유고(學岡遺稿)

[작가] 정재경(鄭在璟, 1881~1948)

[작품] 계은설(溪隱說)

요산설(樂山說)

## 학계집(鶴溪集)

[작가] 곽가적(郭可積, 1665~1736)

[작품] 거은설(居隱說)

## 학고문집(鶴皐文集)

[작가] 정일진(鄭一鎭, 1713~1752)

[작품] 고암설(顧庵說)

농산설(聾汕說)

눌옹설(訥翁說)

외당설(畏堂說)

## 학남재유고(學南齋遺稿)

[작가] 장기홍(張基洪, 1883~1956)

[작품] 장주산호열가장고전설(張周山壕烈家藏古錢說)

족질내의진홍자설(族姪乃毅鎭弘字說)

증김군형규설(贈金君亨圭說)

## 학남집(鶴南集)

[작가] 김우(金玗, 1833~1910)

[작품] 갑오소설(甲午小說)

괴물설－답김군윤건중육채군진숙길병(怪物說－答金君允建重育蔡君溱淑吉秉)

심설－시김군자옥(心說－示金君子玉)

음양설－시김군윤환(陰陽說－示金君允煥)

학남호설(鶴南號說)

학폐설－서증박백신(學弊說－書贈朴伯愼)

## 학림집(鶴林集)

[작가] 권방(權訪, 1740~1808)

[작품] 효구설(孝狗說)

## 학봉집(鶴峰集)

[작가] 김성일(金誠一, 1538~1593)
[작품] 부관제락설(副官諸樂說)

## 학산문집(鶴山文集)

[작가] 유응목(柳應睦, 1841~1921)
[작품] 이견설(二犬說)
인설(仁說)
전의독서설(專意讀書說)
정학연원도설(正學淵源圖說)
효우설－시아손배(孝友說－示兒孫輩)

## 학서집(鶴棲集)

[작가] 유태좌(柳台佐, 1763~1837)
[작품] 김해비어설(金海備禦說)

## 학암집(鶴巖集)

[작가] 장화식(張華植, 1853~1938)
[작품] 계자불망설(戒子不忘說)
태복시포도총설(太僕寺葡萄驄說)

## 학암집(鶴菴集)

[작가] 최신(崔愼, 1642~1708)
[작품] 연설(병신)〔筵說(丙申)〕
연설(병신)〔筵說(丙申)〕
연설(임오)〔筵說(壬午)〕
연설(정축)〔筵說(丁丑)〕

## 학양선생문집(鶴陽先生文集)

[작가] 박경가(朴慶家, 1780~1841)
[작품] 낙구삭설(絡絇索說)
도두옹설(掉頭翁說)
삼분삼역설(三墳三易說)
언자설(諺字說)
채씨범수설(蔡氏範數說)

## 학천문집(學泉文集)

[작가] 김강민(金江玟, 1868~1928)
[작품] 심단설－증최생주언(心丹說－贈崔生柱彦)
옥금설－이박군견실(玉今說－貽朴君見實)
칠우설(漆憂說)

## 학초문집(鶴楚文集)

[작가] 장영석(張永奭, 조선 고종)
[작품] 고금작저설(叩琴作杵說)
기정설(杞亭說)
우초설(雨樵說)
장와설(藏窩說)
지남설(智南說)
췌옹설(贅翁說)

## 학포유고(學圃遺稿)

[작가] 이병주(李秉柱, 1890~1964)
[작품] 학포설(學圃說)

## 학포헌집(學圃軒集)

[작가] 서경창(徐慶昌, 1758~?)
[작품] 가파정주방략설(可破定州方略說)

공수설(攻守說)
공폐설(貢弊說)
구황설(救荒說)
무비설(武備說)
북도종저설(北道種藷說)
송엽구황설(松葉救荒說)
저농해혹설(藷農解惑說)
저종생건변혹설(藷種生乾辯惑說)
택지설(擇地說)

## 한간선생문집(寒澗先生文集)

[작가] 김한록(金漢祿, 1722~1790)
[작품] 계구지정설(戒懼至靜說)
답이경초여성인논제악설(答李景初與成人論濟惡說)
대학정시공부설(大學靜時工夫說)
대학정심설(大學正心說)
대학정정설(大學定靜說)
독주선생적감설(讀朱先生寂感說)
독중용혹문논정소문답설(讀中庸或問論程蘇問答說)
범여식심설(范女識心說)
서명제악설(西銘濟惡說)
수신장지자설(脩身章之字說)
음양설(陰陽說)
인물품기설(人物稟氣說)
인설(仁說)
정심장구혹자설(正心章句或字說)
정자생지위성장설(程子生之謂性章說)
지수설(地水說)
충한무진일은설(冲漢無眹一般說)
통서담자설(通書淡字說)
홍상천자설(洪相天字說)

## 한강선생문집(寒岡先生文集)

[작가] 정구(鄭逑, 1543~1620)
[작품] 이군섭자설(李君涉字說)
졸재설(拙齋說)

## 한계집(寒溪集)

[작가] 강학준(姜學濬, 1770~1821)
[작품] 선망설(善忘說)

## 한남유고(漢南遺稿)

[작가] 김규채(金圭采, 1791~1879)
[작품] 이복여극명자설(李復汝克名字說)
침설(枕說)

## 한벽당문집(寒碧堂文集)

[작가] 곽기수(郭期壽, 1549~1616)
[작품] 향북화설(向北花說)

## 한산세고(계서고)〔韓山世稿(溪墅稿)〕

[작가] 이희준(李羲準, 1775~?)
[작품] 교비설(矯非說)
장노이도설(張老弛盜說)

## 한수재집(寒水齋集)

[작가] 권상하(權尙夏, 1641~1721)
[작품] 논성설(論性說)

## 한와문집(閒窩文集)

[작가] 이시일(李時逸, 1731~1792)

[작품] 덕성합연설(德成閤筵說)

## 한음문고(漢陰文稿)

[작가] 이덕형(李德馨, 1561~1613)

[작품] 김명세무송소설(金命世茂松小說)

## 한재집(韓齋集)

[작가] 정규영(鄭奎榮, 1860~1921)

[작품] 백산설(柏山說)

회한재설(悔恨齋說)

## 한정당집(閒靜堂集)

[작가] 송문흠(宋文欽, 1710~1752)

[작품] 치관설(緇冠說)

현재설(弦齋說)

## 한주집(寒洲集)

[작가] 이진상(李震相, 1818~1886)

[작품] 곤지기변후설(임자)〔困知記辨後說(壬子)〕

곽명원자설(郭鳴遠字說)

괘변설(卦變說)

괘화설(卦畫說)

기질지성고증후설(氣質之性考證後說)

달도설(達道說)

대학차의후설(大學箚義後說)

맹자출척설(기미)〔孟子怵惕說(己未)〕

명덕설(무인)〔明德說(戊寅)〕

명설(무인)〔命說(戊寅)〕

묘제설(廟制說)

사칠경위설(무인)〔四七經緯說(戊寅)〕

사칠변후설(四七辨後說)

사칠원위설(을축)〔四七原委說(乙丑)〕

석가설(錫嘉說)

석합보공설(析合補空說)

심역동정도설(心易動靜圖說)

심자고증후설(心字考證後說)

심즉리설(心卽理說)

옥사자인장설(玉獅子印章說)

이기동정고증후설(계축)〔理氣動靜考證後說(癸丑)〕

이기선후고증후설(理氣先後考證後說)

이대형자설(李大衡字說)

인물성동이설(人物性同異說)

인심도심고증후설(人心道心考證後說)

존덕성재명설(상)〔尊德性齋銘說(上)〕

존덕성재명설(하)〔尊德性齋銘說(下)〕

주역괘서설(周易卦序說)

주자대전고의후설(신유)〔朱子大全考疑後說(辛酉)〕

주재도설(主宰圖說)

중용차의후설(中庸箚義後說)

태극도차의후설(太極圖箚義後說)

퇴계집차의후설(退溪集箚義後說)

팔칙양생설(八則陽生說)

후산설(後山說)

## 한포재집(寒圃齋集)

[작가] 이건명(李健命, 1663~1722)

[작품] 보망설(補網說)

## 한호문집(漢湖文集)

[작가] 이민덕(李敏德, 1728~1786)
[작품] 독서설(讀書說)

## 함계집(涵溪集)

[작가] 정석달(鄭碩達, 1660~1720)
[작품] 발몽설(갑술)〔發蒙說(甲戌)〕

## 함재문집(涵齋文集)

[작가] 김수황(金壽璜, 1840~1904)
[작품] 복설(復說)
애죽설(愛竹說)
역설(易說)

## 함재존고(涵齋存稿)

[작가] 심상석(沈相碩, 현대)
[작품] 심익범자설(沈益範字說)

## 함재집(涵齋集)

[작가] 김혁권(金赫權, ?~?)
[작품] 문장설(文章說)

## 함허어록(涵虛語錄)

[작가] 기화(함허화상)〔奇和(涵虛和尙), 1376~1433〕
[작품] 정랑이공전위모하씨선하청육도보설(正郎李恭全爲母河氏仙賀請六道普說)
제단월청대영보설(諸檀越請對靈普說)
현등사원당주홍섭선하청보설(縣燈寺願堂主洪涉仙賀請普說)

## 항재문집(恒齋文集)

[작가] 이익구(李翊九, 1838~1912)
[작품] 궁리설(窮理說)
성신설(誠身說)
이창설(里倉說)
혈구설(상)〔絜矩說(上)〕
혈구설(하)〔絜矩說(下)〕

## 해려선생문집(海閭先生文集)

[작가] 권상적(權相迪, 1822~1900)
[작품] 우설(友說)

## 해사집(海史集)

[작가] 차석호(車錫祜, 1846~1911)
[작품] 기형설(璣衡說)
획시설(獲蓍說)

## 해산유집(海山遺集)

[작가] 하경휴(河慶烋, 1841~1900)
[작품] 감시설(感時說)
근자설－시학자(勤字說－示學者)
만송설(晩松說)
매류쟁춘설－시소배(梅柳爭春說－示少輩)
응석사동고설(凝石寺同苦說)
하성천계회자설(河聖千啓悔字說)

## 해옹고(海翁稿)

[작가] 홍한주(洪翰周, 1798~1868)

[작품] 해천설(海泉說)

## 해월집(海月集)

[작가] 황여일(黃汝一, 1556~1622)

[작품] 불이설(不移說)

## 해은유고(海隱遺稿)

[작가] 강필효(姜必孝, 1764~1848)

[작품] 구방심설(求放心說)

극기복례설(克己復禮說)

미발이발설(未發已發說)

역설(易說)

종질정규자설(從姪鼎奎字說)

중자운규자설(仲子運奎字說)

천인성명이기설(天人性命理氣說)

춘추설(春秋說)

## 해일재문집(海逸齋文集)

[작가] 장환규(張煥奎, 1853~1876)

[작품] 만물춘계선편설(萬物春繼善篇說)

맹자진심장장구설(孟子盡心章章句說)

## 해장집(海藏集)

[작가] 신석우(申錫愚, 1805~1865)

[작품] 해설(병진)〔海說(丙辰)〕

호향소설(무오)〔虎鄉所說(戊午)〕

## 해좌집(海左集)

[작가] 정범조(丁範祖, 1723~1801)

[작품] 도봉설(悼蜂說)

변감여설(辨堪輿說)

변봉건논설(辨封建論說)

사편증의후설(四編證疑後說)

시설 – 증강경임(詩說 – 贈姜景任)

식옹설(蝕翁說)

전국책설(戰國策說)

조군(재성재량)형제자설〔趙君(材成材良)兄弟字說〕

주례설(周禮說)

## 향산집(響山集)

[작가] 이만도(李晩燾, 1842~1910)

[작품] 무명자설(無名子說)

족질중원(중철)간은설〔族姪仲圓(中轍)簡隱說〕

## 향암유고(向菴遺稿)

[작가] 이정순(李靖淳, 1908~1956)

[작품] 송김서암노장설(送金栖巖老丈說)

인능홍도비도홍인설(人能弘道非道弘人說)

## 향은집(薌隱集)

[작가] 이장찬(李章贊, 1794~1860)

[작품] 선사설(善士說)

속사설(續師說)

오륜통회설(五倫統會說)

증금서설(贈錦西說)

후파설(後坡說)

## 허백당집(虛白堂集)

[작가] 성현(成俔, 1439~1504)

[작품] 국옹설(菊翁說)
신당퇴우설(神堂退牛說)
작소설(鵲巢說)
정료설(庭蓼說)
타농설(惰農說)
흑우설(黑牛說)

## 허백정집(虛白亭集)

[작가] 홍귀달(洪貴達, 1438~1504)
[작품] 명심상장자사곤계설(名沈上將子四昆季說)
명유후정후이자설(名柳侯正厚二子說)
문사예개명설(文司藝改名說)
한훈자설(韓訓字說)

## 허암유고(虛庵遺藁)

[작가] 정희량(鄭希良, 1469~1502)
[작품] 산은(散隱)

## 허재문집(虛齋文集)

[작가] 최남중(崔南重, 1674~1740)
[작품] 문체설(文體說)
문학설(文學說)

## 허주문집(虛舟文集)

[작가] 김여욱(金汝煜, 1581~1661)
[작품] 소국설(疏菊說)

## 현곡선생문집(玄谷先生文集)

[작가] 유영선(柳永善, 1893~1961)
[작품] 경석자지설－시제생(敬惜字紙說－示諸生)
관유성재사향명제설(觀柳省齋祠饗明帝說)
논물유명덕설(論物有明德說)
독남당상수암서성삼층설(讀南塘上遂庵書性三層說)
독서설－시정사학도(讀書說－示精舍學徒)
명육자설(名六子說)
무불시저저부모설(無不是底父母說)
박약설－시김생(博約說－示金生)
봉노종치명자설(奉老鍾穉明字說)
사례제요안설(四禮提要按說)
성위심재설(性爲心宰說)
소행설－증전군(素行說－贈田君)
송하설(松下說)
수양설(修攘說)
신설(愼說)
신소유설(愼所遊說)
신언어설(愼言語說)
신질종익백겸자설(辛姪鍾益伯謙字說)
심성설(心性說)
심통성정설(心統性情說)
애국설(愛菊說)
전제설(田制說)
차아태석명설(次兒泰錫名說)
홍의설－증송생(弘毅說－贈宋生)

## 현사문집(玄沙文集)

[작가] 김응환(창시)〔金應煥(昌詩), 1894~1968〕
[작품] 원대설(圓臺說)

## 현암유고(玄巖遺稿)

[작가] 최유연(崔有淵, 1587~?)
[작품] 후공설항우설(侯公說項羽說)

**현주집**(玄洲集)

[작가] 윤신지(尹新之, 1582~1657)
[작품] 격사자설(擊蛇者說)
포조설(捕蚤說)

**현주집**(玄洲集)

[작가] 조찬한(趙纘韓, 1572~1631)
[작품] 권돈설(圈豚說)
대은은심설(大隱隱心說)
백이사명설(伯夷死名說)
설직설(舌織說)

**혜산집**(惠山集)

[작가] 이상규(李祥奎, 1847~1923)
[작품] 동은설(東隱說)
만포설(晩圃說)
매초설(梅樵說)
삼호설(三湖說)
석우설(石友說)
소심설(小心說)
위학설(爲學說 )
입지설(立志說)
초사설(樵史說)
치치설(恥恥說)
훈자질설(訓子姪說)

**호계집**(虎溪集)

[작가] 신적도(申適道, 1574~1663)
[작품] 무극이태극설(無極而太極說)
성설(性說)
심설(心說)
음양설(陰陽說)
인의예지설(仁義禮智說)

**호고와집**(好古窩集)

[작가] 유휘문(柳徽文, 1773~1827)
[작품] 동하음양승강설(冬夏陰陽升降說)
사성재설(思誠齋說)
조석설(潮汐說)

**호곡집**(壺谷集)

[작가] 남용익(南龍翼, 1628~1692)
[작품] 주소인설(酒小人說)

**호곡집**(壺谷集)

[작가] 유범휴(柳範休, 1744~1823)
[작품] 노심설(병자)〔奴心說(丙子)〕
삼과설(정묘)〔三過說(丁卯)〕

**호산집**(壺山集)

[작가] 박문호(朴文鎬, 1846~1918)
[작품] 고부처설(瞽夫妻說)
기우관폭설(旣雨觀瀑說)
농악설(農樂說)
동방도통도설(東方道統圖說)
명덕설(明德說)
범공설(氾恭說)
병박시설(病博施說)
본국분당도설(本國分黨圖說)
봉설(鳳說)
불사수록설(不仕受祿說)
불식목사육설(不食目死肉說)

사분설(四分說)
산리설(山理說)
삼난설(三難說)
삼자부설(三字符說)
서한경사전수보설(西漢經師傳授譜說)
성학도설(性學圖說)
세시유예설(歲時遊藝說)
소탄설(燒炭說)
수사이십칠도설(洙泗二十七圖說)
심본성사설(心本性四說)
심본성삼설(心本性三說)
심본성설(心本性說)
심본성후설(心本性後說)
언문설(諺文說)
운대공신표설(雲臺功臣表說)
육학요령침폄설(陸學要領針砭說)
윤손소자설(尹孫小字說)
의성여묘도설(擬聖女廟圖說)
의호설(義虎說)
이람설(貍欖說)
이신촌설(李臣村說)
이신촌후설(李臣村後說)
인물성분수도설(人物性分殊圖說)
입사석지식설(入寺席地食說)
자음복고설(字音復古說)
작문설(作文說)
재상설(灾祥說)
중용수장주각자의보설(中庸首章註各字義補說)
지와설(止訛說)
진연설(鎭硯說)
척사설(斥邪說)
치관등측설(緇冠登廁說)
포구설－시이경춘(捕鳩說－示李景春)
화망건설(畵網巾說)

## 호양선생문집(湖陽先生文集)

[작가] 권익창(權益昌, 1562~1645)
[작품] 명덕설(明德說)
삼십활계도설(三十活計圖說)

## 호은유고(湖隱遺稿)

[작가] 김상수(金相秀, 1875~1952)
[작품] 호은자호설(湖隱自號說)

## 호은유고(湖隱遺稿)

[작가] 유상인(柳相仁, 1863~1945)
[작품] 자곡설(紫谷說)

## 호은유고(湖隱遺稿)

[작가] 이병태(李炳台, 1867~1895)
[작품] 종란설(種蘭說)

## 호정집(浩亭集)

[작가] 하륜(河崙, 1347~1416)
[작품] 명자설(名子說)
성설(性說)
순자격설(循資格說)
심설(心說)
의정부상규설(議政府相規說)

## 혼재집(渾齋集)

[작가] 안교익(安敎翼, 1824~1896)
[작품] 개자중보설(改字中甫說)
근헌설(近軒說)

반암설(反菴說)
보사설(報師說)
사고재설(師古齋說)
인설 - 송홍군제유환향(정해)〔仁說 - 送洪君濟裕還鄕(丁亥)〕
증재설(憎齋說)

## 홍당문집(弘堂文集)

[작가] 이병호(李秉灝, 1892~1964)
[작품] 우담설(愚潭說)

## 홍도유고(弘道遺稿)

[작가] 이서(李漵, 1662~1723)
[작품] 심경설(心鏡說)
오매설(寤寐說)

## 홍재전서(弘齋全書)

[작가] 정조대왕(正祖大王, 1752~1800)
[작품] 극기설(克己說)
사대례설(事大禮說)
편주공전서정주자어록설(編周公全書定朱子語錄說)

## 화계집(花溪集)

[작가] 유의건(柳宜健, 1687~1760)
[작품] 나릉진안설(羅陵眞贋說)
명오아설(名五兒說)
몽설(夢說)
보응설(1)〔報應說(一)〕
보응설(2)〔報應說(二)〕
불지설(佛池說)
삼재설(三才說)
승설(蠅說)
오학상송설(烏鶴相訟說)
우중설 - 갈설(寓中說 - 蝎說)
우중설 - 병설(寓中說 - 病說)
우중설 - 산막설(寓中說 - 山幕說)
우중설 - 삼물설(寓中說 - 三物說)
우중설 - 우설(寓中說 - 憂說)
인과설(因果說)
자시설(을축)〔子時說(乙丑)〕
적토설(赤兎說)
한거잡설(閑居雜說)
해우설(解憂說)

## 화곡집(華谷集)

[작가] 황택후(黃宅厚, 1687~1737)
[작품] 축봉설(畜蜂說)

## 화교유고(華郊遺稿)

[작가] 조봉묵(曺鳳默, 1805~1883)
[작품] 종화설(種花說)
학가설(學稼說)

## 화담집(花潭集)

[작가] 서경덕(徐敬德, 1489~1546)
[작품] 복기견천지지심설(復其見天地之心說)
이기설(理氣說)
태허설(太虛說)

## 화당집(化堂集)

[작가] 신민일(申敏一, 1576~1650)

[작품] 논포저대학설(論浦渚大學說)
정정재설(定靜齋說)
중화도설(中和圖說)
춘추쇄설(春秋瑣說)
포저답설(浦渚答說)
화당설(化堂說)

## 화동사고(華東私稿)

[작가] 권복수(權福洙, 1871~1937)
[작품] 각안경설(却眼鏡說)
고음설(苦霪說)
권학설(勸學說)
노산옹설(老山翁說)
몽각관해설(夢覺關解說)
문방사우설(文房四友說)
신선변설(神仙辨說)
애만수설(哀萬水說)
우국원풍설(憂國願豊說)
우인설(偶人說)
유인송별설(有人送鱉說)
음양각설(陰陽脚說)
자경설(自警說)
주옥해설(珠玉解說)
청선설(聽蟬說)
추성설(秋聲說)
황세설(荒歲說)
훼천설(毁泉說)

## 화사문집(花史文集)

[작가] 최태규(崔泰逵, 1828~1900)
[작품] 경자설(敬字說)
농설(農說)
문무설(文武說)
문장불후설(文章不朽說)
성자설(性字說)

## 화서집(華西集)

[작가] 이항로(李恒老, 1792~1868)
[작품] (부)괘시설[(附)卦蓍說]
개이백오길흉회린도설(改李伯五吉凶悔吝圖說)
건문언상구설(乾文言上九說)
기명고설(器皿攷說)
김기명자설(金基明字說)
김장묵자설(金章默字說)
논어자공문인장강설(論語子貢問仁章講說)
능소설(能所說)
대학명덕장구설(大學明德章句說)
도기설(道器說)
독자설(篤字說)
동서남북설(東西南北說)
명변설(明辨說)
묘자설(妙字說)
민치형자설(閔致亨字說)
반함설(飯含說)
변동파금설(辨東坡琴說)
사단칠정도설(四端七情圖說)
사자설(辭字說)
선천원도해설(先天圓圖解說)
선천후천도괘설(先天後天圖卦說)
선행천설-시배윤소(先行天說-示裵允素)
성근인자설(成近仁字說)
성선설(性善說)
성정중화도설(性情中和圖說)
송하김장제손자설(松下金丈諸孫字說)
심여기질동이설(心與氣質同異說)
심여이동이설(心與理同異說)

심지지각지지지각설(心之知覺智之知覺說)
양기설(養氣說)
역여태극도동이설(易與太極圖同異說)
역유태극심위태극설(易有太極心爲太極說)
오륜설(五倫說)
오륜일음양설(吳倫一陰陽說)
오행생성유행도설(五行生成流行圖說)
오행생성지서유행지서부동설(五行生成之序流行之序不同說)
온고지신설(溫故知新說)
왕형공시설(王荊公詩說)
유맹교자설(柳孟教字說)
이기선후설(理氣先後說)
이능문어불능이다문어과설(以能問於不能以多問於寡說)
이유본말경위설(理有本末經緯說)
이자설(以字說)
인능홍도비도홍인설(人能弘道非道弘人說)
인물성동이설(人物性同異說)
인심도심설(人心道心說)
일월성진설(日月星辰說)
장술후술흠자설(張述厚述欽字說)
재물위리허물위의설(在物爲理虛物爲義說)
제민지산설(制民之産說)
제사설(祭祀說)
존덕성장주설(尊德性章註說)
주자이기결시이물설(朱子理氣決是二物說)
중용수장설(中庸首章說)
즉이론사취사논리유양양설(卽理論事就事論理有兩樣說)
차설(車說)
차설-속제(車說-續題)
천지불관설(天地不祼說)
청허일대설(淸虛一大說)
출회설(秫灰說)
태극도주정설(太極圖主靜說)
태극설(太極說)
태극자본연지묘설(太極者本然之妙說)
패공좌사마조무상설(沛公左司馬曺無傷說)
피음사둔설(詖淫邪遁說)
행자설(行字說)
형기신리설(形氣神理說)
홍재구자설(洪在龜字說)

## 화은집(和隱集)

[작가] 이시항(李時恒, 1672~1736)
[작품] 국사령형편설(國祠嶺形便說)

## 화천집(華泉集)

[작가] 이채(李采, 1745~1820)
[작품] 착정설(鑿井說)
청우문답설(계묘)〔青牛問答說(癸卯)〕

## 화헌문집(和軒文集)

[작가] 조정래(趙正來, 1880~1945)
[작품] 경설-증전규호(敬說-贈全圭浩)
오여익자설(吳汝翼字說)

## 화헌유고(華軒遺稿)

[작가] 서린순(徐璘淳, 1827~1898)
[작품] 화헌설(華軒說)

## 활산집(活山集)

[작가] 남용만(南龍萬, 1709~1784)
[작품] 식와설(息窩說)

암곡설(暗谷說)
용와설(慵窩說)
이군복자설(李君復字說)
임심재설(臨深齋說)
최경자설(崔璥字說)
최생질자설(崔生瓆字說)
팔봉와설(八峯窩說)
하석설(賀石說)
한한정설(閒閒亭說)
활산설(活山說)

## 활암유고(活菴遺稿)

[작가] 전용규(田溶奎, 1878~1944)
[작품] 명덕설(明德說)

## 활재집(活齋集)

[작가] 이구(李榘, 1613~1654)
[작품] 극편설(克偏說)
맹자설(盲者說)
보망설(補網說)
심성정이기설(心性情理氣說)
유사불산설(遊四佛山說)
이기제설(理氣諸說)

## 활효재문집(活孝齋文集)

[작가] 박헌가(朴獻可, 1713~1772)
[작품] 태극도강설(太極圖講說)
활효재설(活孝齋說)

## 황계유고(篁溪遺稿)

[작가] 하긍호(河兢鎬, 1846~1928)
[작품] 관집설(鸛集說)

## 황고집(黃皐集)

[작가] 신수이(愼守彝, 1688~1768)
[작품] 재종질원명명자설(再從姪元明名字說)
재종질학명명자설(再從姪學明名字說)
제죽우당설(題竹友堂說)
취한당자서설(就閒堂自敍說)

## 황암집(篁巖集)

[작가] 권상임(權尙任, 1622~1700)
[작품] 서벽이기원류도설(書壁理氣源流圖說)
서성학도십이첩병설(書聖學圖十二帖屛說)
이기동정도설(理氣動靜圖說)
이기분수도설(理氣分殊圖說)

## 회간문집(晦磵文集)

[작가] 조독호(趙篤祜, 1843~1914)
[작품] 회간예설(晦磵囈說)

## 회당문집(晦堂文集)

[작가] 허만책(許萬策, 1890~1962)
[작품] 팔우설－증이찬화현선(八友說－贈李璨華鉉宣)

## 회당선생문집(晦堂先生文集)

[작가] 장석영(張錫英, 1851~1929)
[작품] 계쇄설(筓縰說)
구방심설－증김무량(求放心說－贈金武良)
김사함자설(金士涵字說)

김성빈자설(金聖賓字說)
김원백자설(金愿伯字說)
김치성이자장자설(金致性李子章字說)
변사교설(辨邪敎說)
변의송설(辨疑訟說)
변지구원전설(辨地球圓轉說)
성석설(醒石說)
소모설(小帽說)
송이씨자양생설(送李氏子兩生說)
심의설(深衣說)
안석민자설(安石民字說)
이성유자설(李聖遊字說)
장순소자설(張舜韶字說)
정씨이자자설(鄭氏二子字說)
증강상현설(贈姜尙賢說)
증서사중설(贈徐思中說)
증제순거설(贈諸舜擧說)
증허충여설(贈許忠汝說)
치포관기이남빈설(緇布冠寄李南彬說)
치포관설(緇布冠說)
한혁지자설(韓革之字說)
호범설(湖帆說)

## 회당유고(晦堂遺稿)

[작가] 홍순주(洪淳柱, 1897~1971)
[작품] 월주설(月洲說)

## 회병집(晦屛集)

[작가] 신체인(申體仁, 1731~1812)
[작품] 부졸삼년내위모복설(父卒三年內爲母服說)
창명집구도병설(牕銘集句圖幷說)

## 회산문집(晦山文集)

[작가] 문상질(文尙質, 1825~1895)
[작품] 문가온자설(文可蘊字說)
자경설(自警說)

## 회산문집(晦山文集)

[작가] 안정려(安鼎呂, 1871~1939)
[작품] 경소설 – 증삼종질선중(敬笑說 – 贈三從姪善中)
김여강자설(金汝剛字說)
민경옥자설(閔敬玉字說)
삼역설 – 증박달삼(三易說 – 贈朴達三)
직자설 – 증민치록(直字說 – 贈閔致祿)

## 회산선생문집(晦山先生文集)

[작가] 주상홍(상홍)〔周尙洪(相洪), 1854~1906〕
[작품] 권학설(勸學說)
번쾌배달직입설(樊噲排闥直入說)

## 회산유고(晦山遺藁)

[작가] 정전기〔鄭銓基(典基), 1847~1920〕
[작품] 정심설(貞心說)

## 회와집(悔窩集)

[작가] 안중관(安重觀, 1683~1752)
[작품] 거붕당설(去朋黨說)
관기설(觀碁說)
구우설(求友說)
명제자설(名諸子說)
자욕거구이설(子欲居九夷說)

잡설(1)〔雜說(一)〕
잡설(2)〔雜說(二)〕
출처설(出處說)

## 회와집(晦窩集)

[작가] 조병희(병채)〔曺秉憙(柄彩), 1880~1925〕
[작품] 주재설(主宰說)
허백설(虛白說)

## 회은집(悔隱集)

[작가] 남학명(南鶴鳴, 1654~1723)
[작품] 고사(故事)
사한(詞翰)
쇄문(瑣聞)
언행(言行)
예제(禮制)
풍토(風土)

## 회은집(晦隱集)

[작가] 안극(安極, 1864~1945)
[작품] 난포설(蘭圃說)
심설(心說)
인감설(人鑑說)

## 회재유집(懷齋遺集)

[작가] 박광옥(朴光玉, 1526~1593)
[작품] 오공설(蜈蚣說)
한문수양재이설(漢文隋煬災異說)

## 회정집(晦亭集)

[작가] 민재남(閔在南, 1802~1873)
[작품] 기옹설(棄翁說)
상제설(喪祭說)
심성정설(心性情說)
약설(藥說)
연소설(蓮沼說)
인물이기설(人物理氣說)

## 회천유고(晦川遺稿)

[작가] 이종일(李鍾鎰, 1874~1938)
[작품] 답곽인섭설(答郭仁燮說)
부조헌설(不措軒說)
세변설(世變說)
이불리설(利不利說)
증박수재인달설(贈朴秀才仁達說)

## 회헌집(悔軒集)

[작가] 조관빈(趙觀彬, 1691~1757)
[작품] 감목소설(感木梳說)
개호설(改號說)
독이중승봉사설(讀李中丞封事說)
몽견도암이공설(夢見陶庵李公說)
에악조설(殪惡鳥說)
추억남충장설(追憶南忠壯說)

## 효당문집(曉堂文集)

[작가] 최명희(낙문)〔崔命熙(洛文), 1864~1928〕
[작품] 소목도설(昭穆圖說)

## 효당선생문집(曉堂先生文集)

[작가] 김문옥(金文鈺, 1901~1960)

[작품] 강설－기박봉화(强說－寄朴琫和)
강암설(剛庵說)
경당설(絅堂說)
경당설(敬堂說)
고당설(顧堂說)
근암설(近庵說)
사암설(蓑庵說)
양회설(養晦說)
연파설(蓮坡說)
염초설－증김공옥(念初說－贈金公玉)
유헌설(酉軒說)
이지설－증김원여(二至說－贈金元汝)
종호재설(從好齋說)
탁헌설(拓軒說)
하당설(荷堂說)
하재설(荷齋說)
학평설(學平說)
현담설(玄潭說)
호은설(湖隱說)

## 효렴재유집(孝廉齋遺集)

[작가] 이경주(李擎柱, 1500~1597)

[작품] 마경설(磨鏡說)
원천설(源泉說)

## 효산문집(曉山文集)

[작가] 이수형(李壽瀅, 1837~1908)

[작품] 족군낙서기몽설(族君洛瑞記夢說)

## 효산집(曉山集)

[작가] 변영규(卞榮奎, 1826~1904)

[작품] 문설(文說)
번리설(藩籬說)
안분설(安分說)
자위설(自慰說)

## 효전산고(孝田散稿)

[작가] 심노숭(沈魯崇, 1762~1837)

[작품] 담복설(禫服說)
연설(筵說)

## 효효재문집(囂囂齋文集)

[작가] 문진락(진영)〔文鎭洛(鎭英), 1826~1879〕

[작품] 제초설(除草說)

## 후금유고(後琴遺稿)

[작가] 성환구(成煥龜, 1896~1946)

[작품] 동포설(同胞說)

## 후산집(厚山集)

[작가] 이욱(도복)〔李昱(道復), 일제강점기〕

[작품] 사순자설(士純字說)
소능미능설(小能未能說)
순효자설(舜孝字說)
심명부자설(沈鳴夫字說)
심자화자설(沈子華字說)
정양직자설(丁養直字說)
족질행원자설(族姪行源字說)
중용강유지도설(中庸綱維之圖說)

학통국통설(學統國統說)

## 후산집(后山集)

[작가] 이종수(李宗洙, 1722~1797)
[작품] 권인경자설(權仁卿字說)
김계원자설(金啓源字說)
농소설(農巢說)
명덕설(明德說)
박공옥자설(朴孔玉字說)
박이정자설(朴而貞字說)
성승윤자설(成承允字說)
송조중근소설(送曺仲謹小說)
시채동춘김창성설(示蔡東櫄金昌聲說)
이앙여자설(李仰汝字說)
허령설(虛靈說)

## 후산집(后山集)

[작가] 허유(許愈, 1833~1904)
[작품] 김이현자설(金而現字說)
미성설(未惺說)
설몽(說夢)
신독설(愼獨說)
심맹뇌자설(沈孟雷字說)
심속화설(心屬火說)
심합이기설(心合理氣說)
여택당강회후소설(麗澤堂講會後小說)
이정윤자설(李靖允字說)
정치정자설(鄭穉貞字說)
조입부자설(趙立夫字說)
조효근자설(趙孝謹字說)
중용지절도설(中庸支節圖說)
최자건자설(崔子建字說)
하경연자설(河絅然字說)
허달경자설(許達卿字說)
허중연자설(許仲淵字說)
허치가자설(許致可字說)

## 후산집(초간)〔后山集(初刊)〕

[작가] 이종수(李宗洙, 1722~1797)
[작품] 성의장도설(誠意章圖說)
솔성지위도설(경자)〔率性之謂道說(庚子)〕
자경설(경신)〔自警說(庚申)〕

## 후석유고(後石遺稿)

[작가] 오준선(吳駿善, 1851~1931)
[작품] 광산설(狂山說)
농은설 (農隱說)
보만설 - 증이재춘(保晩說 - 贈李載春)
양회설 - 증유회근(養晦說 - 贈柳晦根)
이경회자설(李景晦字說)
지지설 - 증최영문(持志說 - 贈崔永文)
취산설(醉山說)

## 후암문집(後菴文集)

[작가] 송증헌(宋曾憲, 1878~1947)
[작품] 무한호설 - 증윤영돈(無限好說 - 贈尹泳敦)
송양군주승남귀설(送梁君柱承南歸說)
수당설(修堂說)
실암설(實菴說)
증백양보설(贈白陽普說)
증선찬명설(贈宣粲明說)
증염동윤설(贈廉東潤說)
증이고설 - 윤군영은(贈二顧說 - 尹君泳殷)
증조희범설(贈趙熙範說)
진학설 - 증김재석(進學說 - 贈金在錫)

처세설 – 증조희수(處世說 – 贈曺喜洙)
최구실자설(崔九實字說)

**후암유고**(厚菴遺稿)

[작가] 한우동(韓右東, 1883~1950)
[작품] 변이도유논화도심설(辨李道維論華島心說)
석우설(石愚說)
애국설(愛國說)

**후암집**(厚庵集)

[작가] 권렴(權㾾, 1701~1781)
[작품] 무극이태극태극본무극설(無極而太極太極本無極說)
창포설(菖蒲說)

**후재집**(厚齋集)

[작가] 김간(金榦, 1646~1732)
[작품] 위학지방도설(爲學之方圖說)
태극도설(太極圖說)

**후조선생문집**(後凋先生文集)

[작가] 고석노(규)〔高錫魯(圭), 1842~1922〕
[작품] 최재소자설(崔載韶字說)
홀기설(笏記說)

**후창선생문집**(後滄先生文集)

[작가] 김택술(金澤述, 1884~1954)
[작품] 경은설(耕隱說)
구질극범자설(龜姪克範字說)
김성원자설(金聲遠字說)
담송설(啖松說)
백굴설(百屈說)
변자설(辨字說)
사자명자설(四子名字說)
우설 – 자계(憂說 – 自戒)
은계설(隱溪說)
이사진자설(李士進字說)
자기설(1)〔自欺說(一)〕
자기설(2)〔自欺說(二)〕
최이구이관자설(崔以求以貫字說)
편복설(蝙蝠說)
허정노이중명자설(許正老而中名字說)

**후천집**(朽淺集)

[작가] 황종해(黃宗海, 1579~1642)
[작품] 서원묘향위차설(書院廟享位次說)
제상치위설(除喪致慰說)
추숭설(追崇說)

**흘봉문집**(屹峯文集)

[작가] 이빈망(李贇望, 1694~1773)
[작품] 장손명자설(長孫名字說)

**흠재문고**(欽齋文藁)

[작가] 조덕승(曺悳承, 1873~1960)
[작품] 변명기설(辨明氣說)
순경자설(順卿字說)

**흠재문집**(欽齋文集)

[작가] 채문기(蔡文基, 1881~1949)
[작품] 경국설(敬國說)

## 흡재고(翕齋稿)

[작가] 이사질(李思質, 1705~1776)

[작품] 계지자선설(繼之者善說)
기질설(氣質說)
심설(心說)
역설(易說)
일설(一說)
혼백설(魂魄說)

## 희락당고(希樂堂稿)

[작가] 김안로(金安老, 1481~1537)

[작품] 조석지설(潮汐之說)

## 희암집(希菴集)

[작가] 채팽윤(蔡彭胤, 1669~1731)

[작품] 과백로주설(過白鷺洲說)
도설(盜說)
죽정설(竹亭說)
칩학설(縶鶴說)
회아설(懷兒說)

# 韓國'說'文學目錄集 I

**초판 1쇄 인쇄** 2020년 8월 10일
**초판 1쇄 발행** 2020년 8월 20일

**편저자** 양현승
**발행인** 박성복
**발행처** 도서출판 월인
**주 소** 01047 서울특별시 강북구 노해로25길 61
**등 록** 1998년 5월 4일 제6-0364호
**전 화** (02) 912-5000
**팩 스** (02) 900-5036
**홈페이지** www.worin.net
**전자우편** worinnet@hanmail.net



ISBN 978-89-8477-689-0 94010
978-89-8477-688-3 세트

값은 뒤표지에 있습니다.